D1746610

HÖHLEN

MICHAEL RAY TAYLOR

HÖHLEN

EXPEDITIONEN
IN DIE FASZINIERENDEN
INNENWELTEN
AN LAND, UNTER WASSER
UND IM EIS

NATIONAL GEOGRAPHIC

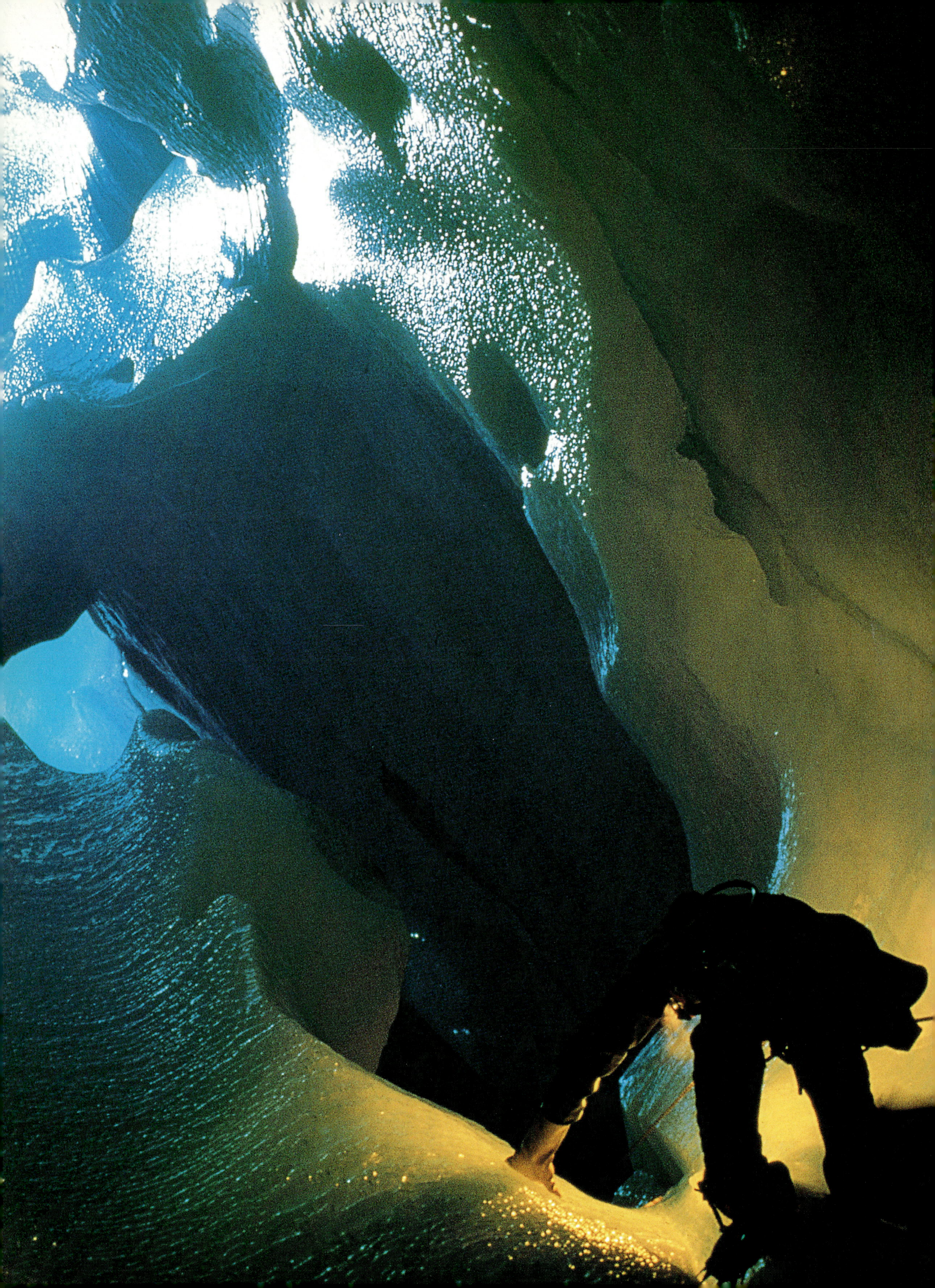

Inhalt

Vorwort 6
Einleitung – Warum Höhlen erforschen? 8

Eis:
Ins Herz von Grönland

Kapitel 1 – Unermessliche Schattenwelt 20
Kapitel 2 – Das Eis brechen 30
Kapitel 3 – Auf der Suche nach neuem Leben .. 44
Kapitel 4 – In der Zone des freien Falls 58

Wasser:
Flüsse unter Yucatán

Kapitel 5 – Im Land der Cenotes 76
Kapitel 6 – Die Höhlentaucher 92
Kapitel 7 – Flüsse unter dem Regenwald 102
Kapitel 8 – Reiseerlebnisse 118

Erde:
Klettern und kriechen

Kapitel 9 – Höhlen, über die man nicht spricht 142
Kapitel 10 – Im Bauch des Planeten 158
Kapitel 11 – Mikroben in den Feenhöhlen 176
Kapitel 12 – Das verborgene Reich 192

Nachwort 204
Register, Anmerkungen und Literatur 208
Danksagungen und Bildnachweis 214

Links: Ein französischer Höhlengänger seilt sich in ein so genanntes X-Chromosom, einen kurzlebigen senkrechten Schacht, in einer Gletschereishöhle in Grönland ab. Oben: Janot Lamberton schlägt in einem Schacht in Grönland loses Eis ab. Mitte: Von einem Elektro-Scooter gezogen, gleitet ein Höhlentaucher an uralten Formationen in einer Höhle in Yucatán vorbei. Unten: Hazel Barton, Höhlengängerin und Wissenschaftlerin, bewundert urtümliche Kalzitformationen in der Fairy Cave in Glenwood Springs, Colorado.

VORWORT

Im Jahr 1988 begegnete ich bei einer Höhlenexpedition in China Michael Ray Taylor. Wir gehörten zu den ersten Amerikanern, die eingeladen waren, die Höhlen in den Sandsteingebirgen im südlichen China zu erkunden, die Heimat des geheimnisvollen Turmkarsts, den wir aus Darstellungen fernöstlicher Kunst kennen. Mike und ich lernten einander näher kennen auf Fahrten zu Orten wie Tontianlou oder dem »Korb des Himmels« – einer schüsselförmigen Doline, einer Hohlform von 100 Meter Tiefe, die so breit ist, dass auf ihrem Grund ein kleiner Wald wächst. Zusammen kartierten und fotografierten wir brausende unterirdische Flüsse und stalaktitengeschmückte Säle, die kein menschliches Auge zuvor gesehen hatte. Jeden Abend ertrugen wir lange Bankette, prosteten unseren chinesischen Gastgebern mit bitterem Reisschnaps zu und standen am nächsten Morgen früh auf, um zu den Höhlen zu fahren.

Als Mike mir dieses Buch schickte, dachte ich an die Anfänge meiner eigenen Höhlenkundlerlaufbahn zurück, an unsere Zeit in China und an einige Auseinandersetzungen, die in Speläologenkreisen über die Gefahren der Publizität in Filmen und Büchern geführt wurden – immer wieder gibt es Ängste, dass Höhlengänger, die ihre Geheimnisse mit der Welt teilen, am Ende gerade den Orten Schaden zufügen, denen sie den besten Schutz zukommen lassen wollen. Doch als ich den Text durchlas, verlor ich mich ganz in dem Wunder der Höhlen, in den Abenteuern, die Nancy Aulenbach und Dr. Hazel Barton erlebt hatten, zwei Höhlenforscherinnen, die in MacGillivray Freemans IMAX-Kinofilm *Journey Into Amazing Caves* zu sehen sind. Ich spürte die Kühle des Gesteins um mich herum, spürte den Luftzug vom Eingang einer Höhle, vernahm die flüsternde Stimme der Erde – und ich fand Antworten auf ebenso einfache wie grundlegende Fragen: Welche Bedeutung haben die unterirdischen Zonen und Gewässer der Erde? Wie sind die Höhlen dort unten mit dem Leben an der Oberfläche verknüpft?

Ein erheblicher Teil des Süßwassers der Welt – in den Vereinigten Staaten ungefähr 25 Prozent – ist als Grundwasser in Höhlen und Karst oder in Kalksteinlandschaften gespeichert. Der Schutz und die Verwaltung dieser lebenswichtigen Wasserreserven sind von enormer Bedeutung für die öffentliche Gesundheit und eine nachhaltige wirtschaftliche Entwicklung. Die National Geographic Society hat den verantwortlichen Umgang mit den Wasservorräten zu einem der entscheidenden Anliegen der Menschheit zu Beginn des 21. Jahrhunderts erklärt. Höhlen sind Lagerstätten von Informationen über natürliche Lebensräume; sie speichern wertvolle Daten, die für globale Klimaveränderungen, Fragen der Müllbeseitigung, der Grundwassersanierung, der Rückgewinnung von Mineralöl und, wie Mike hinzufügt, die biomedizinische Forschung relevant sind. Außerdem bieten Höhlen der Anthropologie, Archäologie, Geologie, Paläontologie und Mineralogie umfangreiche Quellen.

Die US-Regierung hält Höhlen für so wertvolle Naturressourcen, dass 1988 ein Bundesgesetz zu ihrem Schutz verabschiedet wurde. Die Regelung war ein Erfolg des enormen Einsatzes an Kraft und Zeit von Höhlenforschern und Umweltschützern im ganzen Land. Dennoch wecken Höhlen bei der großen Mehrheit nach wie vor negative Assoziationen, und viele Menschen betreten die unterirdischen Galerien nur, wenn sie mit Asphaltwegen, elektrischem Licht, Fahrstühlen und schlimmstenfalls unterirdischen Imbissstuben ausgestattet sind. Geführte Touren sind gewiss ein guter Beitrag für den Schutz einiger Höhlen vor Zerstörung durch Vandalismus und unerfahrene Höhlengänger, doch sie informieren die Menschen nicht angemessen über die Wechselbeziehungen zwischen unserem Planeten und seinen Lebensformen – darüber, dass die ausgedehnten Höhlensysteme der Welt keine bloßen Sehenswürdigkeiten sind, sondern wichtige Bestandteile der Natursysteme der Erde.

Hier nun, auf diesen Seiten, sind Macht und Magie der Worte und Bilder vereint, die eine Verbindung zwischen zwei Welten herstellen – der oberen Welt mit Sonnenschein, blauem Himmel, weißen Wolken und Vogelgezwitscher und der darunter liegenden Welt der Dunkelheit, die erfüllt ist vom Dröhnen des Wassers, das zwischen eisigen Wänden dahinrauscht, einer Welt der großen Abgründe, die in unergründliche Tiefen hinabführen, und einer Welt des Wasser, das aus Brunnen hervorquillt, die nicht von Menschenhand gemacht sind. Die Verbindung wird durch Mikes informative und unterhaltsame Berichte geschaffen, durch die Sachkenntnis von Wissenschaftlern und Fachleuten, die über ihre Forschungen und merkwürdigen Funde berichten, und durch außergewöhnliche Fotos in kühnen Farben, die Orte zeigen, die die meisten Menschen allenfalls von Bildern her kennen – die Eishöhlen Grönlands, die blau schimmernden Cenotes in Yucatán, die unerreichbaren Gipfel, Ebenen und versteckten Galerien des Grand Canyon.

Hier gibt es Stellen, die als Wildnis alles übertreffen, was Lewis und Clark erlebt haben – zwei amerikanische Forschungsreisende, die Anfang des 19. Jahrhunderts weite Teile Nordamerikas, darunter den Naturraum des Mississippi und Missouri, erkundeten –, Orte, an denen man das wahre Wesen unberührter Natur spüren kann, wo die menschliche Stimme über Wasserteichen erklingt, in denen sich nie zuvor ein Mensch gespiegelt hat. Hier gibt es auch Leute wie den legendären Höhlengänger Donald Davis, der nicht nur eine sonderbare Höhlenerweiterungstheorie vertritt, sondern auch die Speläologen als Noten in einer Sinfonie der Ewigkeit bezeichnet. Wie viele Höhlengänger zählt er zu den Personen, die Forscher zu großen Taten anspornen.

Auf diesen Seiten werden Sie spüren, welche Macht die Höhlen auf Ihre Fantasie ausüben; Sie werden zu verstehen beginnen, was ich mit der Aussage meine, dass ich an heiligen Stätten war, die nicht von Menschen erbaut wurden, dass ich das Flüstern längst vergangener Dinge vernahm, während ich allein in den alten Hohlräumen saß. Ich habe das Pochen meines Herzens gehört, als ich, umgeben von festem Stein, ohne Hemd, die Haut schweißnass, die Kühle des Felsens an Brust und Rücken spürte, während mir die Hitze ins Gesicht stieg und ich ums Weiterkommen kämpfte. Ich habe die Verlockung von Steingalerien gespürt, die bis oben mit Wasser gefüllt waren, habe den Wink des Himmels gesehen und das geflüsterte Versprechen gehört, mich fallen zu lassen, wenn ich nur noch ein wenig mehr riskierte. Ich habe die Anziehungskraft der Dunkelheit am Rand eines großen offenen Schachtes unter der Erde wahrgenommen und mich einen Moment lang gefragt, warum es Menschen gibt, die nie den ersten Schritt – den, mit dem alle großen Reisen beginnen – wagen werden.

Ich habe die Bauwerke von Menschen gesehen – und weiß nun, dass sie im Vergleich zu den gewaltigen Kathedralen, die die Natur unter der Erde schuf, simple, zugleich aber unbescheidene Versuche sind, heilige Orte zu schaffen.

Lesen Sie weiter.

Ronal C. Kerbo
NSS 11539
Colorado

Ronal C. Kerbo ist der ranghöchste Höhlenspezialist des United States National Park Service.

EINLEITUNG

Warum Höhlen erforschen?

Gleich nördlich des Polarkreises und etwa auf dem Längengrad von Rio de Janeiro standen Hazel Barton und Nancy Holler Aulenbach auf einer Eisklippe und starrten hinab in eine tiefblaue Klamm, die mit einem nur neun Millimeter dicken Nylonseil überspannt war. Das Tau schwankte wie ein unglaublich langes Springseil, als ein Teammitglied es an einer Metallschraube festmachte, die 20 Zentimeter tief in das grönländische Inlandeis getrieben worden war. Fast 50 Meter unter ihnen, am Grund der Spalte, brodelte ein Fluss in seinem frostigen Bett. Einer der seltenen Tage mit Temperaturen über dem Gefrierpunkt hatte dem namenlosen Wildbach frisches Schmelzwasser zugeführt. Ein kleines Stück entfernt verschwand der Fluss in der Malik-Gletschermühle, einem 250 Meter tiefen, gähnenden Abgrund im Eis. Diese frosterstarrte Höhle war ihr unmittelbares Ziel.

Um den Gletscherschacht und den tiefen Gang, der darunter lag, zu erreichen, mussten die beiden an dem kargen Seil in den leeren Raum unter ihren baumelnden Füßen hinabgleiten. Wirklich nervenaufreibend wurde die Sache dadurch, dass sie, wenn sie pochenden Herzens von der Klippe ins Leere traten, fröhlich ins Objektiv der IMAX-Kamera lächeln mussten.

Beiden Frauen war die gefährliche Arbeit am Seil keineswegs fremd. Nancy und Hazel, beide 27, waren erfahrene Höhlenforscherinnen – oder Höhlengängerinnen, wie sie meist genannt werden. Beide hatten in ihrer langen Speläologenkarriere schon tiefere Abstiege bewältigt. Aber sie waren daran gewöhnt, über Kalkstein zu klettern und sich tief in den Bauch der Erde abzuseilen; dort ist ein Abgrund nichts weiter als Schwärze, die den Strahl der Helmlampe schluckt, wenn man hinuntersieht. Hier auf der Eisklippe glitzerten die Strahlen der blassen Polarsonne auf einer glitschigen, trügerischen Oberfläche und reichten weit hinab in die Tiefen des Eises, wo sie alles in ein leuchtendes Blau tauchten. Falls man fiel, konnte man lange den Boden auf sich zukommen sehen.

Hazel öffnete einen kleinen Nylonbeutel und holte ihren Klettergurt und eine französische Abseilbremse heraus. Das mit einer Feder versehene Gerät diente dazu, bei einem langen Seilabstieg die Geschwindigkeit zu kontrollieren. Ganz in der Nähe zog Nancy eine amerikanische Abseilbremse hervor – einen U-förmigen Metallstab, der den gleichen Zweck erfüllte. Staubwolken stoben aus ihrem abgetragenen Gurt, als er auf das Eis aufschlug, Spuren von Schlamm aus einer Höhle in Alabama, in die sie in der Woche zuvor eingestiegen war. Kaum zu glauben, dass sie Hazel erst vor 24 Stunden auf einem internationalen Flug kennen gelernt hatte.

Die beiden Forscherinnen waren von Washington, D.C., nach Kopenhagen geflogen, um dort in eine Maschine zu steigen, die sie wiederum über den Nordatlantik, nach Kangerlussuaq in Grönland brachte. Dort wurden sie eilends in einen Sikorsky-Hubschrauber verfrachtet und zum Inlandeis geflogen, wo sie sich einer Expedition französischer Eishöhlengänger und amerikanischer Filmemacher anschließen wollten. Als Teamleiter Janot Lamberton Hazel und Nancy in ihrem behelfsmäßigen Camp oben auf dem Gletscher willkommen hieß, warnte er sie in einem französischen Wortschwall, den beide nicht verstanden, vor den vielen Gefahren beim Einstieg in Eishöhlen. Ein weiteres Gruppenmitglied übersetzte: Eis explodiert – gefrorene Klumpen von erheblicher Größe können, getrieben von dem enormen Druck des darüberliegenden Inlandeises, unerwartet aus den Höhlenwänden hervorschießen. Wie um die Ausführungen zu unterstreichen, vernahm man in der Ferne Geräusche wie eine Salve von Gewehrschüssen – platzendes Eis.

Die Höhlengänger verbrachten eine unbequeme Nacht auf dem Eis, der Wind heulte mit einer Geschwindigkeit von 50 Knoten unter einem klaren Himmel, der von den schimmernden grünen Bändern des Nordlichts erhellt wurde. Als Hazel schließlich einen Gang durch den Wind zur Latrine des Camps wagte (einem Toilettensitz, der über einem kleinen Spalt festgeklemmt war), wurde sie von den Splittern einer Eisexplosion überschüttet. Am nächsten Morgen zurrten die beiden Frauen, vom Jetlag geplagt und erschöpft, ihre Gurte mit starren Fingern fest. Die Sprachbarriere machte es schwer zu verstehen, wer nach Janots Ansicht als Erste die Seile für die Querung führen sollte. Wenn jedoch alles lief wie geplant, würden sie in einer Stunde die blaue Welt dort unten erkunden und sich vor berstenden Wänden ducken, während sie das in ständiger Veränderung begriffene Abflusssystem vermaßen, das unter dem Eis Wasser transportierte.

Einem zufälligen Beobachter – falls ein zufälliger Beobachter dort hätte stehen können, auf dem glitschigen Vorsprung inmitten Tausender Kilometer zerklüfteter Eismassen – wäre das, was Nancy und Hazel zu tun im Begriff standen, wohl als gefährlich, ja geradezu tollkühn erschienen. Diese Ansicht hatten auch viele über den Wikinger Erik den Roten gehegt, der alten isländischen Texten zufolge im Jahr 985 in die unbekannten, von Eisbergen durchsetzten Gewässer nach Westen aufgebrochen war. Trotz unheilvoller Prophezeiungen entdeckte er die größte Insel der Welt: 2600 Kilometer lang und 1100 Kilometer breit. Tiefe Fjorde und moosbewachsene Buchten voller Meereslebewesen säumten eine scheinbar endlose Ebene von wogendem Eis. Erik nannte das

Vom gelben Schein einer Karbidlampe geleitet, überwindet Höhlengänger Jim Hewitt eine typische schlammüberzogene Engstelle. Diese hier heißt MHTE – Most Horrible Thing Ever, schrecklichstes Ding aller Zeiten.

Gebiet wegen seiner üppig grünen Küsten Grönland und nahm es für die Nordmänner in Besitz, von deren jahrhundertelanger Anwesenheit verfallende Steinkirchen und -häuser bis heute zeugen. Während die Zivilisation sich in den Randbezirken festsetzte, blieb Grönlands unermessliches Inneres, zusammengedrückt unter einer kilometerdicken Eisdecke, ein Geheimnis.

Mit der Vorsicht, aber auch dem Selbstvertrauen eines Erik, der sein Langboot in der eisigen See zu Wasser ließ, näherte sich Hazel als Erste dem schwankenden Seil.

Wie abschreckend, wie schlechthin gefährlich die Geografie eines Ortes auch sein mag, etwas in der menschlichen Natur treibt uns zu seiner Erkundung. Die frühesten Aufzeichnungen unserer Spezies wurden im flackerndem Fackelschein an Höhlenwände gemalt, weit weg von Sonnenlicht und Sicherheit. In vorgeschichtlicher Zeit zog die Menschheit von Afrika fort und verbreitete sich über den Globus, getrieben von dem Verlangen zu erfahren, was jenseits des bekannten Gebietes lag.

Dieses Verlangen wird heute nur noch selten gestillt.

Reisen Sie zu einem abgelegenen Dorf am Amazonas oder in Äquatorialafrika, und Sie werden dort wahrscheinlich von Leuten begrüßt, die Nikes® und Pokémon®-T-Shirts tragen. Praktisch in jedem Kaufhaus können Sie ein tragbares Gerät zur Positionsbestimmung erwerben, das Ihnen genau sagen wird, wo Sie stehen. Gehen Sie online, und Sie erhalten sofort Zugang zu detaillierten Satellitenfotos von jeder Immobilie auf der Oberfläche des Planeten, außerdem Sonarlotungen der tiefsten ozeanischen Gräben. Unsere alte Erde hat von der Vielfalt ihrer Formationen und Lebensräume nichts verloren und bietet mehr Landschaften, als auch der emsigste Reisende in einem Leben sammeln kann. Aber dem wahren Forscher – dem Träger des einzigartigen menschlichen Gens, das dazu antreibt, etwas als Erster zu erkunden – bietet der immer stärker schrumpfende Planet nur noch eine Option: Sieh dich unter der Erde um, dort, wo nicht einmal Satelliten hinkommen.

Die Motivation, Höhlen zu erkunden, unterscheidet sich vielleicht von der vieler Extrembergsteiger, hohe und schwierige Gipfel wie den Mount Everest zu bezwingen. Es besteht im Allgemeinen kein Drang, die Höhle zu erobern, weil sie da ist, weil sie existiert. Höhlenerkundung wird angetrieben von dem Wunsch, genau zu wissen, was hinter dem gähnenden Eingang liegt. Höhlen besitzen kein »dort«, solange sie nicht erkundet sind. In diesem Sinne teilt auch ein mit einer Taschenlampe bewaffneter Wochenend-Höhlenforscher das uralte menschliche Bedürfnis, Neuland zu entdecken.

Millionen von Höhlen verbergen sich unter der Oberfläche der Erde, und im letzten halben Jahrhundert haben Tausende von erfahrenen Höhlengängern, ausgerüstet mit moderner Technologie, angefangen, einen kleinen Prozentsatz davon zu erforschen. Natürliche Kammern findet man in Kalkstein und anderem Sedimentgestein, in Vulkanen und Lavaröhren, in Gletschern und Polareis. Mit Seilen und speziellen Klettergurten steigen Höhlengänger routinemäßig in Schächte von weit über 300 Meter Tiefe ein und befördern unterirdische Basiscamps durch hautenge Kriechgänge von mehreren hundert Metern Länge. Höhlentaucher, die eine so ausgefeilte Technologie benutzen, dass sie genauso gut im All spazieren gehen könnten, schwimmen kilometerweit durch überflutete Galerien. Sie lassen sich von beleuchteten Elektroscootern durch unterirdische Räume ziehen, die in Dunkelheit entstanden sind und bis zu diesem Tag nie Licht ausgesetzt waren. Im Gegensatz zu vielen Forschern vergangener Zeiten, die Gold suchten, auf Eroberung aus waren oder neue Länder ausbeuten wollten, begegnen moderne Höhlengänger den Orten, die sie entdecken, mit großer Ehrfurcht. Höhlen und das Leben in ihnen sind oft außerordentlich fragil und werden durch das Eindringen des Menschen leicht in Mitleidenschaft gezogen. Höhlenkundler versuchen daher, die Spuren ihrer Anwesenheit so weit wie möglich zu tilgen. Und doch haben sie, wie die europäischen Forscher des 16. Jahrhunderts, oft eine in ihren Augen leere Wildnis durchquert, ohne zu merken, dass sie das dortige Tierleben schädigten. Höhlenbiologen haben lange geforscht, um Fledermäuse, Fische, Insekten und andere bekannte Lebensformen zu schützen, aber heute weiß man, dass es weit ausgedehntere – und unbekannte – Populationen gibt, die auf und in der Erde existieren, aber noch nicht identifiziert sind.

Science-Fiction-Filme haben Höhlenumgebungen mit abgeschiedenen uralten Städten geschaffen, in denen es von Maulwurfsmenschen wimmelt. In der Realität beherbergen Höhlen noch weit merkwürdigere Bewohner. Und diese, so glauben einige Wissenschaftler, haben das Potenzial, der Menschheit von erheblichem Nutzen zu sein. Während des letzten Jahrzehnts haben Wissenschaftler zu ihrer Überraschung festgestellt, dass in den tiefsten Einschnitten der Erde Lagerstätten exotischer Mikroben zu finden sind. Diese so genannten Extremophilen sind in der Vielfalt der Spezies und in ihren individuellen Überlebensstrategien sehr viel variantenreicher als alle Pflanzen eines tropischen Regenwaldes. Mikrobiologen schätzen, dass weniger als ein Prozent der Bakterien unseres Planeten katalogisiert sind, und die Extremophilen befinden sich unter den Mikroben, die am schwierigsten zu untersuchen sind – gar nicht zu reden davon, wie man in der Natur Proben von ihnen gewinnt. Diese in der Tiefe lebenden Mikroorganismen sind so fremdartig, dass sie für NASA-Wissenschaftler von Interesse sind, die zu verstehen versuchen, wie unter der eisigen Marsoberfläche oder in dem gefrorenen Ozean des Jupitermondes Europa Leben existieren könnte. Diese Bakterien haben einzigartige Überlebenstechniken entwickelt, um Extreme bei Kälte, Hitze, Säure, Druck und in einigen Fällen sogar hohe Radioaktivität zu überstehen. Diese Mikroorganismen, die weit entfernt vom Sonnenlicht und den traditionellen Nahrungsquellen überleben und sich fortpflanzen, könnten sich als vielversprechende Quellen für neue Medikamente zur Krebsbehandlung oder für neuartige Antibiotika gegen Krankheiten erweisen, die gegenüber gebräuchlicheren Arzneien resistent sind. So wie Penicillin von einer natürlichen Abwehrreaktion stammt, die ein Käseschimmelpilz erzeugt, tragen Extremophile möglicherweise einzigartige chemische Waffen in sich, die dem Menschen von Nutzen sein könnten. Biologen, denen sich die extreme genetische Vielfalt dieser mikroskopischen Höhlenbewohner allmählich erschließt, gelangen zu einem neuen Verständnis der Natur und Geschichte allen Lebens auf der Erde.

Höhlengänger wie Hazel Barton und Nancy Aulenbach mögen zunächst von dem bloßen physischen Kitzel der Erkundung eines unentdeckten Landes voller verborgener Gefahren unter die Erde gelockt worden sein. Inzwischen schließen sie sich internationalen Expeditionen nicht so sehr wegen der neuen Galerie an, die sie finden werden, sondern wegen der Informationen, die sie zurückbringen. Wie ein Prometheus der Wissenschaft hoffen Höhlenforscher im Verborgenen tiefe Erkenntnisse zu gewinnen, tatsächliche Pioniere sein zu können. Auf dieser Expedition hoffte die Mikrobiologin Hazel winzige Lebensformen zu finden und untersuchen zu können, die sich auf unerklärliche Weise so angepasst haben, dass sie in einer gefrorenen Erdschicht überleben.

Zunächst einmal betrachtete sich Hazel jedoch wie Nancy vor allem als Höhlengängerin. So aufregend das vor ihr liegende wissenschaftliche Potenzial auch sein mochte, das Labor lag ihr in diesem Augenblick fern. Aufregung erhellte die Gesichter der beiden Frauen, als sie die Malik-Gletschermühle in Augenschein nahmen.

In den vergangenen zehn Jahren habe ich das Glück gehabt, mehrere solcher Mikrobenpioniere tief unter die Erde zu begleiten und den Kitzel bei ihren Entdeckungen merkwürdigen neuen Lebens zu teilen. Als Journalist ohne wissenschaftliche Ausbildung war ich 1997 und 1998 überrascht, selbst ein paar Höhlenbakterien zu entdecken. Noch ein weiteres Mal hatte ich Gelegenheit, an einer Star-Trek-ähnlichen Erkundung unbekannter Welten teilzunehmen, diesmal mit MacGillivrary Freeman Films und ihrem Filmteam, die Hazel Bartons und Nancy Aulenbachs Abstiege 1998 in die Eishöhlen in Grönland, 1999 in die längsten Unterwasserhöhlen der Welt unter der mexikanischen Halbinsel Yucatán und 2000 in die Kalksteinhöhlen und Canyons in der amerikanischen Wildnis dokumentierten.

Dieses Buch erzählt von den Höhlen und von Menschen, die das Wagnis ihrer Erkundung auf sich nahmen, es berichtet von wissenschaftlichen Entdeckungen und zeigt außergewöhnliche Bilder dieser unsichtbaren unterirdischen Welten. Es begann damit, dass Hazel Barton sich auf einer Eisklippe in Grönland gegen ein Seil lehnte und einen Schritt zurück tat, dorthin, wo ihre französischen Gastgeber eine Höhle mit Weltrekordtiefe vermuteten und sie einige rätselhafte Lebewesen zu finden hoffte, die mit einem Trick ihre Lebenstätigkeit vorübergehend einstellen können.

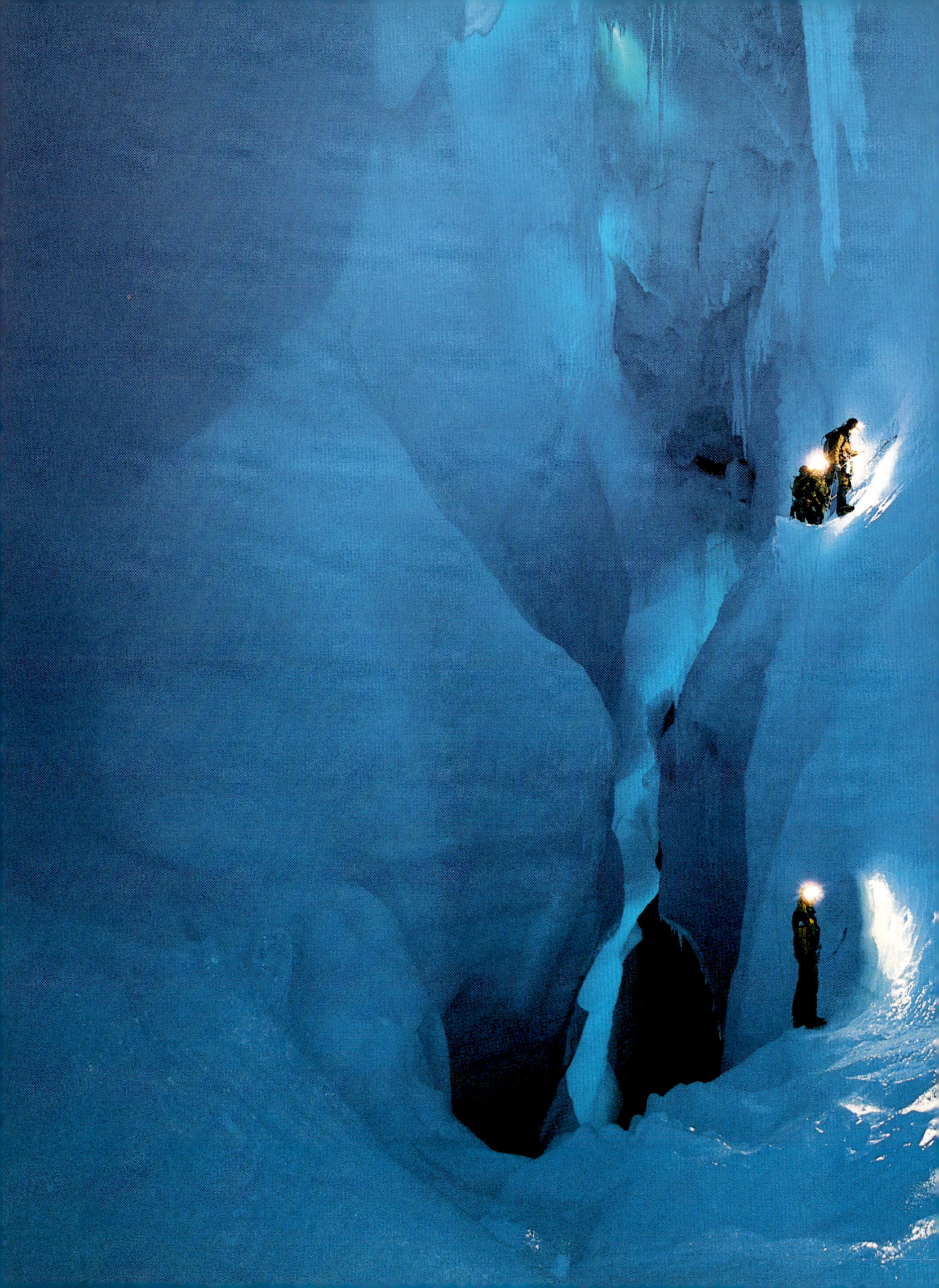

EIS
Ins Herz von Grönland

WÄHREND ICH DORT SO SASS UND MIR DAS EIS AUS DEM BART KLAUBTE, WURDE DIE HÖHLE PLÖTZLICH VON EINEM DONNERN ERSCHÜTTERT, UND EIN GROSSER STEIN STÜRZTE AUS DER WAND. HÄTTE ER UNS GETROFFEN, WÄREN WIR WOHL GETÖTET WORDEN.

―――

Peter Freuchen über eine Grönland-Expedition 1910
in Arctic Adventure: My Life in the Frozen North

Vorhergehende Seiten: Tageslicht dringt über hundert Meter tief durch das Eis und taucht dort eine so genannte Gletschermühle – einen senkrechten Eisschacht – in ein unheimliches Blau.

Rechts: Die gewellte Oberfläche des Gletschers deutet auf entsprechende Unebenheiten des Gesteins – wo diese bekannt sind, helfen sie, Schmelzwasser-Cañons zu lokalisieren, die Eishöhlen bilden.

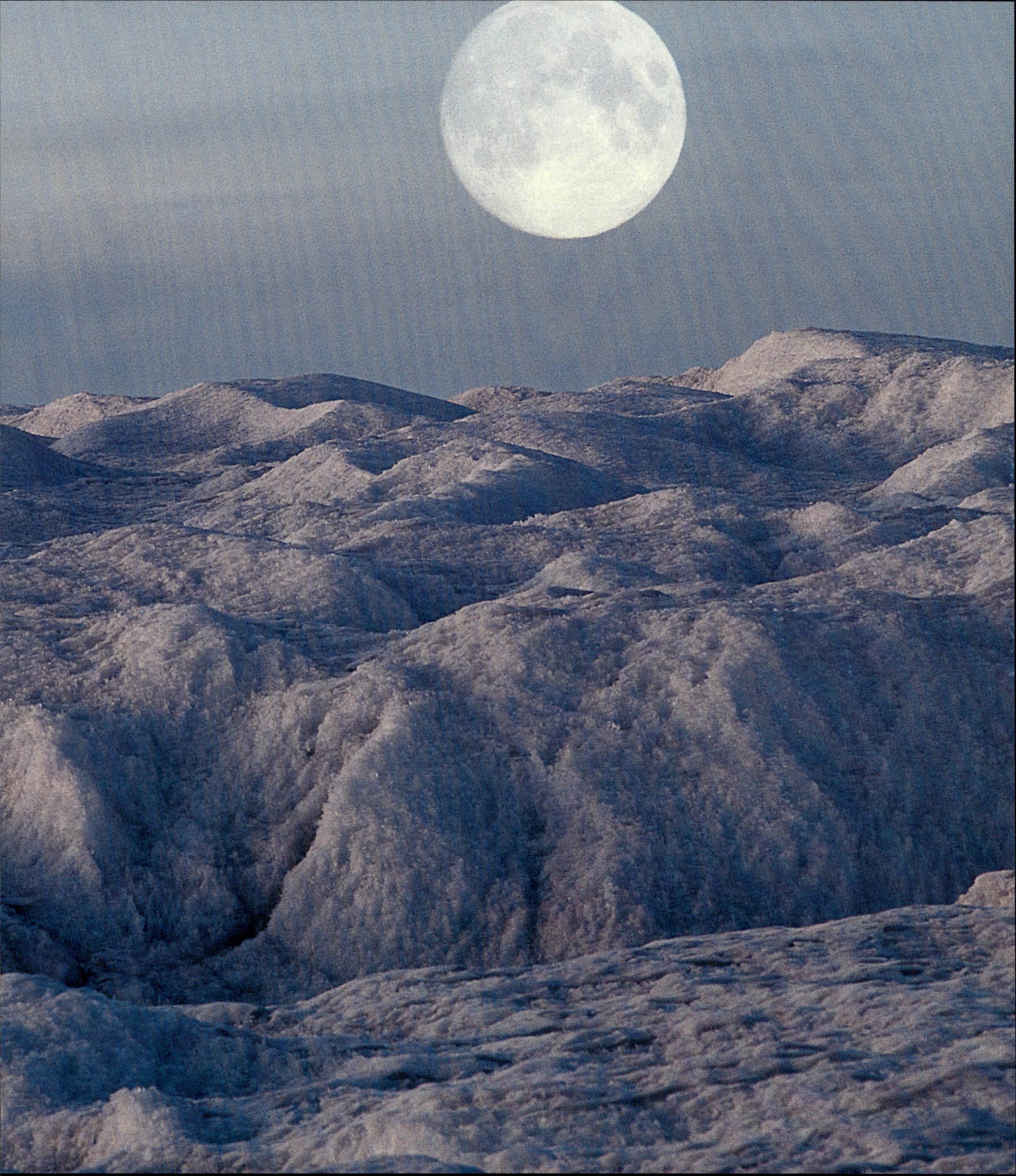

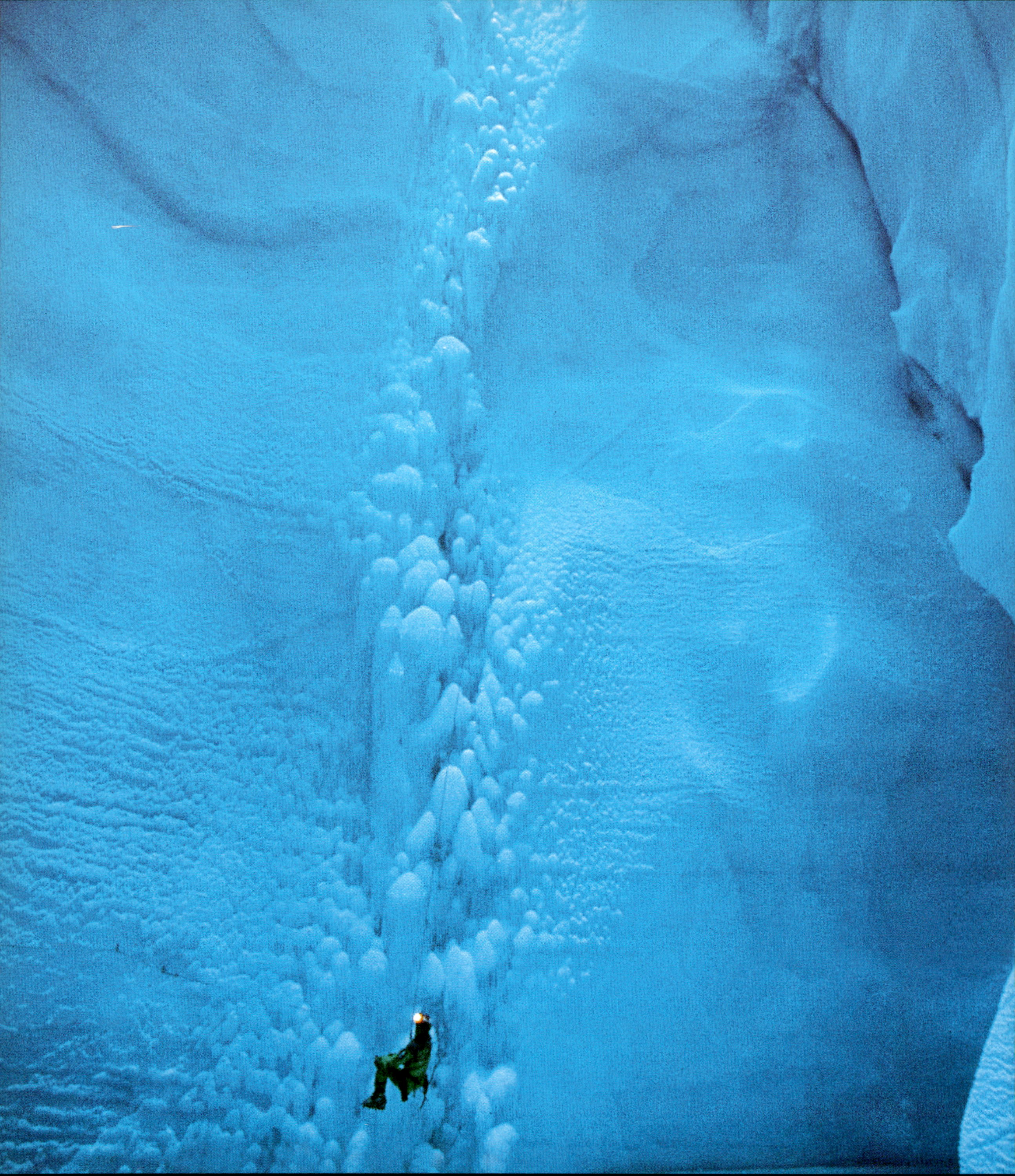

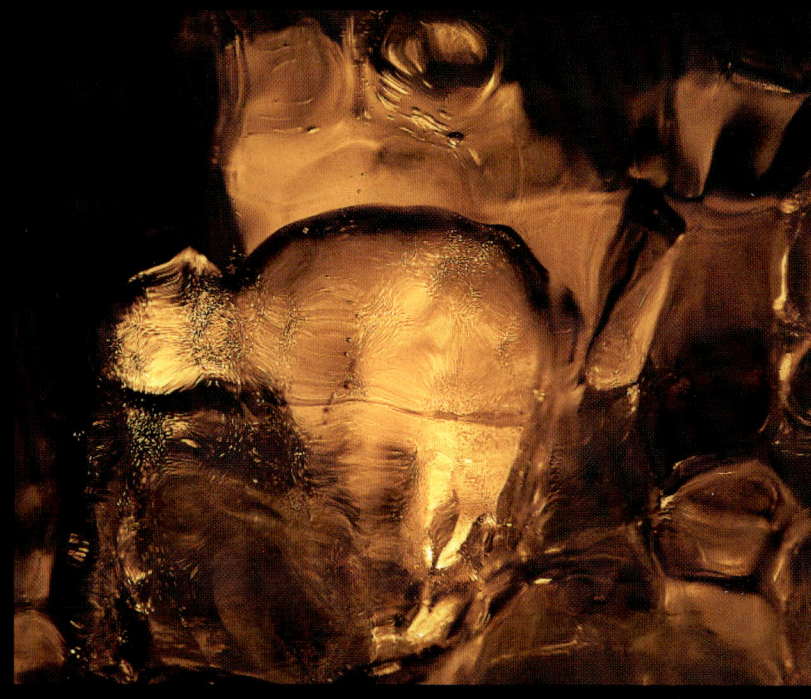

Links: Kleine Tröpfchen von der herabfallenden Gischt verbinden sich zu »Eisbällen«, die über 100 Meter tief eine Gletschermühle hinabzustürzen scheinen. Oben: Der gelbe Schein der Karbidlampe eines Höhlengängers durchleuchtet eine sonst farblose Eisformation tief unter der Erde. Die Kombination aus schnell fließendem Wasser und vom Wind erzeugter Gischt lässt überall in der Eishöhle phantastische Formen entstehen.

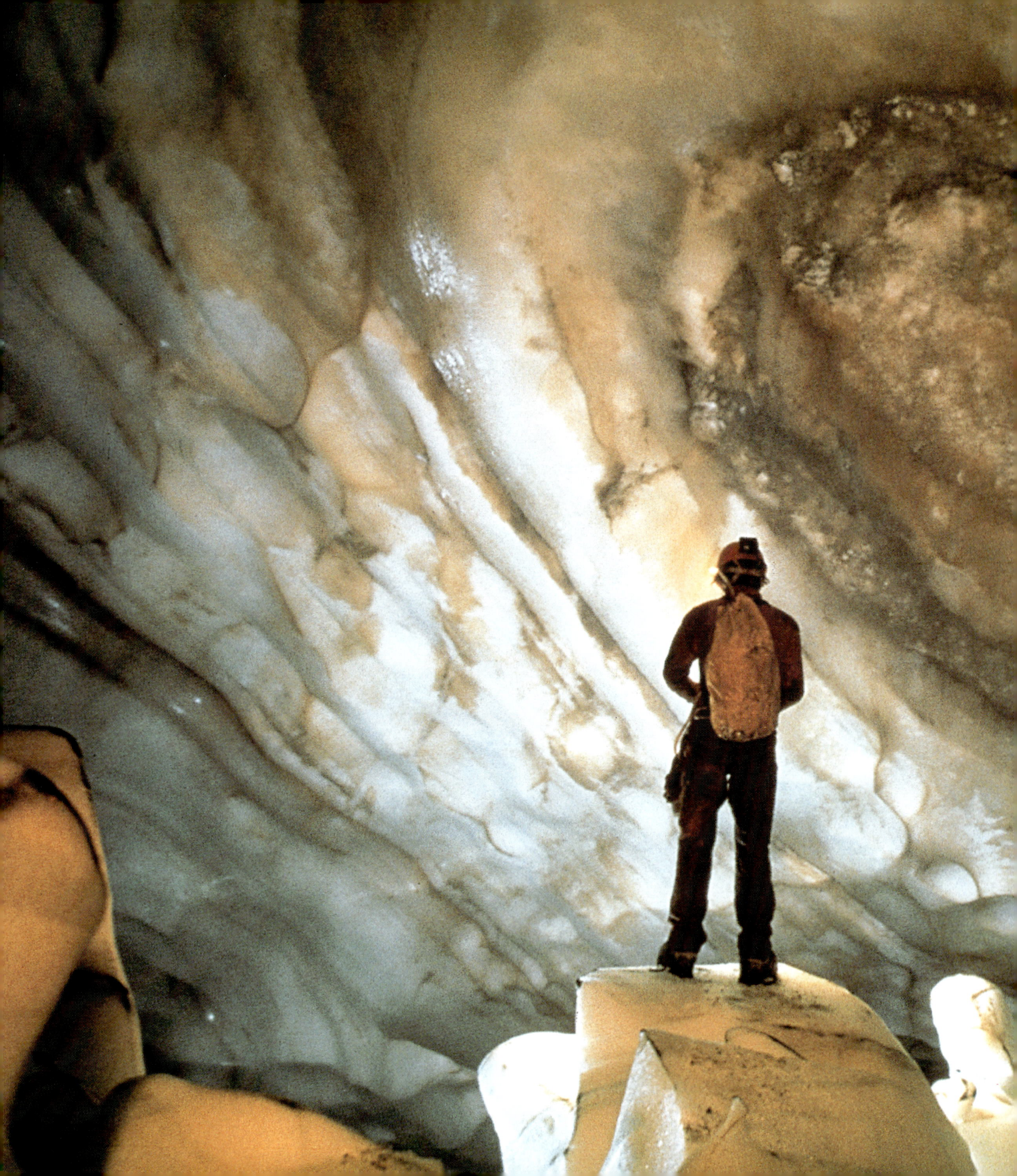

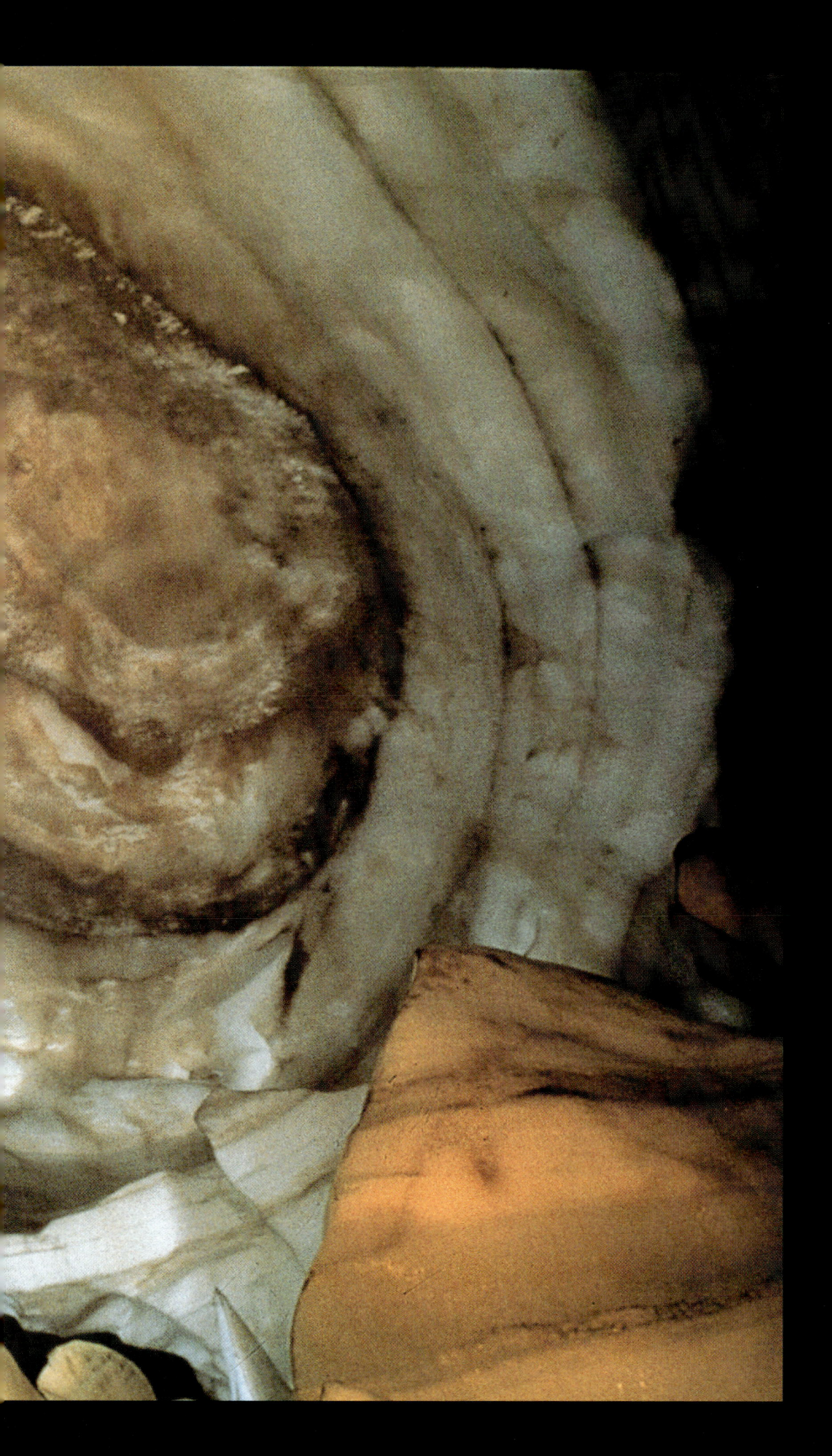

Kyerksgöll, eine ungewöhnliche Gletscherhöhle auf Island, entstand durch Hitze, die aus einem Vulkan aufsteigt. Wenn der Gletscher über die Wärmequelle gleitet, dehnt sich die Höhle langsam aus. Der Vulkan liefert Schwefel und andere Mineralien, die dem Eis eine Orangefärbung verleihen – und als Energiequelle für unsichtbare mikrobische Ökosysteme dienen könnten.

KAPITEL 1

Unermessliche Schattenwelt

Unter der Außenhaut der Welt verbergen sich viele Höhlen. Sie alle sind von der Natur des darüberliegenden Landes besonders geformt und besonders geprägt. Höhlen sind für eine Oberflächenlandschaft so etwas wie Venen und Kapillare für ein menschliches Gesicht – die verborgene Struktur eines untrennbaren Ganzen. Ob es die bekannteren Tunnel in erodiertem Kalkstein, die Lavaröhren in vulkanischen Landschaften oder die Eishöhlen sind, die sich unter fließenden Gletschern winden, stets gibt die Oberfläche Forschern Hinweise auf Form und Größe dessen, was darunter liegt. Um eine bedeutende neue Höhle zu finden, muss der Höhlenforscher die geologische Schichtung des Landes kennen. ■ Einer der ersten Europäer, der systematisch die Geografie des Grönlandeises untersuchte, war ein junger Däne namens Peter Freuchen, mit 18 Jahren ein aufgeweckter, tüchtiger Medizinstudent an der Universität von Kopenhagen. Freuchen war in einem Dorf an der Küste aufgewachsen; da er gelegentlich auf Schiffen aushalf, hatte er gut trainierte Muskeln. Groß und breitschultrig, dazu wohlerzogen, war er bei seinen Professoren und deren Töchtern beliebt. Das Gesicht des jungen Mannes zeigte einen grüblerischen Ausdruck, der zu seiner romantischen Affinität zum Meer passte. In seiner Freizeit konnte man ihn dabei antreffen, wie er am Hafen den Geschichten der Seeleute lauschte

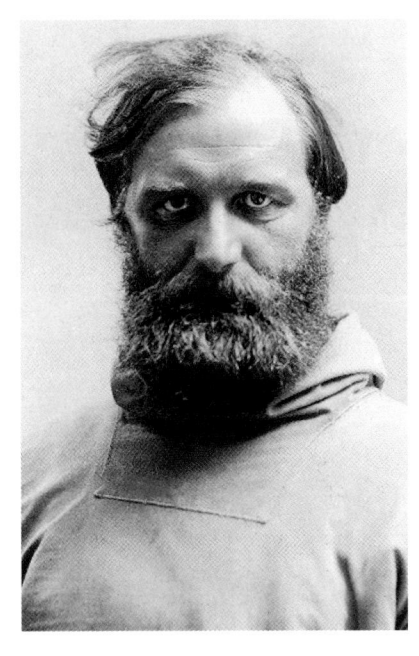

Oben: Peter Freuchen im Jahr 1921, nachdem er fast anderthalb Jahrzehnte im Eis gelebt hatte. Rechts: Zusammengeballter Schnee bildet in vielen Eishöhlen Grönlands eine lockere einsturzgefährdete Decke.

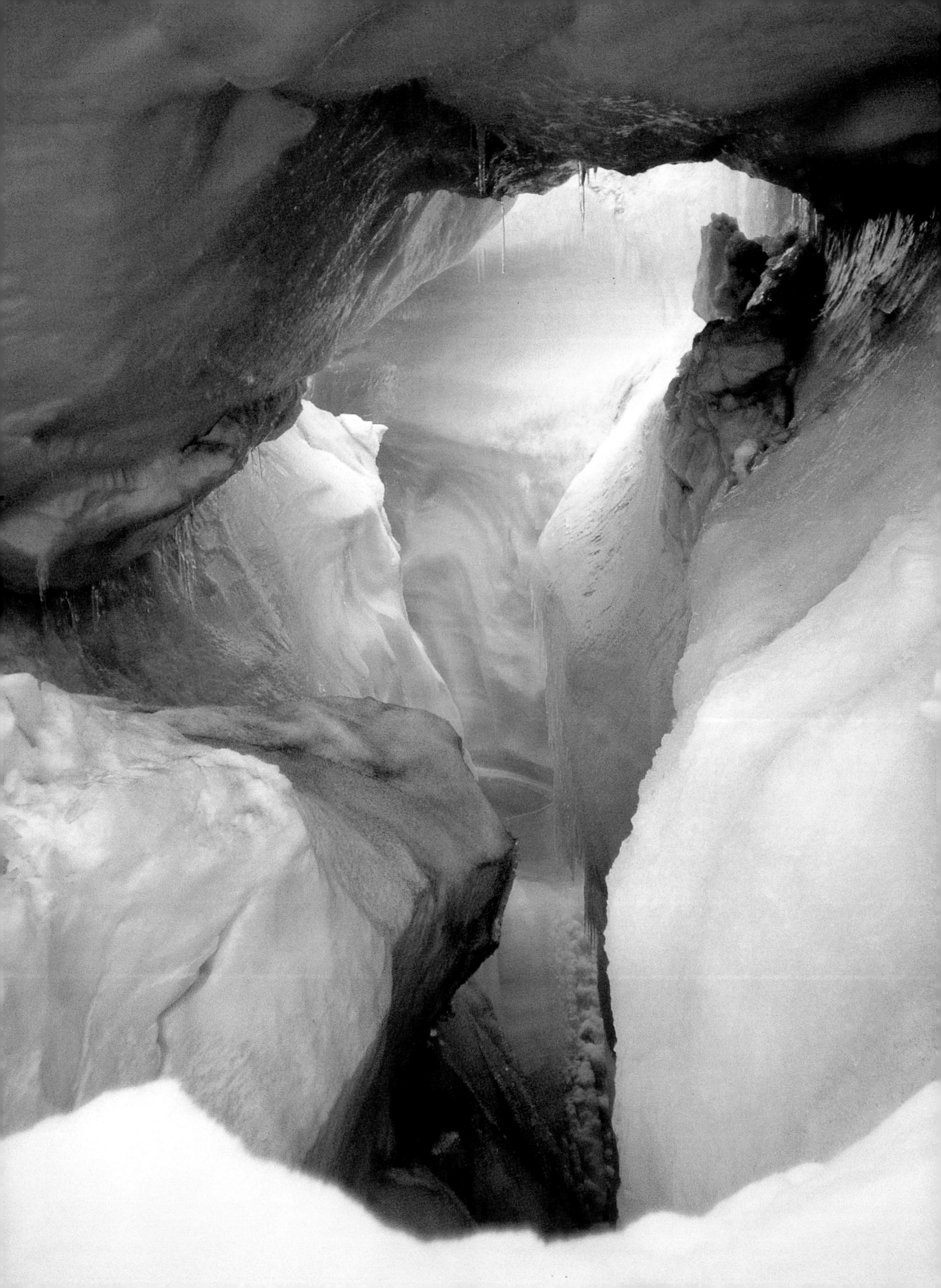

Ein Mitglied von Peter Freuchens Expedition steht 1910 vor einem Aufschluss des grönländischen Inlandeises. Die dunklen Bänder entstanden in den Sommern, als für kurze Zeit Algen auf dem Eis erblühten. Aus der Stärke der einzelnen Schichten können Wissenschaftler frühere Klimaschwankungen ermitteln.

oder allein in dem kleinen Boot, das er seit dem achten Lebensjahr besaß, hinaussegelte und mit den Augen den Horizont absuchte.

Freuchen war von der Naturwelt fasziniert und überlegte sogar kurz, Geologe oder Biologe zu werden. Doch wie er 30 Jahre später in seinen ausgezeichneten Memoiren Arctic Adventures berichtete, war er überzeugt, dass »solche Forschung dem Dilettanten oder dem bemittelten jungen Mann anstand, und ich wusste, dass ich meinen eigenen Weg gehen musste«.

Die medizinische Wissenschaft machte 1905 große Fortschritte, und Freuchen spürte, dass der Arztberuf ihm eine sichere Zukunft bot. So wäre es zweifellos auch gekommen, hätte nicht ein Erlebnis in der Notaufnahme den Glauben des Studenten in die Medizin erschüttert und ihn endgültig fortgetrieben in die frostige altertümliche Welt, die seine Heimat werden sollte. Ein Hafenarbeiter verunglückte beim Entladen eines Frachters. Der Schädel war bis zur Unkenntlichkeit gequetscht, Glieder und Brustkorb fast zerdrückt, man hielt den Mann zunächst für tot. Doch ein Zuschauer bemerkte einen schwachen Herzschlag, und der junge Freuchen, der im Kopenhagener Krankenhaus Dienst tat, assistierte mehreren Ärzten bei einer langen Operation.

Alle hielten den Fall für hoffnungslos: Der Mann hatte zu viel Blut verloren, zu viele Verletzungen erlitten. Und doch überlebte er. Sechs Monate lang beobachtete Freuchen die langsame Genesung des Patienten, fasziniert vom Überlebenswillen des Menschen und der Heilkraft des Körpers. An dem Tag, an dem der

Seemann entlassen wurde, versammelten sich Chirurgen aus ganz Europa in Kopenhagen, um dem Team und dem Patienten zu gratulieren. Alle sahen andächtig zu, wie der Mann langsam den Weg von seinem Zimmer zum Krankenhaustor zurücklegte. Er trat auf die Straße, wo er – als wäre der Weltlauf zu einem schlechten Scherz aufgelegt – sogleich von einem der ersten Automobile Kopenhagens erfasst und getötet wurde.

Der Vorfall »ließ mich vor ohnmächtiger Wut auflodern«, schrieb Freuchen. »Ich entschied, dass ich nicht zum Arzt geschaffen sei, und verließ auf der Stelle die Universität«.

Zufällig unterstützte die dänische Regierung gerade zu dieser Zeit eine Expedition zur Erforschung und Kartierung Nordgrönlands, und Freuchen bestürmte den Leiter, bis dieser ihn als Mitglied der Mannschaft akzeptierte. Wie Erik der Rote, der ein Jahrtausend zuvor aus Norwegen verstoßen worden war, machte Freuchen sich das Nordland zu Eigen. Als erstes meldete er sich für ein Vorauskommando der Expedition, um bei den einheimischen Inuit, zu denen er sich unerklärlich hingezogen fühlte, Hunde zu kaufen. Trotz der alltäglichen Härten im Leben der Inuit schienen die Augen in den ansonsten ausdruckslosen Gesichtern dieses Volkes immer mit lebendigem Humor erfüllt zu sein. Winterstürme ließen ihre Haut erfrieren, und die Sommersonne verbrannte sie, bis ihre Gesichter glänzten wie Lackleder. Männer und Frauen schienen gleichermaßen einen Fremden nicht nach dem zu beurteilen, was er war oder was er besaß, sondern nach seiner Bereitschaft zu lernen und an einer gemeinsamen Sache mitzuwirken. Freuchen sah in einer solchen Haltung Freiheit und Demokratie. Für den Rest seines Lebens sollte er die Bräuche der Inuit studieren und sie befolgen.

Ein Jahr nach seiner Ankunft in Grönland meldete er sich als Besatzung der ersten Forschungsstation, die am Rand des Inlandeises errichtet werden sollte. Als die kleine Holzhütte fertig war, maß sie ungefähr drei mal fünf Meter, und sie verlor sogleich an Raum, weil sich der Atem der Forscher als Eisschicht an den Wänden niederschlug.

»Schließlich wurde der Raum so klein, dass zwei Männer nicht aneinander vorbeigehen konnten, ohne sich mit den Ellbogen zu stoßen«, erinnerte sich Freuchen.

Zunächst in der Gesellschaft von zwei weiteren Freiwilligen verbrachte er fast ein Jahr damit, das Inlandeis in Relation zur Geologie des Untergrundes zu untersuchen. Während des langen Polarwinters flüchteten seine Mitbewohner mit einem Versorgungsschiff. Freuchen blieb allein zurück. Sechs Monate lang war er umgeben vom Wind, der ungehindert über das Eis fegte. Nachts kämpfte er gegen umherstreunende Wolfsrudel, die trotzdem seine Hunde und einen Großteil seiner Vorräte verschlangen.

Im Oktober erhellten jeden Mittag einige schräge Strahlen der schwindenden Sonne eine Bergspitze in der Nähe. Freuchen kletterte jeden Tag hinauf, um die Bewegungen des Eises in der 1000 Meter hohen Stirnwand des Inlandeises auf drei Höhen aufzuzeichnen. Nach und

1912 schloss sich Freuchen Knud Rasmussen auf der ersten Expedition an, die zu Fuß von »Ultima Thule«, dem Land im äußersten Norden (links auf der um 90° gekippten Karte), ostwärts über das Inlandeis aufbrach. Freuchen machte fünf solcher Reisen, bevor er durch Erfrieren einen Fuß verlor.

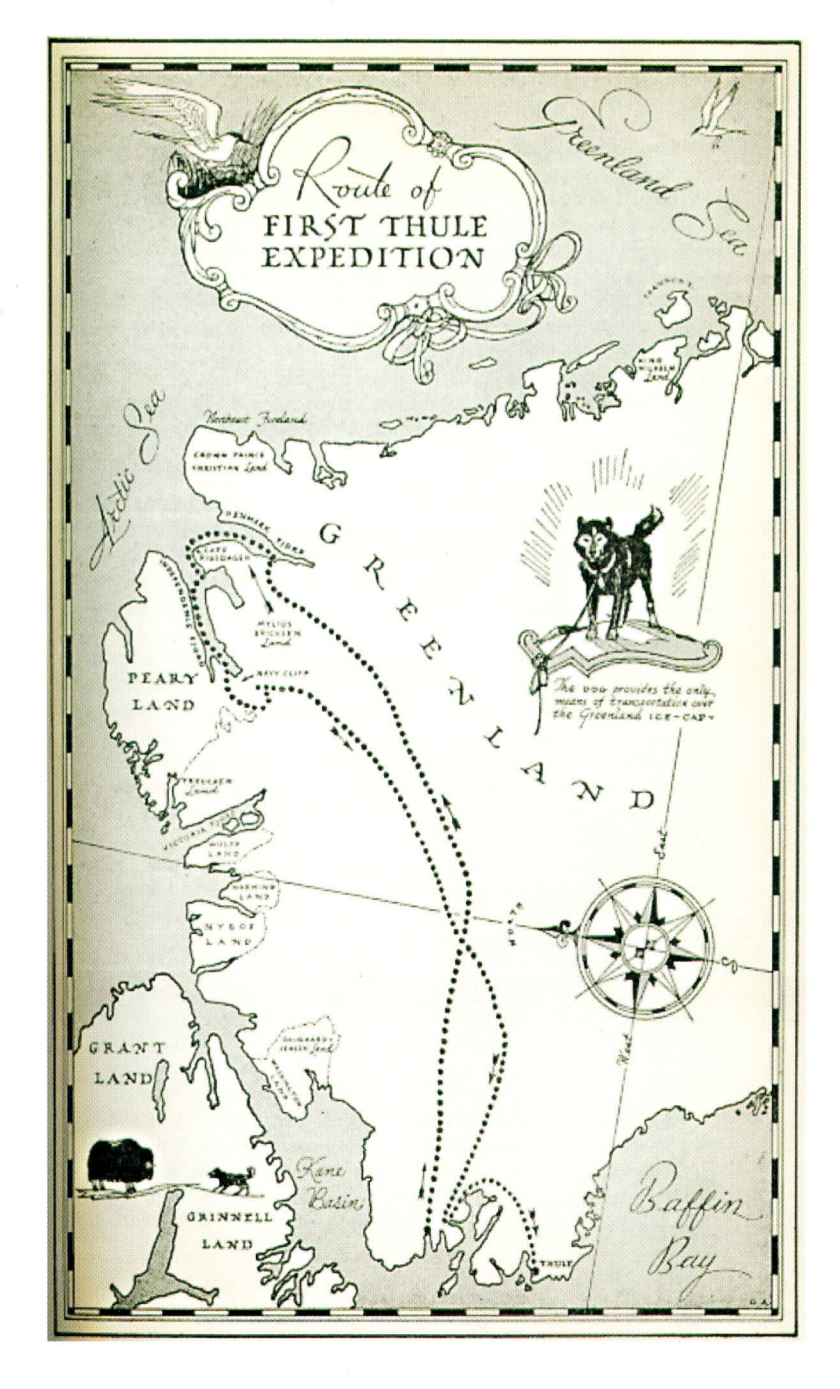

nach kannte er jeden Vorsprung, jede Gletscherspalte und jede Höhle genau. Als die völlige Dunkelheit des Winters sich auf das Land legte, konnte er den Weg nach oben ertasten.

Das Inlandeis Grönlands ist im nordöstlichen Quadranten der annähernd wie ein Zahn geformten Insel am dicksten. Den höchsten Niederschlag erhält das Gebiet etwa 160 Kilometer westlich von Pustervig, der östlichen Meeresbucht, in der Freuchen die Forschungsstation unterhielt. Dort erreicht die Eisdecke eine Stärke von über 3000 Metern. Etwa 300 Billionen Tonnen Eis drücken das Zentrum der Insel in die Erdkruste – entfernte man das Eis, würde das Land buchstäblich in die Höhe springen.

Die Bezeichnung »stabiles Eis« ist missverständlich. Wie Wasser fließt eine dicke Eismasse stets bergab, nur langsamer – so langsam, dass die Bewegung mit dem menschlichen Auge nicht sichtbar und nur in wenigen Zentimetern pro Jahr messbar ist. Das Grönlandeis fließt vom höchsten Punkt in der Mitte aus in alle Richtungen und steigt und fällt dabei mit dem darunterliegenden Grundgestein. Wo die Felsschicht Spalten und Erhebungen aufweist, bildet das Eis darüber Bergspitzen und Klippen, denen der Wind fantastische Formen gegeben hat. Wo das Eis über eine glatte Ebene fließt, bildet es parallele Hügelketten wie die Sandkämme am Spülsaum eines Strandes. In den Tälern zwischen den Kämmen sammelt sich im Sommer Schmelzwasser, bildet Rinnsale, die kilometerweit geradeaus fließen und Cañons ins Eis fräsen. In kalten Sommernächten gefriert die Oberfläche dieser Bäche, während das Wasser darunter sich weiter meerwärts bewegt. Im Winter frieren die Bäche ganz ein – doch mit der Zeit bilden sich lange horizontale Höhlen, deren Decke von den verharschten Schneefällen des Winters gebildet wird. An den Wänden sieht man als Linien die zusammengepressten Schichten des alten Inlandeises.

Gelegentlich treffen solche Bäche auf eine Verwerfung – meist eine Spalte – im Eis, die normalerweise mit einem Wechsel in der geologischen Formation darunter korrespondiert. Dann stürzt der Bach nach unten und bildet Schächte: so genannte Gletschermühlen, von 100 und mehr Metern Tiefe. Der Begriff leitet sich her von der Tätigkeit des Schmelzwassers von der Oberfläche, die den Gletscher förmlich »zerreiben«, also gigantische Löcher und Spalten in ihn hineintreiben. Schließlich treten die Flüsse an der Peripherie des Inlandeises aus, wobei jeder den Oberlauf eines der vielen Fjorde Grönlands bildet. Das ist der Grund, weshalb es an den Rändern der Insel so viele geologisch relativ stabile und fruchtbare, steile Täler mit artenreicher Tier- und Pflanzenwelt gibt – zumindest im Vergleich zu den lebensfeindlichen, aber in ständigem Wandel begriffenen Eisströmen des Inneren. Das Inlandeis führt geologische Vorgänge im Schnelldurchlauf durch: Hydrologische Prozesse, die in unvereistem Boden mehrere Millionen Jahre in Anspruch nehmen, können sich dort in Tagen oder Wochen abspielen.

Wenn im Winter die Schmelzwässer versiegen, können die oberen Eingänge zu den Höhlen zufrieren. Das Eis aber fließt weiter mit einer Geschwindigkeit von einigen Zentimetern pro Jahr, und so reicht diese Bewegung im Jahresverlauf aus, viele neue Höhlen zum Einsturz zu bringen. Die Unbeständigkeit dieser Umwelt macht es schwierig – und gefährlich –, sie von Nahem zu studieren. Höhlenexperten spotten über die typischen Hollywood-Bilder von Einbrüchen und Einstürzen, die meist am Beispiel von Karsthöhlen gezeigt werden, denn die Gangsysteme, die das Regenwasser in den löslichen Kalkstein wäscht, verändern sich in Wirklichkeit nur im Laufe von Jahrhunderten oder gar Jahrtausenden. Im Gegensatz zu erdgebundenen Höhlen können jedoch ein falscher Schritt oder ein lauter Schrei im Eis tatsächlich die Wände kollabieren lassen. Trotz der Gefahren lohnt es sich, sie zu erforschen, denn in der hier aufgeschlossenen Schichtung des Eises steht die Geschichte des Erdklimas geschrieben.

Ein Foto aus dem Jahr 1910 zeigt ein Mitglied von Freuchens Expedition, wie er an der Basis einer frei liegenden Klippe aus altem Eis in einem der Flusscañons steht. Die im Profil leicht gewellten Wände zeigen ein Muster aus schwarzen und weißen horizontalen Bändern. Freuchen stellte fest, dass die dunklen Linien dem Sommer entsprechen, wenn die Oberfläche des Eises fortgesetzt schmilzt und wieder gefriert und dabei seichte, algendunkle Pfützen bildet, mit denen die Landschaft in dieser Jahreszeit auf Hunderte von Kilometern übersät ist. Die weißen Linien entsprechen den Schneefällen des Winters. Auf dem Weg hinunter ins Inlandeis zählte der Forscher die schwarzen und weißen Bänder und stellte fest, dass man daran das Klima vergangener Jahrzehnte und Jahrhunderte ablesen konnte.

Diese Technik wird heute von Wissenschaftlern angewendet.

Eine Studie über die Bänder im Grönlandeis, die 1998 in der Zeitschrift Science veröffentlicht wurde, gab Aufschluss über Temperaturschwankungen im Verlauf mehrerer zurück liegender Jahrtausende. Der Studie zufolge lagen die Temperaturen vor 5000 Jahren, als die Inuit in dieser Gegend ihre erste Blütezeit erlebten, um 2,5 °C über den gegenwärtigen. Als Erik der Rote vor gut 1000 Jahren die ersten Siedlungen in Grönland errichtete, war es immer noch etwa 1,1 °C wärmer als heute. Dagegen lag der Temperaturdurchschnitt während einer Klimaverschlechterung, der so genannten Kleinen Eiszeit, im späteren Mittelalter – zu der Zeit also, als die Wikingersiedlungen aus ungeklärten Gründen verschwanden – um 1,1 °C unter dem heutigen Mittelwert. Und auf dem Höhepunkt der letzten wirklichen Eiszeit, vor rund 22 000 Jahren, lagen die Durchschnittstemperaturen gewaltige 22,8 °C unter dem gegenwärtigen Level.

Das Inlandeis könnte auch Hinweise auf künftige Klimaveränderungen geben. Eine Studie von NASA-Wissenschaftlern von 1999 bestätigte, dass die Eisdecke Grönlands im zurückliegenden Jahrzehnt abgenommen hat. Gletscher an der Südostküste dünnen aus, möglicherweise aufgrund einer globalen Erwärmung. Forscher, die Luftaufnahmen der Eisdecke, die 1993 und 1994 gemacht wurden, mit solchen von 1998 verglichen, kamen zu dem Schluss, dass Teile der Eisdecke in Ozeannähe pro Jahr um etwa einen Meter abgenommen hatten. Währenddessen waren Eisschichten

Eine einzelne Gestalt bewegt sich bei Sonnenuntergang auf das Basiscamp zu. Die Expeditionsmitglieder trugen Funkgeräte und Sender des globalen Positionssystems (GPS) bei sich, mit dem sie zur Orientierung in den endlosen, gleichförmig gewellten Eisflächen jederzeit ihre Position feststellen konnten.

Die Eishöhlen Grönlands münden in lange schmale Fjorde, in fruchtbare Küstentäler. Die für die geographische Lage üppig grüne Pflanzenwelt stammt vom Süßwasser und den Mineralien, die die Gletscher mitführen.

im Innern um bis zu 25 Zentimeter dicker geworden, doch der Nettoeffekt war ein Masseverlust für das gesamte Inlandeis.

Die Studie stellte fest, dass außerdem Gletscher mit einer höheren Geschwindigkeit pro Jahr in den Ozean flossen, wodurch laut Bill Krabill, einem Forscher im NASA Goddard Space Flight Center, der Meeresspiegel in Zukunft weltweit deutlich ansteigen könnte. Krabill spekulierte, dass die Gletscher ihren Weg zum Ozean deshalb schneller zurücklegten, weil das geschmolzene Eis an der Oberfläche bis auf das Grundgestein sickert und die Eismassen über diese Flüssigkeitsschicht gleiten. Erkenntnisse über die Eishöhlen, die das Wasser transportieren, könnten Einblick geben, wie man den Anstieg der Meere in einer Periode der globalen Erwärmung abschätzen kann.

Für Freuchen und seine Leute hingegen waren die Eishöhlen Grönlands Zufluchtsorte vor der grausamen Kälte.

Weihnachten 1910 gerieten er und eine Gruppe von Inuit-Jägern auf dünnes Eis, als sie versuchten, mit Hundeschlitten zur Insel Tasiusaq vor der Westküste zu gelangen. Getrennt von den anderen saß Freuchen auf einer treibenden Eisscholle fest – überzeugt, dass er sterben werde. Gelegentlich hörte er aus der Ferne den Schrei eines seiner Gefährten, die selbst auf eisigen Flößen gefangen waren, stundenlang aber sah er keinen Menschen und konnte mit niemandem kommunizieren. Unterdessen fiel die Temperatur unter minus 20 °C.

Später trieb ein Inuit-Schamane namens Asayuk so dicht vorbei, dass Freuchen zu ihm hinübergelangte. Die ganze lange Nacht hindurch wartete der alte Mann auf Eisschollen, die das Gewicht von zwei Männern sicher tragen konnten. Kurz vor Sonnenaufgang entschied er, dass sie der Küste nahe genug war. Glücklicherweise war Ebbe und das eiskalte Seewasser keinen Meter tief, so dass sie an Land waten konnten. Die durchnässten Männer hörten bald Rufe von den anderen Mitgliedern ihrer Gruppe. Sie suchten Zuflucht in einer Eishöhle, wo die übrigen bereits ein kleines Feuer entfacht hatten.

Während die zitternden Männer sich erholten, brach ein riesiger Eisblock aus der Wand und zerschellte dicht bei Freuchen auf dem Boden. Er fuhr auf, dachte, das Feuer beginne die Wände zu schmelzen, und machte sich bereit, hinaus in die Kälte zu laufen. Asayuk erklärte, dass der Geist des Berges Dunkelheit für seinen Schlummer fordere, denn es sei Winter. Der Geist werde niemandem Schaden zufügen, wenn die Eindringlinge ihm Fleisch zurückließen, wenn sie fortgingen. Freuchen protestierte, aber Asayuk interpretierte die Tatsache, dass keiner von ihnen getroffen worden war, als Beweis für das Wohlwollen des Geistes.

»Ich versuchte, den wissenschaftlichen Grund für die Explosion zu erklären«, erinnerte sich Freuchen. »Aber Asayuk sah mich an, wie ein Mann ein Kind ansieht, das noch nicht in der Lage ist, unabänderliche Wahrheiten zu begreifen. Er setzte mir geduldig auseinander, dass er diese Erklärung auch schon von Verhoeff gehört habe, einem überaus klugen Herrn, der Peary gefolgt sei. Und Verhoeff sei verschwunden und nie wieder aufgetaucht – der Geist des Berges habe ihn mitgenommen, um ihm zu zeigen, was die Wahrheit sei«.

Freuchen bereiste Grönland weiterhin und studierte, zusammen mit seinem Freund, dem berühmten Forscher Knud Rasmussen, die Lebensweise der einheimischen Bevölkerung. Er heiratete eine Inuit mit Namen Navarana – über sie berichtet der Wissenschaftler in mehreren seiner späteren Bücher – und hatte mit ihr zwei Kinder. Sie starb während einer Grippeepidemie 1921. Dann, 1923, traf Freuchen auf einer Expedition zur Westküste von Baffinland auf einen Geist, der weit weniger wohlwollend war als jener, dem er 13 Jahre zuvor in der Eishöhle begegnet war.

In einem undurchdringlichen Schneesturm von seiner Gruppe getrennt, grub Freuchen einen flachen Graben in den Schnee und zog seinen Schlitten darüber. Erschöpft sank er in Schlaf. Beim Erwachen war sein linker Fuß völlig taub. Als er versuchte, sich zu bewegen, merkte er, dass sein Schlitten über ihm festgefroren war. Schließlich kaute er auf einem Streifen Bärenfell herum und befeuchtete ihn auf diese Weise; das Stück gefror und wurde so hart wie Eisen. Mit diesem improvisierten Werkzeug gelang es ihm, eine kleine Öffnung in den Schnee zu kratzen und sich unter dem Schlitten hervorzuziehen.

Eine Jagdgesellschaft rettete Freuchen, aber als sein Fuß auftaute, setzte sich Brand fest. Das Fleisch um die Zehen fiel ab, bis die Knochen hervortraten. Die Schamanin, die ihn behandelte, wollte seine Zehen abbeißen, um zu verhindern, dass böse Geister in seinen Körper schlüpften. Freuchen entschied sich jedoch, sie sich selbst mit einem Hammer abzuschlagen. Er verlor schließlich den Fuß und bekam eine Prothese aus kunstvoll geschnitztem Walrosszahn. Mit seinem Sohn kehrte der Polarforscher nach Dänemark zurück, wo er als Autor mehrerer Sachbücher, Romane und Filme über seine Zeit in Grönland berichtete.

Er, der in Frieden und Freiheit mit den einheimischen Völkern gelebt und viel von ihnen gelernt hatte, wurde zu einem entschiedenen Gegner der Nationalsozialisten und arbeitete während des Zweiten Weltkriegs in Kopenhagen für den dänischen Widerstand. Die deutschen Besatzer nahmen Freuchen in Haft und verurteilten ihn zum Tode, doch er konnte in die Vereinigten Staaten entkommen, wo er bis 1957 lebte. Sein Sohn kehrte nach Grönland zurück; seine Urenkel leben heute noch dort.

Ungefähr zu der Zeit, als Freuchen vor den Nationalsozialisten floh, stellte die US-Luftwaffe Søndrestrømfjord oder Sondrestrom Air Base, Codename Bluie West 8, in Dienst. Die Luftwaffenbasis lag am Kopf eines der längsten Fjorde Grönlands, um vor Stürmen möglichst geschützt zu sein. Nach der deutschen Besetzung Dänemarks war die Sicherheit Grönlands durch den dänischen Botschafter in Washington, Henrik Kauffmann, den USA anvertraut worden. Bluie West 8 wurde, angesichts des im allgemeinen guten Wetters, für das dieser Luftweg bekannt war, bald zu einer der wichtigsten Nachschubstationen für Flüge zwischen Amerika und seinen Verbündeten in Europa.

Nach dem Krieg diente die Luftwaffenbasis der Versorgung der Radarsysteme, die frühzeitig vor einem sowjetischen Atomraketenangriff warnen sollten. Zwischen 1954 und 1965 nutzte die Fluglinie SAS Søndrestrømfjord für Zwischenlandungen auf der langen Strecke von Kopenhagen nach Los Angeles. Auf diese Weise

Moschusochsen drängen sich in Nord-Peary-Land im Nationalpark von Nordostgrönland zusammen. Die großen Tiere teilen den Park mit Rentieren, Polarfüchsen, Schneehasen und einer überraschend großen Vogelpopulation.

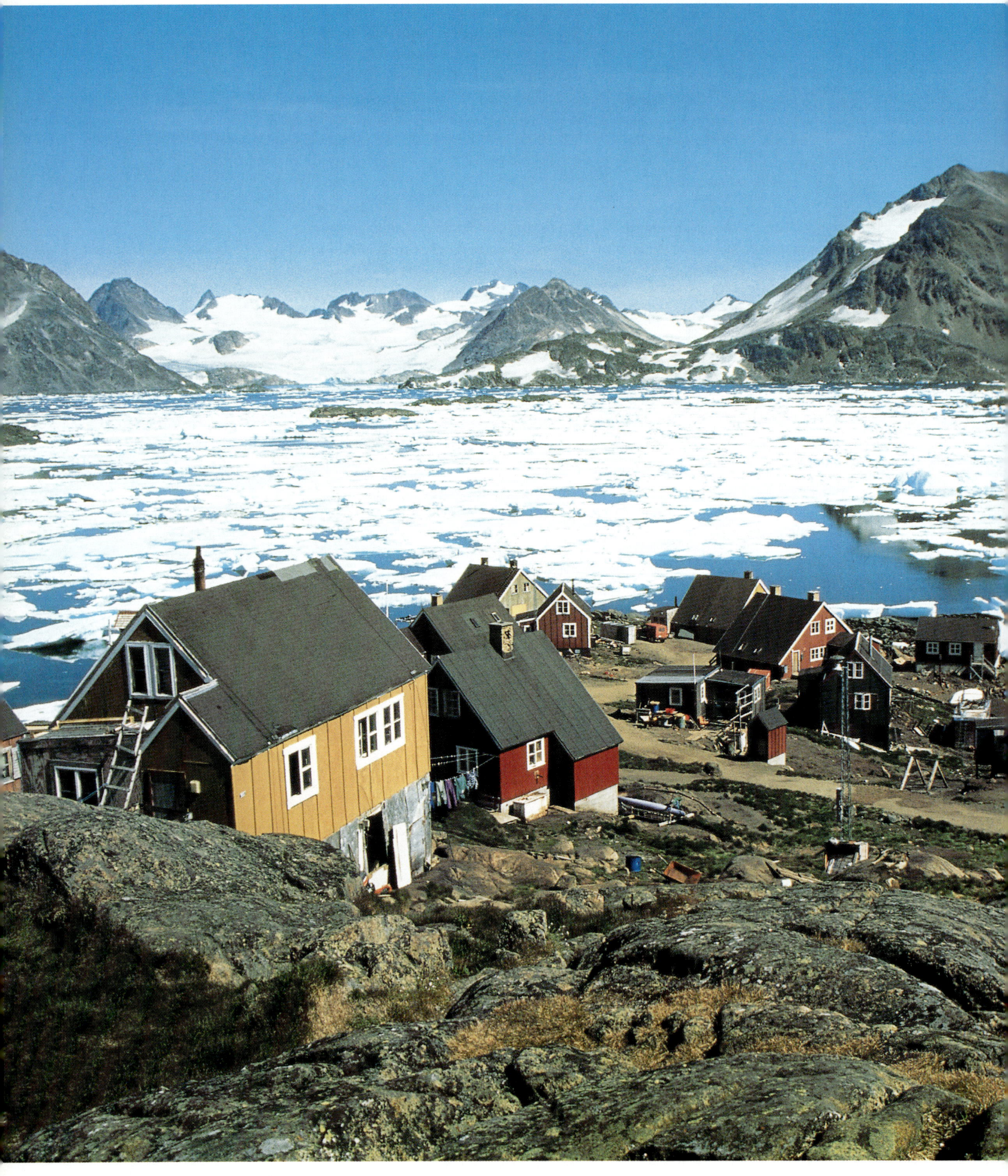

wurde der Flugplatz schließlich zum Tor für Grönlandreisen. Als der Kalte Krieg 1989 sein Ende fand, beschloss das Pentagon, seine Radarstationen in Grönland und die amerikanische Luftwaffenbasis zu schließen. 1992 wurde der Flughafen der Autonomiebehörde Grönlands unterstellt und bekam seinen ersten grönländischen Namen, Kangerlussuaq – »Langer Fjord«.

Der Fjord ist mehr als 160 Kilometer lang; so liegt der Flughafen Kangerlussuaq recht weit von der Küste, nur wenige Kilometer vom Rand des Inlandeises entfernt. Etwa 90 Prozent der Grönlandreisenden passieren heute Kangerlussuaq, eine Stadt, die immer noch einem entlegenen Militärposten gleicht. Mit gerade 325 Einwohnern ist der Flughafen Kangerlussuaq nichts weiter als ein Ort der zivilen Luftfahrt, außerhalb jeder städtischen Klassifizierung. Die Wohnbevölkerung ist direkt oder indirekt rund um den Flughafen beschäftigt.

Direkt hinter den dicht zusammengedrängten, barackenähnlichen Metallbauten stößt man auf wilde Rentiere, Moschusochsen, Polarfüchse, Schneehasen, Moorschneehühner, Ger- und Wanderfalken. Der Fjord ist die Heimat des Grönlanddorsches und des Saiblings, einer Forellenart. Während des kurzen Polarsommers ergrünt die Landschaft um Kangerlussuaq mit einer überraschend reichhaltigen Flora. Aber von November bis Mitte Juni friert der Lange Fjord zu; mehrere Wochen um die Wintersonnenwende herum erhebt sich die Sonne auch mittags nicht über den Horizont.

Obwohl die Tage Ende September 1998 bereits kürzer wurden, glitzerte das Sonnenlicht noch in der Ferne auf dem Rand des Inlandeises, als die Höhlengängerinnen Hazel Barton und Nancy Aulenbach aus der Maschine stiegen, noch etwas benommen von dem langen Flug – gar nicht zu reden vom Getränkeservice der ersten Klasse. Sogleich wurden sie in schwere Gore-Tex®-Anzüge gezwängt und in den Sikorsky-Hubschrauber verfrachtet, der sie dorthin bringen sollte, wo sie den Geistern des Berges leibhaftig begegnen konnten.

Wie die meisten Inuit-Dörfer in Grönland schmiegt sich Tunu, in der Nähe von Angmagssalik, an einen felsigen Fjord am Rand des Inlandeises. Die Insel ist umgeben von langen Tälern, die seit der Ankunft der Wikinger im 10. Jahrhundert praktisch die ganze Bevölkerung beherbergt haben. Das gewaltige Innere der Insel ist bis heute so abweisend und leer wie schon zu Zeiten Eriks des Roten.

KAPITEL 2

DAS EIS BRECHEN

Mit finsterem Gesicht ging Janot Lamberton auf Nancy Aulenbach zu. ■ »Non!« rief er, deutete auf ihre Abseilbremse, ein so genannter Rack, und sprudelte in Schnellfeuer-Französisch Schimpfworte hervor, die Nancy nicht verstehen konnte. Der Ton der Botschaft war jedoch ebenso deutlich wie die zornigen blauen Augen des Forschers: Ihm passte ihre Ausrüstung nicht. Janot rief seinen Sohn Mael, ebenfalls ein tüchtiger Höhlengänger, zum Übersetzen. Die Expedition stand auf dem Eis und horchte auf das Rauschen des Schmelzwassers tief unten, als Mael näher trat. Das Filmteam scharrte nervös. Hazel, die gerade ihren Sitzgurt anlegte, hielt inne. ■ »Das ist nicht sicher«, erklärte Mael Hazel. »Sie müssen so eines tragen«. Er hielt eine Abseil-Spule der Marke Petzl, »Stop« genannt, in die Höhe, die an seinem eigenen Gurt festgemacht war. ■ »Kommt nicht in Frage«, erwiderte Nancy. »Ich habe mein ganzes Leben lang Schächte mit einem Rack bezwungen, und das werde ich jetzt nicht ändern«. ■ »Dann müssen Sie herunter von unserem Seil«. ■ Sie blitzten einander an, zwei hoch kompetente Experten, keiner war gewillt nachzugeben. ■ Technisch gesehen waren weder die Petzl noch der Rack für die Überquerung erforderlich, denn es ging nicht darum, an einem baumelnden Seil abzusteigen,

Oben: Nancy, rechts, genießt mit Hazel einen freien Augenblick im Messezelt. Rechts: Ein Höhlengänger seilt sich ab. Die Kletterer mussten oft mittags aus den Schächten aussteigen, bevor die Gischt der nachmittäglichen Schneeschmelze die Seile vereiste.

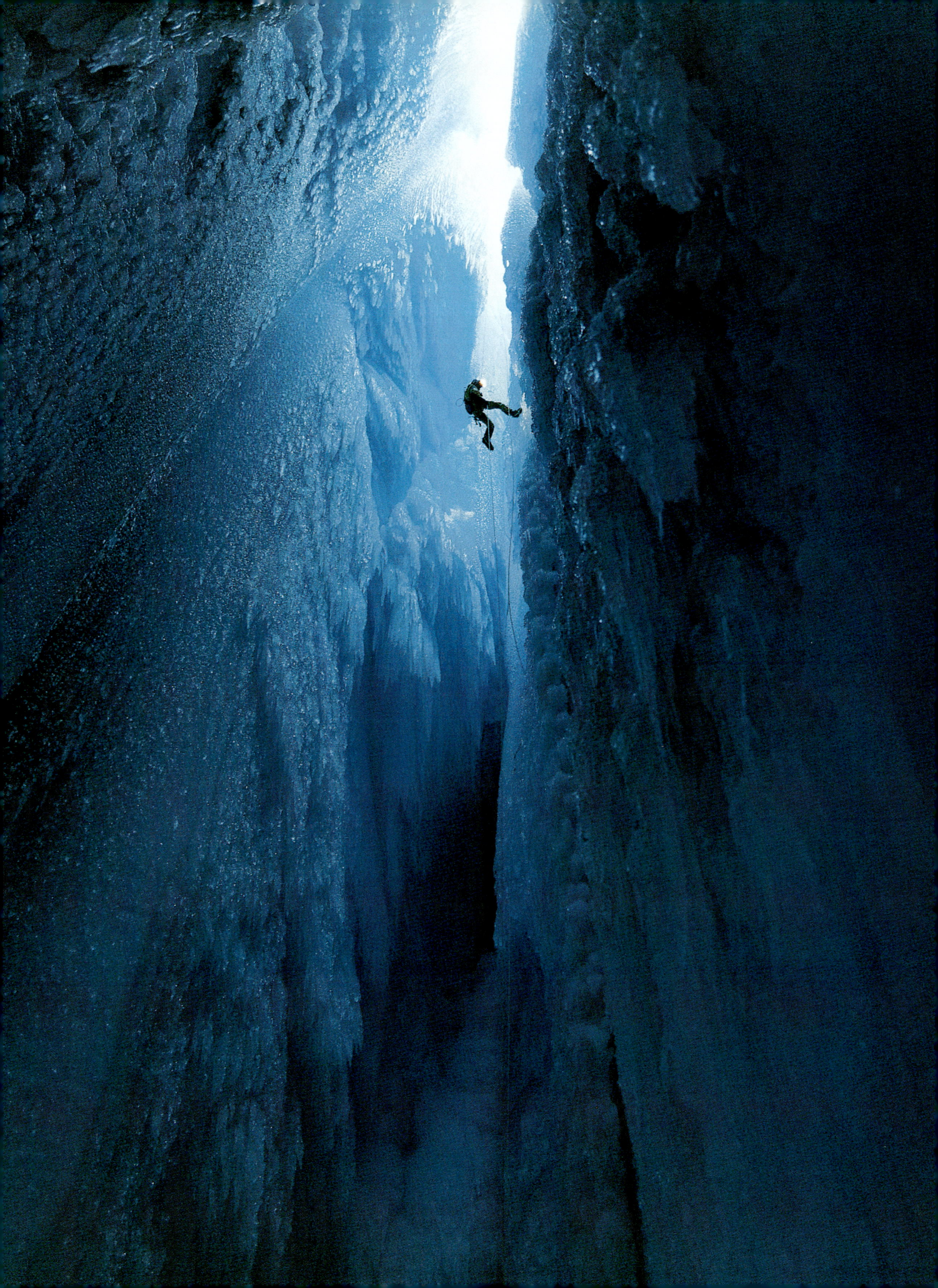

Das oberflächlich abfließende Schmelzwasser von Dutzenden von Süßwasserrinnsalen sammelt sich zu Flüssen, die kilometerweit über das Inlandeis fließen können, bevor sie in eine solche Gletschermühle stürzen. Schneefälle im Winter begraben manchmal die gefrorenen Flüsse. Im Frühjahr aber fließen sie wieder und schaffen lange horizontale Höhlen, die in plötzlichen Schächten enden.

sondern sie wollten waagerecht entlang eines straffen Seils traversieren. Aber bei jedem Manöver am Seil muss ein erfahrener Höhlengänger darauf gefasst sein, auf- oder abzusteigen, falls dies unerwartet nötig sein sollte. Dies ist eines der ersten Dinge, die man sich merken muss, wenn man SRT erlernt.

SRT (Abkürzung für Single Rope Technique; Einseil-Technik), ist eine Methode, um in senkrechte Höhlen abzusteigen. Als Ersatz für ältere Systeme, bei denen Strickleitern oder Winden eingesetzt wurden, entwickelte sich SRT in den 60er und 70er Jahren in Europa und den USA in verschiedene Richtungen – wegen der etwas unterschiedlichen Ausrüstungen, die jedoch dem gleichen Zweck dienen. Während viele amerikanische Höhlengänger europäische Seilführung und Klettermethoden für internationale Expeditionen übernommen haben, halten diejenigen aus dem wichtigsten Höhlengebiet der USA, dem TAG – die Abkürzung für eine Region mit zahlreichen Karsthöhlen in den Bundesstaaten Tennessee, Alabama und Georgia – an dem SRT-Stil fest, der zuerst bei der Überwindung der hier tiefen Schächte benutzt wurde. Nancy stammte aus Atlanta; ihre Eltern, beide leidenschaftliche Höhlengänger, hatten sie in ihren ersten TAG-Schacht abgeseilt, als sie noch Windeln trug. Wie Mael war sie damit aufgewachsen, dass Familienausflüge stets eine Chance boten, unterirdisch ans Seil zu kommen. Sie hatte nicht vor, zu einer ihr unvertrauten Ausrüstung zu wechseln, nur um eine Gruppe wütender Franzosen zufrieden zu stellen.

»Schön«, sagte sie, machte ihre Jumar-Klemme vom Seil los und klapperte laut mit den Aluminium-Bremsbolzen an ihrem Rack. »Macht die Querung ohne mich«. Sie trat von der Klippe zurück, ihre Steigeisen kratzten auf dem Eis.

Hazel, eine Engländerin, die als 14-Jährige mit einem Jugendclub in Bristol zum Klettern gekommen war, hatte eine europäische Abseilbremse. Janot schlug vor, dass Hazel und Mael in dem verbleibenden Tageslicht den Fluss queren sollten: Er und Nancy würden die Ausrüstungsdebatte später fortsetzen. Janot hatte seinen Sohn 1985, als Mael 16 war, auf seine erste Expedition nach Grönland mitgenommen. Wie Peter Freuchen vor ihm hatte sich Mael in die Gegend und dann auch in eine Inuit verliebt. Inzwischen hatten sie zwei Söhne mit traditionellen Inuit-Namen: Minnik und Malik.

Kameramann Gordon Brown machte sich bereit, eine dicke Spule mit großformatigem Film – allerdings nur mit etwa 90 Sekunden Filmlänge – durch dieselbe IMAX-Mark-II-Kamera laufen zu lassen, die zwei Jahre zuvor bei der Besteigung des Mount Everest im Einsatz war. Teammitglied Dave Shultz hackte mit einem großen Eispickel – Stallones Eispickel – einen weiteren Anker für das Kamerastativ zurecht: Einige Jahre zuvor hatte Shultz dem Schauspieler Sylvester Stallone geholfen, für den Film *Cliffhanger – Nur die Starken überleben* eine ähnliche Querung zu bewältigen.

»OK, wir sind so weit«, sagte Brown.

Bei diesen Worten trat Hazel vom Eis und begann das Seil hinabzurutschen, das über den schäumenden Wirbeln mehr als 30 Meter tiefer leicht schaukelte. Das Wasser war von einem atemberaubenden Blau, wie man es in einer Lagune in der Karibik erwarten würde. Es brodelte in seinem Kanal und erschien Hazel als einladender Schauplatz für eine Kajakfahrt – allerdings nur, bis der Kajakfahrer die Gletschermühle erreichte.

Luc hatte ihr erklärt, ein tieferes Bett bedeute, dass der Fluss schon mehrere Jahre denselben Verlauf nehme. Dieser Kanal, an manchen Stellen etwa 70 Meter tief, war für die Verhältnisse im Eis ungewöhnlich alt, vielleicht 15 Jahre oder mehr. Wenn eine solch große Menge Wasser 15 Sommer lang in denselben Schacht tropfte, musste die Höhle irgendwo dort unten unglaublich groß sein. Ihre tiefsten Ausläufer mussten bis in Eisschichten hinabreichen, die Zehntausende von Jahren alt waren. Während Hazel sich zentimeterweise das Seil entlang schob, überlegte sie, ob das Wetter ihr wohl erlauben würde, in dem uralten Eis nach gefrorenen Mikroorganismen zu suchen – ihr Arbeitsziel bei dieser Expedition.

An diesem ersten Expeditionstag war die Atmosphäre innerhalb der Gruppe fast so angespannt wie das Seil, an dem sie hingen. Die Auseinandersetzung wegen Nancys Klettersystem war ein Symptom der allgemeinen Unruhe in der Mannschaft wegen der unkontrollierbaren Bedingungen. Die riesige Wassermenge, die sich in den Kanal und in die nahe gelegene Gletschermühle ergoss, war weit größer, als alle erwartet hatten. Es war viel zu nass, um sicher in die Höhle absteigen zu können. Heute würden sie vielleicht ein kurzes Stück in einen waagerechten Eingang oberhalb des Flusses vordringen, aber das Hauptziel der Expedition waren fürs Erste undurchführbar.

Seit er 1985 die erste Expedition nach Grönland geleitet hatte, hatte Janot Lamberton, der unbestrittene Herr der tiefen Eishöhlen, Ende September noch nie so warmes Wetter erlebt. Einige Tage vor der Ankunft der Amerikaner hatte sich Janot halbwegs in einen über 200 Meter tiefen Schacht abgeseilt, der nach seinem Enkel Malik benannt war, und dort war es fast trocken gewesen. Jetzt donnerte Wasser den Schacht hinunter mit einer so starken Gischt, dass sie einen Höhlengänger am Seil binnen Minuten töten konnte. Wenn die bloße Kraft des Wassers ihn nicht vom Seil riss, so betäubte die Unterkühlung sein Gehirn, bis er aufhörte zu klettern und in der tödlichen Gischt ein-

33

Oben: Hazel Barton und Nancy Aulenbach verlassen den Sikorsky und werfen einen ersten Blick auf ihr Zuhause für die nächsten zwei Wochen. Unten: Das Messezelt wurde rasch zum sozialen Zentrum der Expedition.

fach einschlief. Unter solchen Bedingungen wird selbst das Atmen zum Risiko, denn das Spritzwasser versprüht kleine Eiskristalle, die die Lunge schädigen und den Kletterer schließlich ersticken können.

Die Mitglieder der Expedition, Amerikaner wie Franzosen, hatten gehofft, irgendwann in den nächsten zwei Wochen einen Weltrekord für den tiefsten Abstieg in eine Eishöhle aufstellen zu können, aber dafür musste es sehr viel kälter werden.

Schon während Janots Expedition 1996 war eine ähnlich frustrierende Warmwetterperiode am Ende der Saison aufgetreten. Sein Camp hatte sich in einen flachen See verwandelt, und sein wissenschaftliches Team war nicht in größere Höhlen hineingekommen. Luc Moreau, ein bekannter Glaziologe, war auf jener Fahrt auch dabei gewesen. Er hatte sich dem derzeitigen Team angeschlossen, weil er hoffte, einen Weg in die Tiefen zu finden, die ihm zwei Jahre zuvor verschlossen geblieben waren.

»Es gibt nur wenige Stellen auf der Erde, wo wir tatsächlich einen Gletscher betreten und das Innere untersuchen können«, hatte Luc im Camp zu Nancy gesagt. »Wir wissen einiges über die Oberfläche von Gletschern, aber sehr wenig darüber, was im Inneren geschieht«.

Was mitten in den mächtigen Flussläufen geschah, die durch die Höhle strömten, konnte Hinweise darauf liefern, wie sich die globale Erwärmung auf das Inlandeis und letztlich auf die Weltmeere auswirken könnte. Die Expedition von 1996 fand im August statt; schon damals schienen die Wasserstände für den Spätsommer ungewöhnlich hoch. Jetzt, Ende September, hatten Luc und Janot erwartet, dass die Oberflächenströme fest gefroren und die Wasserläufe in der Höhle zu Rinnsalen geworden wären, denen man leicht ausweichen konnte.

Früh an diesem Tag konnten Hazel und Nancy eine Katastrophe abwenden, die durch das sich erwärmende Eis verursacht worden war. Kim, ein gebürtiger Däne, der in Grönland lebte, hatte sein Schneemobil samt Anhänger von Kangerlussuaq mitgebracht, um beim Transport der Film- und wissenschaftlichen Ausrüstung zum Camp und zu den verschiedenen Standorten auf dem Eis behilflich zu sein. Nach der langen Fahrt richteten sich Hazel und Nancy auf die kommende alltägliche Routine ein. Angesichts der Morgentemperaturen unter dem Gefrierpunkt zogen sie mehrere Lagen Fleece, fluoreszierende Gore-Tex®-Anzüge, gefütterte Handschuhe in zwei Lagen, Stiefel und Steigeisen an. Beide hatten zuvor keine Steigeisen getragen, aber sie merkten rasch, dass man ohne sie nicht auf dem rutschigen Eis stehen konnte. An diesem Morgen waren die beiden die letzten, die zum Cañon gingen, wo ein Großteil der Expeditionsmitglieder bereits die Traversierung erkundete.

Während sie durchs Eis und durch die seichten, von Algen gesäumten Schmelzwasserpfützen wanderten, hörten sie in der Nähe den Motor des Schneemobils aufheulen und durchdrehen. Hazel rannte eine kleine Böschung hinauf und sah, dass der Anhänger, der mit einer Ausrüstung im Wert von mehreren 1000 Dollar beladen war, das Eis durchbrochen hatte und in ein etwa einen Meter tiefes Wasserloch versank. Der Anhänger war im Begriff, Kim und das Schneemobil langsam nach unten zu ziehen.

Nancy stürzte sich in das hüfthohe Wasser hinter dem Anhänger; Hazel sprang hinter ihr her. Zusammen stemmten sie sich gegen die Rückseite des Anhängers, ihre Füße rutschten unter Wasser auf der Eisplatte nach unten. Kim drosselte das Gas und ruckelte das Schneemobil nach vorn. Während die Höhlengängerinnen ihre Steigeisen in das darunter liegende Eis stemmten, kam die Maschine auf festen Grund, Fahrzeug und Ausrüstung waren gerettet.

Vielleicht kann man den Hang zu extremen Forschungsreisen bei denjenigen, die damit aufgewachsen sind, wie Nancy Aulenbach und Mael Lamberton, besser verstehen als bei denen, die ihn auf eigene Faust entwickeln. Leif Eriksson hätte vielleicht niemals Vinland, den Kontinent, der später Nordamerika genannt wurde, entdeckt, wäre sein Vater nicht Erik der Rote gewesen. Aber was treibt Forscher der ersten Generation an die Grenzen? Warum geben sie das Vertraute, das Bequeme zugunsten der unbekannten Gefahr auf? Entfliehen sie der Vergangenheit oder lediglich der Langeweile? Alten Texten zufolge war Erik der Rote wegen »Mordes« aus Norwegen verbannt worden und verwickelte sich dann auf Island mit seinen Nachbarn in Streitigkeiten. Peter Freuchen erklärte stets, der sinnlose Tod seines Patienten habe ihn aus dem bequemen Leben als dänischer Arzt vertrieben. Für mich waren Höhlen Teil meiner Kindheit, die ich in den sandigen Boden unseres Gartens in Florida grub. Aber was war der Grund, der jemanden wie Hazel Barton aus Bristol in die Tiefe lockte?

Sie wurde im August 1971 in Bristol geboren; der Vater war Inhaber eines

Die Zelte der Expedition sind auf Hunderte von Kilometern die höchsten Erhebungen. Polarwinde, die über die endlosen Eisflächen hinwegfegten, bestürmten nachts die Zelte. Erstaunlicherweise brach im Verlauf der Expedition nur eines zusammen.

Fortsetzung auf Seite 40

Während Lambertons Expedition 1996 späht ein Höhlengänger durch ein »Fenster« in die Gletschermühle Afrecaene. Die Höhlen können sich jede Nacht verändern, wenn frisches Oberflächenwasser oder die Gischt eines Wasserfalls gefrieren. Manchmal finden Höhlengänger Seile, die sie am Vortag benutzt haben, in massives Eis eingeschlossen; mitunter ist ein offener Schacht plötzlich von einer unheimlichen dünnen Eisschicht bedeckt. Während der Expedition 1998 war diese Gletschermühle bereits verschwunden.

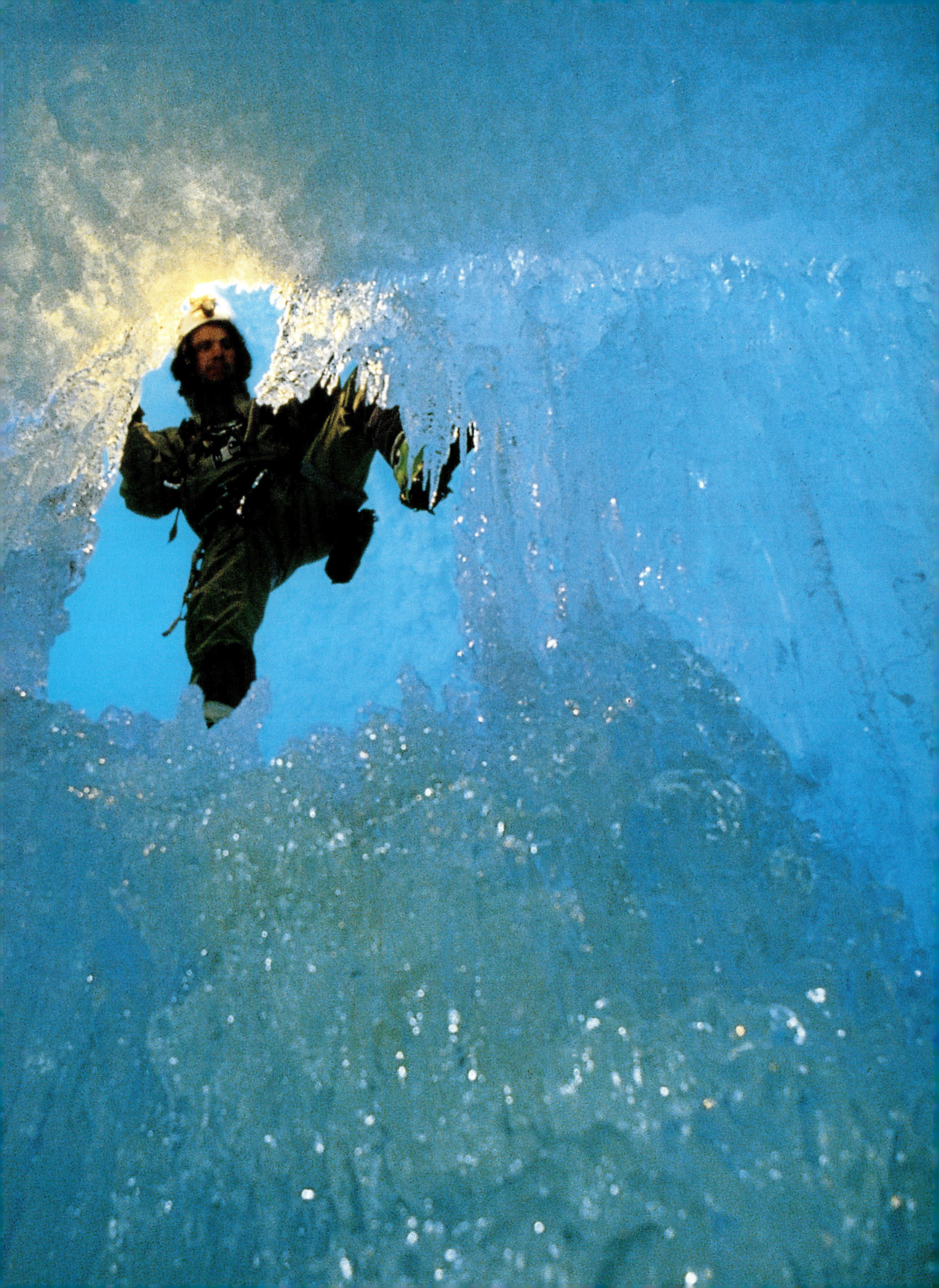

Mikroben aus dem All?

von Michael Ray Taylor

In der unerbittlichen Welt der Bakterien zeigt sich *Streptococcus mitis* als Weichei. Die kugelförmige Mikrobe bevorzugt warme, feuchte Lebensräume voller Süßigkeiten. Wie Ihren Mund – vermutlich warten dort gerade einige hundert Millionen Exemplare der Spezies auf Ihre nächste Mahlzeit. Aber wenn Sie mit ein wenig Mundwasser gurgeln, reißen die Zellen von *S. mitis* auf, und ein massenhaftes Sterben setzt ein.

Insofern war es eine große Überraschung für die Wissenschaftler der NASA, als eine Kolonie *S. mitis*, die versehentlich 1967 an Bord der Surveyor-3-Sonde auf den Mond geschickt worden war, zweieinhalb Jahre später von den Apollo-12-Astronauten lebend zurückgebracht wurde. Ende 1969 kultivierten Mikrobiologen fast 100 lebende Zellen aus einem Kubikzentimeter einer aufgeschäumten Kamera-Ummantelung, die Astronaut Pete Conrad unter sterilen Bedingungen von der Sonde geholt hatte. Der Mond stellt die lebensfeindlichste Umgebung dar, die man sich vorstellen kann: Allein das Vakuum würde einen Menschen binnen Sekunden töten. Bei einer Durchschnittstemperatur von nur 20° über dem absoluten Nullpunkt wird die Mondoberfläche andauernd mit Sonnenstrahlung bombardiert, die eine DNS in kürzester Zeit in nutzlose Säuren zerlegen würde.

Doch 1969 hielten es Wissenschaftler für eine Kuriosität, dass die Mikroben, die beim Zusammenbau in die Sonde gelangt sein müssen, ihre lange Reise irgendwie überlebt hatten. Als Conrad 1990 Aufzeichnungen über seine Unterhaltungen auf dem Erdtrabanten durchsah, beklagte er sich: »Ich dachte immer, das Aufsehen erregendste, was wir auf dem ganzen Mond gefunden haben, sei diese kleine Bakterie, die lebend auf die Erde zurückkehrte«.

Diese Bakterien ernähren ein Tier ohne eigene Nahrungsaufnahme: einen Röhrenwurm aus einem Vulkanschlot tief im Pazifik.

Endlich wurde mit einer wissenschaftlichen Diskussion begonnen. Sie diskutieren nicht nur über die kleine Bakterie, sondern auch über ein Heer von robusteren Organismen auf der Erde, die Extremophile genannt werden – Mikroben, die, was Hitze, Säure, Salzgehalt, Druck und andere Umwelteinflüsse anbelangt, Extreme lieben, die für die meisten Lebensformen tödlich sind. Gemeinsam liefern diese Lebenskünstler den Hinweis, dass Mikroben die rauen Bedingungen anderer Welten in unserem Sonnensystem offenbar zumindest zeitweise überleben können.

In den vergangenen drei Jahrzehnten hat sich in der Mikrobiologie eine Revolution abgespielt, die die Paradigmen verschoben hat. Es zeigte sich, dass es an Orten, von denen man angenommen hatte, dort könne kein Leben existieren, von Organismen wimmelt. 1977 entdeckten Wissenschaftler, die in dem Tiefseeboot »Alvin« im Pazifik arbeiteten, Mikroben, die von den vulkanischen Schloten auf dem Meeresboden ausgespuckt wurden und sich von der heißen chemischen Brühe ernährten. Seither sind Extremophile aus dem Eis der Antarktis kultiviert worden, aus tiefen Höhlen, Minen und Ölquellen, aus dem Inneren von Atomreaktoren und unterirdischen Seen, die angeblich »tödliche« Konzentrationen von Säuren, Salzen und Alkali enthalten.

Wenn die Bedingungen zu trocken oder zu kalt werden, gehen manche Bakterien in eine Art Trockenstarre über und überleben unglaublich lange. In einem neueren Artikel über Psychrophile – Kälte liebende Mikroben – in *Proceedings of the National Academy of Science* beschreibt P. Buford Price von der University of California, Berkeley, lebensfähige Exemplare eines Sporen bildenden *Bazillus* und einer extrem halophilen (Salz liebenden) Bakterie, die aus dem Inneren eines 250 Millionen Jahre alten Salzkristalls stammt und wiederbelebt wurde. In einem anderen Fall wurde eine bakterielle Spore aus einem 40 Millionen Jahre alten Bernsteinklumpen wiederbelebt, kultiviert und die Art festgestellt. Die faszinierenden Fähigkeiten solcher Bazillen tragen einer früher als abwegig betrachteten Theorie Respekt ein, der Panspermielehre über die Verbreitung von mikrobischem Leben von einem Planeten zum anderen.

»Wir wissen von etlichen terrestrischen Mikroben, dass sie sehr gut jedes der so genannten sterilisierenden Elemente der Raumfahrt überleben können«, sagt Richard Hoover, Chemiker und Mikrobiologe am NASA Marshall Space Flight Center. Hoover und andere NASA-Wissenschaftler haben kürzlich Bakterien aus dem tiefen, alten Eis in der Antarktis, Sibiriens, Alaskas und Grönlands extrahiert, um ihre Langzeit-Überlebensstrategien zu studieren.

Der erste bekannte Vertreter der Panspermielehre (das Wort bedeutet »sät sich überall aus«) war der Philosoph Anaxagoras in der griechischen Antike. In den 70er Jahren belebten die britischen Astronomen Fred Hoyle und Chandra Wickramasinghe die Theorie neu: Sie argumentierten, Konzentrationen von organischen Chemikalien im interstellaren Staub seien der Beweis, dass bakterielle Sporen im Kosmos umherschweben. Die Erkenntnis lieferte Stoff für schlechte Science-Fiction-Filme, und jahrelang hielten fast alle Biologen sie für lächerlich. Es schien nicht nur unmöglich, dass Mikroben ungeschützte Weltraumreisen überlebten, sondern es konnten sich auch wenige Wissenschaftler ein realistisches Szenario vorstellen, wie sie die Oberfläche eines Planeten verlassen sollten.

Als Mikrobiologen die Extreme des Lebens zu begreifen begannen, erhielten Planetenkundler einen Anhaltspunkt für die Mechanismen von Meteoriteneinschlägen von der Größenordnung, wie sie einer Hypothese zufolge vor rund 65 Millionen Jahren das Aussterben vieler Dinosauriergruppen auslösten. Studien über Einschlagkrater auf der Erde, dem Mond und anderen Planetenkörpern legen zusammen mit immer ausgefeilteren Computermodellen nahe, dass an den Rändern jedes großen Einschlags eine gewisse Menge Schmutz und Gestein – von einigen Pfund bis zu einigen Tonnen – ins All katapultiert werden. Wenn die hochgeschleuderten Steine zufällig die richtigen Extremophilen beherbergen, können sie zu natürlichen Raumfahrzeugen werden, die ihre kleinen Passagiere nie bis zum Punkt des Absterbens erhitzen, belasten, kühlen oder bestrahlen, während sie für Jahrmillionen durch den Raum schweben.

Der Astrobiologe Richard Hoover nannte diese nicht identifizierte Mikrobe »Klingone«.

Das wirft die Frage auf, ob Bakterien und andere Kleinstorganismen in solchen Kapseln den Eintritt in die Atmosphäre eines Planeten überleben könnten. Die Analysen von Meteoriten, von denen bekannt ist, dass sie vom Mond und vom Mars stammen, durch Wissenschaftler am Johnson Space Center zeigen, dass die Außenschicht solcher Steine unter dem Einfluss der Reibungshitze beim Eintritt in die Atmosphäre schmilzt. Das Innere jedoch bleibt, dem Planetargeologen Carlton Allen vom JSC zufolge, kühl, erstarrt von den eisigen Temperaturen des interplanetarischen Raumes. Eine Studie, die 2000 in der Zeitschrift *Nature* veröffentlicht wurde, belegt, dass der umstrittene kartoffelgroße Marsmeteorit »Allen Hills« als Kern eines größeren Brockens während seines Niedergangs durch die Erdatmosphäre nie eine Temperatur von mehr als 38 °C erreicht hatte. Mikroben innerhalb des Gesteins wären in ihren Miniaturkäfigen sicher gewesen. Jedes Jahr fallen etliche Tonnen Marsgesteins auf die Erde. Obgleich der umgekehrte Weg weniger wahrscheinlich ist, legen Computermodelle nahe, dass zumindest einige Pfund Erde in jedem Jahr auf den Mars gelangen. Nach den Worten von Chris McKay, einem Astrobiologen am NASA Ames Research Center, »tauschen die Planeten ständig Speichel aus«.

Hoover, ein führender Experte für Diatomeen, einzellige Kieselalgen, ist ein ausgesprochener Verfechter der Panspermielehre. Er hat erklärt, einen Beweis für im Raum reisende Mikroben in kohlenstoffhaltigen Chondriten gefunden zu haben, Meteoriten, von denen man annimmt, dass sie aus dem Asteroidengürtel stammen. Während solche Erklärungen heftig umstritten bleiben, hat Hoover für die Extremophilen, die er an abgelegenen Orten gesammelt hat, in der internationalen Forschergemeinschaft größere Unterstützung gefunden.

Lebensmittelladens, die Mutter Verkäuferin in einem Garngeschäft. Hazel beschreibt ihre Mutter als »eine ordentliche englische Mami, die immerzu etwas für den Wohlfahrtsbasar der Kirche häkelt«. Als mittleres von drei Kindern steckte Hazel voller Neugier. Bereits im zarten Alter von vier Jahren zeigte sich bei ihr der Hang zur Forschung: Anhand einer Untersuchung – über die ihre Familie bis heute Witze macht – wollte sie die Frage beantworten, warum das Essen, das sie zu sich nahm, so scheußlich verändert war, wenn es wieder herauskam. Ihr Großvater versuchte, es ihr zu erklären. Damit brachte er einen Prozess in Gang, den sie später als »meine lebenslange Faszination dafür, wie ›Innen‹-Dinge zu ›Außen‹-Dingen werden« bezeichnete.

Erstmals mit der Wissenschaft konfrontiert wurde sie im Biologieunterricht in der Grundschule. Ihr Lehrer Martin Upson machte das begeisterte, aber leicht ablenkbare Mädchen mit dem Konzept des Lebensraums bekannt, eines Gebietes, in dem Lebewesen aufeinander angewiesen sind, um ein ausgewogenes Ökosystem zu bilden. Hazels Aufgabe bestand darin, eine Wasserprobe aus einem Teich in der Nähe zu entnehmen und den Inhalt unter dem Mikroskop zu betrachten. Dazu schrieb sie einen langen Bericht über die Tiere, die in dem Teich lebten, wie sie miteinander und mit dem Ökosystem interagierten. Sie fügte Zeichnungen von den Lebewesen hinzu, die sie gefunden hatte, ihre wissenschaftlichen Namen und eine Beschreibung ihrer Lebensweise.

»Ich war süchtig«, erinnerte sie sich später. »Mit elf Jahren war ich eine gerade flügge gewordene, angehende Wissenschaftlerin, und diese Leidenschaft ist seither in meinem Leben eine treibende Kraft geblieben«.

Als sie 16 war, wies ein weiterer begeisterter Lehrer, Jim Moon, Hazels natürlicher Neugier eine neue Richtung. Sie hatte in diesem Jahr die Wahl zwischen verschiedenen Sportkursen: Hockey, Tennis oder Höhlenbegehung. Moon leitete eine Höhlenerkundungstour in die Mendip-Hügel. Sie war das einzige Mädchen in einer Gruppe von männlichen Teenagern, die alle lachten, als sie sieben Meter tief eine schlammige Böschung hinuntergerutscht war, die die übrigen ohne Mühe erklimmt hatten. Als einer wettete, sie werde sich nie wieder in eine Höhle wagen, schwor sie sich eine bessere Höhlengängerin zu werden als jeder von ihnen. Sie hatte ihre zweitgrößte Leidenschaft entdeckt.

Mit 18 trat sie dem Wessex Cave Club bei und lernte auf immer anspruchsvolleren Touren Schächte zu bewältigen. Während ihres Biologie-Studiums an der University of the West of England verdiente Hazel ihren Lebensunterhalt als Bedienung in einer beliebten Bristoler Diskothek. Samstags verbrachte sie den Tag unter der Erde und den Abend mit dem Füllen von Biergläsern. Manchmal griff sie sich Löffel, spielte bei Songs, die sie mochte, hinter der Theke mit ihnen Schlagzeug und brachte den DJ dazu, dass er die Menge ermutigte, »H. großen Beifall zu spenden«. Ihre Freunde begannen sie »H.« zu nennen, und der Spitzname blieb hängen.

Nachdem sie ihren Abschluss in Biologie mit Auszeichnung bestanden hatte, erhielt sie ein Doktorandenstipendium für Mikrobiologie an der University of Colorado und begab sich in ein Land, in dem sie niemanden kannte. Schon wenige Tage nach ihrer Ankunft unternahm sie ihre erste Tour mit Mitgliedern des Colorado Grotto (»Grotto« werden die meisten lokalen Höhlen-Clubs in den USA genannt) der National Speleological Society (NSS). H. wurde eine regelmäßige Vermesserin im Wind Cave National Park und war manchmal 20 Stunden in dem komplexen Höhlensystem unterwegs. Selbst als sie gerade schwierige mikrobiologische Methoden erlernte, entfaltete sie ihr Geschick in der Höhlenkartographie und zeichnete Dutzende von Höhlenplänen, für die sie Auszeichnungen erhielt. Nachdem sie 1997 mit einer Dissertation über *Pseudomonas aeroginosa*, eine Bakterie, die für Mukoviszidose-Kranke tödlich ist, den Doktortitel erworben hatte, wurde Hazel Dozentin in der chirurgischen Abteilung des Gesundheitswissenschaftlichen Zentrums der University of Colorado und Vorsitzende sowohl des Colorado Grotto wie auch der größeren Höhlengesellschaft der Rocky-Mountains-Region.

Aber immer noch konnte ihr der Kragen platzen, wenn sie an die Jungen denkt, die sie bei ihrer ersten Tour ausgelacht haben – obwohl sie bereitwillig zugibt, dass alle inzwischen gute Höhlengängerfreunde sind.

Nancy Holler dagegen war bereits vor ihrer Geburt Höhlenforscherin. Ihre Mutter beging noch Höhlen, als sie im siebten Monat schwanger war. Nach Nancys Geburt gründeten ihre Eltern und ihre beiden Brüder die Flittermouse Grotto, eine lokale Untergruppe der NSS, die bei der Gründung eines neues Clubs mindestens fünf Mitglieder vorschreibt. Nancy kann sich vage erinnern, dass sie in einem Sitz auf dem Rücken ihres Vaters durch Höhlen getragen wurde. Schon sehr früh lernte sie Höhlen nicht nur wegen ihrer Schönheit, sondern auch als wissenschaftliche Quellen schätzen. In ihrer Kindheit half sie ihrer Familie, biologische Höhlenverzeichnisse anzulegen, Fledermauszählungen, Wasserstudien mit Farbspuren, archäologische Verzeichnisse, Vermessungen und Reinigungstouren durchzuführen.

Als kleinstes Familienmitglied musste sich Nancy nach dem Willen der Eltern oft durch unerforschte Höhlengänge zwängen, durch die niemand sonst hindurchpasste. Die Fünfjährige wanderte gerade von einem Ausflug mit ihrem Vater und Bruder Chris zum Warrior Mountain Cave zurück zum Familienauto, als die drei eine unberührte Höhle entdeckten. Zwischen Felsblöcken lockte eine schmale Öffnung. Eifrig wie immer erbot sich Nancy, als Erste hineinzukriechen. Ein Haufen Grillen hing, wie in Kalksteinhöhlen in aller Welt nicht ungewöhnlich, als wogende braune Matte von der Decke. Beim Kriechen berührte ihr Helm die Tiere – und Hunderte regneten auf sie herab und krabbelten in ihre Kleidung.

»Das hat mich total verrückt gemacht«, sagt sie heute. »Die kleinen Biester springen immer auf mich, nie auf jemand anderen. Als ob sie meine Vergangenheit kennen würden«.

Als Teenager begann Nancy wissenschaftliche Berichte zu verfassen und sie auf dem jährlichen NSS-Treffen vorzustellen. Zweimal wurde sie für den besten Bericht eines Mitglieds unter 25 Jahren ausgezeichnet. Noch bevor sie 20 war, machte sie sich zunehmend selbstständig und begann regelmäßig zum TAG zu fahren, wo sie rasch neue Höhlengängerfreunde gewann.

In den 70er Jahren hatten die Verbesserungen in der Ausrüstung und das wachsende öffentliche Interesse an Ökologie dafür gesorgt, dass die Zahl der Mitglieder in Höhlenclubs und und die der Teilnehmer an den jährlichen Speläologentreffen zunahm. In den 80er Jahren reisten Höhlenforscher in immer entferntere Gebiete der Erde, um bis dahin unbeachtete Sandsteinregionen zu erkunden. Wenn man in kilometerweiter Erkundung der Unterwelt im Schein der Helmlampen die Außenwelt hinter sich lässt, fallen auch die Konventionen: Einige der Höhlengänger, mit denen Nancy in Kontakt stand, nahmen das Benehmen von Conquistadoren an, andere den Humor von Bergtrappern. Sie feierten kräftig, neigten außerdem zu gelegentlichem Großmut: Ohne groß darüber nachzudenken, half ein Dutzend einem Freund eine Garage zu bauen oder ans andere Ende des Staates zu ziehen. Man hielt es für völlig normal, dass fünf bis zehn Fremde unangekündigt hereinschneiten und die Nacht auf dem Fußboden bei einem Höhlengänger verbrachten, der zufällig auf dem Weg zu einer Expedition oder Versammlung wohnte.

Im Herbst 1992 traf die 21-jährige Nancy zu spät bei dem jährlichen TAG-Herbst-Treffen ein, einer wichtigen Speläologen-Versammlung. Es gab nur noch ein Fleckchen, auf dem sie ihr Zelt aufstellen konnte, nämlich im Morast neben einer Reihe transportabler Toiletten. Ein kräftiger junger Höhlengänger namens Brent Aulenbach war ebenfalls dort hängen geblieben. Wie es oft in einer verschworenen Gemeinschaft geschieht, hatten sie viele gemeinsame Bekannte. Brent und Nancy waren an diesem Wochenende mehrfach zusammen in Höhlen unterwegs. Sechs Monate später, mitten in einem März-Schneesturm in North Carolina, erhielt sie einen Brief von Brent, in dem er anfragte, ob sie an der SERA teilnehmen werde, dem Frühjahrstreffen der Southeast Regional Association der NSS. Wieder gingen die beiden gemeinsam auf mehrere Höhlenerkundungen, dieses Mal in die TAG-Region. Im Sommer lud Nancy Brent ein, mit ihr zum nationalen Treffen der NSS nach Oregon zu fahren. In der Million Dollar Cowboy Bar in Jackson Hole, Wyoming, merkte sie am 30. Juli 1993, dass sie sich in Brent verliebt hatte.

1994 nahm sie eine einjährige Praktikumsstelle am Jewel Cave National Monument in South Dakota an. Dort half sie, die Wind and Jewel Caves zu erkunden und zu vermessen, Wasserproben zu sammeln und zu analysieren sowie Fledermäuse zu zählen. Nach dem Praktikum zog Nancy ins TAG, um näher bei Brent, ihren Freunden und ihren Lieblingshöhlen zu sein. Sie bekam eine Stelle als Lehrerin in einer Vorstadt von Atlanta, und im Januar 1996, als sie an getrennten Seilen aus einem Schacht herauskletterten, machte Brent Nancy einen Heiratsantrag. Kurz nach der Hochzeit wurde Nancy in den NSS-Vorstand gewählt. Sie und Brent gingen weiterhin so oft wie möglich am Wochenende auf Höhlenerkundung.

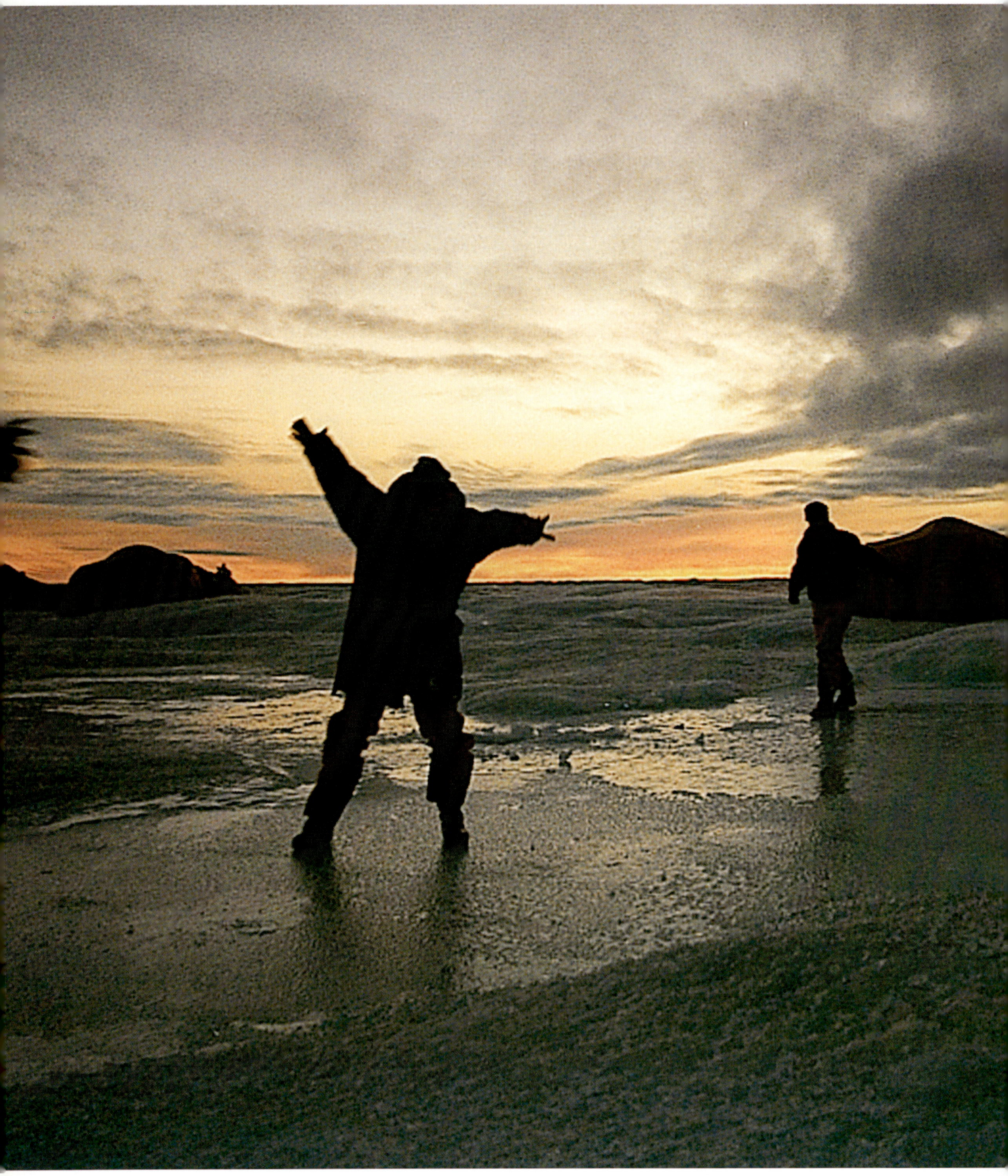

1998 wurde John Scheltens, ein Kenner der Wind Cave, Berater bei MacGillivray Freeman Films. Er schlug zwei ausgewählte Höhlengänger als mögliche Hauptpersonen für einen geplanten IMAX-Kinofilm über Höhlenerkundung vor: Nancy Holler Aulenbach und Hazel Barton. Begleitet von einem überwiegend französischsprachigen Team, fanden Nancy und Hazel rasch zusammen, nicht zuletzt weil sie nur sehr wenig von dem verstanden, was auf Französisch gesagt wurde. Außer den Lambertons – Janot, Mael und Janine, Janots Frau – gehörten zu dem Team Luc Moreau, ein Glaziologe, Karime Dhamane, ein französischer Koch, der für die Expedition angeheuert worden war, und ein grönländischer Höhlengänger namens Kim Peterson. Unter den amerikanischen Filmemachern, die schon vor Nancys und Hazels Ankunft vor Ort waren, befanden sich zwei Techniker, vier Kameramänner und Assistenten, ein Produktionskoordinator und der Regisseur und Leiter der Expedition, der Filmemacher Steve Judson.

Hazel und Janot bahnten sich ihren Weg hinüber auf die andere Seite des Fluss-Cañons, während Nancy und Mael ein Seil an einer Eiswand in der Nähe festmachten. Sie stimmten darin überein, dass es nicht schaden könne, wenn sie die Ausrüstung des anderen einmal testeten. Denn schließlich ist es unter Höhlengängern nicht unüblich, dass der eine Gefallen an der Ausrüstung des anderen finden konnte. Nachdem Nancy erkannt hatte, wie gut die Petzl an eisbedeckten Seilen festhielt, willigte sie ein, sie während der Expedition zu benutzen. Mael registrierte seinerseits ihre Professionalität am Seil und kritisierte ihre Ausrüstung nicht mehr. Später saßen alle Expeditionsteilnehmer im Essenszelt zusammen, sie tranken einander zu und erzählten Höhlengängergeschichten in drei Sprachen. Nancy zog »Pass the Pigs« hervor, eine Art Würfelspiel. Draußen leuchtete das Nordlicht, dabei schossen rote, grüne und gelbe Lichter in den Himmel wie in eine New Yorker Disko. Die Temperatur sank schließlich unter minus 18 °C.

Die ungewöhnlich warme Herbstsonne während der Expedition schmolz nachmittags in der Nähe des Camps kleine Pfützen ins Eis, die jeden Abend wieder zufroren. Hier üben sich Teammitglieder im Eislaufen ohne Schlittschuhe am Ende eines langen Tages, den sie damit verbracht hatten, unterirdisch Mikroben zu sammeln.

KAPITEL 3

Auf der Suche nach neuem Leben

Die Kälte kam mit einem Wind von 80 Knoten direkt vom Pol. Die Zelte wackelten und klapperten die ganze Nacht; Nancy und Hazel glaubten nicht, dass ihre Behausung das Ganze heil überstehen würde. Trotz mehrerer Schichten an Kleidung, Stiefeln, Hüten, Handschuhen und doppelten Schlafsäcken bibberten sie, als schliefen sie auf dem blanken Eis. Das Kondenswasser von ihrer Atemluft gefror auf den Taschen und überzog sie mit einer dünnen weißen Schicht. Einmal sah Nancy auf ihre Uhr und entdeckte, dass die Kälte die Flüssigkristall-Anzeige der Uhr beeinträchtigte; die Sekunden krochen mit ungefähr einem Zehntel der normalen Geschwindigkeit dahin. Während das Zelt vom Sturm geschüttelt wurde, sah sie den eingefrorenen Sekunden zu – 38 … 39 … 40 –, wie sie in Zeitlupe verticken.

Als der Morgen kam, sahen sie, dass glücklicher Weise nur ein Zelt zusammengebrochen war; sein unglücklicher Bewohner war ins Essenszelt umgezogen. Als die Sonne ihren niedrigen Bogen über den Himmel zu ziehen begann, stieg die Temperatur wieder an. Nach dem Frühstück wanderten Janot, Mael und einige Mitglieder des Teams zum nahe gelegenen Schlund einer Gletschermühle, um die Möglichkeiten für einen Einstieg zu erkunden. »Heute nicht, aber vielleicht morgen«, erklärte Mael am Rand des Abgrunds.

Am Tag zuvor hatte Schmelzwasser einen Schacht, der eine Woche

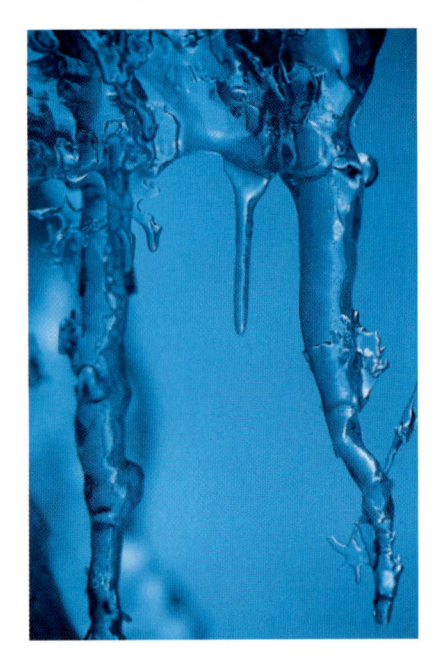

Oben: In den Gletschermühlen können Eiszapfen zu tödlichen Projektilen werden. Rechts: Gelegentlich werden sicherere und gut begehbare Schächte entdeckt.

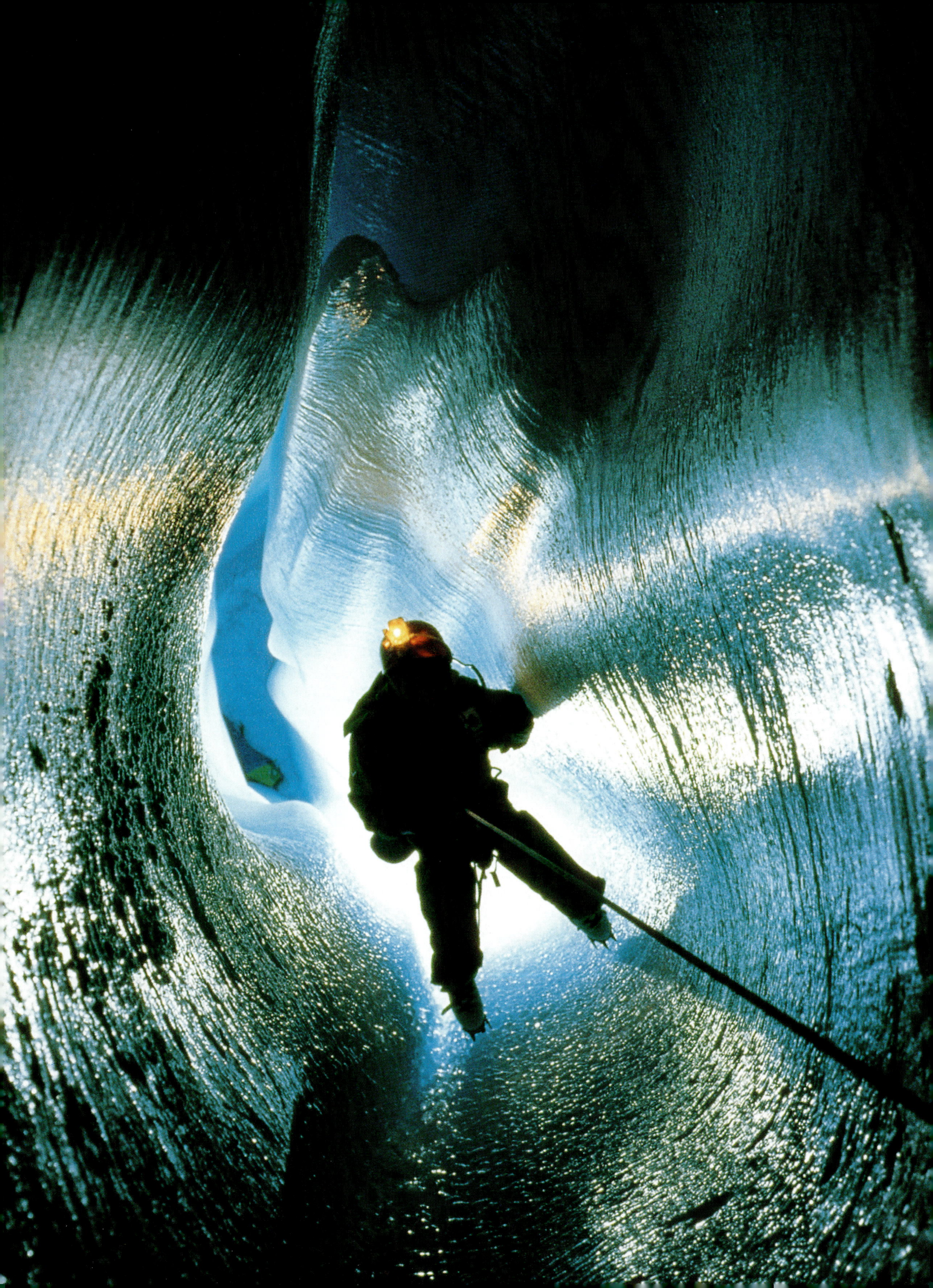

Wegen der Halbtonnen schweren Filmausrüstung, die über zugefrorene Flüsse und Gletscherspalten geschleppt werden musste, waren die Filmemacher immer wieder auf ihre Erfindungsgabe angewiesen. Hier benutzen die Teammitglieder Phillippe Dufieux (links), Karim Dahmane, Brad Ohlund und Kim Peterson einen Behelfsschlitten, um Ausrüstung an Ort und Stelle zu bringen.

vorher noch etwa 200 Meter tief gewesen war, fast bis zum Rand gefüllt. Als die Temperatur über Nacht fiel, war die Oberfläche zugefroren. Die Abflussgeschwindigkeit hatte sich verlangsamt, das Wasser unten ging langsam zurück. Jetzt bedeckten einige Zentimeter durchsichtiges Eis die tiefe Finsternis.

»Ich glaube nicht, dass dort jemand Schlittschuh laufen möchte«, meinte Nancy.

Hazel nickte. »Dann also wieder die Traverse«. Die Gruppe kam überein, dass Wissenschaft und Forschung noch auf ein oder zwei Tage kaltes Wetter warten müssten. Also Dreharbeiten, lautete der Tagesbefehl.

Am vorangegangenen Nachmittag hatte Hazel in der Mitte ihrer Überquerung der Schlucht angehalten, um den Fluss von Nahem zu begutachten, und sich bis auf kaum einen Meter Abstand nach unten abgeseilt. Dave Shultz, der Cheftechniker des Teams, hatte sich eine Möglichkeit ausgedacht, wie man den Halt mit der schweren IMAX-Mark-II-Kamera wiederholen und filmen könnte, so dass die Zuschauer den gleichen atemberaubenden Blick hätten, den H. genossen hatte. Es war ein gefährlicher Dreh, der eine motorgetriebene Winde erforderte und mehrere Leute, die Seile und Sicherheitsbremsen koordinierten.

Gordon und seine Kamera wurden aneinander gegurtet wie ein Unfallopfer und sein Retter. Es erwies sich als schwierig, mit dem Schutzhelm durch den Sucher zu sehen, also verzichtete er auf diesen. Er würde über einer offenen Stelle hängen, wo kaum mit herabstürzendem Eis zu rechnen sei.

Während Shultz die Winde bediente, führte der französische Höhlengänger Jacques das Seil, das Gordon und seine Ausrüstung hielt, auf eine große Ankerwinde. Die Reibung des Seils an dem Metallpfosten würde dabei helfen, das Abseilen zu kontrollieren, und während des Aufstiegs den Druck auf die Winde zu verringern.

Hazel erbot sich, die Notbremse, eine verankerte Gibbs-Steigklemme, zu besetzen. Die Gibbs ist kaum mehr als ein Metallbolzen in einer Aluminiumschale, durch die das Seil ungehindert hindurchgleitet, solange nicht ein Gewicht den Bolzen belastet und gegen das Seil drückt. Dieser Ausrüstungsgegenstand verbindet normalerweise Fuß oder Brustkorb eines Kletterers mit einem festgemachten, frei hängenden Seil und wird jedes Mal, wenn der Kletterer einen Schritt nach oben macht, abwechselnd von dessen Gewicht be- und entlastet. Speläologen nennen das Seilgehen; mit einer

Kombination aus zwei oder drei Gibbs können sie tiefe Schächte so leicht »hinaufgehen« wie auf einer Treppe. Doch um die Gibbs als Sicherheitsbremse für eine Last – in diesem Fall Gordon mit der IMAX-Kamera an einem eigens hierfür entworfenen Geschirr – an einem laufenden Seil zu benutzen, war es nötig, dass die Person, die die Bremse bediente, die Klemme offen hielt. In einem Notfall hätte Hazel die Gibbs loslassen müssen, damit das laufende Seil stoppte und Gordon davor bewahrt worden wäre, in den eisigen Strom zu stürzen.

Die Mannschaft, die das System bediente, blieb in sicherem Abstand vom Rand; jeder war fest auf dem Eis verankert. Kurz nachdem Gordon das Signal gegeben hatte, dass er hinuntergelassen werden wollte, konnten ihn diejenigen, die sein Seil kontrollierten, nicht mehr sehen. Andere Teammitglieder standen näher am Rand und gaben seine Kommandos weiter.

Trotz der komplizierten Umstände verlief der Abstieg genau wie geplant. Zur Freude von Regisseur Steve Judson und anderen, die an der Klippe verankert waren, bekam Gordon seine Aufnahme. Doch als Dave Gordon wieder zum Seil hinaufkurbelte, wurde es für Jacques schwierig, an der Ankerwinde dagegenzuhalten. Plötzlich rutschte das Seil – zusammen mit Gordon –, wieder auf den Abgrund zu.

Steve und seine Leute am Rand waren entsetzt, als sie zusehen mussten, wie Gordon aus ihrem Blickfeld verschwand und mit wachsender Geschwindigkeit auf den Fluss zuhielt.

Hazel, die nur mit Mühe Jacques' Französisch verstand, brauchte ein oder zwei Sekunden, bis ihr klar war, was geschah. Als das Seil durch die Gibbs sauste, wusste sie, dass sie loslassen musste: Sie riss die Hand in die Luft – die Gibbs fasste; das Seil straffte sich augenblicklich. Ein lautes Krachen erklang von unten, gefolgt von Gordons Flüchen.

Hazel hatte das unkontrollierte Abspulen des Seils aufgehalten, bevor Gordon in wahrscheinlich tödlichem Sturz unten aufschlug, aber die plötzliche Spannung auf dem Seil schleuderte ihn gegen eine Wand des Cañons. Kopf und Schulter fingen den Schlag ab, da er mit den Händen die Kamera zu schützen versuchte. Das vordere Stück des 30-mm-Objektivs der Mark II wurde abgeschlagen und fiel in den Fluss, aber er sah, dass Kamera und Film intakt waren. Als er sich mit der Hand an den Kopf fasste, bemerkte er, dass er blutete.

Als die Mannschaft Gordon schließlich nach oben gehievt hatte, blutete er aus einer Platzwunde an der Stirn, konnte aber ohne Hilfe zum Camp zurückgehen. Der Expeditionsarzt diagnostizierte eine leichte Gehirnerschütterung. Die Wunde musste mit fünf Stichen genäht werden.

Alle waren über den Vorfall erschüttert. Alle wussten, dass die gefährlichste Arbeit noch vor ihnen lag, unten in den Höhlen.

Gordon fühlte sich zerschlagen und steif, kehrte aber nach einem Ruhetag an die Arbeit zurück; Hazel, die sich die Schuld an seiner Verletzung gab, wurde schließlich nach einer komischen Schlittschuh-Einlage im Camp wieder fröhlicher. Und Nancy erinnerte H. daran, dass sie sehr wahrscheinlich Gordons Leben gerettet hatte und dass der Unfall – wie so oft bei jeder hoch technisierten und gefährlichen Unternehmung – nicht die Folge eines einzelnen Fehlers war, sondern aus einer Verkettung unglücklicher Umstände – einschließlich der Sprachschwierigkeiten – resultierte. Letztlich aber funktionierte die Sicherung tadellos.

Fortsetzung auf Seite 53

Kameramann Gordon Brown steckt in einem maßgeschneiderten Kamerageschirr, das ihn bei dramatischen Filmaufnahmen frei hängend über einer tiefen Gletscherspalte halten sollte. Die Filmemacher waren sich einig, dass die für das Drehen in Eishöhlen erforderliche Seilführung zu den aufwändigsten gehörte, mit denen sie je zu tun gehabt hatten.

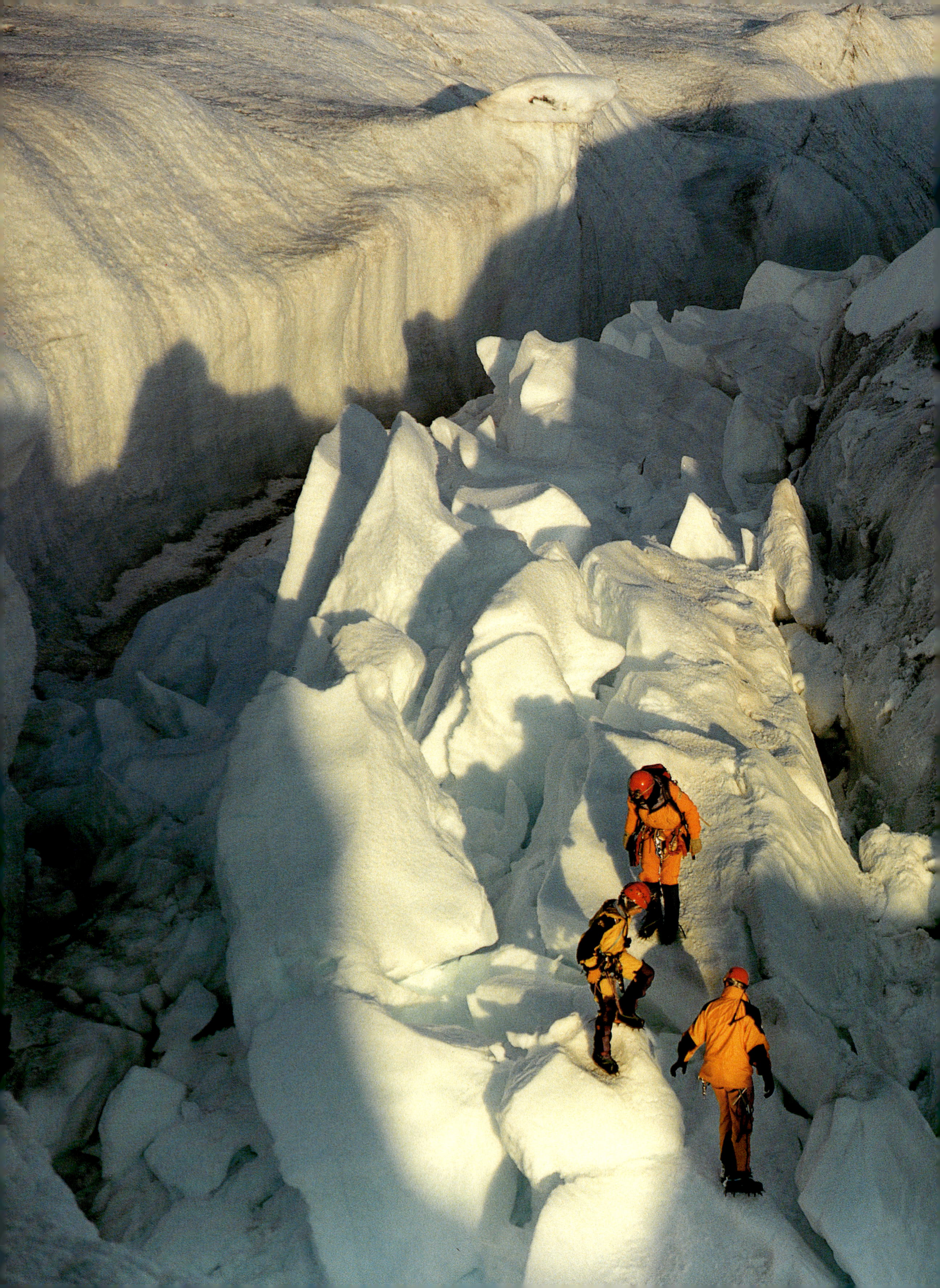

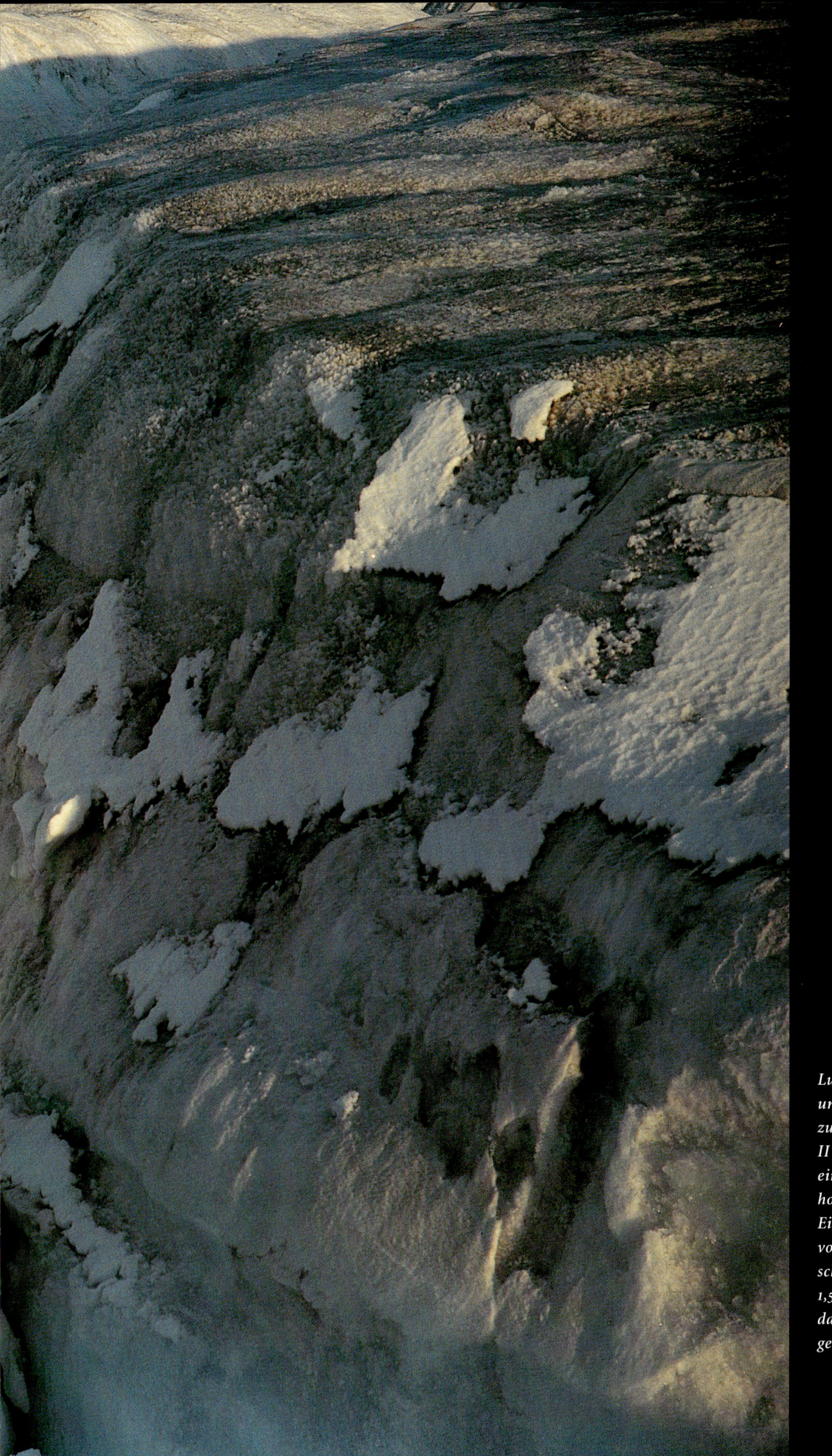

Luc Moreau führt Nancy und Hazel auf dem Weg zum Eingang von Minnik II über das zerklüftete eingestürzte Dach einer horizontal verlaufenden Eishöhle. Zwei Tage vorher hatte die Mannschaft im Camp, etwa 1,5 Kilometer entfernt, das Getöse des Einsturzes gehört.

Teddybären oder Bärtierchen?

von Dr. Hazel Barton

Während ich in das Mikroskop spähte, hauchte mir Philippe Bourseiller in gebrochenem Englisch ins Ohr: »Wenn du einen siehst, wirst du ihn erkennen. Du wirst dich verlieben, er ist so schön«.

Ich suchte weiter den Objektträger nach meiner Beute ab, einem Exemplar der Bärtierchen, wissenschaftlich *Tardigrada*. Janot Lamberton hatte viel von ihnen erzählt, seit wir in Grönland zu seiner Expedition gestoßen waren. Mein Interesse galt den einzigartigen Bakterien, die dort leben, aber Janot bestand darauf, mich zu einem Fleckchen Eismatsch mitzunehmen; dort würden wir *Tardigrada* finden – keine Bakterien, sondern vielzellige Wirbellose, die mit unter einem Millimeter Größe jedoch ebenfalls nur unter dem Mikroskop zu erkennen sind. Als Biologin bin ich von allem Andersartigen fasziniert und war deshalb überglücklich, auf die Suche nach diesen winzigen Organismen zu gehen, die sich in der gefrorenen Tundra mühsam durchschlagen. Nachdem ich zwei Tage lang die Probe nach den winzigen Tieren durchsucht hatte, hielt ich sie allmählich für ein Fantasieprodukt.

Janot hatte mir gesagt, ich solle nach »Teddybären« Ausschau halten. Ich hatte keine Ahnung, was er meinte. Als Nancy und ich im Wissenschaftszelt arbeiten, schloss sich Philippe uns an, um den Kameragurt vorzubereiten. Ebenfalls ein Fan der *Tardigrada*, erbot er sich, bei der Suche zu helfen. Er zeichnete eine grobe Skizze von einem walzenförmigen Lebewesen mit einer Art Bärenkopf an einem Ende. Mit diesem »Phantombild« vor Augen betrachtete ich genau das Wesen unter dem Mikroskop.

»Uuuuh! Ist das einer?«

Ich lehnte mich zurück, so dass Philippe durchs Mikroskop sehen konnte. »Ja, das ist einer. Sieh nur ... er winkt dir zu«.

Die Bereiche intensiveren Rots im Kopfbereich, hier in 300-facher Vergrößerung, sind die »Augenpunkte« der Tardigrada. *Rechts im Bild ein Bein.*

Eines der Beine dieses Exemplars war wie in einem Winkel nach hinten gebogen. Ich begann schließlich zu verstehen, was Janot mit »Teddybären« gemeint hatte. Die kleinen Beine des Tierchens neigten sich nach außen, und mit den winzigen Augen und Strukturen am Kopf sah es tatsächlich wie ein Spielzeugbär aus, der auf allen Vieren läuft.

Die oft nur einen Zehntelmillimeter langen *Tardigrada* zählten zu den ersten Lebewesen, die Leeuwenhoek entdeckte, als er vor über 300 Jahren das Mikroskop erfand. Seit dem 18. Jahrhundert heißen die Bärtierchen lateinisch »Tardigrada«, was »Langsamgänger« bedeutet – gemeint ist ihre schwerfällige Fortbewegungsart.

Gegenwärtig gelten die *Tardigrada* als eigener Tierstamm und Vorfahren der *Arthopoda* oder Gliederfüßler, zu denen die Insekten gehören. Es sind Lebewesen, die früh in der Biologie unseres Planeten ihre Nische gefunden haben und dort relativ unverändert seit vielen Millionen Jahren leben. Tatsächlich hat man in 65 Millionen Jahre altem Bernstein Bärtierchen gefunden, deren Körperbau dem ihrer heute lebenden Verwandten erstaunlich glich.

Was diese Wesen so interessant macht, ist ihre Fähigkeit, in einigen der rauesten Umwelten der Erde zu überleben. Im Gegensatz zu den einzelligen Bakterien (im Wesentlichen eine sackförmige Zelle mit lediglich einem DNS-Strang, Zellorganellen und Enzymen) sind die *Tardigrada* komplizierte, vielzellige Wesen – ohne Blutgefäßsystem, aber mit Verdauungstrakt, Fortpflanzungsapparat und Hirn. Dem Leben in Wüsten, heißen Quellen und sogar in der gefrorenen Tundra der Arktis haben sie sich perfekt angepasst. Die Tardigrada waren die einzigen Lebewesen, mit denen wir das Eis teilten. Sogar der robuste Eisbär ist an die äußersten Ränder Grönlands gebunden, wo es Wasser und Nahrung in relativem Überfluss gibt.

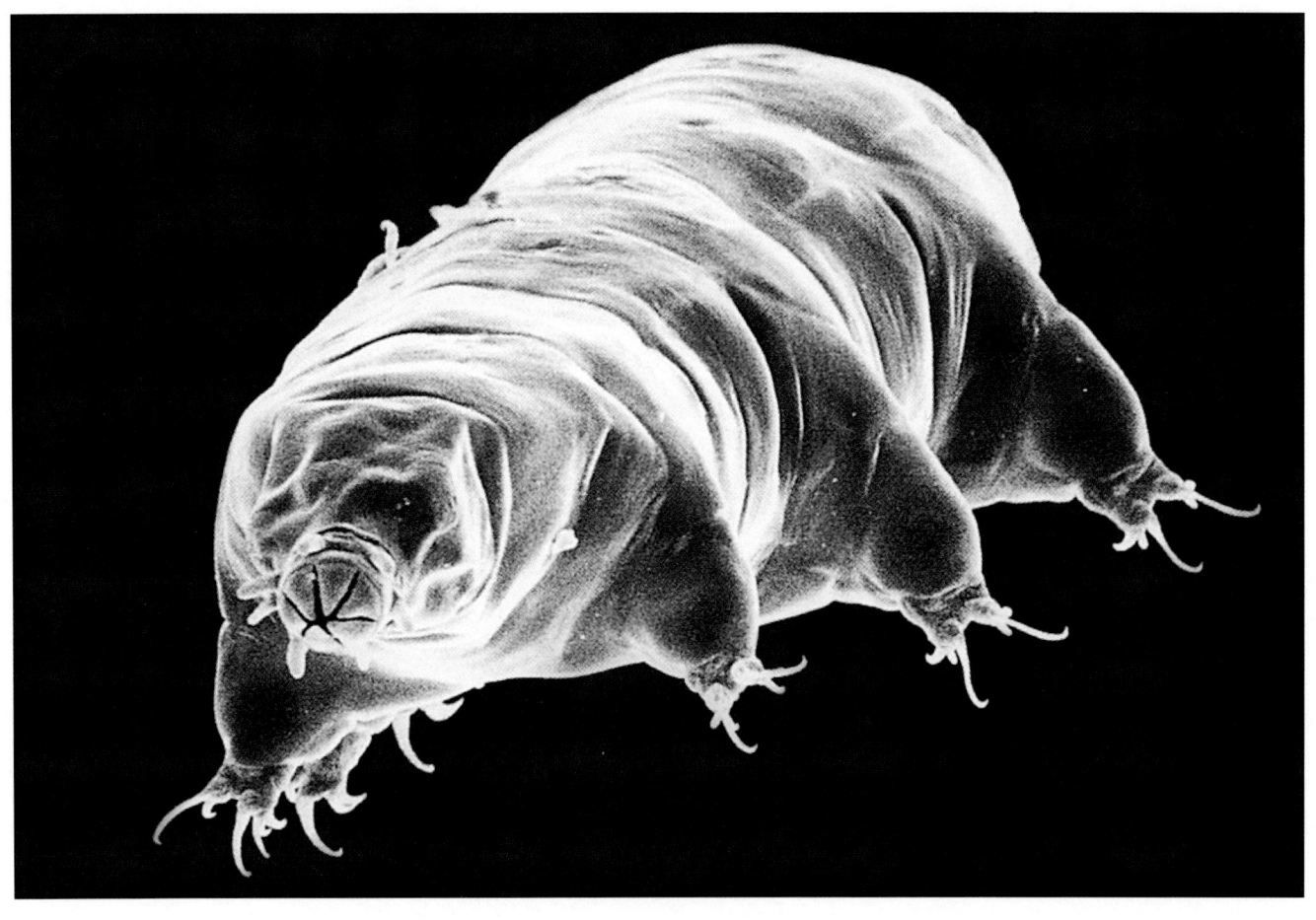

Unter dem Rasterelektronenmikroskop ist der Rüssel des Bärtierchens zu erkennen – er dient dazu, Algen aufzusaugen. Als eines von ganz wenigen Tieren kann es sich ohne Schaden zu nehmen einfrieren lassen.

Wie schaffen sie das? – Wie können die *Tardigrada* hier überleben? Sie können das Einfrieren nicht verhindern.

Wenn unser Gewebe einfriert, bilden sich aus dem Wasser in unseren Zellen und um sie herum Eiskristalle. Zwangsläufig wird alles Wasser zu ein oder zwei großen Kristallen zusammengeballt, die die Membranen unserer Zellen durchstoßen und zerreißen. Wenn das Wasser gefriert, wird es außerdem von dem flüssigen Kern der Zellen ausgeschieden. Fehlt das Wasser, werden die Eiweiße und Zellmembranen geschädigt; sie brauchen den Austausch mit Wassermolekülen, um die richtige Form aufrechtzuerhalten. Das Ergebnis sind schwere Schäden und der Zelltod. Wenn der Schaden groß genug ist, entwickeln sich Erfrierungen, und das Gewebe stirbt ab.

Im »Blut«, besser gesagt der Körperflüssigkeit der Bärtierchen hingegen befinden sich spezielle Moleküle, sogenannte Eiskern bildende Wirkstoffe, die zum Entstehen vieler kleiner Eiskristalle anregen. In der Folge ist nicht genug Wasser verfügbar, um ein Kristall so groß werden zu lassen, dass es Zellen schädigen könnte. Die *Tardigrada* produzieren außerdem ihr eigenes Frostschutzmittel, das den Gefrierprozess verlangsamt, und einen Schutzstoff, um die Eiweiße und Membranen ihrer Zellen zu stabilisieren, wenn sie entwässert werden. Mit diesen Mechanismen kann ein Bärtierchen gänzlich einfrieren (oder eintrocknen), wobei keinerlei Lebenstätigkeit messbar ist – ein Zustand, der *Ana-* oder *Kryptobiose* genannt wird. Bei Tauwetter (oder Regen) belebt es sich wieder.

Diese außergewöhnliche Fähigkeit der *Tardigrada* könnte für die Menschheit von gewaltigem wissenschaftlichen Nutzen sein – wenn wir die Mechanismen der Kryptobiose nutzbar machen könnten. Eines der größten Probleme der medizinischen Forschung besteht darin, zelluläre Aktivitäten in einer Kultur zu untersuchen. Eine Kultur ist eine homogene Population, die es uns erlaubt festzustellen, wie Zellen wachsen und sich teilen, oder die Aufschluss über die Wirkung bestimmter Drogen auf diese Zellen gibt. Doch manche Zellen wachsen nicht gut in Kulturen und müssen frisch entnommen sein – ein sehr arbeitsaufwändiger Prozess, abhängig von der Gewebeprobe, die ein gesunder Mensch bereit ist, zu spenden. Wenn wir auf irgendeine Weise große Mengen dieser entnommenen Zellen aufbewahren könnten, indem wir sie in dieselbe Kryptobiose versetzten, mit der die Tardigrada den Polarwinter überleben, wäre es möglich, ein solches Zellreservoir jahrelang zu nutzen.

Die Nachricht von unserem Fund sprach sich im Camp rasch herum. Jeder, auch das IMAX-Kamerateam, machte einen Abstecher zum Wissenschaftszelt, um durchs Mikroskop zu spähen und unseren winkenden Freund zu betrachten.

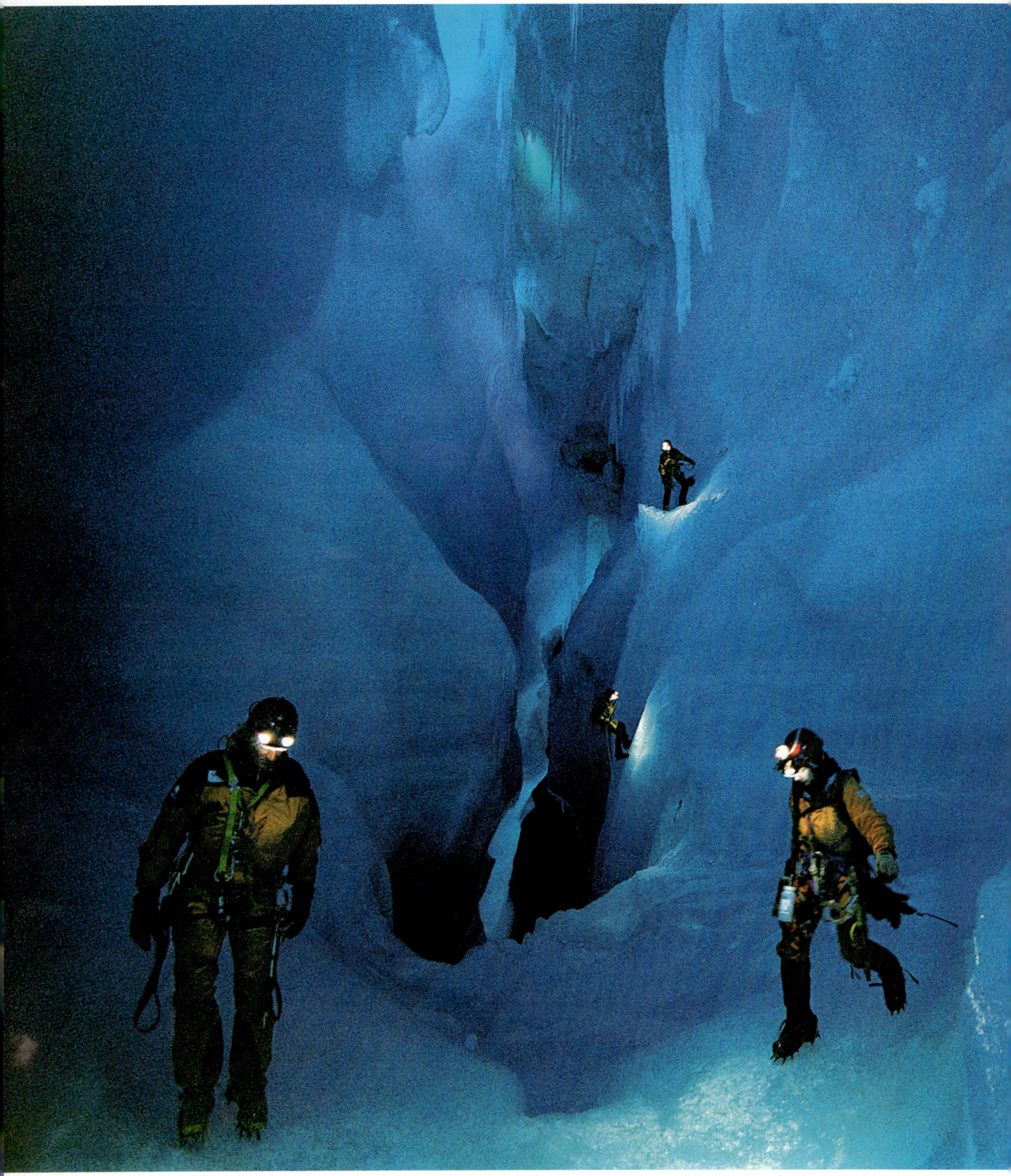

Gleich der nächste Tag brachte einen Trost für Hazel: Die Kälte hielt an und Janot erklärte, dass sie sicher die erste Höhle betreten konnten. Minnik II war ein horizontal verlaufender Tunnel mit einer zweiten senkrechten Öffnung, wie ein »Oberlicht«, die sich kurz hinter dem Eingang befand. Hazel würde ihre ersten Höhlen-Proben sammeln können. Sie hatte bereits einige Bärtierchen: winzige, weniger als einen Millimeter lange Wirbellose, von Algenmatten aus einem der kleinen Pfützen in der Nähe des Camps geborgen. Die wichtige Frage, die Hazel zu beantworten hoffte, lautete, ob diese kleinen Verwandten der Insekten Tausende von Jahren kalter Lagerung im tiefen Eis überleben konnten.

Moderne Mikrobiologen haben zwei Methoden entwickelt, Lebensformen aus extremen Klimabedingungen zu untersuchen. Die traditionelle, aber schwierigere Vorgehensweise ist das Anlegen von Lebendkulturen im Labor. Deshalb waren *aerobe*, also Sauerstoff liebende Mikroben, die bei Raumtemperatur leben und ähnlich wie höhere Tiere Energie gewinnen, die ersten, die umfassend untersucht wurden. Erst allmählich erkannten die Mikrobiologen, dass es viele andere Spezies von Mikroben gibt – vielleicht die Mehrheit der Spezies –, die, wie die *Anaerobier*, bei Anwesenheit von Sauerstoff, oft auch unter für uns normalen Temperaturen, sterben. Diese so genannten *Extremophilen* sind ungewöhnlich gut angepasst an Umgebungen, die sich sehr von dem durchschnittlichen Wissenschaftslabor unterscheiden, also mussten neue Sammelmethoden, Kulturmedien und Isolierungskammern erfunden werden, um sie untersuchen zu können.

Ende der 70er Jahre entwickelten Mikrobiologen die Molekulargenetik. Mittels Techniken zur Neukombination von DNS und RNS extrahierte und kultivierte Carl Woese, von der University of Illinois, genetisches Material von Mikroben aus einer Vielzahl extremer Umgebungen: von schwarzen Schloten am Tiefseeboden – vulkanischen Quellen aus heißem Wasser und Mineralien, an den Mikroben unabhängig von der Sonnenenergie leben – bis hin zu Rohrleitungen radioaktiven Wassers in Nuklearanlagen. Indem er ein bestimmtes Gen untersuchte, das alle Lebewesen besitzen und das in einer konstanten Rate mutiert, konnte Woese anhand jeweils einer einzelnen Zelle die stammesgeschichtlichen Beziehungen vieler solcher Organismen entschlüsseln und einen phyloge-

Janot (links) führt Hazel (rechts) behutsam über ein Eisbrett tief unten in Minnik II, während hinten Nancy (oben) darauf wartet, dass Mael unter ihr eine Abstiegsroute untersucht. Trotz scheinbarer Festigkeit verschoben sich solche Vorsprünge manchmal mit einem lauten Krachen und drohten, Teammitglieder mitsamt IMAX-Kamera in die Tiefe stürzen zu lassen.

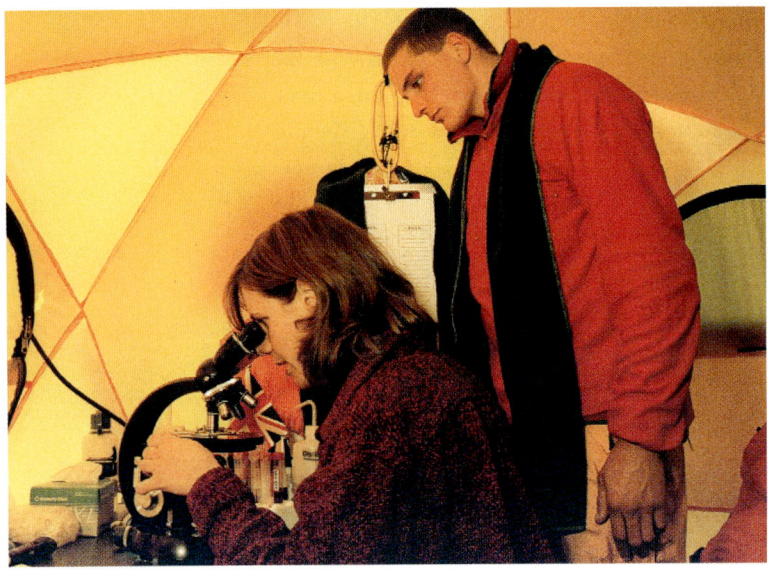

Oben: Hazel schlägt ein Stück Eis aus der Wand, um an eine dunkle Schicht zu gelangen – Reste der Algenseen aus einem lange zurückliegenden Sommer. Unten: Im Wissenschaftszelt hilft Mael Hazel dabei, in einer Probe Bärtierchen zu finden.

netischen Stammbaum erstellen. Der Höhlenforscher und Mikrobiologe Norm Pace entwickelte noch schnellere und genauere Methoden zur Analyse der genetischen Verwandtschaft neu entdeckter Organismen. In den 90er Jahren hatte Pace' Labor schlüssig bewiesen, dass die übergroße Mehrheit des Lebens und der genetischen Vielfalt auf der Erde mikrobisch ist und dass weniger als zwei Prozent aller mikrobischen Spezies bislang gezüchtet oder erforscht worden sind. Hazel hoffte nun Mikroben vorzufinden, die im Zustand der *Anabiose* (siehe S. 51) überleben können.

Der Eingang zu Minnik II bestand aus einer Schneebrücke. Zwei Tage vor Nancys und Hazels Ankunft war ein großer Teil der Brücke zusammengebrochen und hatte im Nu einen langen Abschnitt der Höhlengalerie zerstört. Die Franzosen hatten das Krachen des Zusammenbruchs noch im 400 Meter entfernten Camp gehört. Glücklicherweise waren der Eingang und die Galerie mittlerweile sicher begehbar. Nancy arbeitete sich zur 20 Meter hohen und 50 Meter breiten Öffnung vor und bestaunte dabei die unglaublich blaue Szenerie, die sie bald einhüllen sollte.

Nachdem sie den Eingangsbereich untersucht hatten, wanderte sie mit Hazel, Mael und Janot zu dem senkrechten Eingang, um in einen tieferen Teil der Höhle abzusteigen. Sie entdeckten, dass die Seile, die sie erst vor einer Stunde angebracht hatten, von mehrere Zentimeter dickem Eis umhüllt waren. Es stammte von der Gischt des kleinen Baches, der in das »Oberlicht« floss. Nachdem sie neue Seile geführt hatten, stiegen die Höhlenkundler ab und benutzten ihre Steigeisen, um eine sanft geneigte Rampe aus Eis hinunterzugehen. Nancy konnte nicht fassen, wie sehr die Formen des Eises den Sinterablagerungen in einer Kalksteinhöhle ähnelten; in ihrer Heimat hätte sie sich große Mühe gegeben, die zarten Kalzitformationen nicht zu beschädigen. Wenn nur ein einzelner Speläologe hindurchging, konnte dies die Formation in einer Weise entstellen, dass es noch nach Tausenden von Jahren zu sehen war. Doch in der sich schnell verändernden Eishöhle, das wusste Nancy, würden alle Spuren ihrer Passage ausgelöscht sein, lange bevor sie wieder zu Hause in Georgia war.

In den tiefsten Winkeln von Minnik II schlug Hazel mit dem Eispickel ein Stück Eis aus der Wand, das ähnliche dunkle Partikel aufwies wie diese, in denen sie die *Tardigrada* gefunden hatte. Nachdem sie aus der Höhle ausgestiegen waren, verstaute Hazel ihre Proben in einem großen Metallkanister mit flüssigem Stickstoff. Das war nötig, um die DNS der Mikroben am Leben zu erhalten.

Später an diesem Tag konnten Janot und Mael zum ersten Mal seit Wochen in Malik einsteigen und die Folgen der Flut begutachten. Überall an den Wänden hing loses Eis: Die beiden stiegen nach unten und lösten dabei mit ihren Hämmern massive Klumpen. Obgleich der Wasserfall in dem Schacht nur noch einen Bruchteil seiner Größe der vorangegangenen warmen Tage hatte, erzeugte er noch genügend Gischt, um die Seile mit einer dicken Eisschicht zu überziehen.

Als die beiden den Schacht verließen, erklärten sie, dass es immer noch zu unsicher sei, auch den Rest der Gruppe einsteigen zu lassen.

Unterirdische Lebensformen
von Dr. Norman R. Pace

Mikroorganismen wird in allgemeinen Texten über Biologie wenig Aufmerksamkeit gewidmet; sie wurden von der klassischen Biologie bisher weitgehend ignoriert, und sie sind der Öffentlichkeit praktisch unbekannt, außer im Zusammenhang mit Krankheit und Verwesung. Doch das Funktionieren der Biosphäre hängt vollständig von den Aktivitäten der mikrobischen Welt ab. In nur einer Handvoll Erdboden gibt es Milliarden von Mikroorganismen so vieler verschiedener Typen, dass man nicht einmal deren genaue Zahl kennt – und es scheint, dass der größte Teil dieses mikrobischen Universums in der Erdkruste verborgen liegt, in den unterirdischen Lebensräumen des Planeten.

Mikroorganismen sind winzig und als Einzelne mit dem bloßen Auge nicht zu sehen. Die Existenz mikrobischen Lebens wurde vor historisch erst relativ kurzer Zeit entdeckt: mit Leeuwenhoeks Erfindung des Mikroskops vor gut drei Jahrhunderten. Selbst unter den heutigen, starken Mikroskopen lässt die einfache Struktur der Mikroorganismen deren Klassifizierung anhand morphologischer und anatomischer Merkmale nicht zu, nach denen große Organismen bisher eingeordnet wurden. Die jüngst entwickelte Methode der Molekulargenetik, mit der Lebensformen anhand ihrer DNS-Sequenzen klassifiziert werden können, hat es jedoch möglich gemacht, die evolutionären Beziehungen zwischen allen Lebewesen endgültig aufzuklären. So können wir jetzt einen universellen Evolutionsbaum zeichnen – eine Darstellung, die die Geschichtsschreibung des Erdenlebens verändern wird.

Bisher – ohne Berücksichtigung der DNS – ist die Evolution des Lebens im Kontext von vier, manchmal auch fünf Naturreichen interpretiert worden: Tiere, Pflanzen, Pilze und *Monera*, die prokaryontischen Bakterien; am schwersten tat man sich mit der Einordnung der eukaryontischen Einzeller (*Protozoa*), jenen Organismen aus einer hoch organisierten Einzelzelle mit einer Kernmembran. Meist wurden sie nach dem Besitz von Chloroplasten und autotropher, oder deren Fehlen und heterotropher Ernährungsweise teils zu den Pflanzen, teils zum Tierreich gerechnet.

Wirklich bewiesen war die Existenz dieser Reiche jedoch nicht – bis Carl Woese von der University of Illinois 1977 eine objektiv nachprüfbare Sicht der Evolution formulierte, indem er die DNS von dem ribosomalen RNS-(rRNS-) Gen vieler Organismen aller Reiche verglich, einschließlich der Mikroben. So stellte sich das Konzept der vier (oder fünf) Reiche als grundlegend falsch heraus.

Das rRNS-Gen ist eine biologische Struktur, die sich sehr langsam verändert, wodurch es möglich wird, seine evolutionären Veränderungen aufzuzeichnen. Woese etablierte das inzwischen anerkannte Drei-Reiche-Rahmenwerk der evolutionären Abstammung: Eukaryonten (enthalten eine Kernhülle), Bakterien (ursprünglich Eubakterien genannt) und Archaea (ursprünglich Archaebakterien genannt).

Dieser derzeit allgemein anerkannte Evolutionsbaum berechnet Unterschiede in den rRNS-Genen zwischen allen Organismen und zeichnet eine Karte der »evolutionären Distanz«, die nur Veränderungen in Gensequenzen berücksichtigt.

Bis zu diesem Punkt nahm man an, dass die spektakulären, vielzelligen Formen – Tiere, Pflanzen und Pilze – den Großteil der evolutionären Vielfalt ausmachten. Artenvielfalt wurde beschrieben anhand großer Organismen; durch das Verwenden der rRNS-Gensequenzen ist es jetzt möglich, die mikrobische Vielfalt unseres Planeten zu beschreiben – aber die vielleicht bedeutendste Anwendung ist, dass man jetzt auch die im Sinne der Evolution primitiven Organismen wie die *Archaea* identifizieren kann, die heute meist noch nicht kultiviert werden können. Wir sind bis dahin davon ausgegangen, dass die ältesten Organismen auf der Erde offenbar jene seien, die Wasserstoff als Energiequelle nutzten und thermophil waren. Der Befund der rRNS-Analyse stimmt mit den bisherigen Theorien überein: Die ersten Lebensformen auf der Erde lebten, ernährten und reproduzierten sich in einem geothermischen Rahmen von hoher Temperatur.

Unser neu erstellter »Baum des Lebens« zeigt, dass der photosynthetische Stoffwechsel sich erst lange Zeit nach dem anorganischen Energiestoffwechsel entwickelt hat: Dieser existierte schon während eines sehr frühen Zeitalters der Erdgeschichte, als die Biosphäre aus Wasserstoff und anderen anorganischen Komponenten bestand. Noch heute erstreckt sich eine solche Biosphäre viele Kilometer weit in die Erdkruste. Es ist ein im Wesentlichen unbekanntes Reich – das vielleicht zeigt, dass ein Großteil der Lebensvorgänge abgeschieden von Licht und Luft gedeiht, aber ebenso stark auftritt wie auf der Oberfläche der Erde.

Die Septembersonne versinkt über einer eisigen Landschaft. Daten aus jüngsten NASA-Studien legen nahe, dass das grönländische Inlandeis als Folge der globalen Erwärmung zu schrumpfen begonnen hat. Hinweise auf frühere klimatische Veränderungen könnten in den Eisschichten der Gletscher verborgen sein, tief unter der ständig sich verändernden Oberfläche.

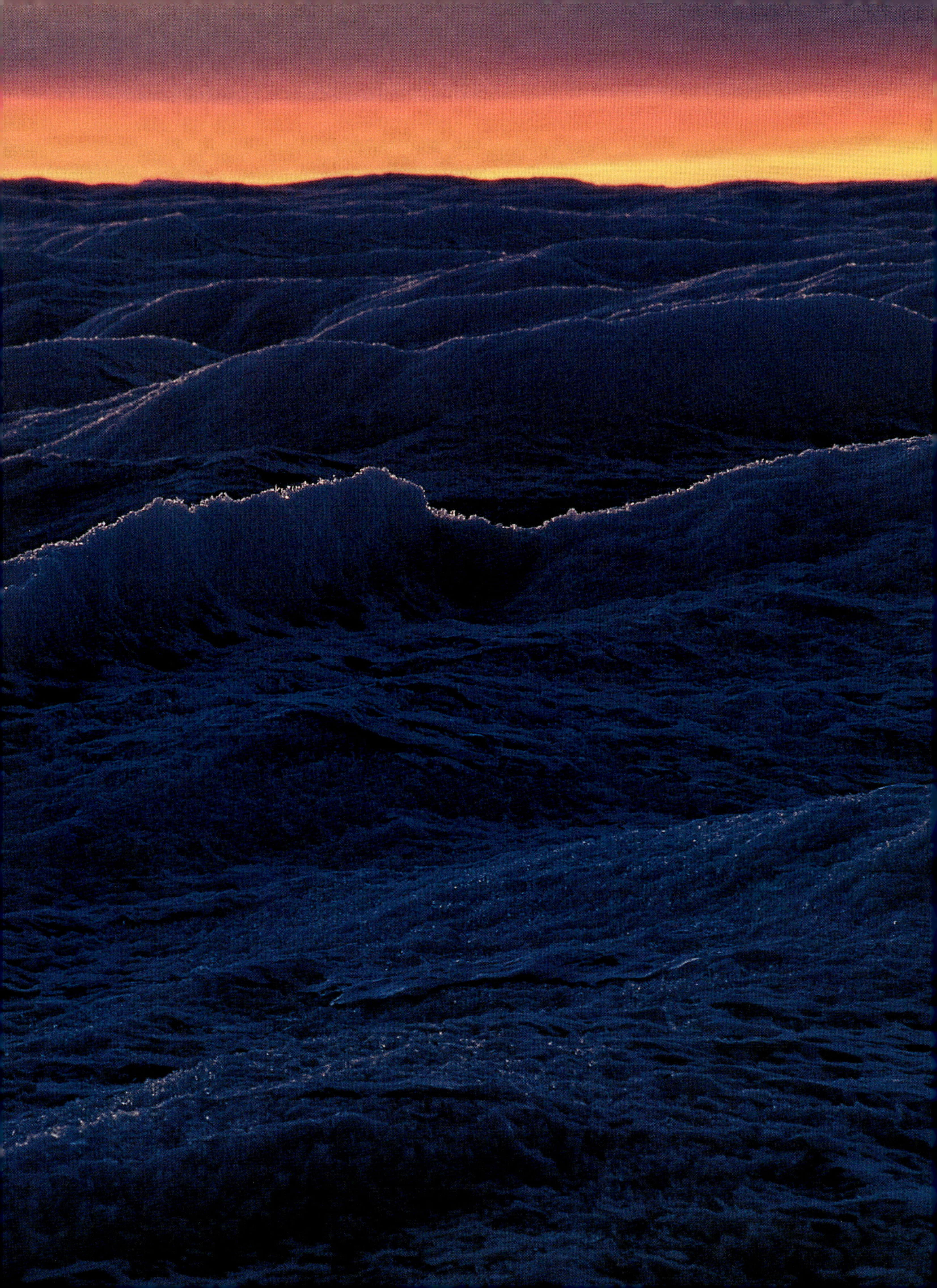

KAPITEL 4

In der Zone des freien Falls

Die ausgedehnte Malik-Gletscherspalte blieb instabil und jedes Mal fielen Wolken an Eiskristallen auf Janot herab, wenn er und Mael eine Untersuchung starteten. Frustriert wandte das Team seine Aufmerksamkeit anderen Stellen zu. ■ Nach der Beinahe-Katastrophe bei der Querung ging niemand mehr das kleinste Risiko ein. Kim, der grönländische Experte des Teams, war zum Sicherheitsmann ernannt worden, und er überprüfte persönlich jedes Stück Ausrüstung, bevor jemand ins Eis abstieg. Janot war in jeder Höhle der Erste. Sorgfältig untersuchte er die Wände und die Decke nach Anzeichen für einen möglichen Einsturz. Alle trugen Helme. Es hatte keine weiteren Kletterunfälle mehr gegeben – bis auf ein schmerzhaftes Missgeschick: Beim Test der kleinen benzingetriebenen Winde war Mael mit seinem Daumen zwischen die Seile geraten und hatte sich den Nagel abgerissen. ■ »Wenn deine Haut nicht so dick wäre, hättest du den Daumen verloren«, sagte der Mannschaftsarzt, als er die Wunde verband. ■ Nancy und Hazel wurden immer geschickter beim Manövrieren auf dem Eis. Im Camp hatten sie gelernt, mit den Eispickeln allabendlich das Eis vor ihrem Zelt aufzurauen, so dass sie sicheren Halt hatten, wenn sie morgens ins Freie traten. Die Techniken in der Seilarbeit, die im Eis

Oben: Feuchte Luft führt vor Höhleneingängen zur Bildung von Eiskristallen. Manchmal umhüllen sie binnen Stunden alles, was Höhlenkundler zurückgelassen haben. Rechts: Janot Lamberton prüft die Festigkeit einer unsicher scheinenden Eiswand

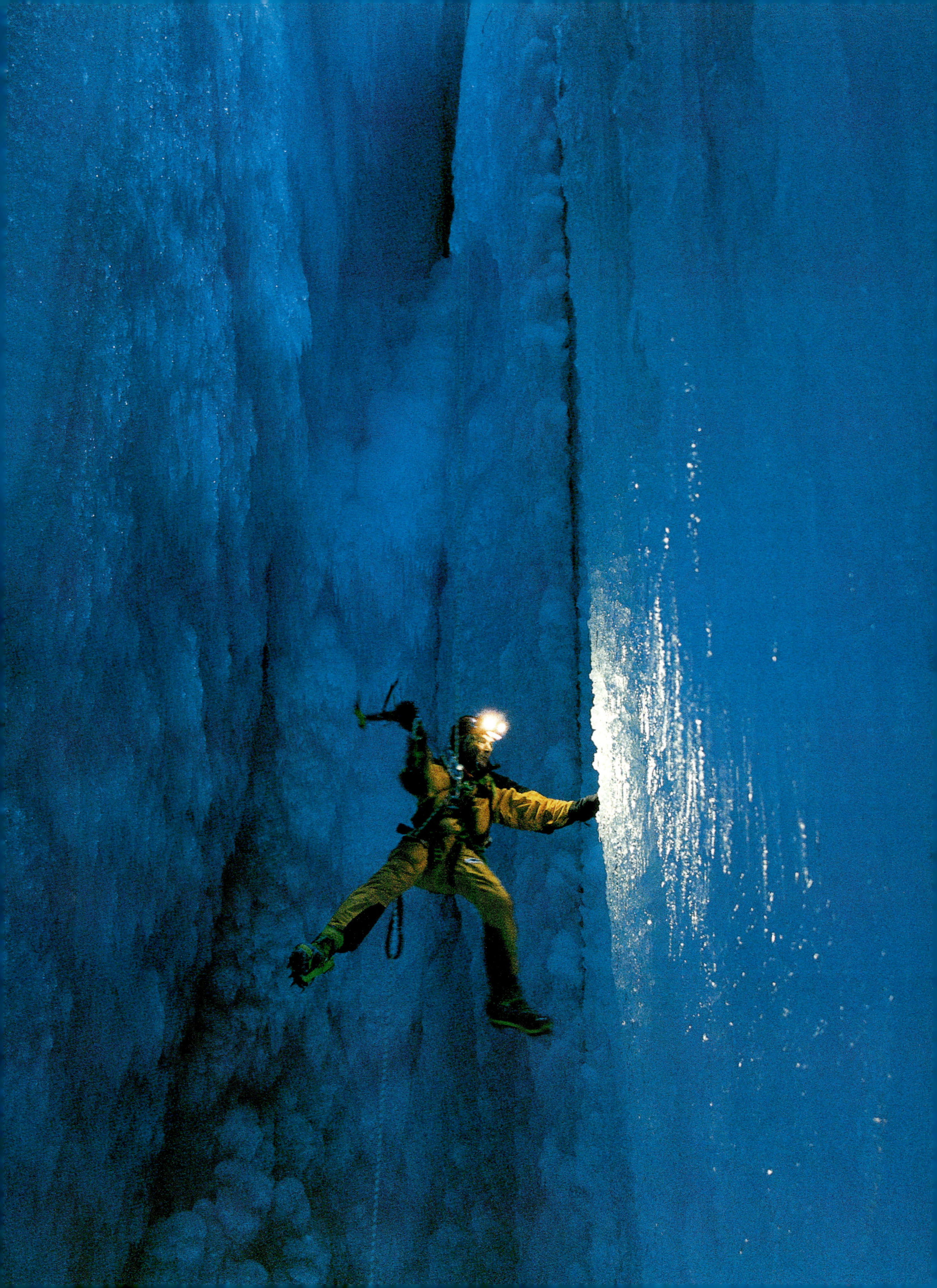

Samuel Keller untersucht eine Eisprobe aus der Wand einer Gletschermühle. Gefrierende Luftfeuchte und Schmelzwassergischt lassen stets »frisches«, glasklares Eis entstehen, das entfernt werden muss, um auf die älteren Schichten zu stoßen – und die klimatischen und biologischen Geheimnisse, die sie enthüllen könnten.

erforderlich waren – und sich von denen in Erdhöhlen unterschieden –, beherrschten beide beinahe wie im Schlaf.

Von den Schächten im TAG her war Nancy an lange »freie« Abstiege gewöhnt, bei denen das Seil selten eine Wand berührte, bevor es auf den Boden aufkam.

In Grönland war wegen der ständigen Gefahr durch herabfallendes Eis eine möglichst nah an den Wänden verlaufende Seilführung erforderlich, wobei regelmäßig Anker, so genannte Rücksicherungen, an den Überhängen angebracht werden mussten, um das Seil aus der Fallzone zu ziehen. Nancy war froh, dass sie beim Klettern in Georgia die Traversierung der Rücksicherungen geübt hatte. Sie konnte zumindest einen der französischen Höhlenkundler mit ihrem Tempo und ihrer Gewandtheit am Seil beeindrucken, als sie beim Abseilen in Minnik I eine Rücksicherung überquerte. Doch stritten die Franzosen noch mit ihr über die Seilführung im Texasstil, die sie für den Aufstieg benutzte, ein System, das sie noch nie gesehen hatten.

Der Malik-Schacht war noch nicht zugänglich, so dass Mael sich ein paar Tage nach seiner Daumenverletzung seinem Vater bei der Erkundung der zweiten senkrechten Gletschermühle anschloss, Minnik II, Teil desselben Stromsystems, das Minnik I durchfloss. Die in Minnik II errreichbare Tiefe war nicht so groß wie bei Malik; aber mit etwa 120 Metern Tiefe würde der Schacht Hazel und Luc wissenschaftlichen Zugang zu Eis ermöglichen, das älter war als alles, mit dem die Expedition bisher zu tun gehabt hatte. Mehr noch, auf halbem Weg nach unten entdeckte Janot eine Nische oben auf einem riesigen Eisblock. Hier konnte die Mannschaft eine vor dem permanenten Eishagel von oben geschützte Filmplattform anbringen.

Hazel und Nancy hatten einen weiteren entscheidenden Unterschied zwischen der Höhlenbegehung im Gestein und im Eis entdeckt: die Einstellung des Teams zur Kartierung. Selbst für erfahrene Forscher können Höhlen verwirrend komplex sein. Gänge verzweigen sich fortgesetzt in drei Dimensionen. So genannte gerade Tunnel können dennoch in Schlangenlinie verlaufen. Nirgendwo in einer Höhle ist es wie an der Oberfläche möglich, anhand der Sonne die Himmelsrichtung festzustellen, oder sich an Landmarken wie Bäumen oder Bergkuppen zu orientieren. Deshalb sollten Höhlengänger perfekte Vermesser sein, denn – zumindest bei der Erstbegehung einer Strecke – sind sorgfältig Distanzen, Erhebungen, Form und Größe einer Galerie zu vermerken.

Einige Höhlenkundler, darunter Hazel Barton, sind darüber hinaus zu begabten Kartenzeichnern geworden. Sie übertragen die gemessenen Daten in große Karten, die den Grundriss einer Höhle, ihr Profil, ihre Geologie und größere Ebenen oder einzelne Abschnitte im Detail darstellen. Oft merken Höhlengänger nicht, dass ein Hauptgang einer besonderen Verwerfung oder Gesteinsschicht folgt, bis sie die fertige Karte studieren. Die Karte wird zum unverzichtbaren Instrument des Speläologen, wenn es gilt, in einer bekannten Höhle neue Durchgänge zu finden.

Das Problem beim Kartieren des eigenen Weges durch eine Höhle besteht darin, dass es sehr zeitraubend sein kann. Grundlegende Messdaten zu erheben, kann ein Team sehr verlangsamen und jeden frustrieren, der in die gähnende Finsternis vor sich starrt. Doch der bei weitem zeitintensivste Teil der Kartenerstellung spielt sich oberirdisch ab. Bei einer einigermaßen kleinen, geraden Stromhöhle kann das Ermitteln der Daten und das Zeichnen einer fertigen Karte bis zu einigen Wochen dauern. Bei sehr großen Höhlensystemen, wie jenen im Mammoth Cave, den Carlsbad-Höhlen oder denen des Wind Cave National Park, können die Messungen viele verschiedene Karten für unterschiedliche Abschnitte erforderlich machen, wobei jede Karte Jahrzehnte kontinuierlicher Arbeit durch mehrere hundert Freiwillige bedeutet.

In Eishöhlen ist solches Kartieren unmöglich. Natürlich sind alle Höhlen früher oder später vergänglich; in 20 oder 30 Millionen Jahren wird der Sandstein, der heute Mammoth Cave umgibt, ins Meer gespült sein. Aber Eishöhlen sind auch nach menschlichem Maßstab kurzlebig: Keine einzige überdauert so lange, dass man sie ordentlich vermessen könnte. Jeder, der den fertigen Film von der Expedition anschaut, wird einzelne Bereiche sehen, die so inzwischen nicht mehr existieren.

Nach jahrelanger Erforschung von Gletscherhöhlen hatte Luc Moreau eine rationale Messmethode entwickelt, die er Nancy beibrachte. Sie stützte sich auf die wichtigsten Veränderungen in dem stetig fließenden Gletscher, der die Höhle umschloss. Luc verzichtete auf alle Methoden, die man gewöhnlich bei der Vermessung von Höhlen verwendet: Peilung, Gefälle und Entfernung, und beschränkte sich auf die exakte Vermessung von Tiefe und Breite der Galerie.

Die Tiefe vermaß der Forscher mit einem Maßband; für die Ermittlung der sich schnell ändernden Breite war präziseres Werkzeug erforderlich: An Holzstiften an den gegenüberliegenden Seiten eines Schachtes wurden elektronische Geräte angebracht, die den genauen Abstand zur anderen Seite aufzeichnen konnten. Jede der tiefen Gletschermühlen ist direkt unter der Einmündung breiter als am Boden. Das Schmelzwasser, das von den Oberflächencañons herunterschießt, erweitert einen vorhandenen Schacht zunächst glockenförmig. Aber das große Gewicht und der Druck des Eises sorgen dafür, dass die nachgiebigen Schachtwände mit zunehmender Tiefe zusammengepresst werden, bis das Wasser in engen Röhren verschwindet. In den Sandsteinschächten des TAG geschieht oft das genaue Gegenteil: Das an den Wänden herabrinnende Wasser wäscht riesige Höhlen am Grund einer Röhre aus, sie erweitert sich flaschenförmig nach unten: Der obere Abschnitt ist oft kaum breit genug, um Hüften und Schultern hindurchzuquetschen.

Luc Moreau zeigt Nancy seine Methode, um die täglichen Veränderungen in Eishöhlen aufzuzeichnen. Stifte, die in gegenüberliegende Wände eingeschlagen werden, enthalten elektronische Geräte, die ständig den Abstand zueinander messen und so die Bewegung des umgebenden Eises registrieren, das die Wände der Höhle langsam zusammendrückt.

Nancy benutzt eine so genannte Petzl-Abseilbremse, um in eine Eishöhle abzusteigen. Im Eis ist sie unverzichtbar, da sie auch glatte, vereiste Seile festhält – Absteighilfen, die in Kalksteinhöhlen Verwendung finden, wie der Abseilachter oder die Abseilbremsen, versagen hier.

Mit Hilfe solch präziser Elektronik konnte Luc schon nach einem Tag Veränderungen von einigen Zentimetern feststellen. Mit Tiefe und Zeit in Beziehung gesetzt, erbrachten die Daten im Computer ein deutliches Bild von Verhalten und Zusammensetzung des umgebenden Gletschers: Gewicht und Mächtigkeit des umgebenden Eises konnten so abgeschätzt werden.

Hazel, die den Vorsitz bei den jährlichen Höhlenkartierungswettbewerben der National Speleological Society innegehabt hatte, hätte zu gern einen genauen Plan von nur einer der im Verlauf der Expedition erkundeten Eishöhlen gezeichnet. Für eine dreidimensionale Computer-Animation des kompletten Lebenszyklus einer Eishöhle aber wären weit mehr Messpunkte an den Wänden nötig gewesen als bei Lucs Methode: Ein solches Projekt erforderte sehr viel mehr Arbeitskraft und Zeit, als diese Expedition erübrigen konnte. Während Nancy Luc bei seinen Weitenmessungen assistierte, konzentrierte sich Hazel daher auf ihre Mikrobensammlung.

Minnik II schien ein Schacht zu sein, der wahrscheinlich alte, schon lange eingefrorene *Tardigrada* und vielleicht auch neue Spezies liefern konnte. Wie bei anderen Höhlen, die das Team untersuchte, waren seine Wände von dunklen Linien durchzogen, die frühere Sommerteiche repräsentierten. In den tiefen Gletschermühlen bedeckte die andauernde Gischt vom einströmenden Wasser die alten Wände ständig mit neuem, auf mehrere Zentimeter durchsichtigem Eis. Für eine Mikrobiologin war das eine gute Sache: Wenn sie etliche Zentimeter unterhalb der Grenze zwischen neuem und altem Eis ihre Proben nahm, konnte Hazel einigermaßen sicher sein, dass diese nicht von Organismen der Gegenwart kontaminiert sein würden. Das Problem war, durch das Eis zu hacken und dann mit sterilem Werkzeug rasch die Probe zu entnehmen und zu isolieren. Dies war an sich schon schwierig genug, doch die doppelte Notwendigkeit, herabfallenden Eisbomben auszuweichen und die Arbeit für ein Kamerateam aufzuzeichnen, machte das Sammeln zu einem wahren sportlichen Balanceakt.

Ein Großteil des ersten Tages an Minnik II wurde auf die heikle Aufgabe verwendet, eine Plattform für die Kamera auf der losen Wand der Höhle zu errichten. Damit das Filmteam, die Helfer an der Oberfläche und die Höhlengänger und Wissenschaftler in der komplizierten Aufbauphase miteinander kommunizieren konnten, war jeder mit einem Funkgerät ausgestattet. Ein zusätzliches Mikrofon für Anweisungen der Regie erhielten Hazel, Nancy und andere, die im Film auftreten sollten. In der langen kalten Wartezeit, während Gordon Brown und andere auf der Plattform arbeiteten, wanderten Hazel und Nancy zurück zum Camp, um sich aufzuwärmen; ihre Funkgeräte blieben angeschaltet, so dass sie zurück zum Schacht gerufen werden konnten, wenn sie gebraucht wurden.

In Minnik II fielen ohne Vorankündigung kleine und große Eisklumpen herab und explodierten mit Geräuschen, die in dem abgeschlossenen Schacht widerhallten. Jedes Mal, wenn ein Anker ins Eis geschlagen wurde,

Am Seil

VON NANCY HOLLER AULENBACH

Menschen haben schon immer Tieren nachgeeifert – sie fliegen wie ein Vogel, jagen über das Land wie ein Gepard, schwimmen durch die Meere wie ein Fisch. Höhlenkundler wie ich wetteifern mit der Kletterkunst der Spinne.

Meine erste Berührung damit hatte ich schon vor der Geburt: Meine Mutter, im siebten Monat schwanger, sicherte meinen Vater bei einer Traversierung und einem Abstieg in einen Tennessee-Schacht. Später wurde die Babytrage zu meinem ersten Sitzgeschirr. Mom und Dad sicherten sie erfindungsreich am Seil und hievten mich zusammen mit meinen beiden älteren Brüdern kleine Abgänge hinauf und hinunter. Ein Seil an einer alten Eiche zu befestigen war die Vorstellung der Hollers von einer Gartenschaukel. Ich erinnere mich, wie ich in meinem Geschirr hing und sanft hin- und hergezogen wurde. Als ich älter war, verbesserte ich mich im Seilklettern. Heute lebe ich im TAG, einer Region voller vertikaler Höhlen im Grenzgebiet von Tennessee, Alabama und Georgia, und fast jedes Wochenende findet man mich am Seil. Dort auch machte mir mein Mann, ebenfalls ein Höhlenkundler, seinen Heiratsantrag!

Die Schachtbefahrung hat sich über die Jahre gewiss sehr verändert. Frühmenschen benutzten, wie noch heute Naturvölker in tropischen Regenwäldern, Lianen und Äste, um die Tiefen zu erreichen. Als die Höhlenkunde in Europa eine wissenschaftliche Angelegenheit wurde, ließen sich Speläologen von ihren Kollegen hinabseilen und wieder hochziehen. Klobige und schwere Strickleitern und in jüngerer Zeit Drahtseilleitern waren für lange Abstiege die Norm, aber sie begrenzten die Reichweite.

Es heißt, Not mache erfinderisch. 1952 konnte Bill Cuddington, ein amerikanischer Höhlengänger, niemanden finden, der ihn in einen Virginia-Schacht gehievt oder dort gesichert hätte. Er hatte sich schon viele Male zuvor per Dülfersitz abgeseilt, so dass er leicht in die Tiefe gekommen wäre. Wieder nach oben zu gelangen war aber ein Problem. Er hatte in einem alten Bergsteigerbuch über die Prusik-Knoten gelesen: Wenn man drei kürzere Reepschnüre an ein dickeres Seil bindet – eine für jeden Fuß und eine für den Brustkorb des Kletternden –, kann ein Mensch ein Seil »hinaufgleiten«, ohne abzurutschen, indem er die Knoten einen nach dem anderen aufwärts schiebt. Nachdem er das Knotenschlagen an einem dicken Seil geübt hatte, war er bereit, die Methode einem Praxistest zu unterziehen. In jenem Jahr war Bill der Erste, der mit Hilfe dieser heute noch genutzten Einseiltechnik erfolgreich einen Schacht ab- und wieder hinaufstieg.

Metallsteigklemmen haben inzwischen den Platz der Prusik-Knoten eingenommen; der Dülfersitz ist ersetzt worden durch mechanische Abseilbremsen wie die Petzl oder der Rack. Dennoch ist es wichtig, die Grundlagen zu erlernen und regelmäßig zu üben, so dass man sich selbst aus fast jeder Klemme helfen kann. Es kommt viel zu häufig vor, dass wenig trainierte Höhlengänger am Seil feststecken und nicht wissen, wie sie sich selbst befreien können. Das Wissen, wie man etwa das Seilende abschneidet, um daraus Prusik-Schlingen zu machen, ist unschätzbar wichtig. Auch den Dülfersitz zu beherrschen, kann von Nutzen sein.

Seit Jahren gehöre ich der National Cave Rescue Commission an. So weiß ich aus eigener Erfahrung, dass es oft die beste Lösung für ein Problem ist, wenn diejenigen, die sich in einer Notlage befinden, selbst zu helfen wissen, bevor eine Rettungsaktion mit aufwändiger Technik und Ausrüstung in Marsch gesetzt wird.

Deshalb besteht ein großer Teil des vertikalen Trainings, das Höhlenclubs absolvieren, darin, Notsituationen zu simulieren.

Höhlenkundler sind immer eine stolze und einfallsreiche Spezies von Forschern gewesen. Klettertechniken und -ausrüstung sind so verschieden wie die Höhlengänger selbst; wir alle versuchen ständig, die Anhänger anderer Techniken von den Vorteilen der unseren zu überzeugen. Diese meist gut gemeinte Diskussion ist nicht neu. 1946 schrieb Robert deJoly, der damalige Präsident der Französischen Speläologengesellschaft, einen begeisterten Brief an Bill Stephenson.

Sein Anliegen: Er wollte Bill überzeugen, dass seine neu entwickelte – also die DeJoly-Drahtseilleiter – besser sei als die damals in den USA üblichen Methoden. Bei den Filmarbeiten zu *Amazing Caves* in Grönland waren die Franzosen von meinem eigens angefertigten Klettersystem wenig beeindruckt und versuchten zwei Wochen lang, mich zu bekehren. Ausrüstung und Techniken werden weltweit von erfahrenen Höhlengängern weiter perfektioniert und diskutiert. So wenig wie jemals ein Hubschrauber so virtuos fliegen wird wie die Libelle, so wenig werden wir jemals die virtuose Kletterkunst der Spinnen erreichen: Dafür haben sie uns viele Millionen Jahre an Anpassung, Erfahrung und Übung voraus.

Die Wände von Eisschächten können sich ebenso wie die im Gestein stellenweise »ausbeulen« und Überhänge bilden, so dass der Höhlengänger am frei hängenden Seil absteigen muss. Wenn Bergsteiger sich an einer Klippe abseilen, helfen ihnen Tritte gegen den Fels beim Verlangsamen. An einem Seil, das vom Eis rutschig ist, ist das Tempo schwerer zu kontrollieren, wenn die nächste Wand außer Reichweite ist. Das erfordert Erfahrung im Umgang mit einer Abseilbremse, wie Janot hier bei seinem tiefsten Abstieg der Expedition demonstriert.

schien es, als ob der Lärm allein wie ein Kartenhaus die Wände zum Einsturz bringen könnte. Gordons Bruder Mike, ein erfahrener Bergsteiger, assistierte ihm auf der kleinen Plattform und murmelte fortgesetzt über Funk, dass er noch nie einen gefährlichen und unsicheren Ort gesehen habe. Die ersten Aufnahmen, die von der Plattform gemacht wurden, zeigen blaue Streifen, regelrechte »Eismeteore«, die direkt vor dem Auge der Kamera vorbeifliegen – sie selbst sicher vor den Brocken geschützt.

Janot und Luc arbeiteten daran, die losen Eisblöcke in der Nähe des Seils loszuschlagen, in der Hoffnung, spätere unkontrollierte Abstürze zu vermeiden. Doch es löste sich noch mehr Eis. Zwar ließ der eisige Wind oben den Tag als schneidend kalt empfinden – an der Oberfläche kletterte die Temperatur jedoch allmählich über den Gefrierpunkt, und alle mussten die Höhlen verlassen. Film und Wissenschaft mussten auf kältere Temperaturen am Morgen warten. Am nächsten Tag zeichneten die Browns und Schultz wenigstens auf, wie Nancy, Hazel und Luc in das blaue Licht der Gletschermühle abstiegen. Wegen der zusätzlichen Schmelze, die am späten Nachmittag eintrat, musste die Plattform jedes Mal neu ausgerichtet werden, wenn jemand darauf kletterte. Die Filmemacher machten aus dieser Not eine Tugend und platzierten sie in unterschiedlichen Höhen, um verschiedene Abschnitte des steilen Abfalls zu filmen.

Gut 30 Meter unter der Oberfläche konnten sie die Plattform direkt gegenüber einer kleinen Eisspalte aufbauen, an der Hazel ein Stück altes Eis entnahm und schnell in ein Probenröhrchen steckte. Es war eine schwierige Arbeit, weil sie dabei dicke Handschuhe trug und in einem Sitzgeschirr mindestens 20 Stockwerke über dem »Erdgeschoss« des Schachtes hing. Doch in der Probe konnten sich lebende Bärtierchen, oder auch neue Bakterienarten befinden. Sie hetzte aus der Höhle und brachte die Probe rasch zu ihrem Behälter mit Flüssigstickstoff.

Ein paar Tage später beschloss das Filmteam, die Plattform und die Mark-II-Kamera versuchsweise bis zu einer Kammer in der Nähe des Schachtgrundes 100 Meter unter der Erdoberfläche abzusenken – in so große Tiefen war noch nie eine großformatige Kamera in einer Eishöhle gebracht worden. Shultz installierte die Plattform etwa 7,5 Meter über einem kleinen Eissee, der sich dort gebildet hatte, wo Wasser aus den schmalen Kanälen weit unten aufgestaut worden war. Mike Brown seilte sich mit schwerer Filmlast nach unten zu ihm ab. Dabei bemerkte er einen großen, ebenen Eisblock, der an der Wand in der Nähe klebte, beinahe auf der Höhe der Seeoberfläche. Er schien fest zwischen zwei großen senkrechten Eisrippen zu stecken.

Mike schlug über Funk vor, dass diese natürliche Plattform vielleicht eine sicherere, dem Eishagel weniger ausgesetzte Kameraaufstellung ermögliche. Janot, der sich jetzt nach unten abseilte, war ebenfalls dieser Ansicht. Mehrere Tage lang hatte Janot daran gearbeitet, loses Eis weiter oben im Schacht abzuschlagen, aber hier in größeren Tiefen, 12 oder 15 Meter über der tiefen Kameraposition, traten noch viele lose, Blöcke aus den Wänden hervor.

Mike, Gordon und Schultz brachten weitere Ausrüstungsgegenstände zu dem Eisblock. Auf seiner zweiten Fahrt nach unten berührte Schultz eine Wand mit seinem Eispickel, und blitzschnell platzte ein gewaltiger Spalt von 20 Metern auf. Einen Moment lang dachte er, eine einzige große Scholle löste sich ab und würde Tonnen von Eis auf Mike und Gordon hinabfallen lassen. Aber so rasch wie er sich geöffnet hatte, erstarrte der Riss. Nichts weiter geschah. Die Funkgeräte knisterten vor Spannung. Mike berichtete von mehreren »ordentlichen Klumpen« Eis, die auf den Boden prallten, Stücke, die von irgendwo anders im Schacht herabstürzten, aber sein ebener Block schien vor den Abstürzen gut geschützt zu sein.

Endlich waren Gordon und Mike bereit, die Höhlengänger und Wissenschaftler bei der Arbeit auf dem Grund der Gletschermühle zu filmen. Aber gerade als die Mark II zu laufen begann, bewegte sich der Eisblock, auf dem sie aufgestellt war. Es war eine kleine Verschiebung, kaum wahrnehmbar, aber sie befanden sich direkt über einem Eissee mit gefrierendem Wasser, und keiner war durch ein Seil gesichert. Ganz langsam, mit vorsichtigen Schritten die Balance haltend, wie Menschen, die aus einem Auto klettern, das über dem Rand einer Klippe hängt, verankerten sich Mike und Gordon an der Wand. Als sie gesichert waren, testeten sie den Boden, zuerst sachte und dann mit größerem Energieeinsatz. Er bewegte sich nicht wieder; sie entschieden, sie könnten ein paar schnelle Drehs riskieren. In einer wunderschönen, ununterbrochenen Sequenz seilte sich Janot vor dem Auge der Kamera zum Höhlengrund ab und setzte unten neben dem Eissee auf.

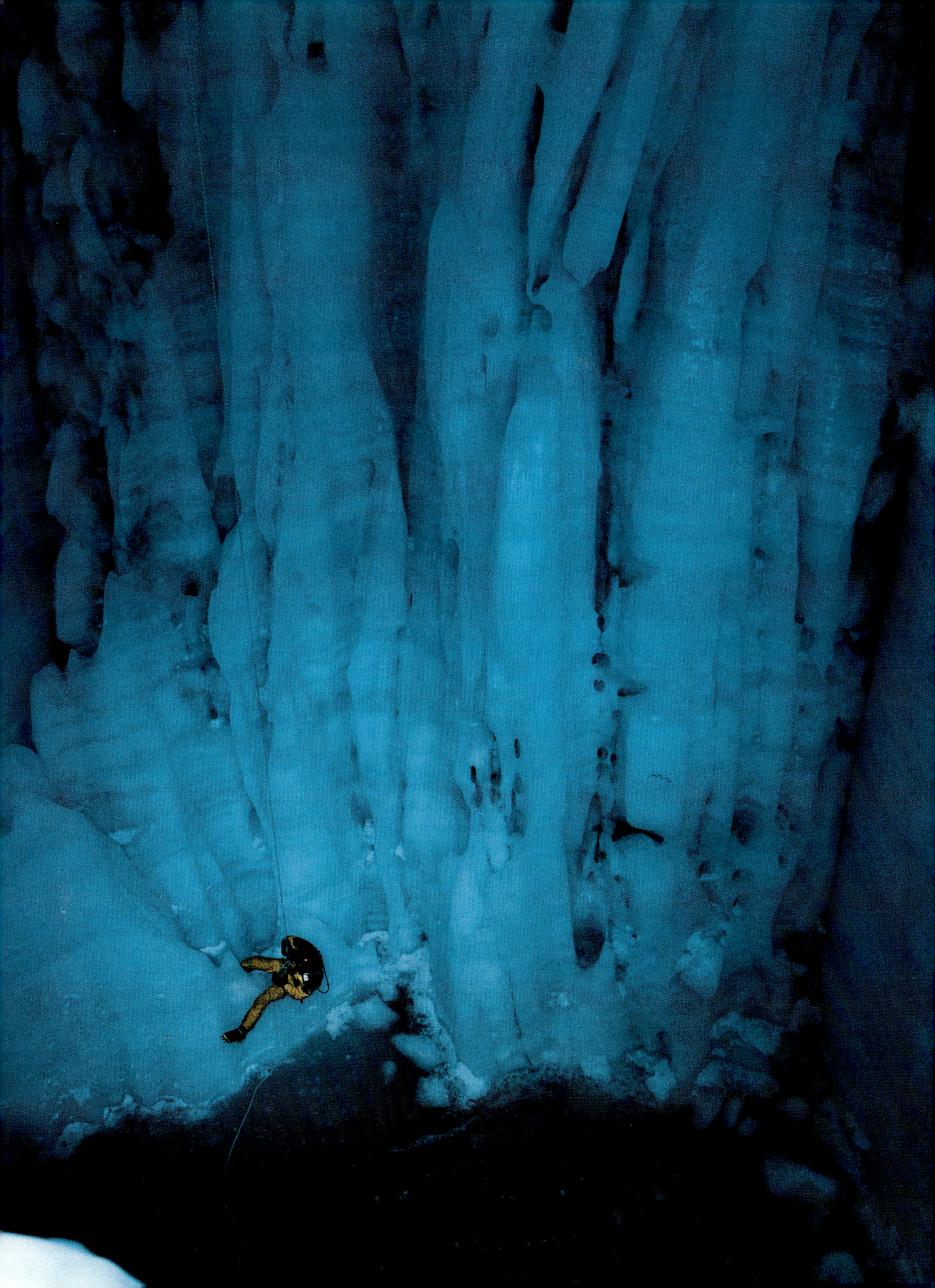

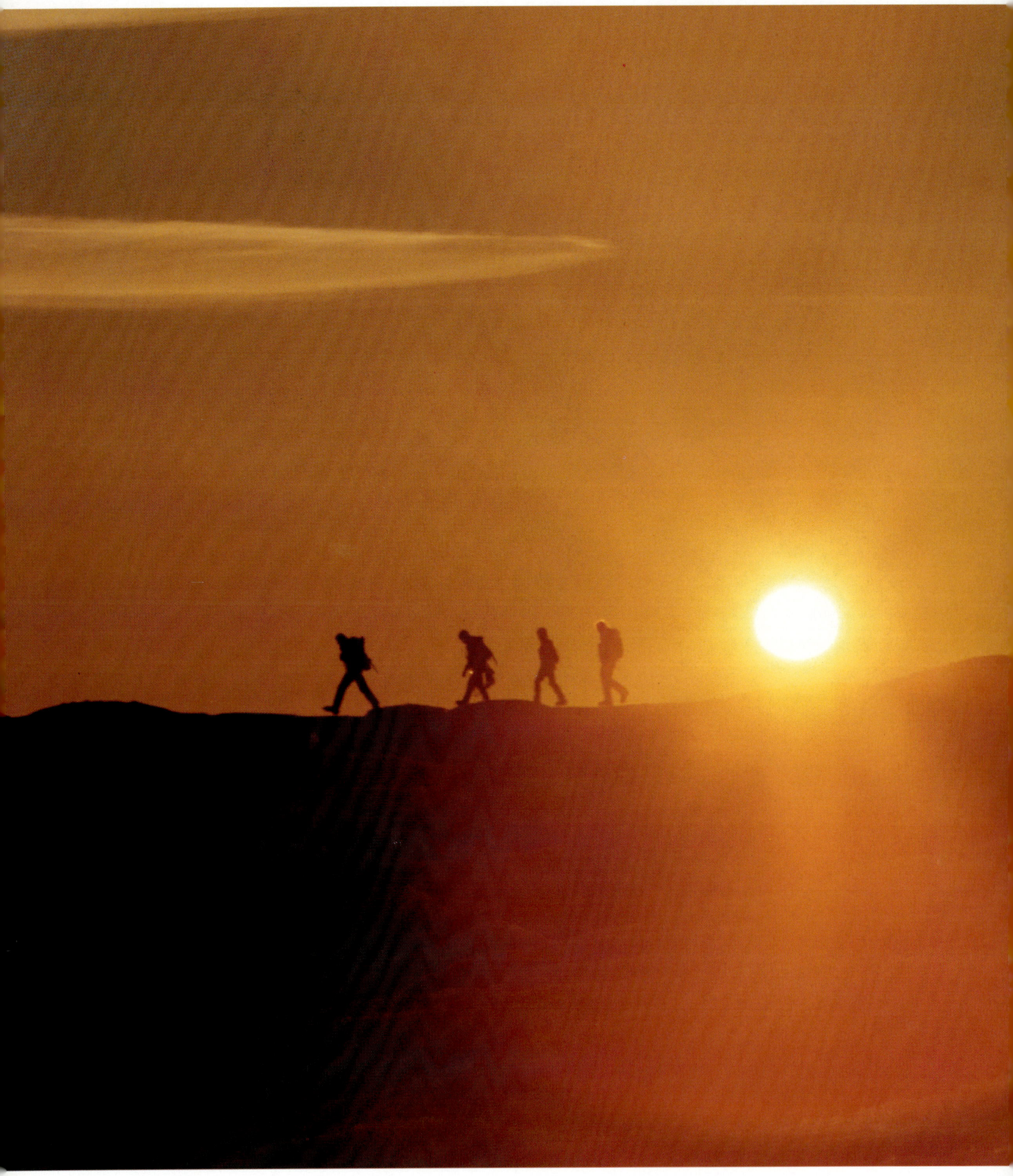

Die Browns merkten plötzlich, dass er an einer Stelle direkt unter ihrem wackeligen Block gelandet war. Sie riefen ihm rasch zu, zur Seite zu gehen, aber die merkwürdige Akustik und die Sprachbarriere machten es Janot fast unmöglich zu verstehen, was sie sagten. Mit ein paar gewandten Bewegungen schob sich Janot von der Stelle unter dem Block fort und fand einen festen Halt auf der anderen Seite des Schachtes. Doch alle Anwesenden wussten, dass sie das Glück arg strapaziert hatten – heute würde es keine vom Grund des Schachtes gesammelten Proben mehr geben.

An der Oberfläche sah Hazel zu, wie die Höhlenkundler ausstiegen, ihre Gesicht immer noch bleich vor Spannung von dem Erlebten. Ihr wurde klar, dass die Proben, die sie hatte, reichen mussten: In zwei Tagen sollte der Hubschrauber sie, Nancy und die meisten anderen Amerikaner aus dem Eis abholen. Den nächsten Tag würden sie damit beschäftigt sein, die Ausrüstung zum Camp zurückzubringen.

Manchmal hängt der Fortschritt der Wissenschaft von unglaublichen Zufällen ab: Archimedes setzt sich in sein Bad und entdeckt das Prinzip der Verdrängung – woraus er ein System zur Volumenmessung entwickelt. Alexander Fleming lässt eine Bakterienkultur länger herumstehen, ein Schimmelpilz schleicht sich ein, und das Ergebnis ist Penicillin. Unbekannt hingegen bleiben die Fälle, in denen die Umstände die Forschung zunichte machen: Wegen eines verloren gegangenen Zollformulars standen die IMAX-Kameras, tonnenweise Ausrüstung, Dutzende Rollen von belichtetem Film und Hazels Stickstoffkanister tagelang in einem heißen Lagerhaus in der Nähe des Flughafens Los Angeles, bevor sie vom US-Zoll freigegeben wurden. Filme und Ausrüstung überstanden die Hitze unversehrt. Die kleinen Eisstückchen und ihre uralten Bewohner, die in der inneren Kapsel des Behälters eingeschlossen waren, fielen ihr dagegen zum Opfer: Nur einige Milliliter entsetzlich teuren Trinkwassers waren noch in den Sammelröhrchen, als Hazel sie schließlich in ihrem Labor in Colorado herausholte.

Nachdem sie einen scharfen Kommentar im Bristoler Dialekt hervorgebracht hatte, den wir hier nicht wiedergeben können, erklärte sie, dass sie das nächste Mal an einer wärmeren Stelle nach merkwürdigem neuem Leben Ausschau halten werde.

Auch wenn das Team durch das warme Wetter an einem Tiefenrekord gehindert wurde, konnte es bei der Rückkehr aus den Tiefen von Minnik II zufrieden sein: Es hat eine tiefere Einsicht in die massiven Kräfte gewonnen, die unter dem Eis am Werk sind, und mehr Verständnis für die mikrobischen Wesen, die dort lebten.

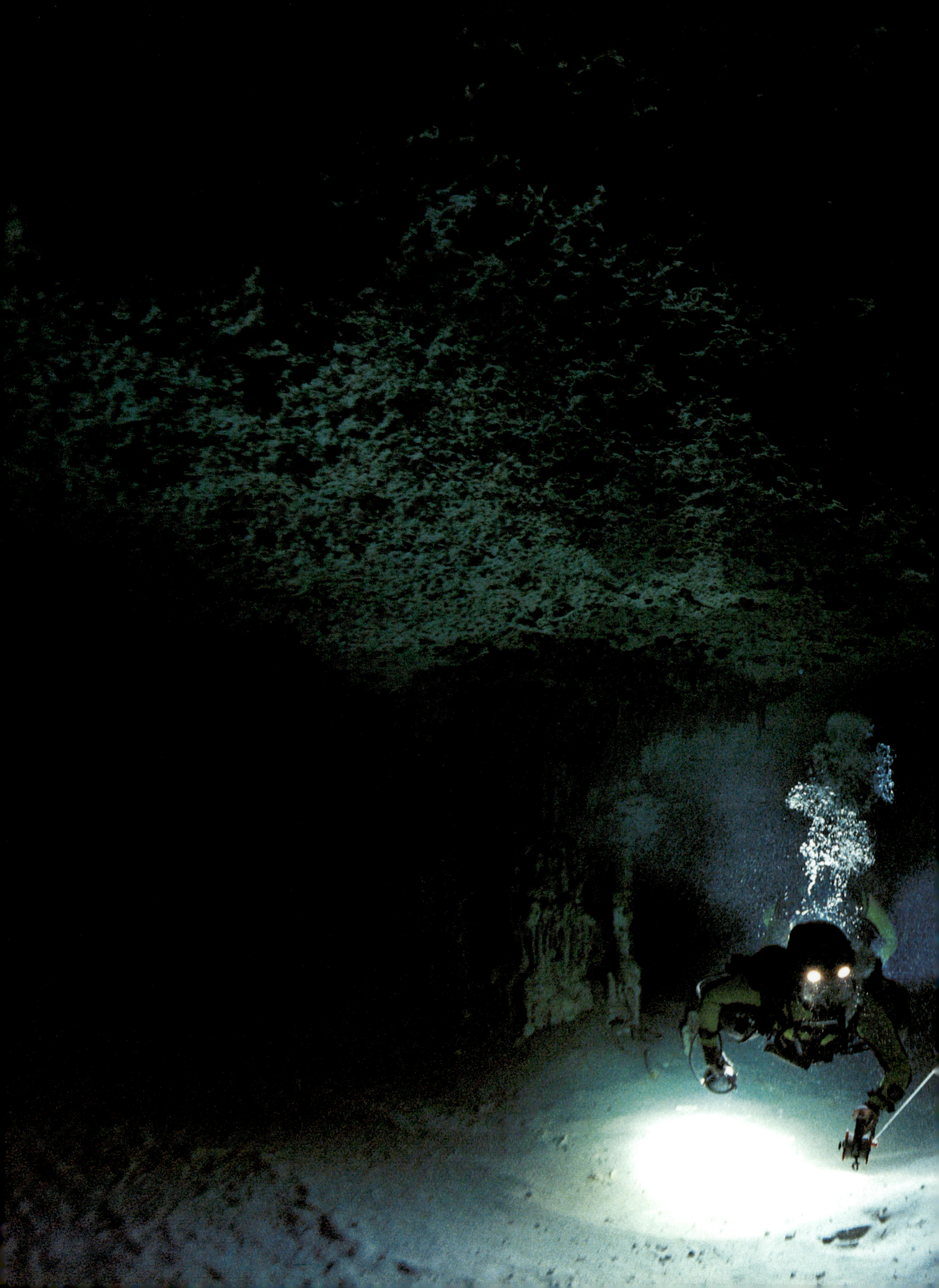

Wasser

Flüsse unter Yucatán

A
LS WIR UNSERE REISE HIERHER
ANTRATEN, WAREN WIR IN HÖCHSTER UN-
GEWISSHEIT, WAS UNS BEGEGNEN WÜRDE;
HINDERNISSE UND SCHWIERIGKEITEN
HATTEN SICH VOR UNS ANGEHÄUFT,
DOCH WIR FÜHLTEN UNS FÜR ALL UNSERE
MÜHEN BEREITS ENTSCHÄDIGT.
WIR BEFANDEN UNS INMITTEN
DER WILDESTEN LANDSCHAFT, AUF DIE
WIR JE IN YUCATÁN GESTOSSEN WAREN;
UND MIT AUSNAHME DER EHRWÜRDIGEN
RUINEN WAR UM UNS NUN DAS,
WAS WIR UNS ÜBERALL SONST
GEWÜNSCHT HATTEN:
DIE ERHABENHEIT DER NATUR.

John L. Stephens
An den Ruinen von Tulum 1842
Begebenheiten auf einer Reise in Yucatan

Vorhergehende Seiten: Ein Taucher unterwegs in einer Nebenhöhle im Karst-Aquifer – dem unterirdischen Wasserwegesystem – der Halbinsel Yucatán, unter der sich das größte bekannte Unterwasser-Höhlennetzwerk der Erde erstreckt. Rechts: Stalaktiten wie diese bilden sich nur oberhalb des Wasserspiegels; sie stammen aus der letzten Eiszeit, als er viel niedriger war als heute.

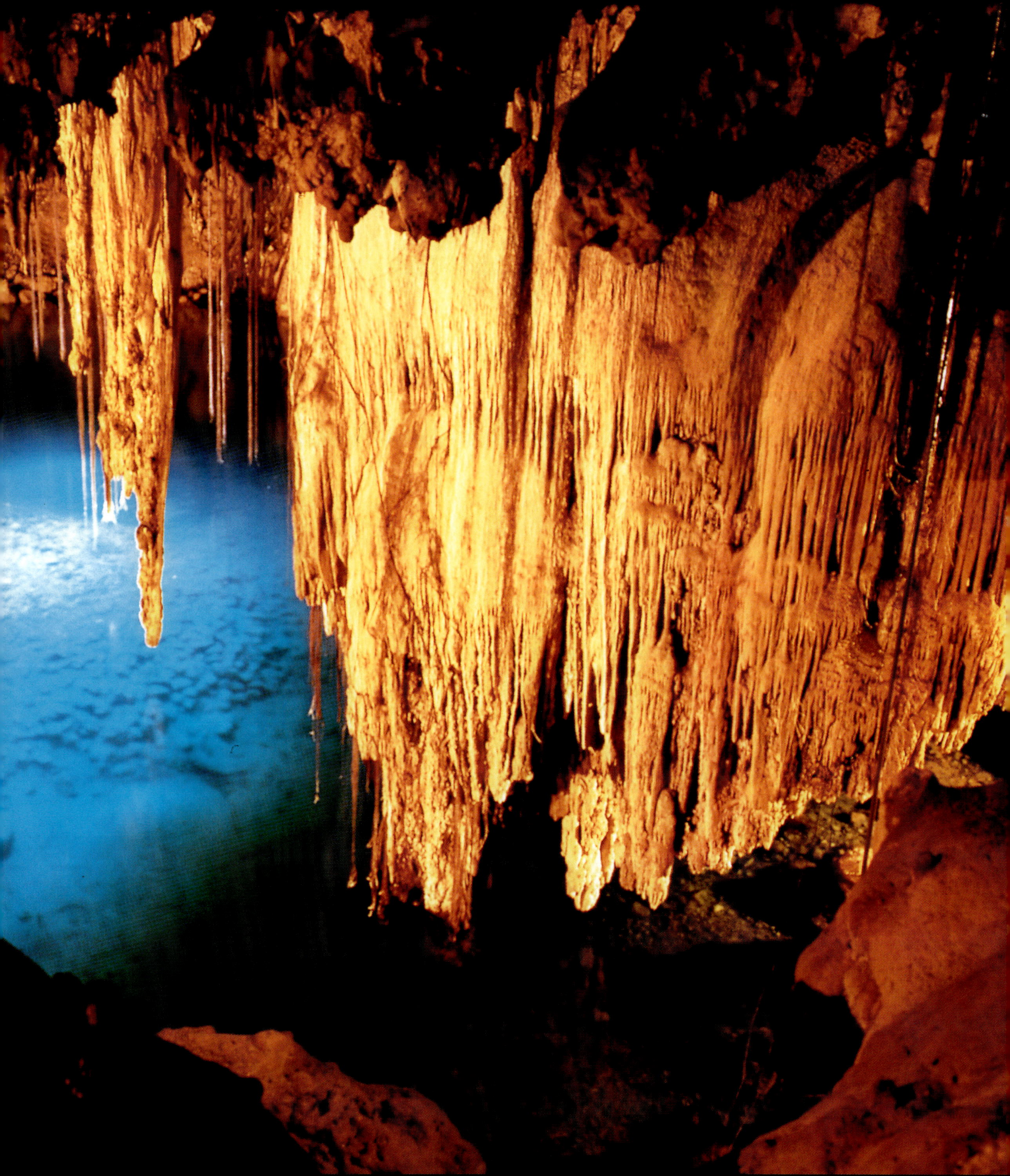

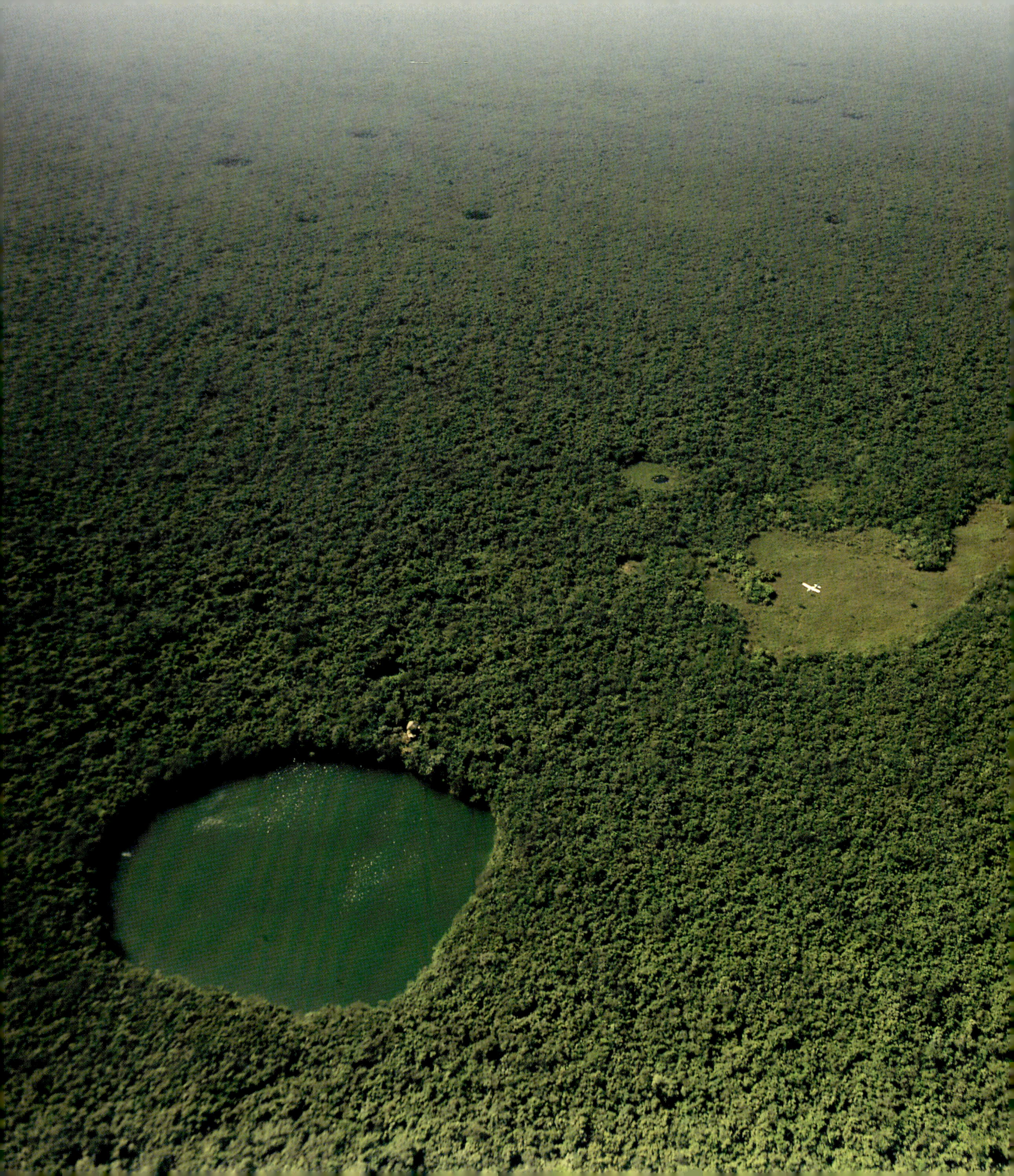

Links: Große und kleine, durch Tunnel verbundene Cenotes – wassergefüllte Einsturzdolinen – finden sich verstreut im Dschungel von Yucatán. Auf einem kurzen Flug können Taucher eventuelle Höhlen ausfindig machen, deren Lokalisierung zu Fuß wahrscheinlich Monate in Anspruch nähme.
Unten: Die Maya-Ruinenstadt Copán sieht heute noch fast genauso aus wie 1840, als der amerikanische Forscher John Lloyd Stephens sie für 50 Dollar »erwarb«

Nancy untersucht Anzeichen für eine alte Hochwassermarke direkt unterhalb eines senkrechten Einstiegs in die Mil Columnas, eine Höhle, die innerhalb eines privaten Reservats für Ökotourismus liegt. Rechts: Eine reiche Tier- und Pflanzenwelt und die verlässliche, auf wassergefüllten Höhlen basierende Wasserversorgung von Yucatán ließen die Maya-Kultur wachsen und gedeihen.

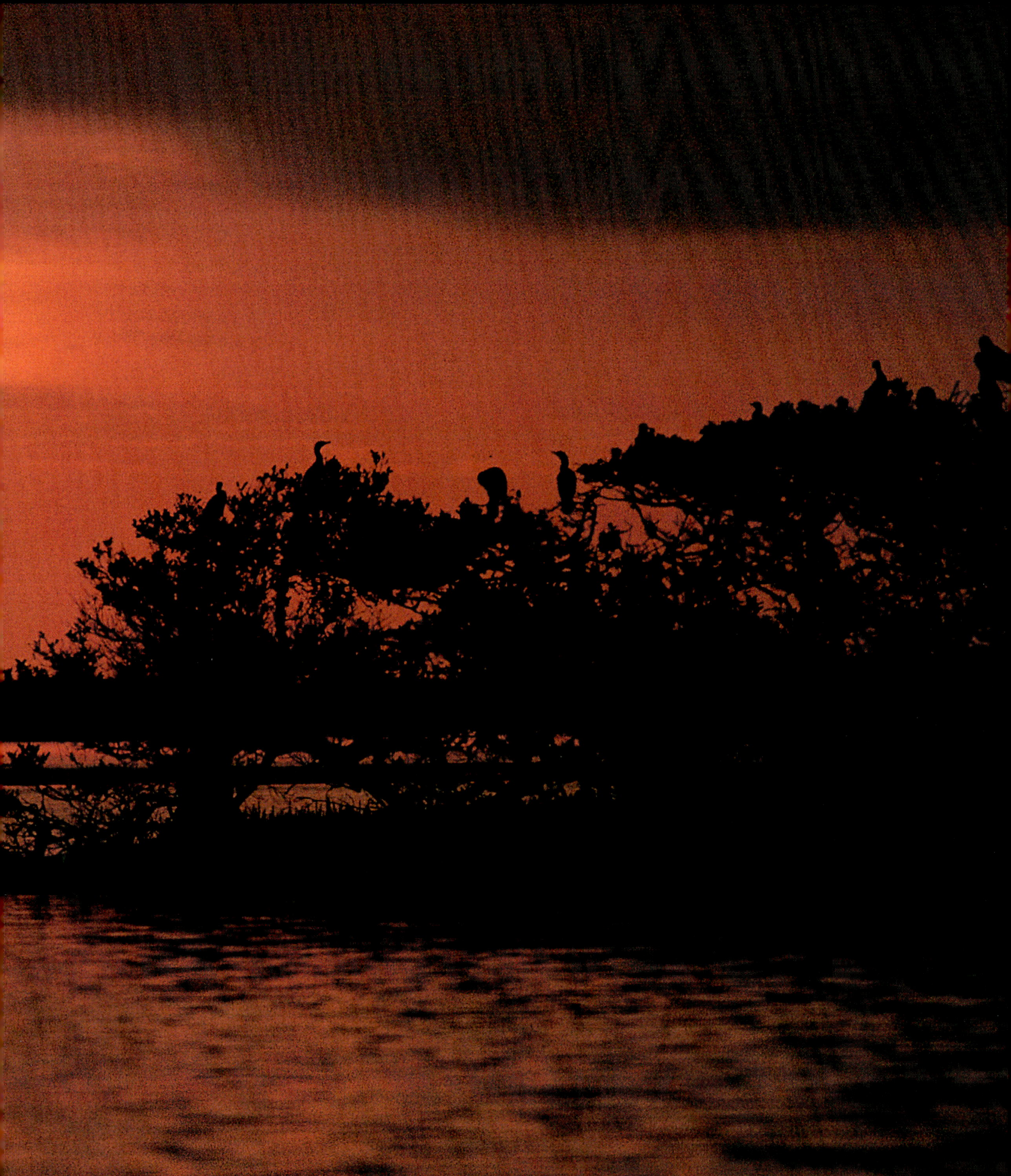

KAPITEL 5

Im Land der Cenotes

Feiner Lehmschlick bedeckte den Boden der Engstelle. Als Hazel sich hindurchzwängte, klangen die seitlich angebrachten Pressluftflaschen, die gegen die Kalksteinwände schlugen, wie Glocken. Sie drängte vorwärts. Ein einziger Flossenschlag ließ Schwaden von Lehmschlick vom Boden aufsteigen; eine braune Wolke verschlang sie, rasch wie ein hungriges Tier. ■ Das Licht ihrer Lampe drang nur ein paar Zentimeter durch das aufgewirbelte Sediment. Nun konnte sie sich nur noch auf ihre Ausbildung, auf die eingedrillten Techniken verlassen, die Höhlentauchern in genau solchen Situationen das Überleben sichern. Sie wusste: Am wichtigsten war es, Ruhe zu bewahren und sich behutsam, aber stetig am Führungsseil festzuhalten. Bis sich der Schlick gesetzt hatte, halfen ihr die Augen nichts; nur das gespannte Nylonseil, das sie lose mit den Fingern umfasst hielt, konnte Hazel dorthin zurückgeleiten, wo sie etwas sehen konnte und wo es schließlich Luft zum Atmen gab. ■ Sie folgte dem Seil aus der Wolke hinaus, genauso, wie sie es sechs Wochen zuvor von ihrem Tauchlehrer Dan Lins gelernt hatte. Sie konnte ihn zwar jetzt nicht sehen, wusste aber, dass Dan die Strahlen einens starken Suchscheinwerfer auf sie gerichtet hielt, dessen Strahlen bald die Dunkelheit des Wassers durchdrangen. Das Filmteam, einige der besten Höhlentaucher der Welt, nahm nur wenige Meter entfernt auf großformatigem Film auf, wie sie sich durch das

Oben: John Lloyd Stephens war es vergönnt, Maya-Städte ausfindig zu machen. Rechts: Höhlentaucher haben ihre Ausrüstung teilweise abgenommen, um sicher in die gefluteten Säle vorzudringen.

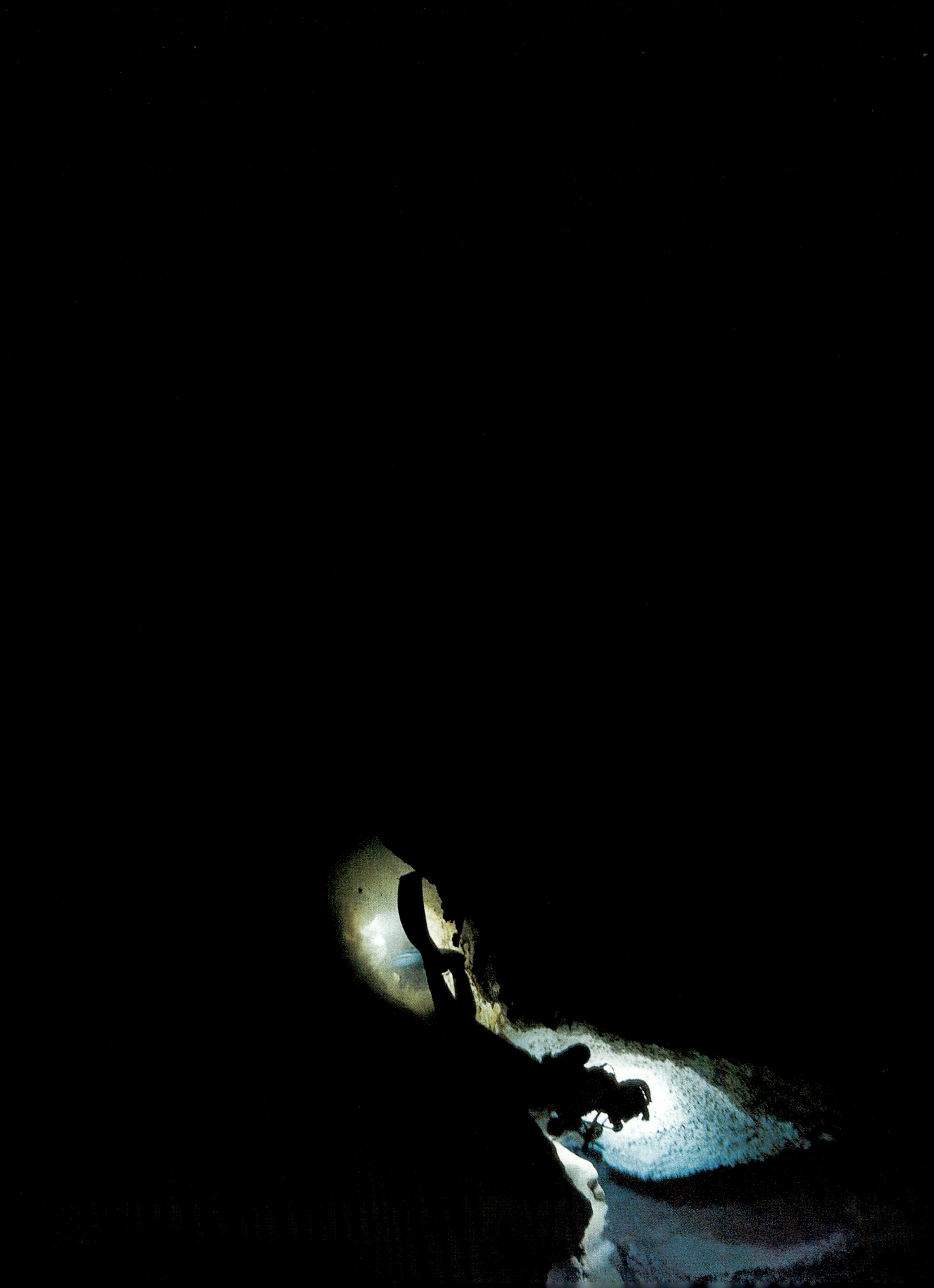

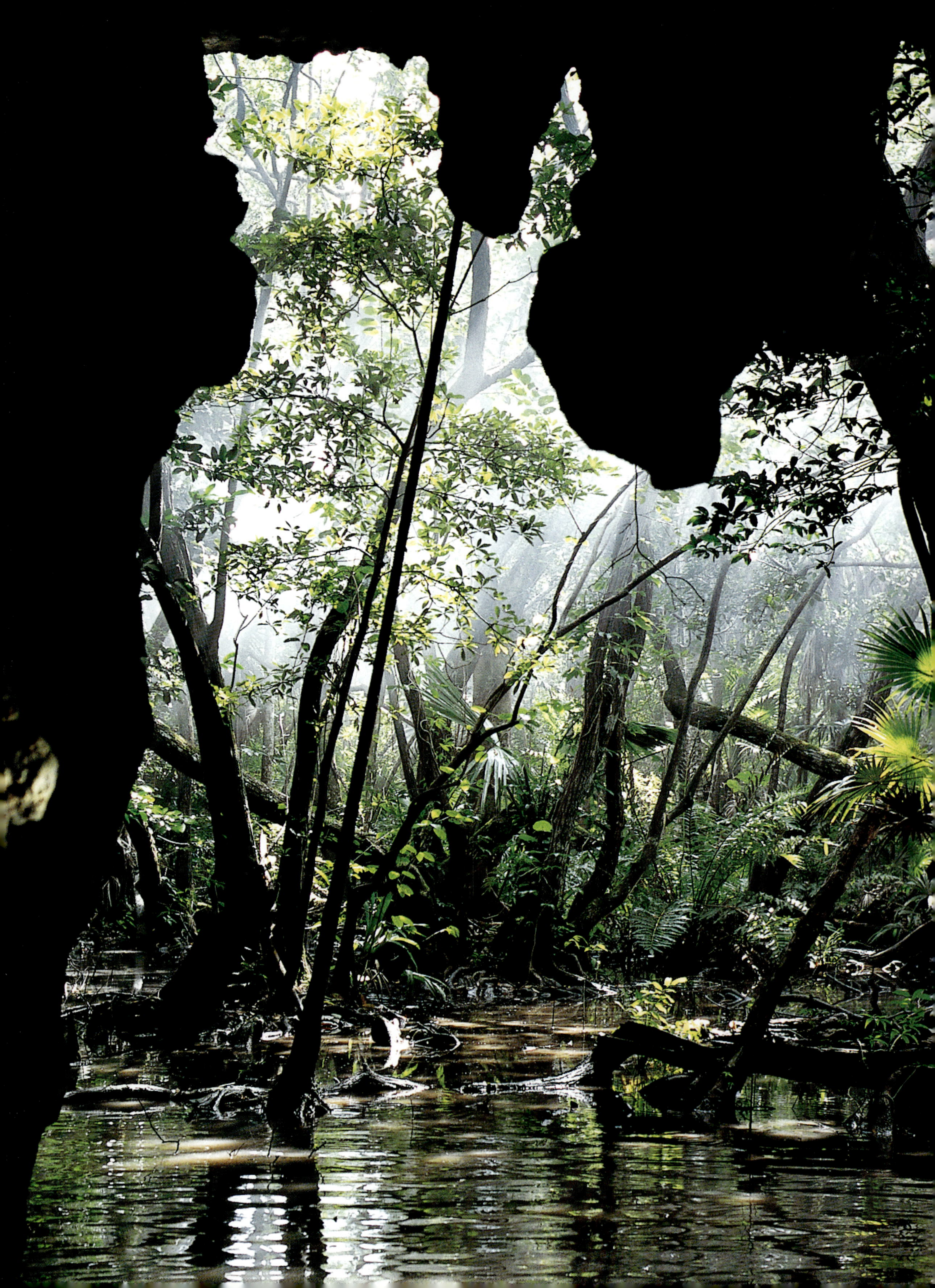

Nadelöhr zwängte. Das Verhalten an der Engstelle und ganz ohne Sicht war an der Oberfläche sorgfältig eingeübt worden, und Hazel konzentrierte sich weiter auf ihren Part. Und doch ging ihr nicht aus dem Kopf, dass die spannungsgeladene Szene, in der sie hier – immerhin 17 Meter unter dem von Regenwald bedeckten Kalkstein der mexikanischen Halbinsel Yucatán – ihre Rolle spielte, sich in nichts von dem unterschied, was für viele Höhlentaucher der letzte Moment ihres Lebens gewesen war.

Höhlentauchen ist ein Sport, der keine zweite Chance lässt. Jeder Fehler – mangelhafte Ausrüstung, Steinschlag, ein Augenblick der Verwirrung – kann tödlich sein. Eine ordnungsgemäße Ausbildung mit Höhlentauchdiplom versetzt Taucher glücklicherweise in die Lage, häufig vorkommende Gefahren zu meistern. Die meisten unter dem halben Dutzend Menschen, die alljährlich in Unterwasserhöhlen ums Leben kommen, sind Freiwassertaucher, die mit den besonderen Gefahren des Höhlentauchens so wenig vertraut sind, dass für sie jede Rettung zu spät kommt.

Eine Unterwasserhöhle birgt Herausforderungen, mit denen auch der erfahrenste Ozeantaucher völlig unvertraut ist. Decken können ganz ohne vorherige Anzeichen einstürzen. In sehr schmalen Engstellen können Schläuche und Pressluftflaschen beschädigt werden. Ein einziger Taucher kann an solchen Stellen Sedimentwolken aufwirbeln, so dass sich die Sichtweite von hundert Metern und mehr auf ein paar Zentimeter verringert. Riesige, unregelmäßige Kammern, die sich plötzlich auftun, können dem Taucher die Orientierung so sehr erschweren, dass er buchstäblich nicht mehr weiß, wo oben und wo unten ist.

Die vielleicht größten Gefahren aber lauern aber im Kopf des Tauchers – die gegensätzlichen, aber gleichermaßen tödlichen mentalen Risiken von Panik, aber auch Selbstüberschätzung. Sogar erfahrene Tauchlehrer haben die Orientierung verloren und sind ertrunken, obwohl sie sich nur eine kurze Strecke in Höhlen hineinwagten, die von Höhlentauchern mit Diplom routinemäßig erkundet werden. Bedenkt man die unzähligen Gefahren, die mit diesem Sport verbunden sind, so kommt es unter den ordnungsgemäß ausgebildeten Tauchern, welche die entsprechende Prüfung abgelegt haben, zu überraschend wenigen Todesfällen. Die Quote tödlicher Unfälle bei Höhlentauchern mit Diplom ist viel niedriger als zum Beispiel bei Fallschirm- oder Bungeespringern.

Die Ausbildung zum Höhlentaucher erfolgt in mehreren Stufen, wobei sich die US-amerikanischen und europäischen Normen unterscheiden. Gemeinsam ist, dass in den Anfängerkursen nur bei guter Sicht und in geringe Tiefen getaucht werden darf und die Taucher grundlegende Techniken einüben. Dabei müssen sie kritische Situationen meistern, in denen sie nicht ohne weiteres an die Luft gelangen können, wenn etwas schief läuft. In den Fortgeschrittenenkursen werden dann Übungen wie das Legen einer Führungsleine und das Verlassen einer Höhle ohne Sicht, allein durch Tasten, geübt. Hazel hatte eigens für die Expedition ihr Höhlentauchdiplom erworben und dabei eine Vielfalt von Unterwasser-Trainingseinheiten durchlaufen, um für jede mögliche Gefahr in den Höhlen gerüstet zu sein. Sie ver-

Dunst steigt aus dem Sumpf auf, der den Einstieg in die »Jaguar-Höhle« umgibt. Der Name stammt von Teilnehmern der MacGillivray-Freeman-Expedition, die auf dem weichen Untergrund in der Nähe des Grundwasserstroms der Höhle auf frische Spuren dieser seltenen Großkatze gestoßen waren.

traute darauf, von ihrem Tauchlehrer die nötigen Fertigkeiten erlernt zu haben, um in dieser Wasserwelt ihre mikrobiologischen Forschungen durchführen zu können. Und doch blieb sie sich, was Reichweite und Tiefe der Tauchgänge betraf, stets der Grenzen ihres Könnens bewusst. Einige der führenden Unterwasser-Höhlenforscher, die sich entschieden haben, über die in den Tauchsportprüfungen gezogenen engen Grenzen hinaus ein Wagnis einzugehen, nehmen mit jedem Tauchgang möglicherweise tödliche Risiken in Kauf.

Rob Parker, ein gefeierte Höhlentaucher, starb 1997 im Alter von 35 Jahren bei der Rückkehr von der Erkundung einer »bodenlosen« Spalte, in die er bis in eine Tiefe von 65 Metern Tiefe vorgedrungen war. Nachdem sie die Spalte 20 Minuten lang vermessen hatten, kehrten Parker und sein Tauchpartner Dan Malone um; sie befolgten damit die Regel, wonach zwei Drittel der insgesamt zur Verfügung stehenden Luft für den Aufstieg aufgespart bleiben soll. Auf dem Rückweg durch den Eintrittsschacht der Spalte schien Parker das Bewusstsein zu verlieren.

Malone wäre beinahe selbst ertrunken – er verbrauchte einen Großteil seiner Luftreserven und verlor die Flossen, als er Parker aus dem Schlund herauszog und wiederbelebte. Nachdem Parker signalisiert hatte, dass es ihm wieder gut gehe, setzten die beiden Männer den Aufstieg fort, bis sie sich an einer kurzen Engstelle voneinander trennen mussten. Malone schwamm als Erster hindurch und wartete auf Parker, musste dann aber nach fünf Minuten auftauchen, da er kaum noch Sauerstoff hatte. Andere Höhlentaucher, die den Unfall später analysierten, kamen zu dem Schluss, dass Parker trotz über tausend Höhlentauchgängen, darunter viele in tiefere Regionen, in eine Stickstoffnarkose gefallen war, den »Tiefenrausch«, der Taucher in einen tödlichen Schlaf versetzen kann. Andere, weniger erfahrene Taucher, die in Tiefen von über 60 Meter in einen solchen »Rausch« gerieten, gingen in vergleichsweise einfachen Passagen verloren, konnten den Wechsel von leeren auf volle Druckluftflaschen nicht bewältigen oder entledigten sich bei ihren vergeblichen Auftauchversuchen sogar ihres Pressluftgeräts.

Sheck Exley, für viele die größte Autorität im Höhlentauchen, starb 1994 im Alter von 45 Jahren bei dem Versuch, einen Weltrekord im Tieftauchen aufzustellen. Der Todesfall ereignete sich in fast 300 Meter Tiefe in einer Cenote – einer wassergefüllten Einsturzdoline – im mexikanischen Bundesstaat Tamaulipas. Im Unterschied zu den Blue Holes im Ozean rund um die Bahamas liegen die mexikanischen Cenotes tief im Binnenland und sind oft von dichtem Regenwald umgeben. Diese abgelegenen Portale führen in die längsten und zugleich tiefsten Unterwasserhöhlen, die je erforscht wurden. Exley war Autor wegweisender Bücher zum Thema Höhlentauchen. Er hatte viele derjenigen ausgebildet, die derzeit zu den besten Instruktoren für das Höhlentauchen zählen, hatte schon zuvor mehrere Tiefenweltrekorde aufgestellt und hielt etliche Streckenweltrekorde für horizontale Höhlen-Tauchgänge. Bei seinem letzten Versuch verschwand er plötzlich.

Sein Partner bei dem Rekordversuch, Jim Bowden, hatte die tiefe Cenote als Erster entdeckt und für den Tauchgang mit Exley zwei Jahre trainiert. Noch bevor er den Boden erreichte, hatte Bowden mit einigen Ausrüstungsproblemen zu kämpfen und begann deshalb seinen Aufstieg gut dreißig Meter früher als geplant. Er war sicher, dass Sheck Exley den Abstieg bis zur angepeilten Tiefe fortgesetzt hatte und bald neben ihm auftauchen würde. Doch Sheck kehrte nie zurück. Wie andere Taucher später mutmaßten, fiel er wohl dem extremen Wasserdruck zum Opfer, auf den der Körper unvorhersehbar reagieren kann; doch in den Tiefen, in die er abgestiegen war, konnte alles Mögliche passiert sein.

Wenn Taucher tiefer als etwa 180 Meter absteigen, sind sie dem HPNS (high-pressure nervous syndrome) ausgesetzt, einer neurologischen Reaktion, die mit einem raschen Druckanstieg einhergeht. Die Augen ziehen sich zusammen, was dazu führt, dass die Taucher Menschen und Gegenstände von schimmernden Höfen umgeben sehen. HPNS kann zu heftigen Körperzuckungen, Krämpfen, Halluzinationen und schließlich zum Tod führen. Taucher, die für die Marine oder für Erdölgesellschaften arbeiten, begegnen dem Syndrom, indem sie langsam in Taucherglocken absteigen – teuren Stahlkapseln, die kaum in eine Höhle passen würden.

Taucher, die für die französischen Ölgesellschaft COMEX tätig waren, haben erfolgreich in über 700 Meter Tiefe gearbeitet. Doch solche Taucher steigen über einen Zeitraum von mehreren Tagen in vollständig ausgerüsteten Taucherglocken ab und gewöhnen sich an die Tiefe, während sie sich Videos anschauen und gepflegt speisen. Nachdem sie einige Tage auf dem Grund verbracht und, unterbrochen von langen Ruhezeiten, einige Tauchgänge unternommen haben, kann der langsame Aufstieg zur Wasseroberfläche Wochen dauern. Höhlentaucher, die sich nicht in eine solche Glocke zurückziehen können und deren Luftvorräte nur für wenige Minuten ausreichen, erleiden bei einem Abstieg in große Tiefen fast mit Sicherheit HPNS. Das Syndrom geht oft mit Gelenkschmerzen einher: Man hat das Gefühl, als ob Knie, Ellbogen, Knöchel und Handgelenke plötzlich steif geworden wären.

Ich gehörte zu denjenigen, die damals an der Wasseroberfläche auf Sheck warteten. Kennen gelernt hatte ich ihn 1980, kurz nachdem ich in Florida mit der Speläologie begonnen hatte, und seitdem seine Karriere als Taucher verfolgt. Ich hatte mich der Expedition angeschlossen, weil ich den Auftrag hatte, um in *Sports Illustrated* über seinen Tauchrekord zu berichten. Stattdessen sollte es nun ein Nachruf werden. Nur per Zufall fand man einige Tage später seine Leiche; sie wurde mit einem der Seile, an denen überzählige Atemflaschen für seinen Aufstieg hingen, heraufgezogen. Ich habe Sheck und drei oder vier andere legendäre Höhlentaucher immer tief bewundert, für mich persönlich aber den Entschluss gefasst, mich bei meinen Höhlengängen auf die Welt oberhalb des Wasserspiegels zu beschränken.

Daher zögerte ich ein wenig, als ich im Herbst 1999 von *MacGillivray Freeman Films* die Einladung erhielt, an einer Höhlentauch-Expedition nach Yucatán teilzunehmen. Zwar hatte ich in den 80er Jahren mit Oberflächen-Unterstützercrews für Höhlentaucher in Mexiko, Florida, West Virginia, im Bundesstaat New York und an anderen Orten mit Oberflächen-Unterstützercrews für Höhlentaucher gearbeitet, doch seit Shecks tödlichem Unfall 1994 war ich bei keinem Tauchgang mehr dabei gewesen. Die Tatsache, dass die Unterwasser-Filmcrew unter der Aufsicht von Wes Skiles stehen sollte, machte mir Mut, galt er doch als einer der erfahrensten Höhlentaucher weit und breit und als der mit Abstand erfahrenste Fotograf von Unterwasserhöhlen. Wie ich wusste, stellten die verborgenen Flüsse von Yucatán im Vergleich zu den Höhlen, die Parker und Exley sich vorgenommen hatten, eine relativ »freundliche« Umgebung dar, denn sie waren nicht tief.

Nancy erklärte kategorisch, sie werde nur mit Luft gefüllte Gänge zu erkunden, obwohl die Filmgesellschaft ihr eine Ausbildung im Höhlentauchen angeboten hatte, falls sie sich dem Unterwasserteam anschließen wollte. »Ich möchte mich auf Orte beschränken, an denen ich für ein paar Stunden verloren gehen kann, ohne dass mir die Luft ausgeht oder ich eine Embolie erleide«, erklärte sie. Das war eine Entscheidung, für die ich volles Verständnis hatte. Und doch, trotz der gesunden Portion Angst, die ich vielleicht nicht um mich, wohl aber um diejenigen hatte, die eine großformatige Kamera in eine solch schwierige Umgebung bringen wollten, war ich fasziniert von dem wissenschaftlichen Ziel, das sich die Filmcrew selbst gesetzt hatte: Sie wollte die Erforschung der Halokline filmisch begleiten; in dieser schimmernden Grenzschicht, in der das Süßwasser des Untergrundes auf Meerwasser trifft, könnten wir vielleicht extremophile Mikroorganismen finden.

Im Jahr zuvor hatte ich in Villa Luz, einer stark schwefelhaltigen Höhle im mexikanischen Bundesstaat Tabasco, Proben ungewöhnlicher Organismen genommen. Die Höhle liegt 800 Kilometer westlich der Gegend, welche die nun anlaufende Expedition anpeilte. Einige hatte ich an einen Wissenschaftler des Johnson Space Center der NASA geschickt, der davon so begeistert war, dass er einige Monate später selbst die Höhle aufsuchte. Die auf Mineralien basierenden mikrobischen Ökosysteme mexikanischer Höhlen lieferten vielleicht lebende Modelle für Organismen, die unterhalb der vermutlich sterilen Oberfläche des Mars existieren könnten. Wenn es in der Vergangenheit unseres Nachbarn einmal Grundwasser gegeben hat – oder vielleicht noch heute gibt –, dann ist es einigen Studien zufolge wahrscheinlich reich an Mineralsalzen, ähnlich wie in Yucatán, wo Meerwasser kilometerweit ins Binnenland dringt, um sich mit dem dortigen Süßwasser zu mischen. Mikrobisches Leben aus diesem gleichermaßen mit Höhlenmineralien und Meersalzen angereicherten, dem Marswasser möglicherweise ähnlichen Milieu könnte dem nahe kommen, das Forscher vielleicht dereinst auf dem Roten Planeten finden.

Ich sagte zu und machte mich daran, Abstiegs- und Kletterausrüstung durchzuchecken, Flossen, Tauchermaske und Schnorchel zu suchen und meinen staubigen, weit gereisten Matchbeutel zu packen. Als Lektüre für

Hin- und Rückflug nach Süden nahm ich ein Taschenbuch mit, dass ich fünf Jahre zuvor in einer Buchhandlung in Tampico entdeckt hatte: *Begebenheiten auf einer Reise in Yucatan*, ein zweibändiges Werk von John Lloyd Stephens aus dem Jahr 1843. Nach dem tragischen Ende der Expedition nach Zacatón 1994 hatte ich das Buch ungelesen beiseite gelegt. Als ich es nun zum ersten Mal aufschlug, stellte ich fest, dass ich für meine Reise ins Kernland der Maya einen ausgezeichneten Führer gefunden hatte.

Im Jahr 1839 wurde Stephens, ein 33 Jahre alter Wirtschaftsanwalt, Abenteurer und Schriftsteller, zum US-amerikanischen Botschafter bei der Regierung von Zentralamerika ernannt. Das einzige Problem bei diesem Job bestand darin, dass er keine Ahnung davon hatte, ob es eine Regierung von Zentralamerika überhaupt gab. Die Vereinigten Provinzen Zentralamerikas hatten 1823 ihre Unabhängigkeit von Mexiko erklärt. 1839 waren die meisten Staaten Zentralamerikas, wie auch die angrenzenden südwestlichen Bundesstaaten von Mexiko, ohne eigene Regierung – für Reisende nicht gerade eine gastliche Gegend.

Gleichwohl überredete Stephens den damaligen US-Präsidenten Martin Van Buren, der wie er New Yorker war, ihm die Vollmacht für eine Reise nach Zentralamerika zu geben; dort wollte er erkunden, ob es eventuell irgendwo einen Regierungssitz gab. Sein persönliches Ziel war allerdings der mexikanische Bundesstaat Yucatán. Die Zentralamerikanische Konföderation hatte bei der Gründung die im Süden Mexikos gelegenen Bundesstaaten Yucatán und Chiapas aufgefordert, sich dem gerade ins Leben gerufenen Gebilde anzuschließen. Die beiden Staaten waren damals nicht abgefallen, doch sechs Jahre instabiler Herrschaft unter dem mexikanischen Präsidenten Santa Anna (unterbrochen von etlichen Interims-Präsidentschaften) hatten die dort herrschende Klasse verärgert, und es hieß, dass sie eine Sezession zugunsten von Zentralamerika in Erwägung zögen. Stephens wollte angeblich während seiner Reise die politische Stimmung in Yucatán erkunden, doch über seine politische Mission hinaus träumte er davon, Ruinenstädte zu sehen.

Sein Begleiter auf dieser Forschungsreise war Frederick Catherwood, ein in New York le-

Auf der Karte des Künstlers Frederick Catherwood aus dem Jahr 1846 sind viele Ruinen und Höhlen eingezeichnet, die er und Stephens untersucht hatten. Die beiden Forscher hatten auf ihren Streifzügen mit nahezu unpassierbaren oder gar nicht mehr vorhandenen Wegen zu kämpfen; sie überstanden Krankheiten, Überfälle und Revolutionen.

bender britischer Künstler. Die beiden Männer hatten bereits Kundschaft für ihre Schriften und bildlichen Darstellungen von Ruinen erworben, die sie in gefährlichen Gegenden wie Ägypten und Arabien aufgesucht hatten. Sie hatten vor, die Ruinen, die Gerüchten zufolge in den feucht-heißen Regenwäldern von Yucatán verborgen waren, erstmals eingehend wissenschaftlich zu untersuchen und im Bild festzuhalten. Schon bald nach ihrer Ankunft im heutigen Belize im Herbst 1839 gelang es den beiden, nach Honduras zu reisen und die Ruinen von Copán zu erkunden, in denen sie das Zeugnis einer einstmals fortgeschrittenen, erloschenen Zivilisation erkannten. Sie vermaßen und zeichneten die Gebäude und kopierten sorgfältig die Hieroglyphen, die sie an den großen Steinmonumenten entdeckten, ohne zu wissen, dass sie der Welt die erste Kunde vom untergegangenen Reich der Maya bringen sollten.

Stephens erwarb Copán für 50 US-Dollar. Er sorgte dafür, dass einige der Steine mit den geheimnisvollen Schriftzeichen nach New York gebracht wurden. Sie sollten dort das Herzstück eines neuen Museums bilden, des American Museum of Naturale History, wo sie noch heute zu besichtigen sind. Mit Catherwood setzte er seine Reise durch Guatemala, El Salvador, Nicaragua und Costa Rica fort und machte unterwegs Bekanntschaft mit Banditen, heftigen Stürmen, Insektenschwärmen, unpassierbaren Sümpfen, unbezwingbaren Bergen – und dem Sumpffieber. An etlichen Stellen stießen die beiden auf weitere Ruinen, die alle mit ähnlichen geheimnisvollen Symbolen versehen waren. Nach einer mehrmonatigen Reise erreichten die Abenteurer schließlich ihr Ziel Yucatán und entdeckten dort die historische Stadt ihrer Träume: Palenque.

Mittlerweile hatte im Juni 1840 die Regenzeit begonnen. Nach einem Insektenstich schwoll Stephens' Fuß so stark an, dass nicht daran zu denken war, ihn in einen Schuh zu zwängen, und Catherwood war durch eine Durchfallerkrankung so geschwächt, dass er kaum den Zeichenstift halten konnte. Stephens war überzeugt, dass die Hieroglyphen, welche die Gebäude und Monumente bedeckten, die

Catherwoods Zeichnung von Aké nahe Merida zeigt eine um eine Cenote gruppierte Ansammlung von Steinsäulen. Nach Stephens' Beobachtungen ist es für die größten Monumente in Yucatán charakteristisch, dass sie auf oder in der Nähe von Cenotes erbaut sind, die in der Religion der Maya als heilig galten. Dieser archäologische Schauplatz war der letzte, den die beiden besuchten; er ist bis heute nur unvollständig erforscht.

Die Pyramiden und Paläste der alten Maya-Stadt Palenque im mexikanischen Bundesstaat Chiapas südwestlich von Yucatán weisen viele architektonische Details auf, deren Einflüsse sich auch im guatemaltekischen Tikal und anderen, späteren Siedlungen nachweisen lassen. Palenque, eine der ältesten Ruinenstätten der Maya, war fast ein Jahrtausend lang von Vegetation überwuchert, bis es im 19. Jahrhundert wiederentdeckt wurde.

Geschichte einer untergegangenen Kultur erzählten. Trotz seiner Krankheit fertigte Catherwood präzise Kopien an. Während Stephens' Schwellung am Fuß rasch abheilte, verschlechterte sich der Zustand seines Gefährten zusehends. Da sie ihre Erkundungen nicht fortsetzen konnten, brachen die beiden zu einer monatelangen Reise zum Golf von Mexiko auf, und gelangten schließlich wieder heim nach New York. Angesichts »vager, zugleich jedoch zuverlässiger Informationen über die Existenz zahlreicher in Ruinen liegender Städte, die uns veranlassten zu glauben, dass das Land eine größeres Feld für historische Entdeckungen darstellt, als es uns je vor Augen gekommen ist«, gelobten sie zurückzukehren.

In Stephens' Buch *Reiseerlebnisse in Centralamerika, Chiapas und Yucatan,* üppig illustriert mit Zeichnungen und Gemälden von Catherwood, sollte zum ersten Mal der Standpunkt vertreten werden, dass die Ruinenstädte im Süden nicht von den alten Ägyptern oder Phöniziern – eine Theorie, die damals in Mode war –, sondern von den Vorfahren eben jener Indianer errichtet worden waren, die nun in der Umgebung der Steinmonumente in einfachen Dörfern lebten. Stephens kam zu dem Schluss, dass einige der Städte während der Zeit des ersten spanischen Kontakts bewohnt gewesen seien. Sie hätten in Blüte gestanden und seien erst nach dem Sturz ihrer Könige durch die Eroberer untergegangen. Spätere Forschungen ergaben, dass die meisten Stätten schon zwei oder drei Jahrhunderte vor der Ankunft der Konquistadoren aufgegeben worden waren, doch Stephens war der erste Autor, der die Maya als Baumeister angemessen würdigte. Einige Experten sind überzeugt, dass er bei Tulum Recht hatte: Diese Stätte 150 Kilometer südwestlich von Cancún war ihrer Ansicht nach zu der Zeit des ersten Erscheinens der Spanier noch bewohnt. Als Beleg verweisen sie auf ein dortiges Wandgemälde, das den Regengott Chac beim Ritt auf einem vierbeinigen Tier darstellt – eine Praxis, die vor der Ankunft der Europäer mit ihren Pferden nicht bekannt war.

Das Buch wurde sofort ein Erfolg, und Stephens und Catherwood planten eine neuerliche Reise nach Yucatán, auf der sie die Ruinen der Halbinsel noch gründlicher untersuchen wollten, ebenso wie die natürlichen Höhlen und Cenotes, die mit so vielen der historischen Stätten in Verbindung zu stehen schienen. Ihre zweite Reise dauerte von Oktober 1841 bis Juli 1842 und ging in das zweibändige Werk *Begebenheiten auf einer Reise in Yucatan* ein, das 1843 erschien. Beide Bücher bieten bis heute eine nützliche Einführung in die Region.

Nach meiner Ankunft in Cancún verließ ich die Stadt Richtung Südwesten über die Avenida Tulum – benannt nach der Küstenstadt der Maya. Die weißen Tempel und burgähnlichen Gebäude (Castillos) von Tulum, die Stephens und Catherwood als Erste ausgegraben hatten, drängen sich auf einer Felsklippe über dem Karibischen Meer zusammen. Ganz in der Nähe lagen die Unterwasserhöhlen, die im Rahmen der Expedition untersucht werden sollten.

Das letzte Mal war ich auf der Insel Hawaii an einem Küstenwald entlang zu einer tropischen Höhle unterwegs gewesen; damals war ich in Begleitung von Larry Mallory, einem Mikrobiologen und Mediziner, in etliche Lavaröhren eingestiegen. Bei der Untersuchung der ungewöhnlichen chemischen Eigenschaften von Höhlenbazillen aus dieser und anderen Gegenden hatte Larry Substanzen isoliert, die viel versprechende Hinweise auf neue Krebsmedikamente sowie auf Antibiotika völlig neuen Typs lieferten. Doch ich wusste, dass sich Larry für die Örtlichkeit, zu der ich jetzt unterwegs war, nicht interessierte. Er hatte sich bei seiner Sammeltätigkeit strikt auf die Staats- (geschützte Gebiete in der Hoheit eines Bundesstaates) und Nationalparks in den USA beschränkt. Schließlich dauerte es – von der Entdeckung über die Patentierung, Erforschung und Zulassung durch die in den Vereinigten Staaten zuständige Behörde – im Schnitt zehn Jahre und kostete 50 Millionen Dollar, bis ein neues Medikament auf der Basis eines lebenden Organismus marktfähig war. Nur die größten internationalen Pharmakonzerne konnten sich so etwas leisten.

Um ihrer Unterstützung sicher zu sein, musste Larry die Herkunft jedes Mikroorganismus' in seinem Labor nachweisen und belegen. Er hatte erfahren, dass einige Regierungen bis zu 70 Prozent der Besitzrechte an jedem patentierten Produkt beanspruchten, das auf Entdeckungen auf ihrem Territorium basierte. Um solche Ansprüche zu vermeiden, waren die großen Pharmakonzerne nicht bereit, Forscher zu unterstützen, wenn sie in einem fremden Land Proben nahmen.

Glücklicherweise war für Wissenschaftler wie Hazel Barton, die genetische Grundlagenforschung betrieben, die Herkunft eines neu entdeckten Organismus ohne Bedeutung, zumindest im juristischen Sinne. Ihr ging es um die Beantwortung allgemeiner Fragen: Worum handelt es sich bei dem Organismus? Wie hat er überlebt? In welcher Beziehung steht er zu anderen? Die Beantwortung solcher Fragen könnte Forscher wie Larry anleiten, ihrerseits der engeren – und mit juristischen Problemen behafteten – Frage nach dem Nutzen der Organismen nachzugehen.

In meinem Kampf mit dem Verkehr von Cancún kam es mir so vor, als hätte die Stadt mit Miami mehr gemein als mit den Maya. Die Schilder trugen englische Aufschriften, und viele Restaurants gehörten zu amerikanischen Ketten. Am Strand ragten die Urlaubsresorts in den Himmel, und die Leute auf den Straßen erinnerten in Kleidung und Auftreten an den Mittleren Westen der USA. Kaum zu glauben, dass es vor 30 Jahren hier nichts als ein Fleckchen Sand und ein paar Fischer gegeben hatte. Wie Carl Fisher Miami Beach erfunden und Florida ein Jahrhundert des Wohlstands beschert hatte, so hatte die mexikanische Regierung Cancún aus dem Boden gestampft, eine Touristenstadt aus der Retorte, die sich nun weit über ihre ursprünglichen Grenzen hinaus ausdehnte. Die Küste südlich von Cancún war der Grundstücksmarkt mit der steilsten Wachstumskurve in Mexiko. Die Strandabschnitte, die noch nicht von riesigen Urlaubsresorts beansprucht wurden, trugen Schilder, auf denen zu lesen war, dass hier ein weiteres Resort entstehen sollte oder – seltener – dass der Grund an den Höchstbietenden zu verkaufen sei.

Während ich meinen Leihwagen in einem südlichen Vorort auftankte, lauschte ich einer Unterhaltung, die an der Zapfsäule nebenan in der Sprache der Maya mit ihren dissonanten Knacklauten geführt wurde. »Es gibt keine Vielfalt indianischer Sprachen in Yucatán«, heißt es bei Stephens. »Das Maya ist universal und wird von allen Hispaniern gesprochen«.

Noch vor fünf Jahren war die Straße südlich von Cancún nur eine Piste voller Schlaglöcher gewesen; nun war sie breit und eben. Die Schnellstraße schwenkte ins Binnenland ab, die Resorts waren nun über Privatstraßen erreichbar. Nach zwanzig Minuten konnte ich schließlich Spuren jenes Yucatán entdecken, das Stephens gesehen haben musste. Rechts vom Highway, auf der küstenabgewandten Seite, erstreckte sich ein unberührter Wald mit Palmen voller Schlingpflanzen, Eichen und blühenden Tropenbäumen. Hin und wieder kam an einer unbewachsenen Stelle der makellos weiße Kalkstein zum Vorschein, aus dem die Maya-Tempel erbaut worden waren und aus dem neuerdings der Beton für die Tempel des Tourismus hergestellt wird. Bei der Weiterfahrt machten mich Straßenschilder mit Piktogrammen auf archäologische Sehenswürdigkeiten am Wegesrand aufmerksam. Ich fuhr langsamer, um mir die niedrigen Kalksteinruinen anzusehen, die sich inmitten kleiner eingezäunter Lichtungen duckten. Abgesehen von den leichten Unebenheiten der behauenen Steine hätte man ein Gebäude leicht für die kommunale Pumpstation halten können, während ein anderer Bau eher wie eine Terrasse wirkte, deren wenige Stufen ins Nichts führten.

Ich kam an einem riesigen Steinbruch vorbei – es sah so aus, als wäre hier der Dschungel mitsamt dem Grundgestein darunter in großen Stücken angehoben und entfernt worden. Gewaltige Lastkraftwagen donnerten an frei liegenden Felsen am Rande des Steinbruchs vorbei. Das weiße Gestein und die Eingänge zu den Höhlensystemen, die sich unter der gesamten Halbinsel ausbreiten, lag wie in dunklen Schatten. Es gibt keine bedeutenden Flüsse in Yucatán, denn alles Wasser fließt hier unterirdisch. Die häufig zu findenden Cenotes, meist eingestürzte Höhlenteile: senkrechte Schächte, die zum Wasser führen, und die Höhlen im üblichen Sinne öffnen sich wie Fenster zu den darunter liegenden Flüssen. Lange bevor die Maya die Herrschaft übernahmen, hatten die ersten Bewohner der Gegend das unterirdische Wasser zu nutzen gewusst. Selbst in den längsten Dürreperioden trockneten einige Cenotes und tröpfelnde Höhlenquellen nicht aus. Die Maya und ihre Vorfahren maßen Höhlen und Cenotes eine religiöse Bedeutung bei. Höhlen waren heilige, mit großartigen Mythen verbundene Orte, Schauplätze von Ritualen, Initiationen und Opferhandlungen; einige der bedeutendsten Artefakte der Kunst und Kultur der Maya wurden in ihnen gefunden. Nahezu alle großen oberirdischen Ruinen wuchsen über einem natürlichen oder künstlichen Brunnen empor und symbolisierten die mystische Verbindung zur Unterwelt.

Bei Akumal, dem Basislager der Expedition, verließ ich die Hauptstraße. Von früheren Reisen war ich an eng an eng aufgebaute Zelte und Nachtlager in Scheunen gewöhnt, doch der Club Akumal war ein echtes Tropenparadies. Komfortable Hütten mit Klimaanlage und Catherwood-Drucken als Wandschmuck standen nur ein paar Schritte vom Strand entfernt, dessen Sand so hell und fein war wie Industriezucker. Korallenriffe schimmerten durch das klare, blaue Wasser einer geschützten Lagune. Von meiner Hütte aus war es nur ein kurzer Spaziergang zur Bar und zum Grill unter einer strohgedeckten Palapa, der allgegenwärtigen wandlosen Hütte der Karibik. Beim Lunch teilte ich meine Aufmerksamkeit zwischen den weißen Brechern, die gegen das Riff schlugen, und dem Fernseher.

Die Expedition bestand aus zwei voneinander unabhängigen Teams: einer Tauchercrew, welche die Arbeit unter Wasser filmen sollte, und einer Gruppe »an Deck« für Aufnahmen in den »trockenen«, nicht unter Wasser stehenden Höhlen. Beide Teams waren, wie ich beim Einchecken erfahren hatte, im Gelände unterwegs und wurden nicht vor Einbruch der Dunkelheit zurück erwartet. Da es mir zwecklos erschien, sie auf eigene Faust an ihren abgelegenen Standorten aufspüren zu wollen, entschloss ich mich, den Rest meines ersten Tages in Yucatán für einen Besuch in Tulum zu nutzen.

Bei ihrer zweiten Reise zu den Ruinenstädten hatten Stephens und Catherwood Männer angeheuert, die mit Macheten die meist von üppigem Grün überwucherten Gebäude freilegen sollten. In den 140 Jahren, die seitdem vergangen sind, wurden diese Rodungen mehr oder weniger vermindert fortgesetzt. In den 30er und dann wieder in den 50er und 70er Jahren hatten Architekten und Archäologen an vielen Orten in gemeinsamer Arbeit eingefallene Bögen, Mauern und Gebäude restauriert, damit Touristen die Welt der Maya auf eine »realistischere« Weise erleben konnten. Und an Plätzen, an denen die wichtigsten Bauten intakt geblieben waren, wie in Tulum, hatte man verschüttete Monumente ausgegraben, die von den Erstentdeckern übersehen worden waren.

Die Bauten von Tulum sind weniger spektakulär als die in Palenque oder Chichén Itzá, doch dank der Lage oberhalb des tosenden, türkisfarbenen Meeres wirkt das Ganze wie eine Phantasie des amerikanischen Malers Maxfield Parrish. Der Blick und die Nähe zu Cancún sorgen dafür, dass täglich Busladungen von Touristen hier eintreffen. Als ich durch das enge steinerne Tor in der Westmauer das parkähnliche,

Das Gemälde von Catherwood stellt die »Leiter« dar, die Eingeborene des Dorfes Bolenchen benutzten, um an eine über 60 Meter tiefe Wasserstelle zu gelangen. Wo alle Flüsse unterirdisch verlaufen und es an der Oberfläche kaum Wasser gibt, ist Geschick bei der Höhlenerkundung überlebenswichtig. Aus diesem Grund spielten Höhlen in der Mythologie der Maya eine zentrale Rolle.

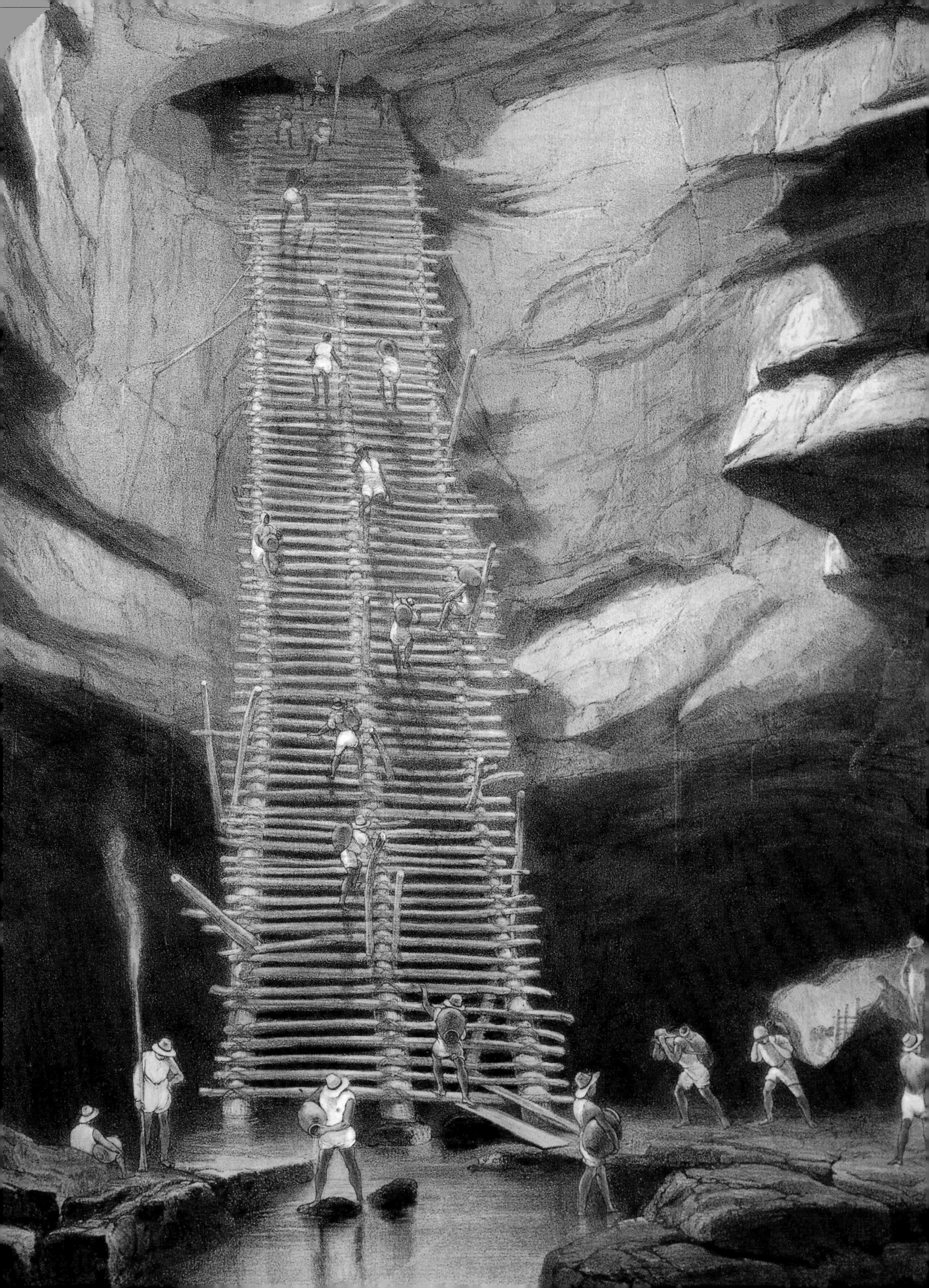

Seine Lage auf einem Kalksteinfelsen direkt an der Küste macht Tulum einzigartig unter den Maya-Städten. Die Spitze der »Burg« in der Mitte der Anlage soll nach einer Legende der erste Punkt in der Welt der Maya sein, auf den die Strahlen der aufgehenden Sonne fallen. Es gibt einige Hinweise, dass die Stadt bei der Ankunft der Konquistadoren Anfang des 16. Jahrhundert noch von den Maya bewohnt war.

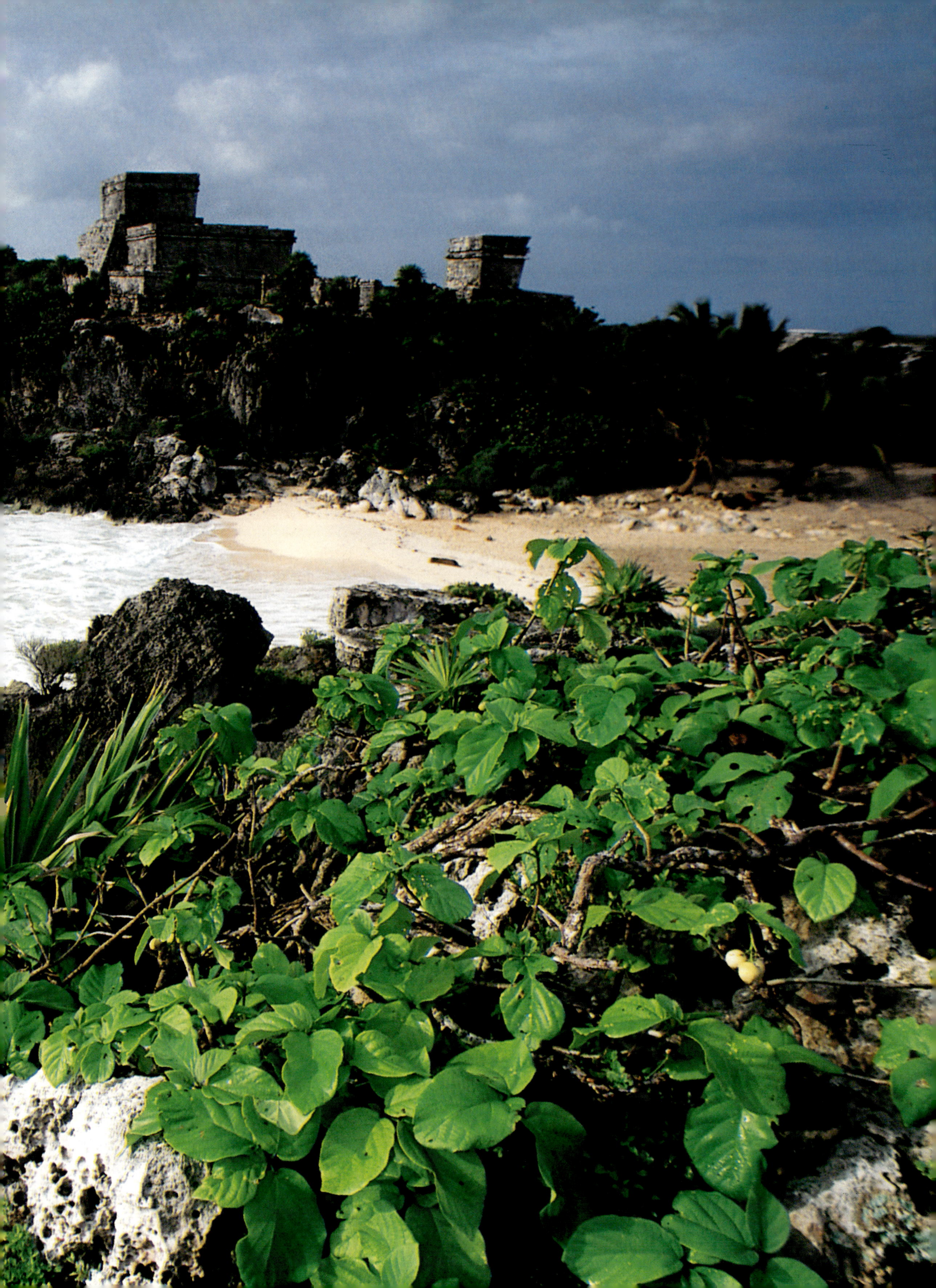

mit Rasen bedeckte Gelände betrat, sah ich dort Besucher aus Mexiko, den USA und Europa in Scharen zwischen Bauten herumlaufen.

Der Name »Tulum« stammt von dem Maya-Wort für »Morgendämmerung« oder »Wiedergeburt«. Das höchste Gebäude, El Castillo genannt, steht auf der Spitze des Felsens, der am östlichen Rand über dem Meer aufragt. Dies war in der Welt der Maya der Punkt, der im Morgengrauen als erster von den Strahlen der Sonne beschienen wurde. Dem Terminplan der Expedition hatte ich entnommen, dass Nancy am Tag zuvor mit der »Deck-Crew« die Ruinen besucht hatte. Die Filmer hatten es so eingerichtet, dass sie früh am Morgen, noch vor Öffnung für Besucher, hierher gekommen waren, um das erste Tageslicht einzufangen.

Stephens war der Erste, der die Mauern von Tulum freilegte und kartierte. Das rechteckige Gelände ist im Norden, Westen und Süden von einer bis zu sechs Meter dicken Kalksteinmauer eingefasst, im Osten bildet die steil zum Meer abfallende Klippe die Grenze. Nach Ansicht von Archäologen wurde Tulum in der frühen nachklassischen Epoche (900–1200 n. Chr.) zum ersten Mal erbaut, also ungefähr in der Zeit, als die Wikinger Grönland und das sagenhafte Vinland auf dem nordamerikanischen Kontinent besiedelten. Die Stadtstaaten der Maya befanden sich in dieser Epoche häufig im Krieg miteinander, bis der bärtige, blonde Gottkönig Quetzalcoatl (»die gefiederte Schlange«) aus Tula kam und das Reich einigte. Durch die Mauern ringsum war Tulum ebenso uneinnehmbar wie eine mittelalterliche Burg.

Ich ging am Kliff entlang, vorbei an jungen Paaren, die in die tosende Gischt schauten, und Kindern, die auf historischen Altären herumtollten. Zwar hatten die Wellen unzähliger Wirbelstürme Nischen und Grotten in die Oberfläche des Kliffs gegraben, doch ich konnte keine Höhlenöffnungen erkennen. Ich wanderte von El Castillo aus nach Norden und gelangte zu in einer Ruine, die, wegen des Brunnens in der Mitte, als »Haus der Cenote« bezeichnet wurde.

Die steilen Mauern dämpften das Tosen der Wellen und die Schreie der Kinder in nur wenigen Metern Entfernung. Niemand beobachtete mich, als ich mich dem kleinen, brackigen Teich auf dem Grund näherte. Wasserläufer tanzten auf der Oberfläche. Jenseits des seichten Wassers öffnete sich ein schmaler Schlitz, dessen Ränder mit Moos und einem gelblichen Schleim überzogen waren, den ich für Bakterienschlieren hielt. Ich zog eine kleine Taschenlampe hervor, die sich beim Gehen über Karst – so der wissenschaftliche Name für Kalklandschaften voller Höhlen, so genannter Karstbrunnen und versickernder Gewässer – wiederholt als nützlich erwiesen hatte, und ging um den Teich herum zu dem engen Einstieg. Der Gang krümmte sich ein, zwei Meter nach rechts und endete in einer winzigen Nische, viel zu kurz, um als Höhle bezeichnet zu werden, aber doch mit Überresten alter Stalaktiten an der Decke. Ohne diese rudimentäre Höhle und ihre kleine Quelle wäre die Stadt hier, so meine Vermutung, nicht entstanden.

Während ich mich durch die Schatten und Senken von Tulum wühlte, kämpfte Hazel sich tief unten in Dos Ojos durch eine Stelle, die nie ein Tourist besuchen würde. Sie folgte den vorausweisenden Strahlen von Dan Lins' Film-Scheinwerfer. Von jenseits der dunklen Schlickwolke tönte eine merkwürdig metallische Stimme durch das Wasser: »Großartig, nun schwenk beim Herauskommen deine Tauchlampe vor und zurück«.

Hazel folgte der Anweisung. Die körperlose Stimme gehörte zu Wes Skiles, der eine Ganzgesichtsmaske mit eingebautem Mikrofon und ein Unterwasser-PA-System trug, um bei der komplizierten Szene Regie zu führen. Während er dabei war, nahm Unterwasser-Kameramann Howard Hall die Szene auf, wie Hazel aus der Sedimentwolke auftauchte.

Einige Engstellen unter Wasser sind so schmal, dass Höhlentaucher ihre Pressluftflaschen abnehmen und sie vor sich als Erstes mit den Händen hindurchschieben müssen. Solche Nadelöhre können nicht nur Klaustrophobien auslösen, sondern auch zu Sedimentauslösungen und Einbrüchen führen, denn die Taucher kommen den Wänden gefährlich nahe.

»Großartig«, sagte Wes. »Jetzt sei sparsam mit der Luft und lass uns im nächsten Saal alles vorbereiten«.

Die Taucher schwammen dorthin, wobei jeder in einer Hand einen Ausrüstungsgegenstand hielt und mit der anderen die Führungsleine anfasste.

Ich kletterte aus der Doline, wischte mir den Schleim von den Händen und machte mich entlang der Nordmauer wieder auf den Weg. Unweit des Hauses der Cenote stieß ich auf einen engen Bogen, der sehr viel kleiner war als das westliche Tor, und ging hindurch. Von El Castillo aus war mir ein großes Strandhaus etwa hundert Meter nördlich von Tulum aufgefallen, doch erstaunlicherweise erschien das Gelände zwischen der Ruinenstätte und dem Haus ursprünglich und unbearbeitet.

Als ich durch die Mauer schritt, hatte ich das Gefühl, in ein Gemälde von Catherwood einzutreten. Dicke Wurzeln klammerten sich um die aufgeschichteten Steine und sprengten sie teils auseinander, als ob sie die Restaurierungsbemühungen der letzten Jahrzehnte zunichte machen wollten. Vor mir schlangen sich Rebengewächse um die glatten, zimtfarbenen Stämme blühender Bäume. Schwärme von Insekten, die den gepflegten Rasenflächen fern geblieben waren, schwirrten mir um den Kopf, als ob Touristen auf dieser Seite der Mauer Freiwild wären. Beim Angriff dieser Plagegeister erinnerte ich mich an Stephens Worte bei seiner Entscheidung, jenseits der Mauern nicht nach Ruinen zu suchen: »Eine Legion bösartiger Usurpatoren, die das Ganze schon in Besitz genommen hatte, war finster entschlossen, uns von dort zu vertreiben, und nachdem wir den ganzen Tag hart gearbeitet hatten, fanden wir des Nachts keine Ruhe:

Es hat noch nie einen Philosophen gegeben, der Kopfschmerzen mit Geduld ertragen hätte.

Und ich wage zu behaupten, dass ein Philosoph unter den Moskitos von Tulum mehr zu leiden hätte als unter den schlimmsten Zahnschmerzen«.

Ich setzte mich dem leisen, bösartigen Gesumme der Insekten noch einen Augenblick aus, bevor ich mich jenseits der Mauer der zu den Parkplätzen strömenden Menge anschloss. Die beiden Teams würden wohl bald wieder in Akumal sein, und es war an der Zeit, die Teilnehmer der Expedition kennen zu lernen. Nach dem Terminplan, den ich mitgenommen hatte, sollten wir am nächsten Morgen um 5.30 Uhr geweckt werden.

Umgeben von einer Schlickwolke, taucht Hazel aus einem Nadelöhr im Dos-Ojos-System auf. Weil Höhlentaucher in engen Durchlässen von der Umgebung abgeschnitten sind, hat jeder, ähnlich der Zweitausrüstung der NASA-Astronauten, eine Ersatz-Druckluftflasche und einen Ersatz-Lungenautomaten dabei.

KAPITEL 6

Die Höhlentaucher

Wes Skiles lief über den überfüllten, hell erleuchteten Holzsteg direkt hinter einem der »zwei Augen« – Dos Ojos –, der beiden Öffnungen zu einem der längsten Unterwasser-Höhlensysteme der Welt. Der Südstaaten-Akzent des kräftig gebauten Höhlentauchers mit dem schütteren Haar, der die Vierzig schon überschritten hatte, hallte in dem Kalksteingewölbe wider. ■ »Heute liegt der Schwierigkeitsgrad des Tauchgangs eine Größenordnung höher«, erklärte er. »Es ist heute viel gefährlicher als gestern, wegen der Entfernung. Achten Sie auf eine ruhige Atmung und auf die Routenführung. Auf dem Grund liegt viel feiner Schlick«. ■ Das von den Stalaktiten herabtropfende Wasser erzeugte in dem klaren, blauen Becken um den Steg konzentrische Kreise, doch auch Skiles und seine gespannt lauschende Zuhörerschaft bekamen bisweilen einen Spritzer ab. Die Decke schwebte vier oder fünf Meter über ihren Köpfen und senkte sich ab, bis sie weit entfernt vom Steg im Dunkeln das Wasser erreichte. Die mit Gestein gefüllte Doline außerhalb der Höhle hatte einen Durchmesser von vielleicht 30 Metern. Der Steg befand sich in einem der beiden trocken gefallenen Säle, die sich an den unteren Rändern des Einsturzes ausdehnten. Im Rücken der Gruppe führten Holzstufen ins Grau des Tages,

Oben: Wes Skiles war Co-Regisseur bei den Unterwasser-Filmaufnahmen der Expedition. Rechts: Howard Hall baute ein spezielles Gehäuse, damit die IMAX-Kamera auch in großen Tiefen zum Einsatz kommen konnte.

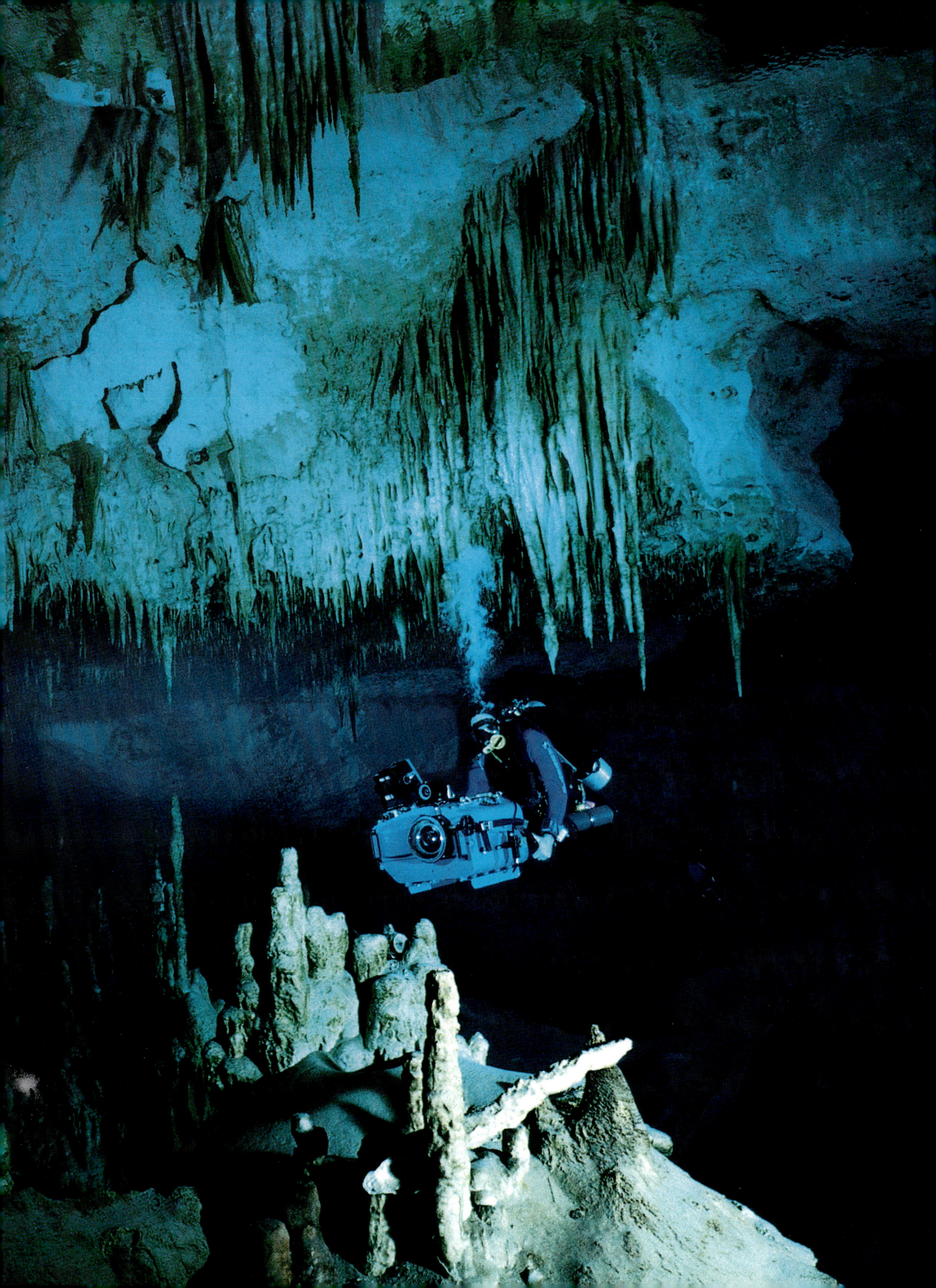

denn oben tobte ein tropisches Unwetter. In das Regenrauschen des Regens mischte sich das ständige Rattern der Benzin-Generatoren, die, von einer Plastikplane bedeckt, auf dem Grund der Doline standen. Sie versorgten die Beleuchtungskörper und einen ebenso lauten Füllkompressor für die Pressluftflaschen mit Strom.

Ein Dutzend Taucher, einige im Neoprenanzug, andere in Shorts und T-Shirts, saßen oder standen um Skiles herum, während er erzählte. Sie zwängten sich zwischen Pressluftflaschen, Reihen von Batterien, Atemreglern, Filmdosen, einem Tisch mit Tauchcomputern, Funkgeräten, Masken, Tauchlampen, Filmscheinwerfern, Nylonnetzen voller Flossen, Unterwasser-Scootern, riesigen Rollen von Starkstromkabeln, einem leeren Aquarium und etwas, das wie ein blaues Miniatur-Tiefseeboot aussah. Das Gebilde hing an einer Stahlkette, die wiederum an schweren, in die Decke eingelassenen Stahlbolzen befestigt war.

»Ich erwarte volle Konzentration«, sagte Skiles.

»Ihr alle seid hier, weil ihr Höhlengänger seid. Also lasst uns mit der Höhle pfleglich umgehen«. Er zeigte auf die Kartenskizze, die Hazel am Morgen mit Fettstift auf die weiße Kunststoffplatte gemalt hatte. »Achten Sie auf die Makkaroni über ihren Köpfen, wenn Sie unterwegs sind. Überprüfen Sie den Sitz Ihrer Tarierwesten. Balancieren Sie Ihre Gewichte aus«. Wenn man durch eine trockene Höhle kroch, war es, wie ich wusste, oft nicht ganz einfach, eine Beschädigung der zarten, Makkaroni-ähnlichen Sinterformen zu vermeiden. Bis dahin hatte ich mir nicht klar gemacht, wie schwierig dies mit einer Tarierweste war, die den Höhlentaucher gegen die Decke drückte. Das war einer der Gründe, weshalb Wes eine so erfahrene Crew um sich versammelt hatte – sicheres, umsichtiges Tauchen war den Männern und Frauen in Fleisch und Blut übergegangen.

Zu dem Team, das sich versammelt hatte, gehörte praktisch alles, was im Höhlentauchen und im Unterwasser-Filmen Rang und Namen hatte. Viele waren gebürtige Amerikaner, die es in früheren Jahren wegen der geringen Lebenshaltungskosten und der schier unendlichen Tauchgründe nach Süden gezogen hatte und die nun in Yucatán lebten. Andere waren aus Kalifornien und Florida gekommen. Fast alle waren geprüfte Instruktoren im Höhentauchen, fast alle waren bereits bei der Bergung von Leichen dabei gewesen, was in diesem Sport leider nur allzu oft nötig war.

Einige Cenotes wie dieses Reservoir mitten im Regenwald – der genaue Name und Ort wird von Höhlentauchern als Geheimnis gehütet – sind an allen Seiten durch frühere Einbrüche untergraben. Zu diesem Fenster zum Aquifer müssen Taucher über 20 Meter tief an Strickleitern absteigen und ihre Ausrüstung (und sich selbst) später wieder an die Oberfläche ziehen. In den zugewachsenen Wänden der Cenote verbergen sich oft Schlangen, Giftpflanzen, Bienen und Hornissen.

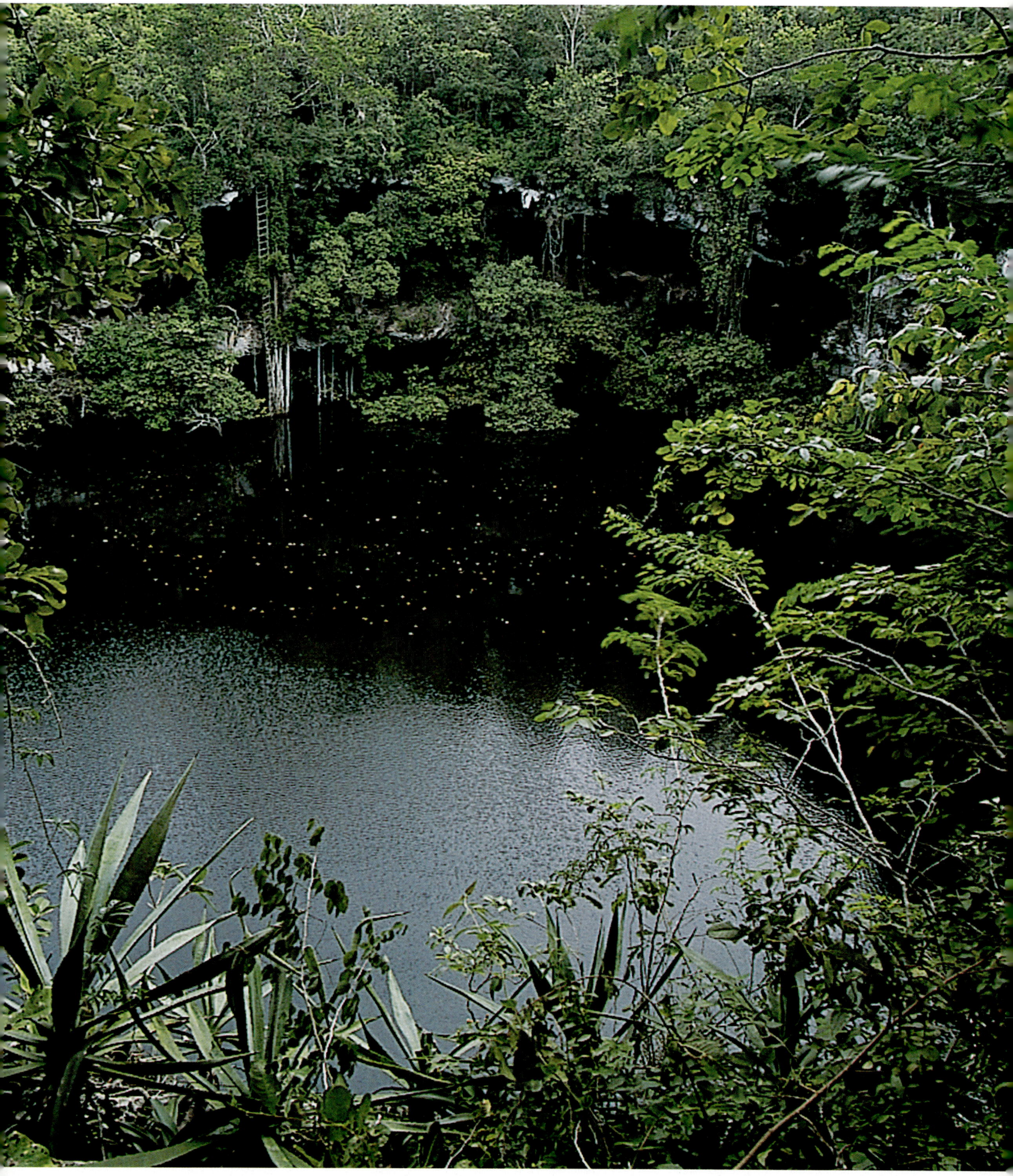

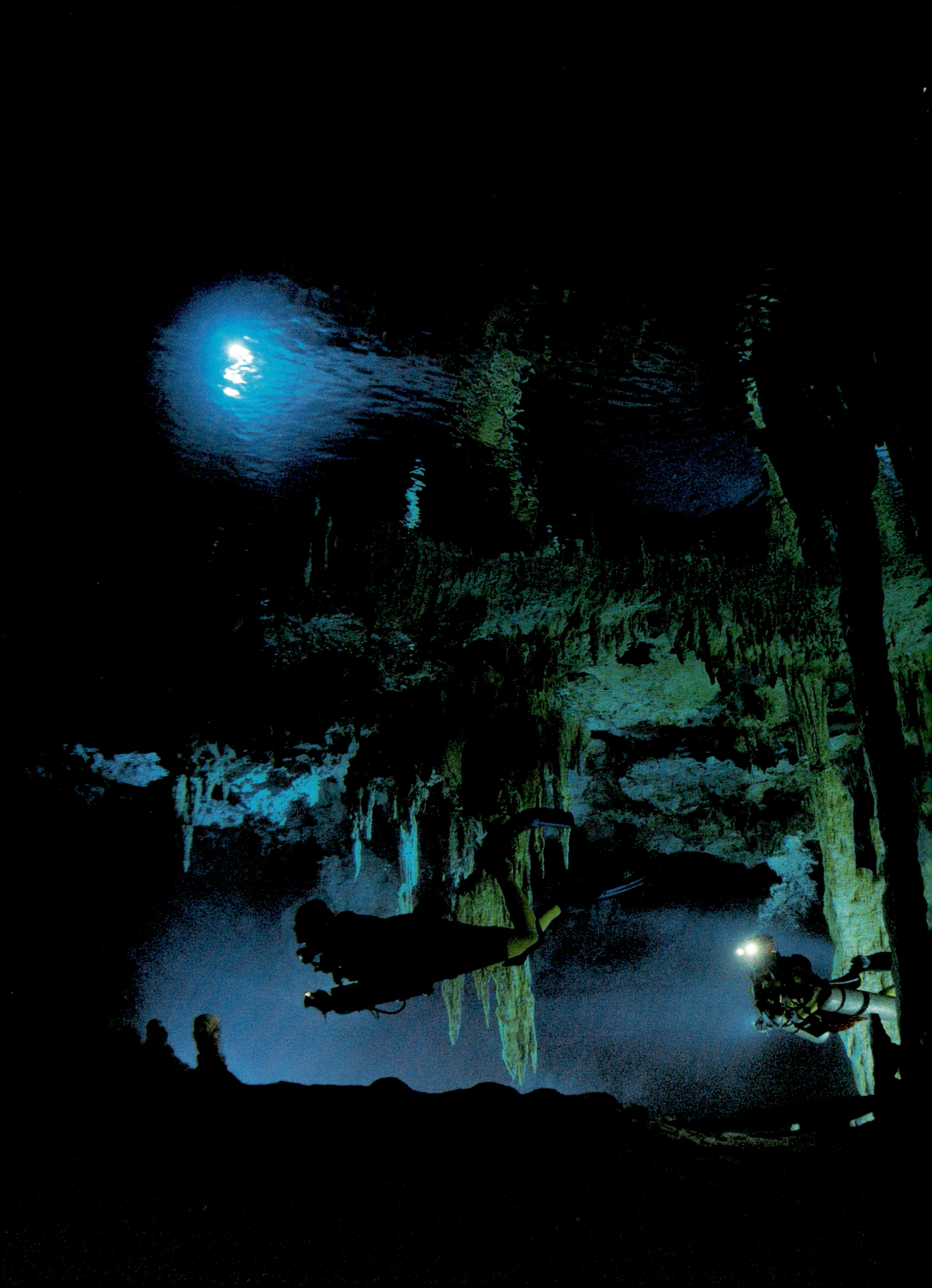

In einer ausgeleuchteten Passage nähern sich Taucher der Halokline. In dieser etwas milchigen Schicht trifft das Süßwasser mit Salzwasser aus dem Karibischen Meer zusammen, das durch den Aquifer ins Binnenland vorgedrungen ist. In einer solchen Mischzone von Wasser unterschiedlicher chemischer Zusammensetzung sehen Mikrobiologen wie Hazel Barton einen idealen Lebensraum für unbekannte Mikroben.

Wes' wichtigster Mitarbeiter bei den Unterwasser-Aufnahmen war Howard Hall, der über eine einzigartige Erfahrung im Unterwasser-Filmen mit großformatigen Kameras verfügte, wie auch Wes weltweit der erfahrenste Filmer in Unterwasserhöhlen war. Während Skiles sprach, putzte der wortkarge Hall die Objektive und Bedienungselemente des von ihm erfundenen Gehäuses für Unterwasserkameras. Das an der Kette hängende hellblaue Monstrum wog an die 150 Kilogramm, doch unter Wasser würde es praktisch schwerelos sein. Gesponsert von der National Geographic Society, hatte Hall zwei Jahre und 90 000 Dollar gebraucht, um das Gehäuse zu bauen. Er hatte es über Korallenriffe und Wracks gelotst und Haie im Futterstreit damit aufgenommen, doch noch nie hatte er es in eine Unterwasserhöhle gebracht.

Alle Augen und Ohren am Steg von Dos Ojos blieben auf Wes gerichtet, als der nun begann, die Taucher, die mit Elektro-Scootern unterwegs sein sollten, mit Lampen auszustatten. Seine einzigen schlichten Worte dabei: »Ich glaub, das war's. Los geht's«.

Einer nach dem anderen legten die Taucher die Bänderungen an, die ihre Atemflaschen tragen sollten. Einige benutzten die typischen Rückenflaschen, während Hazel und zwei weitere Taucher seitlich angebrachte Tanks hatten, die für die Passage von Engstellen besser geeignet sind. Alle traten auf die hölzerne Plattform am Rand des Stegs, wo das Wasser ungefähr zweieinhalb Meter tief war. Regisseur Steve Judson begann mit Wes die für den Tag vorgesehenen Shots durchzusprechen. Am Abend zuvor hatte ich die Über- und Unterwasser-Filmteams getroffen und gehört, wie sie jeweils ihre Drehpläne festlegten. Ich fand es erstaunlich, wie sehr sich das Filmen für IMAX-Kinos und die Aufnahme von Fernsehdokumentationen unterscheiden. Für eine IMAX-Szene ist alles größer: die Kamera, der Bedarf an Scheinwerfern und das Filmmaterial, das zudem schwerer und vor allem teurer ist. Daher ist es unabdingbar, ein größeres Team zu haben, denn man braucht eher ein Budget von der Größenordnung eines Filmfeatures als das einer Dokumentation im traditionellen Sinne. Sogar unter »normalen« Bedingungen unter freiem Himmel muss ein IMAX-Dreh sehr sorgfältig vorbereitet werden, damit es klappt. In einer Unterwasserhöhle bedarf es einer Planung bis in die kleinsten Einzelheiten.

Es kann in der Tat entmutigend sein, wenn man sich vor Augen führt, wie viel Ausrüstung erforderlich ist und wie viele Verhaltensregeln zu beachten sind, um einen Höhlentauchgang auch nur zu überleben. Hier kommt nun zu diesem Basisbedarf an Material und Übung einiges hinzu: eine Kamera in ihrem gewaltigen Gehäuse, Beleuchtungsausstattung mit einem Gewicht von mehreren hundert Kilogramm, Tausende Meter Kabel und der schwerste und teuerste Film der Welt. All das muss professionell gehandhabt werden, während die Aufmerksamkeit für die Anforderungen des Höhlentauchens nicht nachlassen darf – vielleicht lässt sich so erahnen, welchen Herausforderungen sich die Crew gegenübersah.

So bot das Projekt zwar viel Reales – wirkliche Höhlen mitsamt einigen geplanten Neuerkundungen und der realen Entnahme wissenschaftlicher Proben sowie ebenso leibhaftige Gefahren –, doch es war eine Realität nach dem Drehbuch. Hazel und Nancy waren Höhlenforscherinnen, keine Schauspielerinnen. Jede Bewegung, die Nancy am Seil oder Hazel hinter einem Unterwasser-Scooter machte, musste im Voraus genau geplant sein. Bei einigen der schwierigsten Unterwasserszenen sollte ein erfahrener Höhlentaucher für Hazel doubeln (auch wenn der Hauptzweck des Doubles darin bestand, Hazel für die Filmaufnahmen über Wasser freizustellen).

Wie Nancy und Hazel musste auch ich manchmal über die verquere Situation grinsen, vier Stunden mit einem Dutzend Techniker zu verbringen, damit als Ergebnis eine gut ausgeleuchtete 60-Sekunden-Sequenz herauskam. Und doch konnten wir nicht leugnen, dass wir während der 60 Sekunden spürten, welch große Kunstfertigkeit um uns herum am Werk war. Wir konnten nachvollziehen, dass es vielleicht möglich wäre, einem Publikum, das noch nie in einer Unterwasserhöhle gewesen war, das Gefühl zu geben, sich ganz real in diesem unterirdischen Reich aufzuhalten.

Wes gab Steve eine Kunststofftafel für den Unterwassergebrauch. Mit einem wasserfesten Fettstift schrieb dieser mit großen Blockbuchstaben: »Okay, vier Aufnahmen auf der Rolle. Nummer 1: Scooter-Rückkehr, Auftauchen nach der Null-Sicht. Auf Nummer 2 sollte Hazel vorn an der Leine sein, auf Nummer 3 im Hintergrund ohne Leine. Und Nummer 4 ist die Scooter-Querung«.

»Alles klar«. Wes befestigte die Tafel an einem D-Ring seiner Bänderungen.

Dinosaurier, Meteore und Höhlen
Eine kurze Geschichte langer Zeiträume
von Dr. Charles E. Shaw

Vor 65 Millionen Jahren nahm die Kreidezeit ein gewaltsames Ende: Ein Meteor etwa von der Größe Manhattans – also rund zehn Kilometern Durchmesser – raste mit einer Geschwindigkeit von über 30 Kilometern pro Sekunde auf die Erde zu und schlug direkt südlich von Nordamerika auf dem Meeresgrund auf, dort wo heute die Nordküste der Halbinsel Yucatán liegt. Das heutige Mayadorf Chicxulub steht über dem Einschlagszentrum.

Beim Eintritt in die Erdatmosphäre erzeugte der Meteor, dessen Spitze wegen der atmosphärischen Reibung entflammte, einen Überschallknall, der rund um den Globus zu hören war. Ein oder zwei Sekunden später bohrte sich der Meteor vier Kilometer tief in die Erdkruste. Mehr als 15 000 Kubikmeter an Kalkstein und anderem Gestein wurden aus dem Krater geschleudert oder verdampften durch die Energie des Einschlags. Im Umkreis von 90 Kilometern um das Einschlagszentrum brach der Grund des Ozeans mehr als drei Kilometer tief nach unten ein; es entstand ein Ring von Verwerfungen, der tief in den Erdmantel hinabreichte. Der entstandene Krater hatte einen Durchmesser von über 150 Kilometern; seine Wälle waren über 1600 Meter hoch. Als die Schockwellen durch die Erde nach außen drangen, kam es in einer Entfernung von 130 Kilometern rund um das Zentrum zu neuerlichen Verwerfungen, so dass ein zweiter Ring um die Einschlagstelle entstand. Als alles vorbei war, hatte sich ein Krater von über 250 Kilometern Durchmesser gebildet.

Dieser kosmische Unfall war, soweit wir wissen, einer der Auslöser dafür, dass ein seit 183 Millionen Jahren bestehendes globales Ökosystem zusammenbrach. 50 Prozent aller damals lebenden Arten verschwanden bei diesem zweitgrößten und am besten dokumentierten Artensterben. Der Tod der vorherrschenden Landtiere der Kreidezeit war eine solche Zäsur in der Erdgeschichte, dass man hier die Grenze zwischen Erdmittelalter und Erdneuzeit gezogen hat. Auf die Kreidezeit folgte das Tertiär, in dem die Lebenswelt, wie wir sie heute kennen, entstand: Die weithin verwaisten ökologischen Nischen konnten jetzt von den Säugern besetzt werden, die viele Jahrmillionen ein Schattendasein geführt hatten. Die Evolution ließ aus diesen Vorläufern eine Formenvielfalt wie zuvor bei den Dinosauriern, und aus ihrer Mitte heraus den Menschen entstehen.

Die geologische Geschichte der Halbinsel Yucatán nach dem Einschlag hängt sehr stark mit der Größe, Gestalt und Tiefe des Chicxulub-Kraters zusammen. Als sich der Schutt zu festigen begann, tauchte über dem äußeren Ring eine Kette von Inseln aus dem Meer auf, dort wo am Tag zuvor flacher Meeresgrund gewesen war. Die Inseln bildeten sich aus Teilen des Auswurfmaterials aus dem Krater, das Hunderte von Kilometer weit in alle Richtungen geschleudert worden war. Noch während des Entstehungsprozesses wurden die Inseln von gewaltigen Tsunamis abgetragen, die der Einschlag ausgelöst hatte und die über den Golf von Mexiko rasten.

Im Verlauf der 65 Millionen Jahre, die seit dem Einschlag vergangen sind, nahm die Halbinsel allmählich ihre heutige Gestalt an. Mit der Zeit wurde der Schutt in der inneren Schüssel des Kraters unter 800 Meter dickem Kalkstein aus dem Tertiär begraben. Eine halb so dicke Schicht bedeckte den Kraterrand und den äußeren Ring. Da der Kalkstein aus dem Tertiär immer stärker verdichtet und zusammengepresst wurde, tauchte an der heutigen Landschaftsoberfläche geisterhaft die Form des Kraters wieder an der heutigen Landschaftsoberfläche auf. Eine niedrige, nach Norden verlaufende Kammlinie schwenkt über den östlich der Mitte gelegenen Teil der Halbinsel zum Golf von Mexiko und zeichnet so den zugeschütteten äußeren Kraterring nach.

Weiter westlich, 90 Kilometer von der Kratermitte entfernt, ist ein Ring von Cenotes in der weichen Kalksteinfüllung über dem zugeschütteten Kraterrand eingestürzt. Dieser Cenotes-Ring ist heute der Haupt-Abflussweg des Grundwassers, das sowohl von Osten wie von Westen eindringt, zum Golf von Mexiko. Wegen des löslichen Kalk-Grundgesteins gibt es im Norden der Halbinsel Yucatán keine Oberflächegewässer. Stattdessen ist ein komplexes Netz an unterirdischen Höhlen und Wasserläufen als örtliches Abflusssystem entstanden, das zum Meer hin führt. Die Cenotes sind Einbruchstellen in dieses unterirdische Netz.

Da das Grundwasser aus dem Inneren der Halbinsel westwärts zum Cenotes-Ring und ostwärts zum Karibischen Meer fließt, muss es eine Wasserscheide geben. Diese liegt offensichtlich dort, wo sich der äußere Kraterring auf der Oberfläche abzeichnet; er markiert zugleich die derzeitige Oberflächenteilung der Halbinsel. Es scheint also, als ob die Gestalt des Kraters, mit dessen Entstehung die Kreidezeit zu Ende ging, heute, 65 Millionen Jahre später, die Richtung des Grundwasserstroms reguliert.

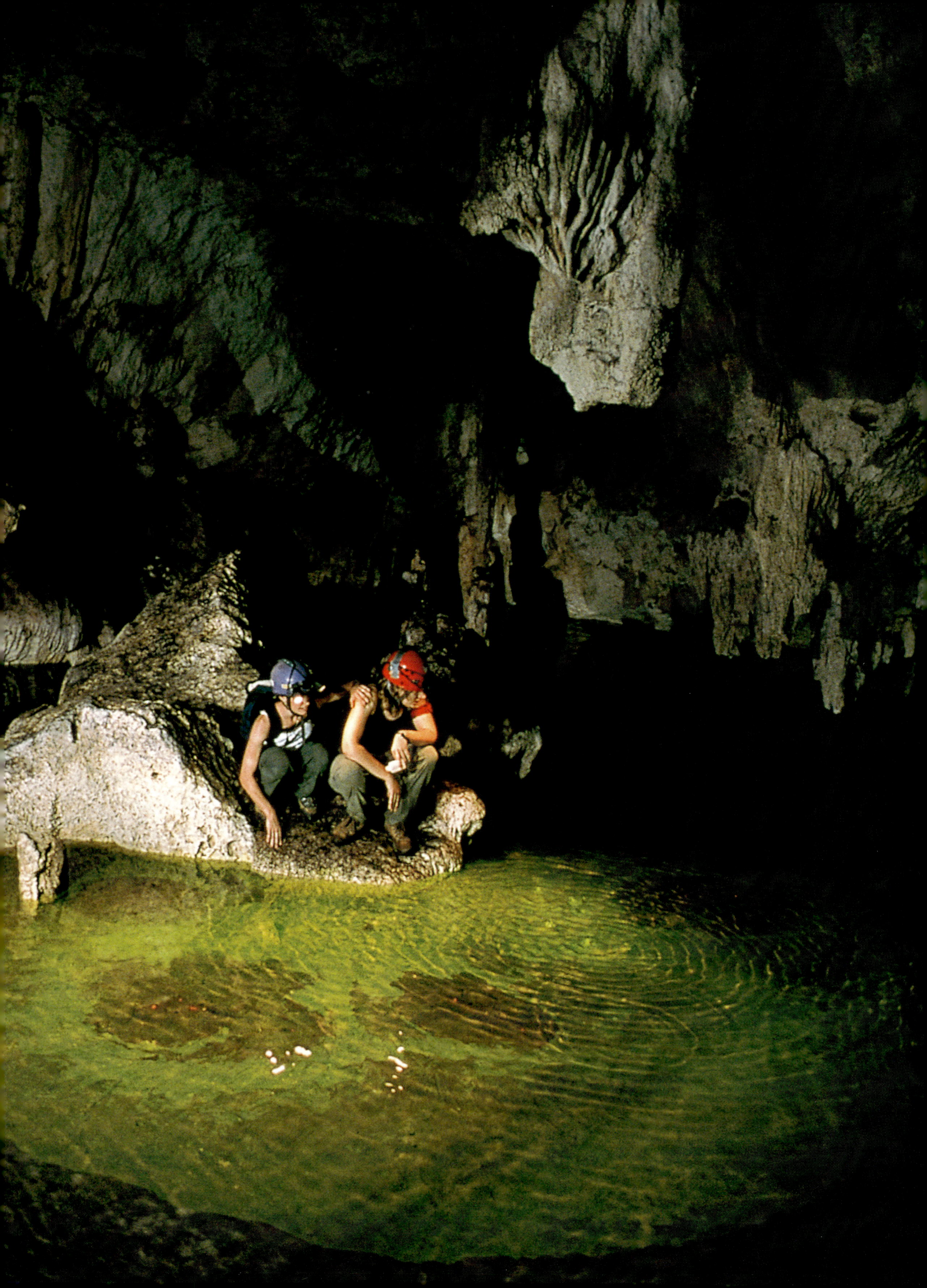

Die Scheinwerfer befanden sich schon in dem Saal, der für den heutigen Dreh ausgewählt worden war; sie waren am Abend zuvor aufgestellt worden. Um sie mit Strom zu versorgen, hatte man schon vor Wochen von der Oberfläche aus ein kleines Loch gebohrt und hunderte Meter Kabel hindurchgeführt. Drei Crewmitglieder hatten einen Generator durch den Dschungel zu diesem Loch geschleppt, das etwa einen halben Kilometer vom Höhleneingang entfernt lag. Per Funk sollten sie das Signal erhalten, den Generator zu starten, während die Taucher sich auf den Weg zum Drehort machten. Am Abend vorher hatte mir Steve Judson erzählt, dass seines Wissens noch nie unter auch nur annähernd so schwierigen Bedingungen gedreht worden sei, den Dreh auf dem Mount Everest eingeschlossen. Er fügte hinzu, dass der Bergsteiger und Filmemacher David Breashears, der 1996 die Mark-II-Kamera auf den Everest geschleppt hatte, diese Ansicht teile.

»Jeder Drehort hier auf Yucatán hat seine eigenen Herausforderungen. Die Ausrüstung ist knifflig. Sie bekommen nie die Crew, die von der Größe her zu den jeweiligen Höhlendurchlässen passt, und deshalb nehmen Sie kleine Crews mit doppelter Besetzung für etliche Jobs. Wenn nicht Wes und Howard dabei wären, hätten wir keine Chance, Aufnahmen von der Halokline zu bekommen«.

Das Piepen von Steves Funkgerät unterbrach das Gespräch. Er sprach kurz hinein und wandte sich an Wes. »Ich glaube, es ist so weit. Wünsche einen sicheren Tauchgang«.

»Alles Roger«, pflichtete Wes bei und grinste. Steve stieg wieder nach oben in den Regen. In ein paar hundert Metern Entfernung drehte die »Deck-Crew«, wie Nancy nach der Erkundung einer Cenote auf ein trockenes Camp zulief.

Das Unterwasserteam machte sich mittlerweile aufbruchsbereit. Während ich mich in die Ecke drückte, um nicht im Weg zu stehen, hörte ich plötzlich meinen Namen.

»Hallo Mike, können Sie mal für eine Sekunde rüberkommen?«

Hazel Barton saß in einem zitronengelben Neoprenanzug und einem komplizierten Netz von Gurten auf dem Steg.

»Könnten Sie bitte den Clip, der unten an diesem Pressluftgerät hängt, hinten am D-Ring befestigen? Ich komm einfach nicht dran«.

Ich kniete mich hin und zerrte am Tank, um ihn festzuclippen. »Alles klar«, meinte ich. »Gern geschehen«.

»Danke«. Sie wandte sich zu mir um. »Ich glaube, sie wollen heute nur diese Rolle mit mir drehen. Was denken Sie, wollen wir nicht nachher einen kleinen Kavernen-Tauchgang rund um die Doline unternehmen? Es gibt dort einige wirklich schöne Formationen«.

Ich zögerte mit der Antwort. »Zwar hatte ich vor, am Rand ein wenig zu schnorcheln, aber ich habe kein Kavernendiplom«.

»Sie sind doch Freiwassertaucher?«

»Ja, und ich habe früher auch schon ein paar sehr einfache Kaverntauchgänge gemacht, zusammen mit einem Instruktor, über den ich geschrieben habe, aber das ist lange her...«

»Ach, es wird schon gehen. Wir bleiben im Tageslicht-Bereich. Wir werden mit Dan und Gary darüber sprechen« – damit waren Dan Lins und Gary Walten gemeint, zwei hoch angesehene Höhlentauch-Instruktoren, die zum Unterwasserteam gehörten. »Wissen Sie, es gibt so etwas wie einen kommerziellen Trip, der in Yucatán immer angeboten wird; er heißt Cenote-Tauchgang. Sie sind mit einem Führer unterwegs und brauchen kein Höhlendiplom. Das ist schon o.k., es werden immer Touristen mitgenommen. Wenn Dan und Gary ihr Plazet geben, können wir es ruhig wagen«.

Sogar vom Steg aus konnte ich gewaltige Kalzitsäulen in der Tiefe schimmern sehen. Ich habe oft andere Trocken-Höhlengänger von den Freuden des »Schwebens« durch eine Unterwasserhöhle mit reichem Sinterschmuck schwärmen hören.

»Na los«, sagte sie. »Wir treffen uns hier um vier«.

Ich gab nach. »Abgemacht. Wenn Gary und Dan ihr o.k. geben, hätte ich tatsächlich Lust, etwas von dem mitzukriegen, womit ihr euch beschäftigt«.

»Wunderbar«, sagte Hazel. »Ich sammel Sie dann auf.« Damit platschte sie ins Wasser.

Zwei Taucher ließen vorsichtig die Kamera zu Howard herunter, der sie, bis zur Taille im Wasser stehend, entgegennahm. Ein Taucher nach dem anderen ließ sich nun ins Wasser gleiten, und ihre Lampen verschwanden hinter einem Felsvorsprung. Nach zehn Minuten stand ich allein auf dem Steg und starrte hinunter in die Höhle.

Ich kletterte nach oben in den Regen, lief durch unwegsames Gelände zur »Deck-Crew« und versuchte nicht an die hundert Berichte von Höhlentauchunfällen zu denken, die ich im Lauf der Zeit gelesen hatte.

Nancy (links) und Hazel leiten phosphoreszierenden Farbstoff in einen Höhlenfluss, um festzustellen, ob eine Verbindung zu einer Quelle am Meer besteht. Während der – völlig unbedenkliche – Farbstoff sich rasch auflöst und unsichtbar wird, registrieren die in der Quelle angebrachten Detektoren ihn noch in geringster Konzentration.

KAPITEL 7

FLÜSSE UNTER DEM REGENWALD

Anders als die meisten Unterwasserhöhlen waren die Systeme in Yucatán während der Eiszeiten des Pleistozäns trocken; in dieser Zeit entwickelten sich die herrlichen Kalzitformationen. Am Ende der letzten Eiszeit vor ungefähr 10 000 Jahren, als der Meeresspiegel in Folge des Abschmelzens der großen Inlandgletscher anstieg, füllten sich die Höhlen wieder mit Wasser. Heute ragen goldene Sintervorhänge, »kristalline Makkaroni«, riesige Säulen, Stalaktiten und Stalagmiten in die geradezu unheimlich stillen, wassergefüllten Höhlenräume. Etliche Male während der nächsten Wochen brachte das Unterwasserteam von Skiles und Hall zum ersten Mal Licht in diese verborgenen Reiche. Sogar Skiles, der seit Jahrzehnten Höhlen in Yucatán gefilmt hatte, räumte später ein, er habe sich keine Vorstellung von der Schönheit dieser Hallen machen können, bis der Sinterschmuck im Schein der starken HMI-Lampen erstrahlte. ■ Im Licht der Scheinwerfer hing er frei schwebend sechs Meter über dem Grund und betrachtete staunend die glitzernden kristallinen Formationen ringsum. Während das Team auf den Beginn der Dreharbeiten wartete, konnte es leicht passieren, dass man sich von der Traumlandschaft der Säle und Durchlässe dazu verführen ließ, abzuschweifen und die Wunder der Umgebung zu bestaunen. Skiles rief das Team immer wieder dazu auf, nicht zu vergessen, an welchem Ort es sich

Oben: Brad Ohlund klettert eine Aluminiumleiter hinauf, die von dem als Filmplattform ausgewählten Vorsprung einer Cenote herabhängt. Rechts: »Ertrunkene« Stalagmiten aus einem früheren Erdzeitalter.

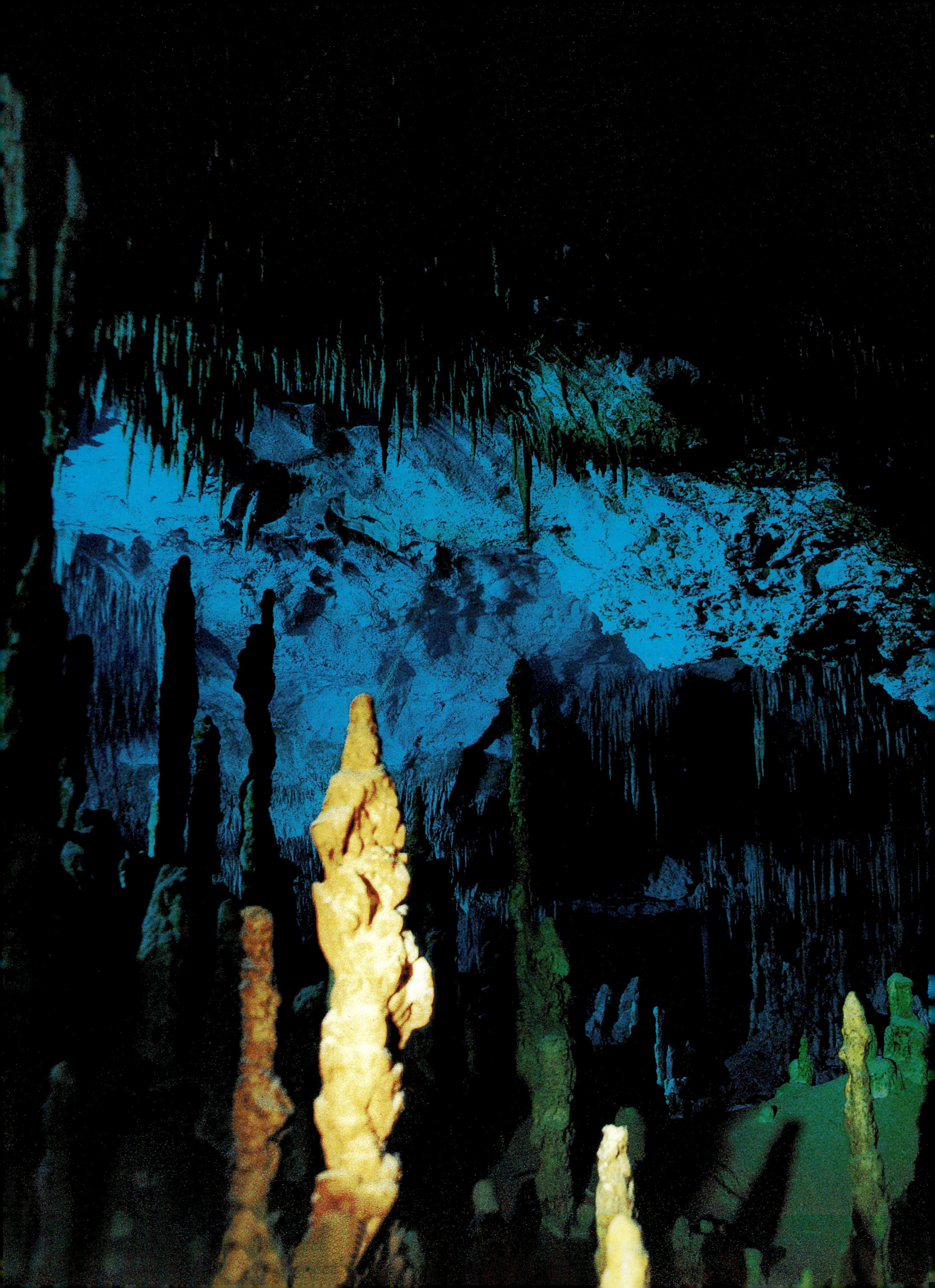

Nancy und ein einheimischer Guide beugen sich über eine Karte, um die genaue Lage einer Cenote festzustellen.

befand und welche Aufgaben ihm bevorstünden.

Heute hatten sie volle acht Stunden für den Aufbau und Dreh unter Wasser angesetzt. Als Aufnahmeleiter war Wes seit jeher daran gelegen, alle Sequenzen mit Lichtquellen zu drehen, die vom Betrachter nicht als solche wahrgenommen werden. Um dies zu erreichen, hatte sein Team etwa 500 Meter Kabel verlegt, das zu fünf Lichtquellen in unterschiedlicher Höhe und Platzierung führte. Nach der ersten Besichtigung der Örtlichkeiten von Dos Ojos entschied er sich für die schönsten Säle, ohne Rücksicht auf die Entfernung von den jeweiligen Einstiegen. Um von der Oberfläche zu der Beleuchtung elektrische Leitungen zu verlegen, waren gewaltige Anstrengungen erforderlich; die Arbeit besorgte ein Team von Höhlentauchern und Einheimischen. Unter Wasser mussten die Höhlentaucher den Weg in die Säle, in denen gefilmt werden sollte, kartieren. Oberirdisch bahnten sich die Einheimischen einen Weg durch den dichten Dschungel und richteten direkt oberhalb des ausgewählten Saals eine Basis ein.

Das Grundwassersystem Yucatáns ist dank des Netzwerks von Gängen ungekammert und der Wasserspiegel überall auf etwa gleicher Höhe. Es bestand daher keine Gefahr, dass die Taucher mit dem Kabelloch, das sie jeweils zu den Sälen bohrten, eine Kaverne anbohren und hier den Wasserspiegel verändern könnten. Von einem mobilen Feldlager aus, das neben dem Kabelloch aufgeschlagen war, ließ sich der mit Generatoren erzeugte Strom in die Säle leiten. Der erste Anlauf, die Kabel in einen Saal mit der Bezeichnung »gotischer Dom« einzuführen, verlief ziemlich entmutigend. Doch der zweite Versuch, einen 300 Meter tief unter der Erde liegenden Saal zu verkabeln, endete fast in einer Katastrophe.

Irrtümlicherweise meinte das oberirdische Team von unten das Signal zum Herablassen des Kabels erhalten zu haben. Doch das vermeintliche Signal war tatsächlich nur das nach unten zerrende Eigengewicht des Kabels. Und so ließ die oberirdische Crew vier 100-Meter-Rollen durch das Loch nach unten abspulen. Unten erlebten die Taucher in den Schlickwolken einen Alptraum: 400 Meter schwarzes, schlangengleiches Kabel sanken auf den Höhlenboden herab; ein Taucher wurde darunter fast begraben. Doch glücklicherweise wurde niemand verletzt, und dank Garys schneller Reaktion konnte der gordische Kabelknoten bald gelöst werden.

Vor dieser Expedition war noch nie die schimmernde Mischschicht von Salz- und Süßwasser an der Halokline auf Film gebannt worden. Viele unterirdisch lebenden Mikroben beziehen ihre Energie aus der chemischen Umwandlung von Mineralien. In einer solchen Mischzone sind unbekannte Mikroorganismen erfahrungsgemäß besonders zahlreich anzutreffen. Tullis Onstott, ein Geo-Mikrobiologe aus Princeton, entdeckte zum Beispiel prächtig gedeihende Bakterienkolonien an der Grenzschicht zwischen Gold und Quarz in über 3000 Meter Tiefe in einem südafrikanischen Bergwerk – während ein paar Zentimeter von der Grenzschicht entfernt im Erz kaum Spuren von Leben zu finden waren.

Hazel hoffte, durch die Unterschiede in der chemischen Zusammensetzung und in der Fauna von Süß- und Salzwasser hier in Yucatán auf eine Vielfalt unbekannten Lebens zu stoßen. Michael Garman, ein Umweltbiologe und Höhlentaucher in Florida, hatte kürzlich dicke Bakterienmatten an der Halokline einer Süßwasserquelle entdeckt, die sich nördlich von Tampa in den Golf von Mexiko ergießt. Man findet eine solche Sprungschicht am ehesten in küstennahen tropischen Karstregionen, in denen heftige Regenfälle genügend Süßwasser liefern, das in die Küstenhöhlen abfließt. Und als ausgebildete Mikrobiologin musste Hazel natürlich selbstverständlich vor Ort eine natürliche Halokline untersuchen, sei es am Golf von Mexiko oder irgendwo sonst.

Als die Taucher die Halokline zum ersten Mal sahen, erschien sie ihnen wie eine Fata Morgana oder ein Trugbild. Gelegentlich hätte Skiles fast schwören können, in eine Höhle zu schauen, die halb mit Luft und halb mit Wasser gefüllt war. Es war, als schwämme man in einer Flasche Salatdressing in der Grenzschicht zwischen Öl und Essig. Beim Verwirbeln der Wassermassen entstand ein Schleier, der den Tauchern jede Sicht nahm – so wurde das Filmen zusätzlich erschwert.

Behutsam stieg das Team, das mit speziellen Lichttechniken und Kamerawinkeln arbeitete, in den Halokline-Saal ab und bereitete sich auf die Aufnahmen vor. Wes kam mit der Idee, Mülleimerdeckel als vorübergehende Abdeckungen der Scheinwerfer zu benutzen. Beim Herannahen der Taucher für die Filmszene sollten die erfahrereren Crewmitglieder eine Lampe nach der anderen aufdecken, so dass der Eindruck entstand, als ob die Szenerie allein von den Taschenlampen der Taucher erleuchtet würde.

Hazel hatte etliche sterile Zentrifugen-Flaschen aus Kunststoff dabei, um von allen Bereichen in der schimmernden Schicht Proben möglichen Lebens zu nehmen. Die Halokline von Yucatán war nicht nur noch nie gefilmt, sondern auch noch nie daraufhin untersucht

Buddy Quattlebaum steuert ein nach ihm benanntes Buddymobil über eine besonders holprige Stelle. Mit dem Gefährt transportiert er Mitglieder des Teams über einen der wenig befahrenen Dschungelpfade, die er auch als Führer im Ökotourismus nutzt.

Hazel nimmt in der kaum erkennbaren Halokline eine Probe, der örtliche Tauchführer Jorge Gonzales schaut zu. Biologen, die in den Höhlen von Florida arbeiten, haben hohe Konzentrationen von Mikroben in Haloklinen – dort, wo Süß- und Salzwasser aufeinander treffen – gefunden, ebenso wie in Chemoklinen, Mischzonen, in denen der Süßwasser-Aquifer auf Einschlüsse von schwefelgesättigtem, sauerstoffarmem Wasser trifft. Bis zu dieser Expedition war noch nie eine Probe aus einer Halokline in Yucatán entnommen worden; Hazel hofft, in Zukunft auch die Chemoklinen von Yucatán-Proben untersuchen zu können.

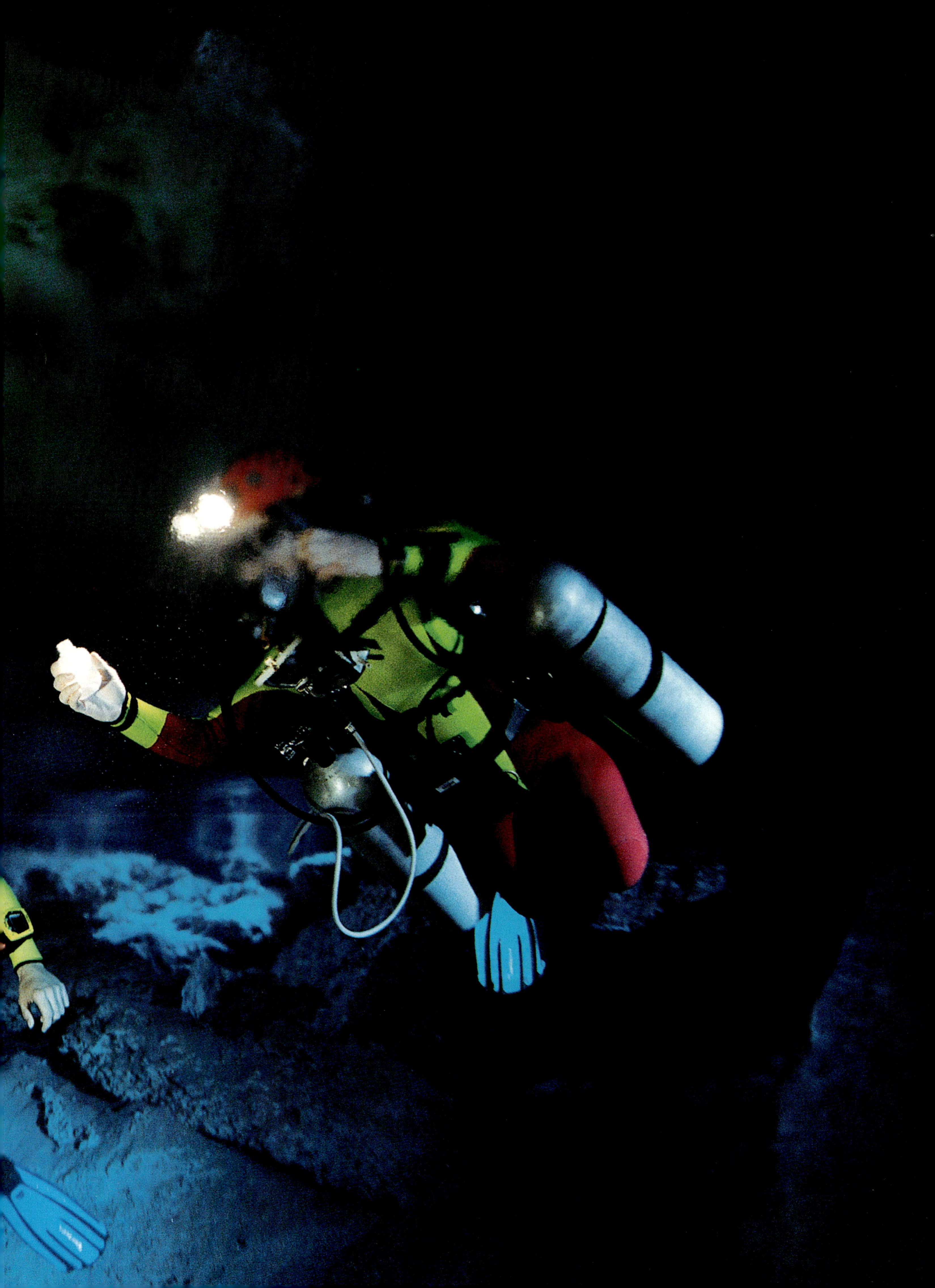

worden, ob es dort mikrobische Gemeinschaften gab, die von den chemischen Reaktionen in Salzgehaltssprungschichten lebten. Mit Handsignalen gaben Hazel und die Tauchcrew Wes zu verstehen, dass sie für eine filmische und wissenschaftliche Ersterkundung bereit seien.

Seine Stimme drang durch das Wasser: »Action!«

Oben stand unterdessen Manuel Noh Kuyoc, ein Mann unbestimmten Alters. Manuel trug alte Cowboystiefel, ein hellblaues Arbeitshemd und eine zerfetzte Hose aus Viskose; in den Gürtel, der sie an ihrem Platz hielt, hatte er zusätzliche Löcher gestanzt, um ihn seiner schmalen Taille anzupassen. Sein schütterer Schnurrbart sträubte sich unter einer vorspringenden Maya-Nase. Er stand direkt vor einer der beiden Türen zu seiner traditionellen Waldhütte, die gerade für den Film als Hazels »Forschungshütte« hergerichtet wurde.

Die ovale Behausung war aus zusammengebundenen Holzstangen errichtet und stand im Schatten von einem halben Dutzend Obstbäumen, umgeben von weiteren Hütten und Nebengebäuden, auf einer felsigen Lichtung. In einer kleinen Senke etwa drei Meter von der Hütte entfernt entdeckte ich die Sorte Abfall, die man bei einer späteren archäologischen Ausgrabung als Hinweis auf eine Müllgrube aus lange zurückliegender Zeit deuten würde. Zwischen weißen Kalksteinbrocken lagen Tonscherben, ausgebrannte Kürbisse, Zitronen- und Kokosnussschalen, eine Zangenhälfte, Mineralwasserdosen, Bier- und Bacardiflaschen, ein rostiges Ding, das vielleicht einmal ein Insektensprayer gewesen war, und ein paar leere Dosen Frühstücksfleisch der Marke Tulip.

Eine alte Mähre humpelte in der Nähe herum und zerrte müde an einer Grassode, ohne sich durch die schweren Regentropfen stören zu lassen. Nachdem er dem Pferd ein paar Minuten zugeschaut hatte, trat Manuel seine Zigarette mit der Stiefelspitze aus und wandte sich um, weil er die Aktivitäten im Haus in Augenschein nehmen wollte. Das Strohdach schien gegen den Regen gute Dienste zu leisten; der abgedunkelte Innenraum sah warm und einladend aus. Töpfe, Pfannen, Macheten, Laternen, Gartengeräte, Softdrinkpackungen und Kleidungsstücke hingen an Holzhaken, die ringsum an den Wänden angebracht waren. Drei helle, an Stützpfeilern festgemachte Hängematten waren zur Seite gezogen, um Platz für einen groben Holztisch zu schaffen, auf dem ein Mikroskop, ein Gerät zum Einfärben von Mikroben, eine Kerosinlampe, eine Kochplatte und ein blassblauer englischer Teekessel standen.

Tom Cowan, der Leiter der oberirdischen Einheit, entfernte die Softdrinks aus dem Bereich, der fotografiert werden sollte, während Brad Ohlund, der einen Großteil der Kameraarbeiten bei den Drehs in Grönland überwacht hatte, dem Crewmitglied Chris Blum dabei half, etliche Stativlampen so aufzustellen, dass ihr orangefarbener Schein sich mit dem der Lampe auf dem »Labortisch« vermischte. Direkt vor der Tür schraubten Jack Tankard und andere Crewmitglieder Stahlschienen für einen Dreh mit dem Kamerawagen zusammen, bei dem Nancy aufgenommen werden sollte, wie sie sich vor dem Unwetter in die Hütte flüchtete.

Ich näherte mich dem in der Tür stehenden Manuel und bemerkte seinen ratlosen Gesichtsausdruck, als Tom hinter dem Tisch eine Bank untersuchte und ein ziemlich neu aussehendes Transistorradio, eine mit Solarzellen betriebene Leuchtstofflampe und ein paar Bonbonpapiere herauszog. Manuel sah, dass ich mir Notizen machte. Auch wenn sein Spanisch einen starken Akzent hatte und meines so gut wie nicht vorhanden war, verstand ich doch Manuels Erklärungen, dass er nicht in einer primitiven Hütte ohne Farbfernseher und sanitäre Einrichtungen lebe, weil er es nicht anders kenne, sondern weil er sich dafür entschieden habe.

Seit vierzehn Jahren lebte er mit Frau und Kindern in einer Heimstätte namens Tak Be Ha hinter einem der etlichen Cenotes in diesem wenig erschlossenen Gebiet. Die Kuyocs teilten sich einen über 400 Hektar großen Streifen unberührten Landes westlich der Küstenschnellstraße mit etlichen anderen Maya-Familien und einem gebürtigen Amerikaner. Dieser Mann, dessen Geschäft die Basis lieferte, damit die Maya ein Leben im alten Stil führen konnten, kam aus Richtung Dos Ojos auf uns zu: Er trug nichts als zerschlissene abgeschnittene Jeans und einen großen Walkie-Talkie.

Wenige Höhlentaucher haben den Namen Gordon Quattlebaum gehört, doch wirklich jeder, der auf Yucatán taucht, kennt ihn als Buddy, den Besitzer des Tauchshops Dos Ojos – ein groß gewachsener, bärtiger Amerikaner. Ein Hemd trug er nur selten, Schuhe nie. In den letzten zehn Jahren hatte er kommerzielle Kavernen- und Höhlentauchgänge ebenso geleitet, aber auch die schwierige Erkundung des

Dos-Ojos-Systems; er war der Erfinder des »geführten Cenote-Tauchgangs«, von dem Hazel gesprochen hatte.

Obwohl er und die Maya, denen das Land gehörte, vom Tourismus lebten, genoss Buddy bei den Umweltschützern der Region hohes Ansehen, während einige derjenigen, die sich die wirtschaftliche Entwicklung des Gebietes auf die Fahnen geschrieben hatten, wegen seines unermüdlichen Einsatzes für den Schutz der hier heimischen Meeresschildkröten wie auch für die Rechte und Traditionen der angestammten Bevölkerung nur Verachtung für ihn übrig hatten. Er hatte in Tak Be Ha nur wenig Land gerodet und wenige Fahrwege durch den Dschungel angelegt, über die er seine Kunden mittels seiner selbst gefertigter Fahrzeuge, Buddymobiles genannt, transportierte. Ich hatte eines davon auf dem Cenote-Parkplatz stehen sehen, der über die matschige, mit Schlaglöchern gespickte, knapp vier Kilometer lange »Hauptstraße«, die von der Küstenschnellstraße abzweigte, erreichbar war. Das Gefährt bestand im Wesentlichen aus dem Motor und dem Chassis eines großen Trucks mit einem offenen Sitz für den Fahrer, einem Lenkrad, einem hölzernen Bremsklotz, einem Gas- und einem Kupplungspedal sowie einem Verschlag für die Passagiere.

Buddy sagte ein paar Worte zu Tom, dem Aufnahmeleiter für die oberirdischen Filmszenen, doch er sprach so leise, dass ich nichts verstehen konnte.

»Wenn sie herauskommen, fragen Sie, ob wir Hazel mal für eine Stunde in Anspruch nehmen können«, hörte ich Tom antworten. Buddy nickte, während er sich schon wieder auf den Rückweg zum fernen Lärm der Generatoren machte. Mit seinen nackten Füßen bewegte er sich mühelos über die scharfen Kalksteinkanten.

Ich ging um die Hütte herum, um sie mit den Augen der Kamera zu betrachten. Die Szenerie hätte nicht authentischer sein können. Jedes einzelne Detail erschien, wie ich mit einem Grinsen feststellte, wirklich primitiv. Auf einer riesigen Leinwand würde es großartig wirken. Zu der Kamerabewegung – sie lief auf Schienen zwischen nassem tropischem Grün – fehlte nur noch der Soundtrack ferner Trommeln, um den Film geradewegs in eine Indiana-Jones-Szenerie zu versetzen.

Es dauerte über eine Stunde, bis alles aufgebaut und Tom zum Filmen bereit war. Doch gerade als die Kamera zu laufen begann, öffnete der Himmel seine Schleusen ein weiteres Mal. Regentropfen schwer wie Kieselsteine trommelten hernieder. Jack nahm schnell die Mark II vom Stativ und verstaute sie hinten in einen Lieferwagen, der auf der schlechten Wegstrecke zum Drehort einen Achsenbruch erlitten hatte. Das übrige Team lief hektisch umher, um das Equipment mit Plastikplanen abzudecken. Ich sprang hinten in den Wagen, wo schon etliche andere sich um die offenen hinteren Türen scharten, auf Kästen saßen oder mit gebeugtem Rücken im hinteren Teil standen. Die Filmleute entschieden, den geschützten Blick auf den tropischen Wolkenbruch zu nutzen und Nancy in den Dschungel hinauszuschicken, damit die Sequenz, in der sie auf die Hütte zulief, noch einmal gedreht werden könnte.

»Großartiger Regen«, stellte Ohlund beim Blick durch den Sucher fest, während Nancy mit einem breiten Lächeln auf den Lippen durch den Schlamm platschte.

Beim Abendessen erfuhren wir, warum es an diesem Nachmittag so viel Niederschlag gegeben hatte: Direkt vor der Küste von Yucatán hatte sich ein tropisches Tief gebildet. Nach der Wettervorhersage würde es sich innerhalb der nächsten 24 Stunden zu einem verspäteten Hurrikan auswachsen – jetzt, im Herbst, war deren Saison so gut wie vorüber. Einer von Buddys Angestellten hatte eine Internet-Vorhersage ausgedruckt, wonach sich der Sturm mit größter Wahrscheinlichkeit nach Norden bewegen würde, von uns weg – obwohl es eine Chance von zwanzig Prozent gab, dass er direkt landwärts zog.

Nach dem Abschluss ihrer Unterwasser-Dreharbeiten hatte sich Hazel, als es einmal nicht regnete, Nancy angeschlossen. Die beiden hatten den ganzen Nachmittag gedreht, weshalb mein Touristen-Tauchgang auf später verschoben worden war. Unterdessen hatte die Unterwassercrew, einen erfolgreichen Tag gehabt. Hazel erzählte uns von einem unerwarteten Glücksfall: Das Team hatte zufällig eine neue Spezies blinder Höhlenfische entdeckt und Aufnahmen von ihnen gemacht. Die Art schien entfernt mit einem Typus verwandt zu sein, der bisher nur in bestimmten Höhlen auf den Bahamas gesichtet und nur einmal wissenschaftlich vorgestellt worden war – auf einer NSS-Tagung, die Hazel besucht hatte. Auch wenn sie selbst durch und durch Mikrobiologin war – und keinesfalls Expertin für größere Lebewesen –, wusste Hazel doch, dass ihre Freundin Jean

Wakulla Spring

von Dr. Barbara Anne am Ende.

Die berühmte Süßwasserquelle Wakulla Spring liegt im Florida Panhandle – dem schmalen, nordöstlichen Küstenstreifen an den Grenzen zu den Bundesstaaten Alabama und Georgia. In einem Teich inmitten von Sumpfzypressen und mit Spanischem Moos bewachsenen Eichen quillt ein Schwall kristallklaren Wassers empor – jeden Tag fast eine Milliarde Liter Süßwasser, genug, um einen 100 Meter hohen Würfel zu füllen – und speist den Wakulla River. Tausende Touristen zieht es alljährlich dorthin. Sie wollen in dem Gewässer schwimmen oder eine Tour mit dem Glasbodenboot unternehmen. Dabei können sie einen Blick in den gähnenden Schlund der Höhle werfen, aus der die Quelle entspringt. Eine reiche Tier- und Pflanzenwelt mitsamt Alligatoren sorgt bei den Touren für Unterhaltung.

Im Vergleich zu den flachen Höhlen der Halbinsel Yucatán ist das Höhlensystem von Wakulla Spring unergründlich tief – im Schnitt reicht es fast hundert Meter unter die Erdoberfläche.

In den 50er Jahren war Tauchen für den normalen Touristen noch etwas ganz Neues, und die Ausrüstung der Sporttaucher war einfach, aber praktisch. Zwei Studenten von der nahe gelegenen Florida State University, Wally Jenkins und Garry Salsman, wollten wissen, wie es hinter dem Höhleneingang von Wakulla Spring aussah. Ohne Luftvorratsmesser an ihren Pressluftgeräten tauchten die beiden Männer in Badehose und mit plastikumhüllten Taschenlampen im 20° C warmen Wasser. Wenn die Luft für diesen Tauchgang

Diese Karte der Wakulla-Höhle zeigt das System im Profil. Die Farbpunkte demonstrieren das mit den Messungen erfasste Volumen, wobei jede Farbe eine Einzelsammlung von Messpunkten repräsentiert. Die Linien zeigen die Oberflächen-Topographie mit der Lage der State-Park-Einrichtungen (blau: die Uferlinie des Quellteiches mit dem Bootsanleger).

ausreichte, so rechnen sie, konnten sie sich beim nächsten Mal ein Stückchen weiter vorwagen. Mit dieser einfachen Technik drangen Garry und Wally über hundert Meter tief in die Höhle vor – eine erstaunliche Leistung mit einer derart rudimentären Ausrüstung.

Danach wurde in der im Privatbesitz befindlichen Quelle nicht mehr getaucht, bis das Gebiet zum State Park erklärt wurde. 1987 erhielt das U. S. Deep Caving Team (USDCT) eine spezielle Erlaubnis für eine Expedition mit dem Ziel, innerhalb von ungefähr sechs Wochen einen möglichst großen Teil der Höhle von 3418 Metern Ausdehnung zu kartographieren und neue Technologien für das Sporttauchen zu erkunden. Diese Tauchexpedition war das erste nicht kommerzielle und nicht militärische Unternehmen in den USA, bei dem Mischgas zum Einsatz kam. Wenn man nur Luft atmet, entsteht in größeren Tiefen das Problem, dass der darin enthaltene Stickstoff eine narkotisierende Wirkung entfaltet. Dem so genannten Martini-Gesetz zufolge reagiert der Taucher beim Abstieg in die Tiefe alle 15 Meter so, als ob er auf leeren Magen einen Martini zu sich genommen hätte. Um diesen Stickstoffrausch zu vermeiden, atmet der Taucher eine Mischung aus Helium und Sauerstoff ein.

Die Expedition von 1987 erprobte aber nicht nur den Einsatz gemischter Gase beim Höhlentauchen, sondern testete auch den ersten Prototyp eines

Ein Taucher macht mit dem Digital Wall Mapper Aufzeichnungen von den Wänden der Wakulla-Höhle. Für die genaue Erfassung besonders schwieriger Passagen und eine hinreichende Messpunktdichte sind in der Regel mehrere Tauchgänge erforderlich.

Rebreathers, den MK-1. Bei diesem Kreislauftauchgerät, das der Forscher und Erfinder Bill Stone entwickelt hat, wird der Sauerstoff in dem Tempo in eine Atemschleife geleitet, in dem der menschliche Körper das Gas in den Stoffwechsel aufnimmt, während das ausgeatmete Kohlendioxid durch den Atemkalk neutralisiert wird. Es entstehen keine Luftblasen, und das Gas geht nicht verloren. Der MK-1-Prototyp war damals noch nicht so weit ausgereift, dass er tatsächlich in Höhlen zum Einsatz kommen konnte, aber er funktionierte immerhin so gut, dass Stone den Rebreather weiter entwickelte. Später, 1995, wurde das Nachfolgemodell MK-4 während einer USDCT-Expedition im Huautla-Höhlensystem erfolgreich eingesetzt.

1998 war das USDCT wieder in Florida, um eine zweite Wakulla-Expedition durchzuführen. Das Projekt war ein Wunder moderner Technik. Das Tauchteam nutzte nicht nur den mittlerweile kommerziell vertriebenen MK-5-Rebreather, die Expedition hatte auch ein hoch gestecktes Ziel: Die erste vollständig dreidimensionale Karte einer Höhle sollte angefertigt werden. Bisher erstellte man Höhlenkarten, indem man eine Linie durch die Höhle zog und die Wände einfach aufzeichnete. Für Wakulla 2 hatten Stone und der Elektronik-Ingenieur Nigel Jones den Digital Wall Mapper (DWM) entworfen. Am Gerät waren spiralförmig 32 Echolot-Umwandler angebracht. Das Echolot misst die Entfernungen zwischen dem Aufzeichnungsgerät und der Höhlenwand. Doch können solche Messungen nur Ausdehnung und Form des Raums am jeweiligen Punkt bestimmen, nicht aber den Winkel von Richtungsänderungen, solange der DWM die genaue Position nicht feststellen kann.

Um diesem Problem abzuhelfen, hatte Brian Pease für diese Expedition spezielle Unterwasser-»Höhlenfunkgeräte« entworfen, die magnetische Felder erzeugen. Die Taucher sollten diese »Funkbaken« in der Höhle platzieren, damit Pease das Signal 100 Meter höher an der Erdoberfläche lokalisieren und mit Hilfe des satellitengestützten Globale Positioning System (GPS) die genaue Position bestimmen konnte.

Die Wakulla-2-Expedition dauerte drei Monate; 150 engagierte Freiwillige aus acht Ländern waren beteiligt. Das Ergebnis war eine spektakuläre Datensammlung von zehn Millionen Punkten an den Höhlenwänden, die per Echolot vermessen waren. Die Einzelheiten der Gänge waren auf eine zuvor nicht da gewesene Weise dargestellt. Die interaktive 3-D-Karte ermöglicht erstmals den exakten Vergleich zwischen der Höhlen- und der Oberflächengestalt.

Ein Höhlentaucher genießt eine kurze Schwimmstrecke im Sonnenlicht: Durch den Einbruch eines Tunnels im Dos-Ojos-System hat sich auf einer Länge von 30 Metern ein schmaler Spalt geöffnet. Mehrfacheingänge kommen in den Höhlen von Yucatán häufig vor, denn die höher gelegenen Galerien liegen selten tiefer als zehn Meter unter der Oberfläche.

Krejca, eine Biologin und Höhlentaucherin, wahrscheinlich großes Interesse an diesem kleinen Fisch haben würde. Sie war froh, dass Wes und Howard Mittel und Wege gefunden hatten, die Entdeckung in ihrem natürlichen Habitat aufzunehmen, so dass Jean und andere Experten sie eventuell identifizieren konnten.

Zwei Dutzend Teilnehmer der Expedition versammelten sich an diesem Abend in Wes Skiles' Hütte in Akumal, um sich das Video anzuschauen, das Howard neben der Filmarbeit des Tages aufgenommen hatte.

»Da unten weiß man in der Hitze des Gefechts überhaupt nicht, wie einem geschieht«, sagte Wes mit leuchtenden Augen. »Guckt euch das an«. Er drückte auf den Abspielknopf, und in dem verdunkelten Raum sahen wir auf einem kleinen Fernsehschirm, wie sich von einem entfernten Punkt aus das Licht in einen riesigen, reich geschmückten Höhlendom im Vordergrund ergoss, der halb mit Wasser gefüllt zu sein schien. Aus dem Licht lösten sich Taucher und sausten hinter Scootern heran – der trügerische »Wasserspiegel« unter ihnen war die Halokline, die endlich mit der Kamera eingefangen worden war. Die Taucher schaukelten in die Quecksilberschicht und wieder heraus, wobei sich ihre Gestalten verzerrten, bis sie wie Trugbilder schwankten. Hier in der Stille der Höhle erschien die ungestörte Halokline wie eine spiegelähnliche Barriere. Während die Taucher nun einer nach dem anderen hindurchglitten, zerstob die Grenzschicht zu einem glänzenden Nebel.

»Passt auf, was jetzt kommt«, rief Wes. »So etwas habt ihr noch nie gesehen«. Als die Kamera selbst in die ätherische Grenzregion eintauchte, wurde das Bild nicht einmal einen halben Meter unterhalb der Halokline wieder scharf. Stürmischer Applaus erfüllte den Raum.

Die Wetterfrösche hatten sich nicht getäuscht: Der Sturm war Richtung Nordosten zum Karibischen Meer weitergezogen, der Regen ließ allmählich nach. Die nächsten Tage verbrachte ich damit, anderen bei der Arbeit zuzusehen. Ich nahm meinen Stephens mit, um die Wartezeit an Cenotes und anderen Dschungel-Schauplätzen zu nutzen. Voller Mitgefühl las ich den Bericht des Forschungsreisenden über die Bemühungen seines Partners, bei der Aufnahme der Ruinen in Uxmal die beste optische Technik seiner Zeit zu nutzen: »Mr. Catherwood fertigte peinlich genaue Zeichnungen des Ganzen an und verfügt über Mittel, ein exakt gleiches Gebäude zu errichten; und ich möchte darauf hinweisen, dass er, wie bei unserer früheren Expedition, alle Zeichnungen mit der Camera lucida herstellte; seine Absicht war, in den Details und Proportionen höchste Genauigkeit zu erreichen. Daneben führten wir auch einen Daguerrotypie-Apparat mit uns, den besten, den wir in New York beschaffen konnten, und mit ihm begann Mr. Catherwood unmittelbar nach unserer Ankunft in Uxmal Ansichten aufzunehmen; die Ergebnisse genügten jedoch seinen Ansprüchen an Perfektion nicht. Gelegentlich warfen vorspringende Gesimse und Ornamente Schatten auf Teile des abgebildeten Objektes, während andere in hellem Sonnenschein lagen, dergestalt, dass einige Teile gut herauskamen, während andere der Nachbearbeitung mit dem Bleistift bedurften, um das Fehlende zu ergänzen. Sie gaben eine allgemeine Vorstellung vom Charakter des Gebäudes, man konnte sie aber nicht in die Hände des Kupferstechers geben, ohne die Ansichten vorher auf Papier zu kopieren und die fehlenden Teile hinzuzufügen, was mehr Mühen erforderte, als unmittelbar komplette Originalzeichnungen anzufertigen.«

Um ein wenig herumzukommen und mehr von der Gegend zu sehen, stellte ich mich freiwillig für Besorgungsfahrten zur Verfügung: Ich brachte die Teammitglieder von einem Drehort zum anderen, holte Neuankömmlinge vom Flughafen in Cancún ab und fuhr wegen allen möglichen Dingen in die Stadt. Das, was im Film wie ein einziger ununterbrochener Höhlentauchgang aussehen sollte, wurde in zahlreichen Cenotes gedreht, und es machte mir Spaß, diese oft abgelegenen Orte zu erkunden. Eine Besorgungsfahrt führte mich zum Büro des Centro Geologico Akumal, einer kleinen Forschungsagentur, die von Charles Shaw geleitet wurde. Der Geologe untersuchte den Zusammenhang zwischen dem Meteoriteneinschlag vor Yucatán und dem Aussterben der Dinosaurier.

Nachdem der Sturm nach Norden abgezogen war, hatte Jack eine IMAX-Kamera auf dem Flügel eines gecharterten Flugzeugs angebracht und Luftaufnahmen von Tulum und dem Wald in der Umgebung gemacht. Von einem zweiten Flugzeug filmte er Nancy, wie sie aus der Luft Einsturzdolinen ausfindig machte. Doch eine sagenumwobene Cenote – ein blauer kreisrunder See von über 30 Metern Durchmesser,

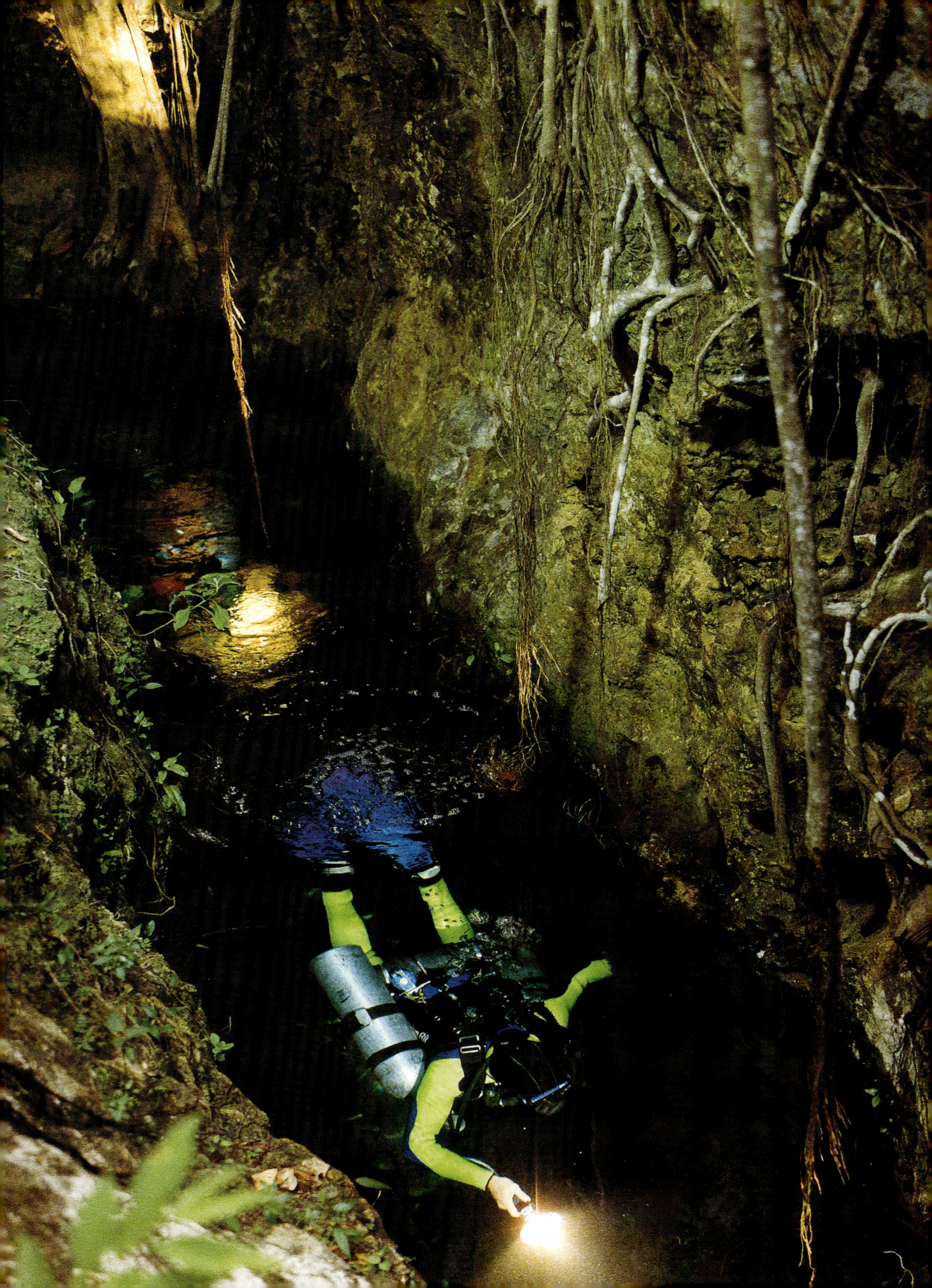

Ein unerwarteter Glücksfall für die Expedition: Hazel entdeckte eine unbekannte Spezies blinder Höhlenfische. Sie scheint entfernt mit einem Typus verwandt zu sein, der bis dahin nur in einigen Höhlen auf den Bahamas gesichtet worden war.

ringsum von dichtem Regenwald umgeben – war den beiden entgangen. Auf einer Straßenkarte war grob die Richtung angegeben, doch aus der Luft hatte niemand das große Becken entdecken können.

Ich übernahm den Auftrag, eine topographische Karte der Region aufzutreiben, detailliert genug, um den Weg zur Cenote zu weisen. Im kleinen naturgeschichtlichen Museum von Akumal schickte man mich zu Shaws Büro, in dem ein wildes Durcheinander herrschte. Er trug ausgebleichte Khakihosen, und sein ungekämmtes Haar rahmte ein nachdenklich in Falten gelegtes Gesicht ein, aus dem intelligente blaue Augen blickten. Als ich ihm mein Anliegen vorgetragen hatte, zog er eine vergilbte Karte aus dem Ständer und breitete sie auf seinem Schreibtisch aus. Das in den 50er Jahren eröffnete Akumal-Resort erschien als Haufen schwarzer Punkte in Meeresnähe, wohingegen all die anderen, größeren Resorts, die nun dicht an dicht an der Küste standen, noch nicht existierten, als die Karte gedruckt wurde.

»Ich kenne jeden Buckel und jede Cenote da draußen«, erklärte er. »Vermutlich hattet ihr die hier im Sinn«. Er zeigte auf ein kreisrundes Objekt, das etwa dreieinhalb Kilometer westlich der Überlandleitungen lag, die entlang der Küste südlich von Cancún verliefen – etwa fünfzehn bis zwanzig Kilometer von dem Punkt entfernt, den Jack abgesucht hatte. Es war ohne Frage die große Cenote, die das Skript forderte. Shaw bot an, mir die Karte zu leihen, wenn ich ihm versprach, sie wieder zurückzubringen. »Diese Reihe ist längst vergriffen«, erklärte er.

Ich befragte ihn nach seiner Arbeit, und er sagte, sein derzeitiges Interesse gelte den Gefahren, denen der Aquifer – das unterirdische Wasserwegesystem – durch die zunehmende »Entwicklung« der Region ausgesetzt sei. Abwässer aus dem Küstenstreifen sickerten in Besorgnis erregendem Ausmaß bis ins Innere des Landes ein, erklärte er. Er arbeitete mit Forschern aus Mexiko und von mehreren amerikanischen Universitäten zusammen, um die Dimension der Verschmutzung zu dokumentieren und wenn möglich einen Plan zu entwickeln, wie ihr zu begegnen sei. Beiläufig fügte er hinzu, dass er mit dem Grundwassersystem unter Yucatán wegen seiner Arbeit mit Chicxulub sehr vertraut sei.

Er wiederholte den komplizierten Namen und schrieb ihn auf ein Blatt Papier. »Das ist ein kleines Dorf an der Nordküste nahe am Einschlagzentrum des Meteoriten, der die Dinosaurier getötet hat«.

Wie ich am Rande mitbekommen hatte, fand die einst umstrittene Theorie, dass ein schwerer Meteorit dem Zeitalter der Dinosaurier ein Ende bereitet habe, immer größere wissenschaftliche Anerkennung. Ich meinte gelesen zu haben, dass sich das Einschlagzentrum

Tauchen nach Troglobionten

von Jean Krejca

Zu dritt drängten wir uns in einen warmen, feuchten Raum, in dem ungefähr so viel Platz war wie im Innern eines Kleinwagens. Wir hatten eine internationale Grenze überquert, waren viele Kilometer über holpriges Gelände gefahren und hatten uns schließlich 65 Meter tief durch eine senkrechte Höhle abgeseilt, um in diese abgeschiedene Kammer voller Schlamm zu einem Teich zu gelangen, von dem aus ich meine Unterwasser-Erkundung starten konnte. Ich rutschte den glitschigen Lehmabhang hinunter ins Wasser, und wirbelte dabei so viel Schlick auf, dass das ohnehin schon milchige Wasser noch trüber wurde. Nun war ich in eine helle, diffuse Schlammwolke gehüllt. Schließlich öffnete sich die Galerie, und die Sicht besserte sich, und ja, da war ein blinder Katzenfisch, welch eine Freude!

Ich folgte dem Fisch, der nun nach unten wegtauchte, und konnte ihn leicht als das Exemplar identifizieren, das wir etwa ein halbes Jahr vorher markiert hatten. Ich stieg aus dem Wasser heraus in eine Kammer mit dicker Schlammschicht auf dem Grund – was daher rührte, dass hier gelegentlich schmutziges Wasser hinein flutete. Die Luft stand still; es gab keine Spuren von Zweigen, Laub oder anderen Objekten aus der oberirdischen Welt, nicht einmal eine Grille oder einen Käfer, wie sie anderswo in der Höhle überall zu finden waren. Dies ist das abgelegene, sonnenlose Habitat, in dem Troglobionten zu Hause sind. Selten erreichen Menschen solche unterirdischen Röhren.

Wie bei vielen Höhlenforschern fing auch bei mir das Ganze mit einer abenteuerlustigen Begeisterung für Erkundungen an. Doch der Nervenkitzel hört bei der Höhlenerforschung oft an Stellen auf, die schwer passierbar sind. Ich möchte beweisen, dass diese unzugänglichen Spalten auf indirekte Weise weiter erkundet werden können, indem man Spuren von Troglobionten, winzigen Wirbellosen, die dort umherstreifen, über Generationen hinweg verfolgt. Auf diese Weise, so meine These, wäre es möglich, eine Karte der verschiedenen Höhlen- und Aquifer-Regionen anzufertigen.

Die Kartierung von Grundwasserregionen ist eine wichtige, aber auch kostspielige und mühsame Angelegenheit. Ohne solche Karten ist es jedoch fast unmöglich, die Auswirkung von Verschmutzungen vorherzusagen und ihnen zu begegnen. Es ist eine dringliche Aufgabe, das unterirdische Wasser aufzuspüren und festzustellen, wie und wo sich die Schadstoffe durch den Aquifer bewegen. Hydrologen nutzen normalerweise Techniken wie das Verfolgen von Farbstoffen, potentiometrische Oberflächenkartierung des Grundwassers – die Ermittlung der Wasserspiegelhöhen anhand von Daten aus Brunnen – und die Kartierung geologischer Einheiten und Höhlen, um abzuschätzen, ob und wie Aquifer-Regionen miteinander verbunden sind. Diese Karten liefern wichtige Daten, sind aber für die jeweilige Region meist nicht detailliert genug vorhanden. Die Kartierungsmethode, die ich gegenwärtig erprobe, beruht auf der Verfolgung von Troglobionten, speziell Crustaceen – Krebstieren –, die in den wässrigen unterirdischen Regionen leben.

Es gibt zahlreiche Möglichkeiten, Organismen auf der Spur zu bleiben. Der oben erwähnte blinde Katzenfisch gehörte zu einer Studie, in der es ums Markieren und Wiederentdecken geht. Da sein Körper dauerhaft gekennzeichnet ist, können wir seine Ortsveränderung bestimmen. Inzwischen scheint es allerdings so, als ob genetische Markierungen eine weiter reichende und zuverlässigere Spur liefern könnten, denn Troglobionten legen auf den Aquifer-»Autobahnen« wohl keine besonders großen Strecken zurück; sie sind extrem standorttreu. Mittels der Gentechnik – durch Analyse der DNS und grafische Darstellung der Stammbäume – lassen sich die Spuren von Generationen dieser Wasserlebewesen über längere Zeiträume und vielleicht auch über größere Distanzen verfolgen. Miteinander verwandte Crustaceen werden die Gene eines gemeinsamen Ahnen tragen, der in einer anderen Region des Aquifers registriert wurde. Schließlich kann anhand von Gendatenbanken der Verwandtschaftsgrad und damit die Wanderungen von Troglobionten in den Höhlensystemen ermittelt werden.

Meine spezielle Arbeit besteht darin, Troglobionten aus dem Edwards-Aquifer von Texas und Mexiko zu verfolgen und einzusammeln. Schließlich werden die Stammbäume der Troglobionten, die in diesen unterirdischen Habitaten leben, mit den Erkenntnissen aus traditionellen hydrologischen Kartierungsmethoden verglichen, um festzustellen, ob die anhand von Gensequenzen ermittelten Wege der Höhlenkrebse den hydrologischen Verbindungen entsprechen. Im nächsten Schritt wäre daraus eine Standardmethode zur Kartierung zu entwickeln, die vor allem im Karst-Aquifer zum Einsatz kommen könnte.

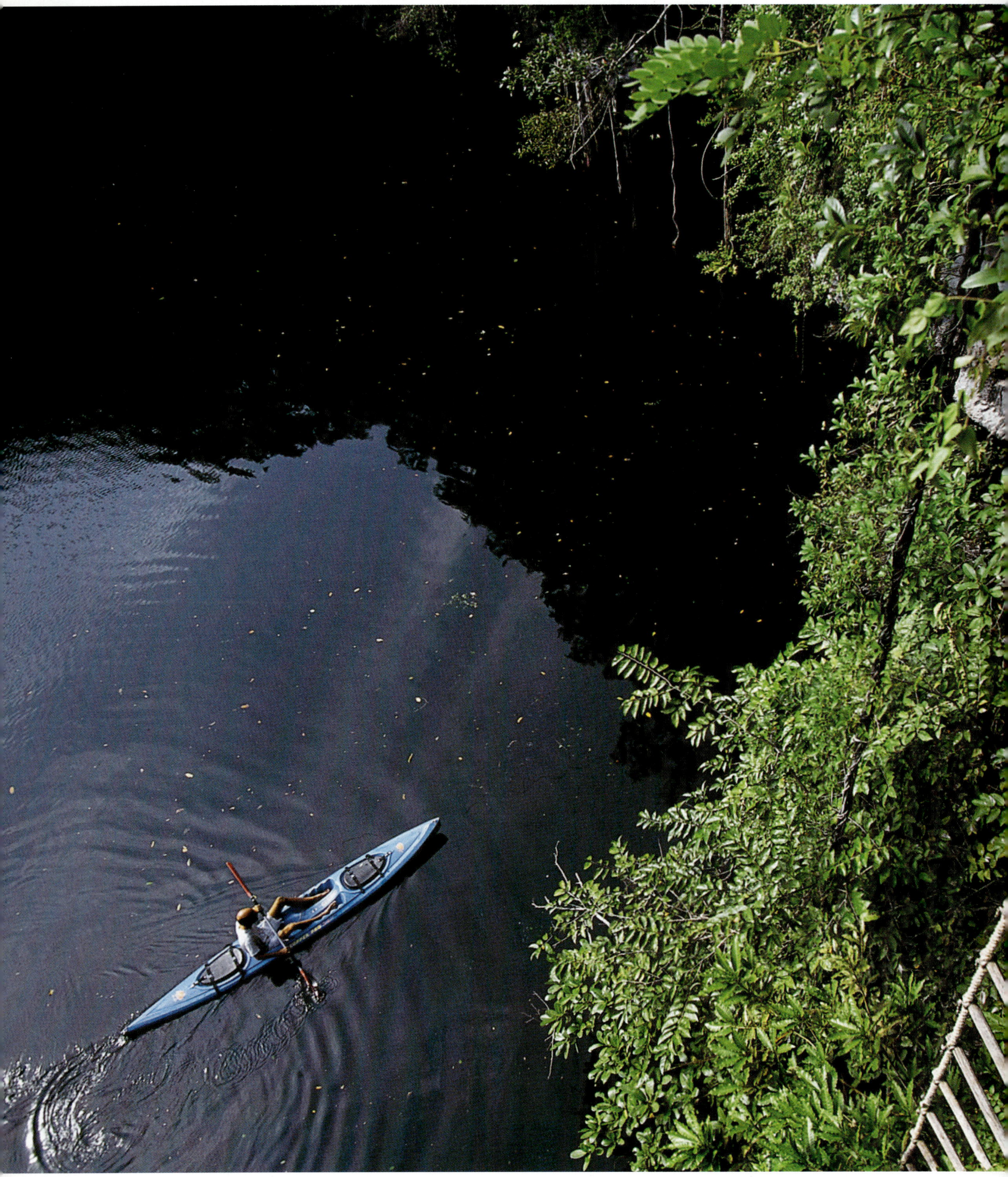

wahrscheinlich im Golf von Mexiko befinde. Shaw berichtete nun, dass die riesige Explosion dazu geführt habe, dass Yucatán mit seinen zahlreichen Cenotes eine weltweit einzigartige Karstregion sei. Er zog ein Blatt Druckerpapier aus dem Regal. Darauf war Yucatán abgebildet, wie es aus dem Weltraum aussah, in den Falschfarben eines Satellitenbildes. Die Cenotes, die von der Erde und sogar vom Flugzeug aus wie zufällig verteilt erschienen, fügten sich beim Blick aus dem All zu einem deutlich erkennbaren Muster.

Der massive Kalksteinblock, aus dem die Welt der Maya emporgewachsen war, nahm seinen Anfang als Meeresboden-Ablagerung auf der aufgebrochenen Oberfläche eines riesigen Kraters, der vor 65 Millionen Jahren entstanden war. Konzentrische Erschütterungsringe umgaben den Ort des Einschlags wie die farbigen Kreise einer Zielscheibe beim Bogenschießen. Als der Kalkstein, der sich auf jenen Formationen angesammelt hatte, 50 Millionen Jahre später angehoben wurde, existierte bereits ein Muster für die später entstehenden Höhlen. Auf dem Satellitenbild bildeten die blauen Punkte, die für die Cenotes standen, breite Bänder rund um zwei Hauptringe des zugeschütteten Kraters. Jene Cenotes, die nicht direkt auf den Ringen lagen, waren spärlicher und ohne eine mir erkennbare Regel verteilt. Doch Shaw erklärte, auch sie hätten nicht so gleichmäßig in der Region entstehen können, wenn nicht die weit zurückliegende Katastrophe für die tiefe, ebene Lage des Aquifers gesorgt hätte.

»Dieser Aquifer ist eine große natürliche Resource, einzigartig in der Welt«, schloss er. »Und ist zunehmend bedroht«.

Ich dankte ihm noch einmal für die Karte und ging zu meinem Leihwagen zurück, um mich wieder auf den mittlerweile vertrauten Weg über die holprige Kalksteinstraße nach Dos Ojos zu machen. Während der Fahrt versuchte ich mir die planetarische Katastrophe vor Augen zu führen, die unter dem Gestein verborgen war. Ich war schließlich ganz begierig darauf, diesen Aquifer von innen zu sehen. Hazel hatte mir gesagt, dass sie an diesem Morgen von wissenschaftlichen Aufgaben befreit sei, ein Tauchinstruktor hatte seinen Segen gegeben und die geführte Tour genehmigt, und wir waren für neun Uhr am Steg verabredet: Endlich sollte auch ich tauchen.

Buddy Quattlebaum fährt mit dem Kajak über die ruhige Oberfläche einer Stadion großen Cenote, die Taucher über eine Strickleiter erreichen, so wie die alten Maya in Dürrezeiten dorthin abstiegen. Höhlentaucher lassen oft Boote in größere, tiefere Dolinen ab und nutzen sie als bewegliche Tauchplattformen.

KAPITEL 8

REISERLEBNISSE

Stellen Sie sich vor, Sie schweben durch einen blauen Palast, zwischen Vorhängen und Säulen hindurch, die mit glitzernden Juwelen besetzt sind. Von irgendwo hinter Ihrem Rücken dringen aus weiter Ferne Strahlen des Tageslichts in den Saal. Nichts ist zu hören außer einem Zischen beim Einatmen und dem Gluckern der ausgeatmeten Luftblasen. Das warme Wasser umhüllt Sie wie ein angenehmes Bad. Die Seiten Ihrer Gesichtsmaske, die die periphere Sicht blockieren, rahmen die großartige Szenerie ein. ■ Wenn Sie den Kopf drehen, nehmen Ihre Augen den Linseneffekt des Wassers wahr, die traumähnlichen Effekte der Photonen, die durch ein anderes Medium als Luft gleiten. Die Taschenlampe in Ihrer Hand erleuchtet Kalzitformationen, einige davon sind strahlend weiß, andere gelb oder orange. Auf dem unebenen Boden drei Meter unter Ihnen liegen verstreut die Knochen von Tieren aus der Eiszeit; ihr Tod liegt 10 000 Jahre oder länger zurück, als dieser Raum noch trocken war. ■ Ich befand mich unten in Dos Ojos, und endlich begann ich die Faszination des Höhlentauchens zu begreifen. Die reich verzierte Galerie vor mir ähnelte in Größe und Form vielen Höhlen, die ich erkundet hatte. Doch statt über schlammige Böschungen und staubige Felsen zu kriechen, schwebte ich mühelos durch die Mitte eines Tunnels, der zwei luftgefüllte Säle beiderseits der Doline verband. Obgleich ich mir des

Oben: Hazel macht sich für einen Tauchgang in Dos Ojos bereit, für den sie einen kleinen Elektro-Scooter benutzt. Rechts: Scooter ziehen zwei Taucher in eine tiefe und gewaltige Kammer.

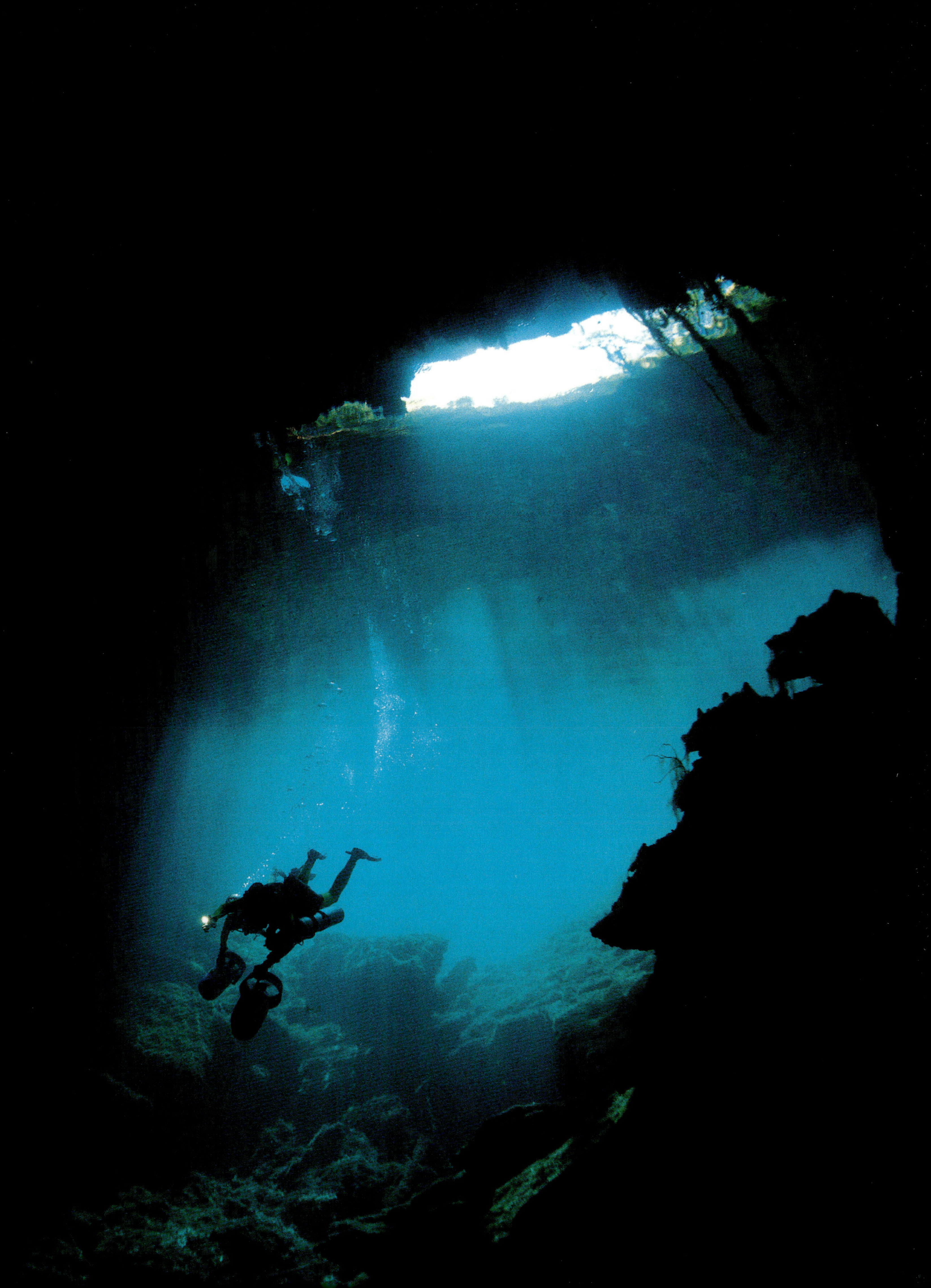

Luftvorratsanzeigers, der dicht an meiner Seite hing, der Decke über meinem Kopf und der Tatsache, dass es ganz in der Nähe Tageslicht und Luft gab, bewusst blieb, konnte ich die Versuchung spüren, die so viele Freiwassertaucher ohne Höhlenpraxis in den Tod gezogen hat.

Die mit Wasser voll gelaufene Kaverne funktioniert wie ein Tank zur sensorischen Deprivation, der Berührung, Geräusch und Schwerkraft tilgt und zur Konzentration auf die wunderschönen Bilder zwingt, die vor den Augen abrollen. Dies war etwas völlig anderes als die mit starker körperlicher Anstrengung verbundene Aktivität, die ich mit dem Begriff Höhlenforschung verband; es war, als sähe ich einen Film über Höhlenforschung. Ich konnte spüren, wie leicht man, durch die gebotene Vorstellung abgelenkt, von einem plötzlichen Einsturz oder Sichtbehinderung durch aufgewirbelten Schlamm überrumpelt werden könnte – Situationen, die aktives Handeln verlangten.

Glücklicherweise war ein solches Ereignis auf dieser Exkursion sehr unwahrscheinlich. Meine Finger umschlossen locker eine gespannte Nylonführungsleine, während ich mit Hazel und Greg Brown in die leicht erreichbaren Zonen von Dos Ojos unterwegs war. Der Profi-Tauchführer gehörte zu den Amerikanern, die, angelockt von den Cenotes, in den Süden gezogen waren. Meinem Tiefenmesser zufolge befand ich mich in etwa zehn Meter Tiefe. Über mir erstreckten sich nur Wasser und Fels, doch Luft und Tageslicht waren so nah, dass ich mit einem einzigen Atemzug dorthin schwimmen konnte, falls ich den Drang dazu verspürte. Die Galerie war so groß, dass wohl auch eine Olympiamannschaft von Synchronschwimmerinnen nicht genügend Schlick aufgewirbelt hätte, um sie zu verdunkeln. Meine Tarierweste hob und senkte mich auf jedes gewünschte Niveau.

Hazel und ich hatten am Steg eine Wechselatmungsübung durchgeführt und die verschiedenen Handzeichen beim Höhlentauchen eingeübt. Greg war überzeugt, dass ich nun eine Route bewältigen konnte, bei der nur eine einzige reale Gefahr bestand, nämlich dass ich plötzlich in eine irrationale Panik geraten könnte. Davon konnte jedoch nicht die Rede sein, vielmehr verspürte ich eine fast rauschhafte Euphorie, als ich meinen Führern durch das jenseitige Reich folgte. Ich begriff, warum Hazel darauf bestanden hatte, dass ich einen kleinen Teil der Höhle kennenlernen sollte, so wie sie und ihre so erfahrenen Kollegen sie sahen. Weder meine Flossenbewegungen noch meine Handhabung der Tarierweste hatten die Leichtigkeit und Anmut wie bei Hazel oder Greg, doch verglichen mit der mühevollen Art der Höhlenbegehung, wie ich sie davor kennen gelernt hatte, war dies wie ein durch bloße Gedankenarbeit in Gang gesetztes Gleiten. Hier war der Pfad, dem die Götter der Maya aus der Unterwelt an die Oberfläche gefolgt waren. Ich hatte einen Moment lang das Gefühl, neben ihnen zu schweben.

Wir hielten über einer kleinen Senke an, in der mir Greg Schädel und Knochen einer kleinen Dschungelkatze zeigte, die versteckt und fern von allen Stellen lagen, an denen nach Souvenirs suchende Touristen sie hätten entdecken können. Dann schwammen wir um einen großen Geröllblock herum, und ich sah, dass wir wieder am Ausgangspunkt angekommen waren, wo Howard auf dem Steg wieder einmal die Unterwasserkamera für einen Dreh in irgendeiner abgelegenen Galerie lud.

Hazel wandte sich mir zu, während sie die Leiter zum Steg emporkletterte: »Verstehen Sie jetzt, was ich meine?«

»Vollkommen! Das war toll«, rief ich. »Es war atemberaubend schön«.

Ich hielt an meinem Entschluss fest, nie ernsthaft Höhlentauchen zu betreiben, aber eine geführte Cenotes-Tour war schließlich etwas anderes. Sie gab einen kontrollierten – und vor allem sicheren – Eindruck vom Reiz dieser Sportart, von der Schönheit von Yucatáns Aqui-

Im Fall einer Sichtbehinderung durch Schwebstoffe oder wenn plötzlich das Licht erlischt, führt nur ein Nylonfaden den Höhlentaucher zurück an die Oberfläche. Deshalb achten Taucher sehr genau darauf, das Seil in der Mitte einer Galerie festzumachen, so dass es immer greifbar ist.

fer. Der ganze Ausflug hatte keine 30 Minuten gedauert. Doch wuchs dadurch meine Achtung vor den Tauchern, die stundenlang bei klarem Kopf und unter Beachtung des in Tauchkursen Erlernten unberührte, mehrere Kilometer lange Galerien erkundeten. Und wieder stieg Mitleid mit denjenigen in mir auf, denen dies nicht gelungen war und die deshalb ihr Leben lassen mussten.

An diesem Nachmittag schloss ich mich Hazel, Nancy und der »Deck-Crew« in einer über Wasser liegenden Höhle an, die einige Kilometer von Dos Ojos entfernt lag und auf einer schlechten Straße zu erreichen war. Dummerweise hatte ich versucht, mit meinem Kompaktleihwagen dorthin zu kommen. Als ich zum dritten Mal in einem Schlagloch stecken geblieben war, das man schon fast als Höhle bezeichnen konnte, stellte ich den Wagen neben der Straße ab, damit er das Buddymobil nicht behinderte, und setzte den Weg zu Fuß fort. Die Hauptgalerie der Höhle war etwa 30 Meter breit und neun Meter hoch und bestand aus zahlreichen dicken Kalksäulen in der Nähe des breiten Eingangs. Obgleich sie etliche Sandbänke und trockene Seitengänge enthielt, stand die Höhle größtenteils etwa 60 bis 90 Zentimeter tief unter Wasser. In der Nähe eines Hintereingangs, etwa 150 Meter den Hauptgang hinunter, lag ein sehr viel tieferes Becken.

Als Steve Judson diese Stelle mit Buddy und Manuel zum ersten Mal erkundet hatte, waren sie in dem weichen Schlamm auf frische Jaguarspuren gestoßen: Beweis dafür, dass die große Katze der Maya-Überlieferung ihr angestammtes Gebiet noch nicht ganz aufgegeben hat, obwohl sie fast bis zur Ausrottung bejagt worden ist. Im Film hieß die Stelle deshalb Jaguarhöhle. Nun allerdings dominierten die lautstarken Ak-

Fortsetzung auf S. 126

Das auf einer Spule aufgewickelte Führungsseil ist mehr als eine Sicherheitsausrüstung: Mit Längenangaben versehen, ermöglicht es Tauchern außerdem, die Ausdehnung einer Galerie abzumessen. Jede Orientierungsmarke wird auf einer wasserfesten Tafel festgehalten, so dass der Taucher ausrechnen kann, welche Strecke er zurückgelegt hat.

Ein Mitglied des Teams steuert einen Scooter entlang der stalaktitengeschmückten Decke eines zum Dos-Ojos-System gehörenden Saales. Im Gegensatz zu Freiwassertauchern, die ihre Luft auf dem Rücken tragen, haben die meisten Höhlentaucher ihre Lufttanks seitlich mit speziellen Bändern befestigt. So können sie leichter durch Engstellen gelangen.

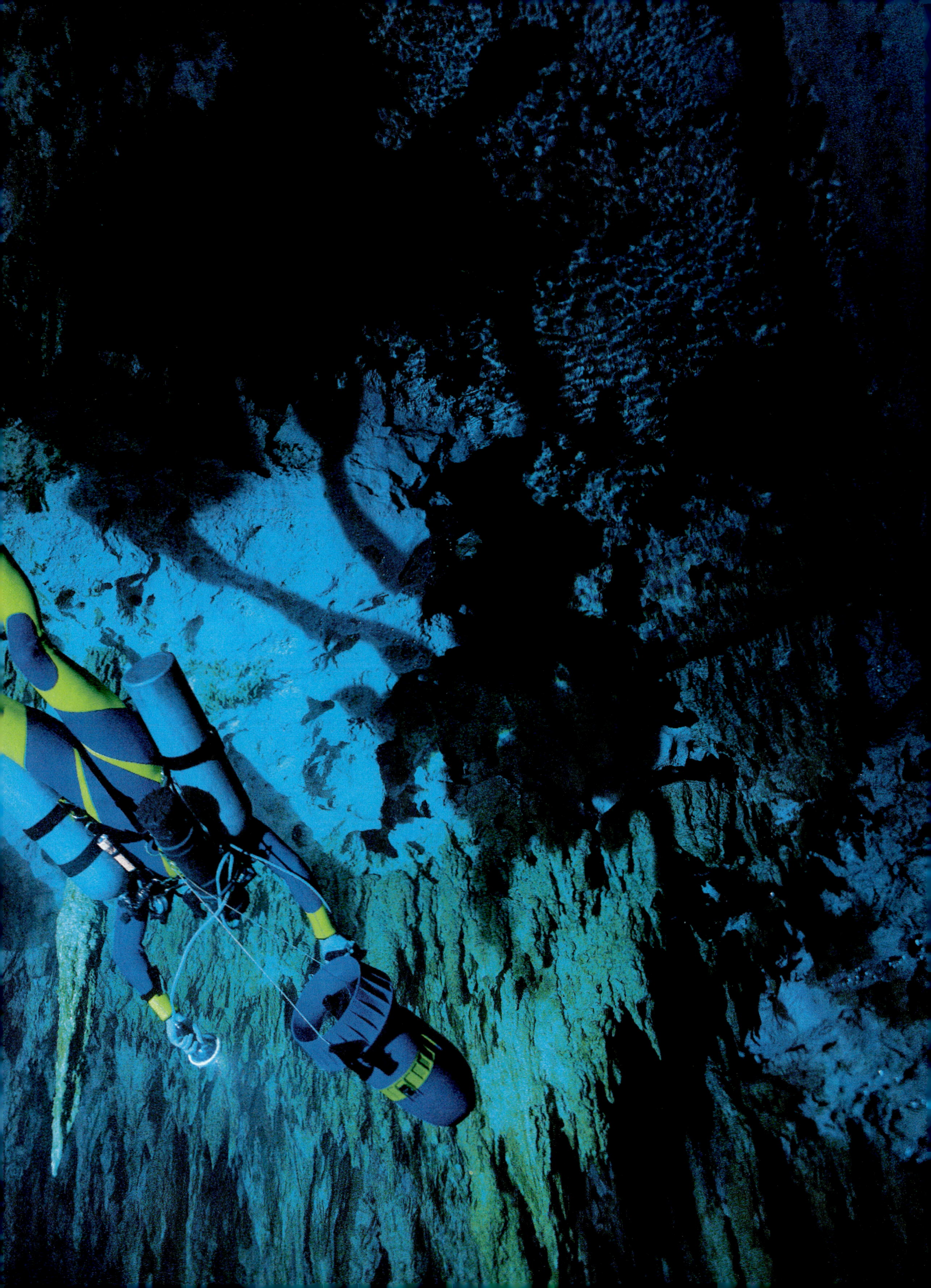

Höhle der Schleimfahnen

von Dr. Louise D. Hose

Der ultimative Thrill für jeden Forscher ist das Vordringen an einen Ort, an dem niemand vor ihm gewesen ist. Bis zum Januar 2000 gab es in der Cueva de Villa Luz im südmexikanischen Bundesstaat Tabasco eine bekanntermaßen unerforschte Zone, die sich hinter einem Teich erstreckte, dem »Lake of the Yellow Roses« (Teerosensee).

Jim Pisarowicz erkundete einen niedrigen Gang, der zur Rechten abzweigte; ich untersuchte einen auf der linken Seite. Jim, der sich auf dem Rücken vorwärts schob, damit die Filter seines Atemschutzgerätes nicht in den Wasserlauf hingen, kehrte nach einigen Minuten mit folgendem Bericht zurück: »Ich musste umkehren, weil meine Filter mit der Gipspaste von der niedrigen Decke verstopft waren«.

Meine Motivation weiter vorzudringen, schwand rasch: Der enge Gang endete in einem kaminartigen Schacht. Ich zwängte mich in die richtige Position und kletterte nach oben. Die Wände waren breiig. Höhlengänger schieben sich oft schlammige Aufstiege hinauf, aber diese Wände waren anders. Sie waren nicht mit Schlamm überzogen, sondern mit dem gleichen schleimigen Belag, auf den Jim gestoßen war: eine weiße, zahnpastaähnliche Substanz voller Bakterien, die Säure in der Korrosionsstärke von Autobatteriesäure absonderten. Sich darin zu suhlen, war ausgesprochen unangenehm – und nicht ungefährlich.

Wir wussten bereits, dass der »Lake of the Yellow Roses« ein einzigartiges Gebiet in einer der absonderlichsten Höhlen der Welt war. Wogende Schwefelschichten bedeckten die Wände über dem kleinen Teich, und die hohen Konzentrationen von Schwefelwasserstoff mit seinem penetranten Geruch nach faulen Eiern in der Luft zwangen uns, alle halbe Stunde die Filter unserer Atemschutzgeräte zu wechseln.

Als Mitglieder unseres Teams eine Erstbegehung dieses weit vom Eingang entfernten Teils der Höhle unternahmen, berichteten sie über einen weiteren Geruch, ähnlich wie Ammoniak, den wir ebenfalls als mikrobische Emission identifizierten – Formaldehyd. Von jedem Erkundungstrip in diese Zone kehrten wir mit neuen Einsichten zurück. Wir hatten nicht nur gelernt, Atemschutzgeräte zu benutzen, sondern wir mussten auch unsere elektronischen Kontrollgeräte zur Messung von Gaskonzentrationen mitnehmen. Als Jim und ich zuvor versucht hatten, das Gebiet hinter dem »Teerosensee« zu

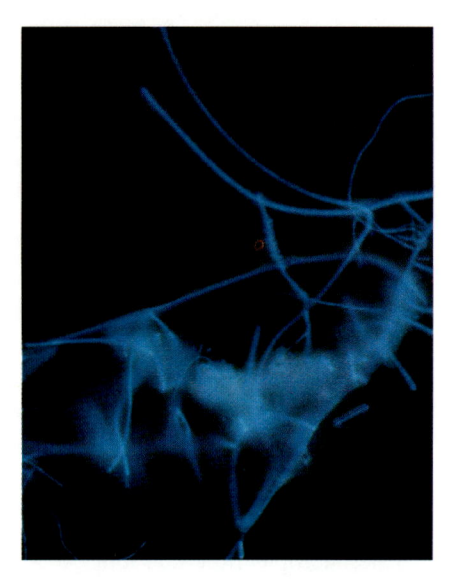

Die Gestein zehrenden Mikroben von Villa Luz liefern Nahrung und Lebensraum für an Höhlen angepasste Insekten und Spinnen, die ihrerseits größere Organismen ernähren.

erkunden, hatte das Instrument Alarm geschlagen. Die Schwefelwasserstoffkonzentration war erhöht, ebenso die von Kohlenmonoxid und Kohlendioxid. Weit beunruhigender war jedoch, dass der Sauerstoffgehalt von den üblichen 20,9 auf 9,5 Prozent gefallen war. Seit diesem Ausflug trugen wir Mini-Pressluftflaschen an unseren Gürteln. Die Atemschutzgeräte können Schwefelwasserstoff, Formaldehyd und einige andere Gase ausfiltern, bevor sie uns erreichen – aber sie bieten keinen Schutz gegen tödliche Konzentrationen von Kohlendioxid.

Die Vorstellung, dass es chemoautotrophe Ökosysteme, also solche, in denen Mikroben sich von der durch chemische Reaktionen mit Schwefel und anderen Stoffen freigesetzten Energie ernähren, in Höhlen gibt, steckte noch in den Kinderschuhen, als Jim Pisarowicz 1984 erstmals die Cueva de Villa Luz betrat. Als ausgebildeter Psychologe – und leidenschaftlicher Höhlengänger – erkannte er Villa Luz sogleich als Fundort wissenschaftlicher Schätze. »Ich wusste, dass in der Höhle etwas vor sich ging, und zwar eine große Sache!« berichtete Pisarowicz später begeistert. Drei Aspekte der Höhle weckten seine Aufmerksamkeit: 1) die hohe Schwefelwasserstoffkonzentration in der Atmosphäre, 2) eine erstaunlich große Zahl kleiner, blassrosa gefärbter Fische im Wasserlauf und 3) gummiartige stalaktitenähnliche mikrobische Ablagerungen, aus denen konzentrierte Schwefelsäure tropfte.

Dutzende Quellen ergießen sich in die – ansonsten über Wasser liegende – Höhle im Herzen der Cueva de Villa Luz mit ihren extremen Umweltbedingungen. Das Quellwasser kommt tief

Höhlengänger Jim Pisarowicz gab diesen Säure absondernden mikrobischen Fasern den schmählichen – aber passenden – Namen »snottites« (Schleimfahnen). Für die Säure an der Spitze einiger Exemplare ist der unglaublich niedrige pH-Wert 0,0 gemessen worden, genug, um Augen und Hände zu verätzen.

aus der Erde, vermutlich aus einem nahe gelegenen Ölfeld; es ist hoch angereichert mit gelösten Gasen, darunter Schwefelwasserstoff, Kohlenmonoxid und wahrscheinlich Methan. Alle diese in Gegenwart freien Sauerstoffs instabilen Gase verwandeln sich an der Luft rasch in andere Substanzen. Schwefelwasserstoff (H_2S) reagiert bei Sauerstoffzufuhr mit diesem zu Schwefeldioxid (SO_2) und zu Schwefelsäure (H_2SO_4), wenn er Sauerstoff und Wasser ausgesetzt ist. Wenn also das H_2S-Gas in der feuchten Höhle an die Luft gelangt, verbindet es sich mit dem Luftsauerstoff (O_2) und Wasser (H_2O) und bildet an den Höhlenwänden Schwefelsäure. Die Energie, die diese chemische Reaktion freisetzt, nutzen darauf spezialisierte, chemoautotrophe Mikroben, um organische Moleküle und damit Zellstrukturen aufzubauen – analog den photoautotrophen Pflanzen, die sich das Sonnenlicht bei der Photosynthese nutzbar machen. Andere Mikroorganismen leben vom Energiegewinn der Reaktion von Methan zu Formaldehyd; wieder andere zehren von der Umwandlung von Kohlenmonoxid zu Kohlendioxid, wenn diese Gase aus dem sauerstoffarmen tiefen Abflusssystem in das sauerstoffreiche Milieu der Höhle aufsteigen.

Die Mikroben bilden die Grundlage eines komplexen und robusten Nahrungsnetzes in der Höhle. Schleim bedeckt die Wände in der ganzen Höhle, und Schleimfahnen hängen über dem Wasserlauf. Einige Quellen speien zweieinhalb bis fünf Zentimeter lange Schnüre, und »Schleimpfropfen« aus, Scheiben von einigen Zentimetern Durchmesser, die an Austern erinnern – beide bestehen vollständig aus Mikroben. Bakterien befinden sich in der Nahrungskette unterirdischer Ökosysteme einerseits wie die Pflanzen der Oberfläche am unteren Ende: Im Überfluss vorhandene Mücken und Fische fressen die Mikroben; Spinnen, Käfer und Fische verspeisen die Mücken. Zum anderen werden die Kadaver der Tiere, wenn diese sterben, wiederum von anderen, Sauerstoff liebenden Bakterien abgebaut, die sich somit als Abfallbeseitiger betätigen.

Da wir die Erkundung für beendet ansahen, begannen Jim und ich auf dem Rückweg zum »Teerosensee« mit einer detaillierten Vermessung und Kartierung der Galerie. Ich war erleichtert, diese Höhle verlassen zu können. Dies vor Augen, prüfte ich widerwillig den letzten niedrigen Kriechgang in dem Gebiet.

Am Ende des Kriechganges entsprang am Boden eine weitere Quelle. Ich nannte sie »Pozo Obscuro« (Verborgene Quelle). Eilig kehrte ich mit Prüfgeräten zurück und führte Messungen im Wasser der neu entdeckten Quelle durch. Die Werte waren höchst ungewöhnlich. Ausgerechnet am letzten Tag unserer Expedition stießen wir auf Pozo Oscuro. Für den nächsten Sommer fassten wir unsere Rückkehr ins Auge, um die wissenschaftliche Erforschung einer der extremsten Höhlenumgebungen fortzusetzen.

tivitäten des Filmteams, das sich im Eingangsbereich drängelte und mit einem benzingetriebenen Generator hantierte, mit Lampen von der Größe von Stadionscheinwerfern, Nebelmaschinen und Kabelsträngen, die dicker waren als die Dschungellianen, die von jedem Baum herabhingen. Dies machte es höchst unwahrscheinlich, dass sich ein Jaguar blicken ließ. Doch das Wissen um die noch nicht lange zurückliegende Anwesenheit des Tieres und die Scherben von Maya-Töpferwaren, die ich bald in einer trockenen Nische gleich innerhalb der Höhle entdeckte, sorgten dafür, dass ich mich wieder einmal in das Yucatán von Stephens und Catherwood versetzt fühlte.

Ich erinnerte mich an eine der Höhlen, die Stephens so lebendig beschrieben hatte. Im Winter 1842 waren er und Catherwood in dem Maya-Dorf Bolonchén de Rejón angekommen.

»Vor undenklichen Zeiten waren an diesem Ort, dem Zentrum einer ansehnlichen Einwohnerschaft, neun Brunnen entstanden, und diese neun Brunnen befinden sich heute auf der Plaza des Dorfes«, schreibt er. »Ihr Ursprung ist ebenso unbekannt und rätselhaft wie bei den im ganzen Land verstreuten Ruinenstädten, und in beiden Fällen verschwendet man daran keinen Gedanken«. Stephens erklärt, dass auch bei gewissenhafter Pflege und Sorgfalt durch die Dorfbehörden die Brunnen nicht länger als sieben oder acht Monate im Jahr Wasser lieferten. Wenn im Herbst die Regenzeit zu Ende ging, dauerte es nicht mehr lange, bis die Zeit kam, »in der diese Brunnen versiegten und die Dorfbewohner zu einer außergewöhnlichen cueva eine halbe Wegstunde vom Dorf entfernt aufbrechen mussten«. An einem festgesetzten Tag feierte das Dorf am Höhleneingang ein Fest. Eine Gruppe Männer reparierte die vielen Leitern, die zu den tief in der Höhle liegenden Becken hinabführten. Aus ihnen wurden täglich Krüge mit Wasser heraufgezogen, bis die Regenzeit wieder einsetzte.

Stephens und Catherwood machten sich auf, um die Höhle zu besichtigen, die heute Grutas de Xtacumbilxunaan heißt. Mit einer Lampe bewaffnet, arbeiteten sie sich bis zum Grund einer steilen Doline und durch den felsigen Eingang vor. Sie kletterten eine sechs Meter lange Leiter hinab zu einer kurzen Galerie, die bei einem Vorsprung in der Wand eines 65 Meter tiefen senkrechten Schachtes endete. Der Schauplatz wurde durch einen kleinen Durchlass nach oben zur Erdoberfläche erhellt.

»Von dem Rand, an dem wir standen, führte eine gewaltige Leiter, eine denkbar primitive Konstruktion, zum Grund des Loches«. Stephens schreibt, dass die Leiter zwischen 21 und 24 Meter lang und 4 Meter breit war, gefertigt aus unbearbeiteten Baumstämmen und Schösslingen, die mit Ranken verflochten waren. Ihre örtlichen Führer begannen diese zweifelhaft aussehende Treppe hinabzusteigen, »aber der Vorderste hatte kaum seinen Kopf unter der Erde, als eine der Sprossen wegrutschte und er sich nur retten konnte, indem er sich an der nächsten festklammerte«. Mit flatternden Nerven kletterten Stephens und Catherwood nach unten, wobei sie darauf achteten, dass sie mit jedem Griff und jedem Tritt nur jeweils eine Holzsprosse belasteten. Unter »gelegentlichem Krachen und Rutschen« erreichte die Gesellschaft den Grund.

Am Grund des Schachtes stießen Stephens und Catherwood auf den Eingang zu einem weiter nach unten führenden Gang. Dort fand die Gruppe wiederum wacklige Leitern vor, wenn auch keine davon so lang und steil war wie die erste. Indem sie mitunter ein Seil benutzten, gelangten sie schließlich hinunter zu einer Kreuzung sich verzweigender Gänge. In einem dieser Tunnel ging es wieder etwa 60 Meter entlang, dann kletterten sie eine Leiter hinab zu einer »niedrigen und stickigen Galerie; und als wir dort auf Händen und Füßen entlangkrochen, kamen wir nach etwa 90 Metern zu einem Felsbecken voller Wasser. Bevor wir es erreicht hatten, war eine unserer Lampen erloschen, und die andere verglimmte gerade«. Stephens Berechnung zufolge befanden sie sich in 140 Meter Tiefe und in waagerechter Linie gut 400 Meter vom Eingang entfernt.

Die beiden Forscher nahmen zur Belohnung in dem leicht rötlichen Wasser des Teiches ein Bad. Schließlich besuchten sie weitere Säle mit Teichen von unterschiedlicher Farbe und Klarheit des Wassers. Vier oder fünf Monate im Jahr stellten diese tiefen Teiche die einzige Wasserquelle für das Dorf dar, wie auch heute in Yucatán Städte und 5000-Zimmer-Resorts ihr Wasser aus größeren, stärkeren Flüssen beziehen, die unter der Halbinsel verlaufen. Diese Wasserläufe, die ein komplexes System von mehreren hundert Kilometern Länge bilden, werden nun zum ersten Mal erforscht.

Ich habe einmal bei einem geologischen Lichtbildervortrag über den Karst Catherwoods Zeichnungen von Maya gesehen, die mit gro-

Mit Hilfe von ortsansässigen Maya-Führern schlägt sich Nancy Aulenbach durch den Busch zu einem Höhleneingang durch, um Tauchern, die an die Oberfläche kommen, Nachschub zu bringen. »Trockene« Höhlengänger wie Nancy übernehmen für Höhlentaucher oft bereitwillig Hilfsarbeiten an der Oberfläche.

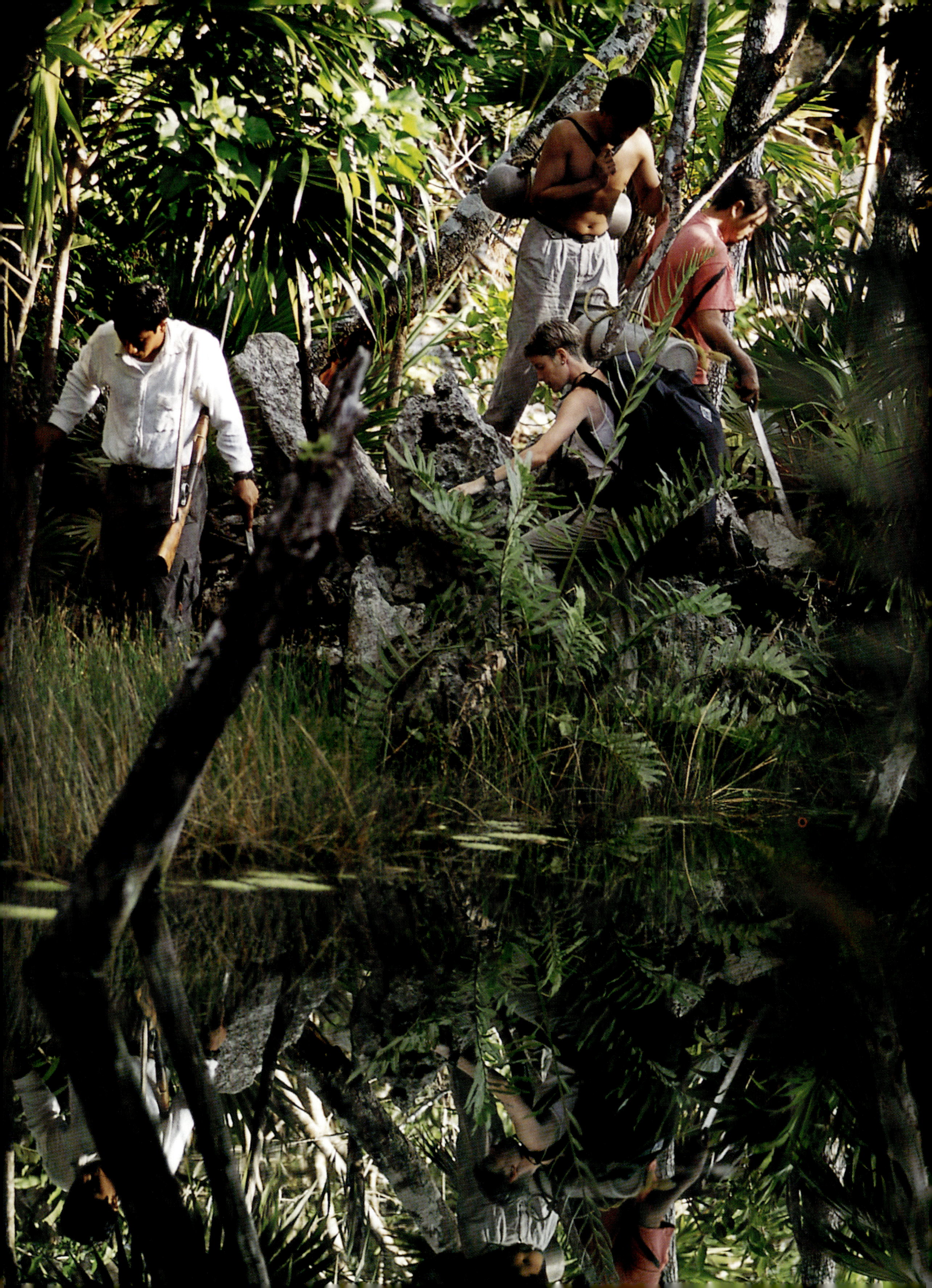

Nancy nutzt das Licht eines Scheinwerfers mit hoher Wattzahl, um die Formationen an der Decke von Mil Columnas, der »Höhle der Tausend Säulen«, zu untersuchen. Der seichte Wasserlauf in der Höhle war mit Tonscherben übersät – Zeugnis der langen Benutzung der Höhle durch die Maya.

ßen Krügen diese instabilen Konstruktionen hinaufsteigen. George Veni, ein fachkundiger Hydrologe, hatte darauf hingewiesen, dass alle Menschen, die in klassischen Karstlandschaften lebten, ihr Trinkwasser aus Höhlen bezogen, ob sie sich dessen nun bewusst waren oder nicht. Das nächste Bild zeigte einen sanft gerundeten Hang mit den exakt quadratischen Schächten einer archäologischen Ausgrabung. Veni erläuterte, die Grabungsstätte sei Müllplatz und öffentliche Kloake des alten Dorfes Bolonchén de Rejón gewesen, das direkt über der Höhle lag. Regenwasser, das durch die seit Generationen dort gelagerten Abfälle des Dorfes sickerte, floss direkt in die Teiche, aus denen die Siedlung ihr Trinkwasser bezog.

»Es kann als sicher gelten, dass die Bewohner dieses Dorfes an chronischen Magen-Darm-Erkrankungen litten«, hatte der Geologe erklärt. »Alle, die im Karst leben, sollten sich des Zusammenhangs zwischen ihrem Abwasser und ihrem Trinkwasser bewusst sein«.

Ich hatte mich an Venis Warnung erinnert, als ich in Stephens Bericht las, dass er und die anderen Höhlenbegeher am Tag nach dem Bad mit Fieber darniederlagen, das sie in der folgenden Nacht ebenso peinigte wie die Dschungelflöhe. Catherwood und Stephens hatten in den verborgenen Becken von Xtacumbilxunaan keine Krankheitserreger vermutet und waren ganz in der Aufregung gefangen gewesen, die tieferen Gänge zu erforschen. »Die Höhle war feucht, und Gestein und Leiter waren rutschig«, schreibt Stephens über seinen gefährlichen Ausflug zum untersten Becken. »An dieser Stelle verließen uns die letzten Begleiter, zuletzt der Dorfvorsteher. Es lag auf der Hand, dass die Erkundung dieser Höhle durch den Zustand der Leitern deutlich erschwert wurde. Mochte der Besuch auch gefährlich sein; nach allem, was wir von den Höhlen gesehen hatten, lag in dieser etwas so Großartiges, dass wir es nicht über uns brachten, das Vorhaben aufzugeben«.

Nicht weit vom Haupteingang der Jaguarhöhle entfernt gab es ein Oberlicht, etwa acht Meter über einem trockenen Vorsprung neben der Hauptgalerie. Während das Filmteam mit der komplizierten Prozedur begann, elektrische Kabel durch das Oberlicht zu verlegen und die Beleuchtung anzubringen, nutzte ich die Gelegenheit zur Erkundung der Höhle. Ich stieß auf drei Seitengänge, die alle kurz waren und an Höhe abnahmen, so dass man anfangs aufrecht, dann gebückt gehen, schließlich auf Händen und Füßen kriechen musste.

Im Gegensatz zur Hauptgalerie wiesen sie keinen Schmuck auf und hatten auf den ersten Blick nichts Auffälliges an sich. Doch da ich die Zeit herumbringen musste, hielt ich in jedem Gang sorgfältig Ausschau nach flachen Simsen oder Nischen, von denen ich auch mehrere in der Nähe der Decke fand. In beinahe jedem Fall stieß ich bei einer genauen Untersuchung auf kleine Scherben. Ich hielt sie für die Überreste von Talglampen oder vielleicht von zerbrochenen Wasserkrügen. Es wäre die Aufgabe eines Archäologen, ihren Zweck zu bestimmen; ich ließ sie unberührt liegen.

In der Nähe des hinteren Eingangs war auf Wasserhöhe in der Nähe eines tiefen blauen Teiches – der einzigen Stelle in der Höhle, die tief genug schien, um eventuell in Verbindung mit dem Aquifer zu stehen – ein schmuckloser, steinerner Altar von etwa drei Quadratmetern errichtet worden. Mochte er auch aus jener Zeit wie die Tonscherben stammen, als sie noch neu waren, so beschränkte sich sein Gebrauch doch keineswegs auf lange Vergangenes. Ich hatte erfahren, dass ein örtlicher Schamane in dieser Höhle immer noch Riten abhielt. Manchmal fanden auch Zeremonien für die robusteren Naturen unter den Ökotouristen statt, die Buddy gelegentlich hierher brachte. Andere, geheimere Rituale vollzogen sich im Verborgenen, unter jenen wenigen Maya, die ihre Kultur am Leben zu erhalten suchten.

Im Bereich tieferen Wassers befand sich dicht unter dem Wasserspiegel eine abgerundete natürliche Platte, etwa zwei Meter lang, einen Meter breit und 20 Zentimeter dick. Ich erkannte dies als Sintersaum, einen Typus der Kalzitformation, der in den Teichen der Lechuguilla-Höhle in New Mexico verbreitet ist. Die Platte hatte als hauchdünne Kalzithaut begonnen, die an der Oberfläche eines Beckens trieb und jahrelang unbeeinträchtigt blieb.

Als sich eine Seite des Kalzitgebildes an das Gestein an den Seiten des Beckens festkittete, erhielt es so viel Stabilität, dass sich dort mineralische Ablagerungen verdickten, ohne es zu Boden sinken zu lassen. Mit der Zeit hatte es so viel Masse hinzugewonnen, dass es jetzt eine stabile Platte war, die das Gewicht mehrerer Menschen trug. Ich näherte mich dem Hintereingang der Höhle, wo das Wasser nur ein paar Zentimeter tief war, und entdeckte dort eine Reihe von Tümpeln, in denen dieser Prozess offenbar gerade begonnen hatte.

Der grundlegende chemische Vorgang einer solchen Akkumulation ist bekannt: Wenn ein einzelnes Kalziumkarbonatkristall aus dem Wasser ausfällt, bildet es einen Kern, der weiter wächst, solange die Stelle mit dem gesättigten Wasser in Kontakt bleibt. So werden aus dünnen »Makkaroni« große Stalaktiten und Säulen. Wenig weiß man dagegen über die Rolle, die Lebewesen in diesem Prozess spielen können.

Geologen, die Travertindämme untersuchen – die oberirdischen Pendants von Höhlensinterformen –, haben herausgefunden, dass der erste Niederschlag oft an Stellen auftritt, wo es von Bakterien wimmelt; sie kommen als Fossilien in den meisten Travertinformationen vor. So wurde die Theorie aufgestellt, dass bestimmte Bakterien als Katalysatoren für die Absonderung des Kalzits aus dem umgebenden Wasser dienen, und die Mineralformationen ohne sie gar nicht entstehen würden. Angeregt durch den mikrobischen Reichtum der Lechuguilla-Höhle, suchen einige Mikrobiologen nach Beweisen dafür, dass bestimmte Höhlenformationen nicht nur das Ergebnis chemischer

In ihrer »Forschungshütte« – die ansonsten Manuel Noh Kuyoc und seiner vielköpfigen Familie als angestammtes Heim dient – sucht Hazel den Inhalt eines gefärbten Objektträgers nach Mikroben ab.

Reaktionen sind, sondern Anzeichen für biologische Prozesse.

»Hinter jeder großen Höhlenformation steckt eine große Mikrobe« – dieser Ansicht ist ein mir bekannter Mikrobiologe. Skeptiker argumentieren, es seien zwar lebende Mikroben und Fossilien in vielen Typen von Sinterformen gefunden worden, doch hätten die Biologen bislang nicht beweisen können, dass Bakterien den ersten Anstoß für das Entstehen der Formationen geben. »Es kann auch sein, dass ihnen einfach bestimmte Lebensräume gefallen«, kontert ein solcher Zweifler.

Hier in der Jaguarhöhle bestand kein Grund des Zweifels. Gleich hinter dem Hintereingang schwamm ein dicker Schaum organischen Materials auf großen Tümpeln lauwarmen, stehenden Wassers. Als ich mit einem Zweig ein bisschen davon herausfischte, konnte ich sehen, dass auf Fäden aufgereihte kleine weiße Punkte – das Ganze erinnerte an bestimmte bakterielle Kolonien und Hefen – von winzigen Körnern glitzerten, die Kalzit zu sein schienen. Kristalle und Punkte waren definitv miteinander verbunden; nirgends im Teich konnte ich das eine ohne das andere finden.

An einigen Stellen hatten sich so viele dieser Körner angesammelt, dass sie durchsichtige Kreise von der Größe einer Münze bildeten. Diese schienen eher mineralisch als organisch zu sein. Ich vermutete, dass sie sich, wenn man sie ein oder zwei Jahrhunderte in Ruhe ließ, als Kerne neuer Sinterbänke und -säume erweisen würden. Natürlich könnte der tatsächliche Nachweis eines solchen Vorgangs Thema einer Dissertation sein. Ohne einen solchen Nachweis blieben meine Überlegungen Spekulation. Dennoch beschloss ich, Hazel zu bitten, dass sie eines oder zwei ihrer Sammelröhrchen für den Schaum reservierte.

Ich ging zur Hintertür hinaus und kletterte eine Doline voller Dreck und Dornen hinauf in den Wald. Überraschender Weise konnte ich weder die Generatoren noch irgendeine Spur des Filmteams wahrnehmen, obgleich ich wusste, dass sie nicht mehr als einige hundert Meter entfernt sein konnten. Als ich mich umsah, bemerkte ich, dass die Höhle einen niedrigen überwachsenen Hügelkamm durchstieß; der Dschungel und das Gestein schirmten mich von dem Gebiet am Haupteingang ab. Ich konnte vom Rest meiner Gruppe nicht weiter entfernt sein als die Länge eines Fußballfeldes. Hätte ich mich entschieden, durch die Höhle zurückzugehen, wäre ich in weniger als fünf Minuten bei den anderen gewesen. Doch hier an der Oberfläche fühlte ich mich gänzlich allein.

Der Hügelkamm erinnerte mich an Kalksteinklippen, die in bestimmten Sümpfen in Nordflorida verbreitet sind, wo ich mit der Speläologie begann. Dort konnte man neue Höhleneingänge am besten aufspüren, wenn man am Fuß der Klippe in der Nähe eines Überschwemmungsgebietes entlang lief. Ich konnte sehen, dass gleich hinter der Doline, die ich hinaufgeklettert war, der Fuß der Klippe lag. Ich arbeitete mich langsam und vorsichtig entlang der Klippe vor, wobei ich Äste und herabhängende Ranken von meinem Pfad entfernte. Ich vermutete, dass hier, wie in Florida, Giftschlangen das kühle Gestein als Zufluchtsort vor der Hitze nutzten. Ich spürte kein Verlangen nach einer Begegnung mit einer Lanzenotter – einer mittel- und südamerikanischen Giftschlange, deren Biss gefährlicher ist als der einer Klapperschlange. Zweimal entdeckte ich die schimmernde rote Rinde eines Baumes, vor dem Manuel mich gewarnt hatte, weil er bei einer Berührung auf der Haut schmerzhafte Pusteln hinterließ.

Ich schlug mich weiter auf dem Landweg durch die abweisende Vegetation in Richtung Haupteingang, eine Wolke von Insekten schwirrte um mein verschwitztes Gesicht. Als ich nach 15 Minuten langsamen Vorankommens die Generatoren immer noch nicht hören konnte, stieg in mir die Furcht auf, dass ich meine Position irgendwie falsch eingeschätzt hatte und immer weiter in den Busch vordrang. Zwar hatte ich Nancy gegenüber erwähnt, dass ich ein wenig in der Höhle herumstöbern wolle, doch niemand wusste, dass ich sie verlassen hatte. Schließlich stolperte ich aus einem besonders dichten Gestrüpp hervor – und hörte das Brummen der Generatoren, mehr oder weniger dort, wo ich sie vermutet hatte.

Zehn Minuten später war ich wieder am Haupteingang und sah zu, wie Tom und seine Leute die Hauptdarstellerinnen unter den Höhlengängern dabei filmten, wie sie sich mit Macheten einen Weg durch den unberührten Dschungel hinter dem Eingang zur Höhle bahnten. Nachdem diese Sequenz im Kasten war, ging ich zurück in die Hauptgalerie, um mich im Wasserlauf der Höhle zu waschen und nach meiner heißen und ungemütlichen Wanderung das kühle Wasser zu genießen. Ich zeigte Hazel meinen Teich mit Kalzitschaum; auch sie fand, es könnte interessant sein, dort eine Probe zu nehmen. Nancy wies mich auf eine Ablagerung in den Säulen und Gesteinswänden in der Nähe der Decke hin. Sie vermutete, dass sie eine frühere Meereshöhe repräsentierte: Die Küstenlinie von Yucatán oszillierte offenbar mit den Veränderungen des Erdklimas in einigen Millionen Jahren, in denen die Polkappen zeitweilig stark anwuchsen und wieder abschmolzen, in einer Größenordnung von etwa 150 Kilometern.

Hazel nimmt Proben eines Schaumes, der biologischen Ursprungs scheint, von der Wasseroberfläche in der Nähe eines horizontalen Höhleneingangs. Um für eine spätere genetische Analyse DNS zu erhalten, hat sie oft einen Metallkanister mit flüssigem Stickstoff dabei, in dem Proben bis zu einer Woche lang bei Temperaturen unter dem Gefrierpunkt aufbewahrt werden können.

Eine Szene, die in einer der oberen Höhlen gedreht wurde, zeigt Hazel, wie sie Fläschchen mit Proben aus der Halokline in einen Kanister mit flüssigem Stickstoff steckt, um sie zu konservieren, bis sie ihr Forschungslabor erreichen. Unglücklicherweise stellte sich heraus, dass flüssiger Stickstoff weder in Cancún noch irgendwo sonst auf der Halbinsel zu bekommen war. Einem der Koproduzenten war es gelungen, etwas Trockeneis aufzutreiben, das für die Kamera ausreichend dampfte, jedoch längst geschmolzen sein würde, bevor die Probe in den USA eintraf. Von Hazel erfuhr ich, dass sie mit großartigen Erinnerungen und Wahnsinnsaufnahmen, aber ohne auswertbare Proben ins Pace Lab in Colorado zurückkehren werde.

»Das macht aber nichts«, sagte sie augenzwinkernd. »Das bedeutet nur, dass ich in einigen Monaten mit einem ordentlichen Vorrat an Stiffstoff zurückkommen, die ganze Taucherei noch einmal machen und neue Proben nehmen muss. Etwas Besseres konnte mir doch gar nicht passieren«.

Einstweilen jedoch würden die Halokline und die Höhlen, die das Team erkundet hatte, ihre mikrobischen Geheimnisse wahren müssen. Die beiden Höhlengängerinnen und ich kehrten an die Stelle gleich innerhalb des Eingangsbereichs zurück, wo das Team immer noch mit den Aufbauarbeiten für den nächsten Dreh beschäftigt war. Ich setzte mich auf eine Sandbank in die Nähe einiger Maya-Träger und fuhr abwesend mit der Hand durch den Schotter neben mir. Und siehe, dort lag eine dreieckige Tonscherbe, auf der einen Seite rund, auf der anderen mit Einkerbungen versehen, die eindeutig von den Fingernägeln des Töpfers stammten. Überall um mich herum waren Stücke, die in das Puzzle vergangenen Lebens passten.

Die Wissenschaft, das wusste ich, besteht aus dem langwierigen Prozess, Steinchen für Steinchen zusammenzufügen. Die genetische Analyse neuer Organismen hat die Biologie in den letzten zehn Jahren enorm vorangebracht – die mikrobische Analyse der extremen Lebensräume der Erde steckt als Wissenschaft jedoch noch in den Kinderschuhen. Das Innere der Erdkruste Yucatáns mit seinem mikrobischen Leben ist nicht viel besser bekannt als die Verhältnisse, die sich unter der Oberfläche des Mars oder des Jupitermondes Europa befinden – umso weniger ist ausgeschlossen, dass sich auch dort Leben verbirgt. Der Reiz eines so jungen Untersuchungsgebietes besteht für Forscher wie Hazel darin, dass es dort draußen unbekanntes Leben gibt, das nur darauf wartet, aufgespürt zu werden. Frustrierend war allerdings, dass es Jahre dauern konnte, bevor sie in der Lage waren, die wahre Bedeutung ihrer einzelnen Funde zu erkennen.

Hazel, vorn, und Nancy benutzen ein Kajak, um ohne große Anstrengung Mil Columnas zu durchqueren.

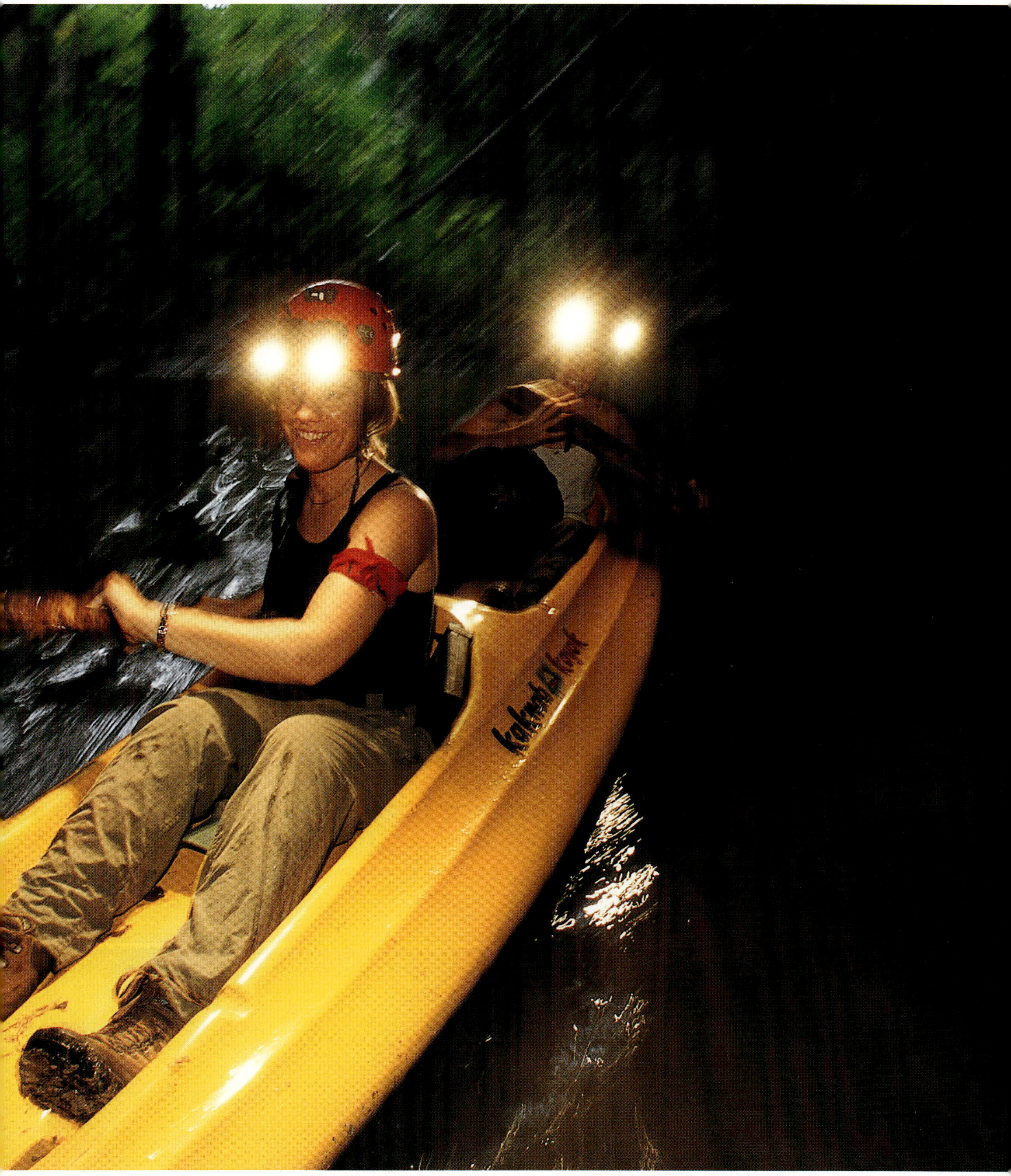

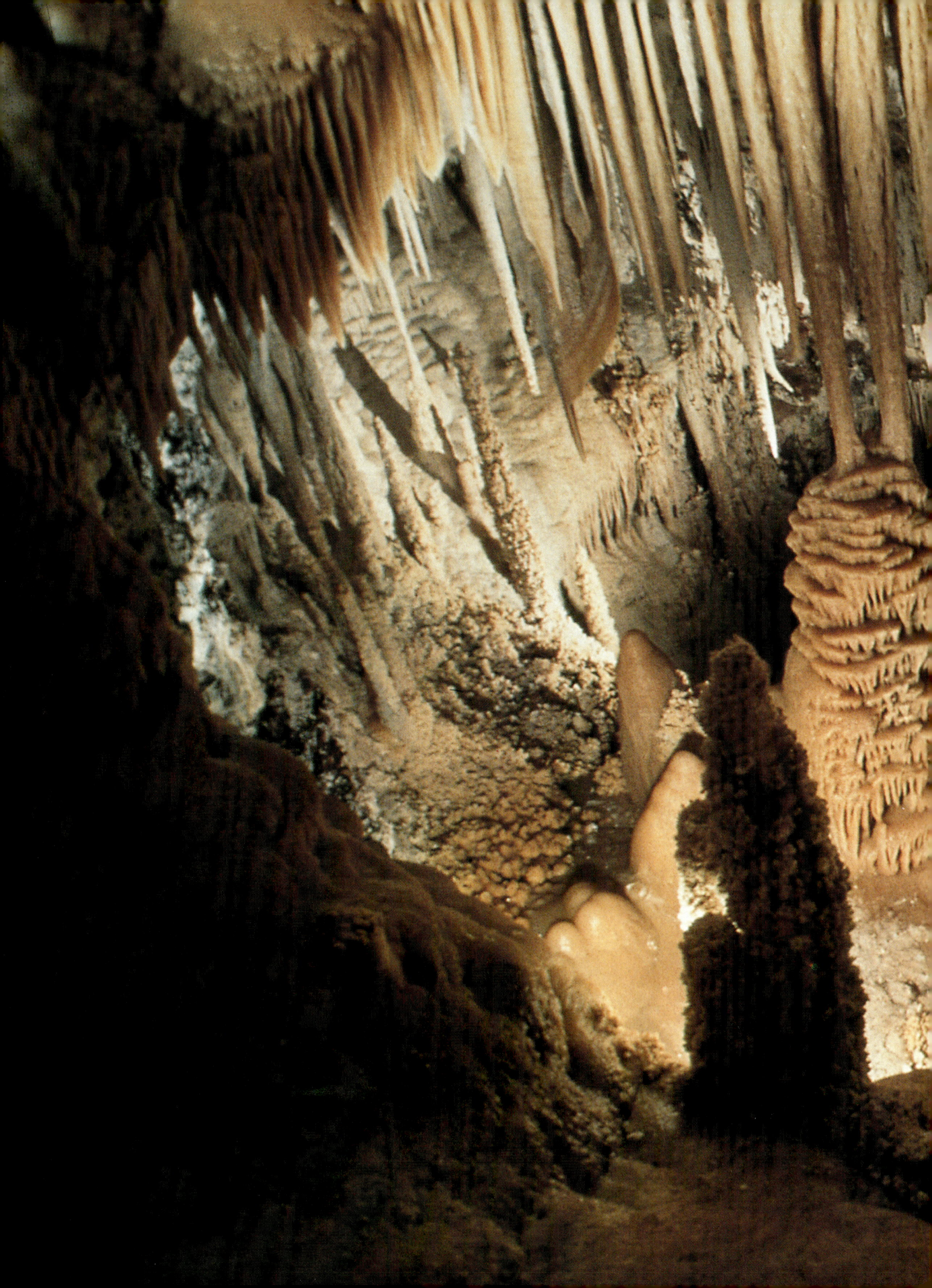

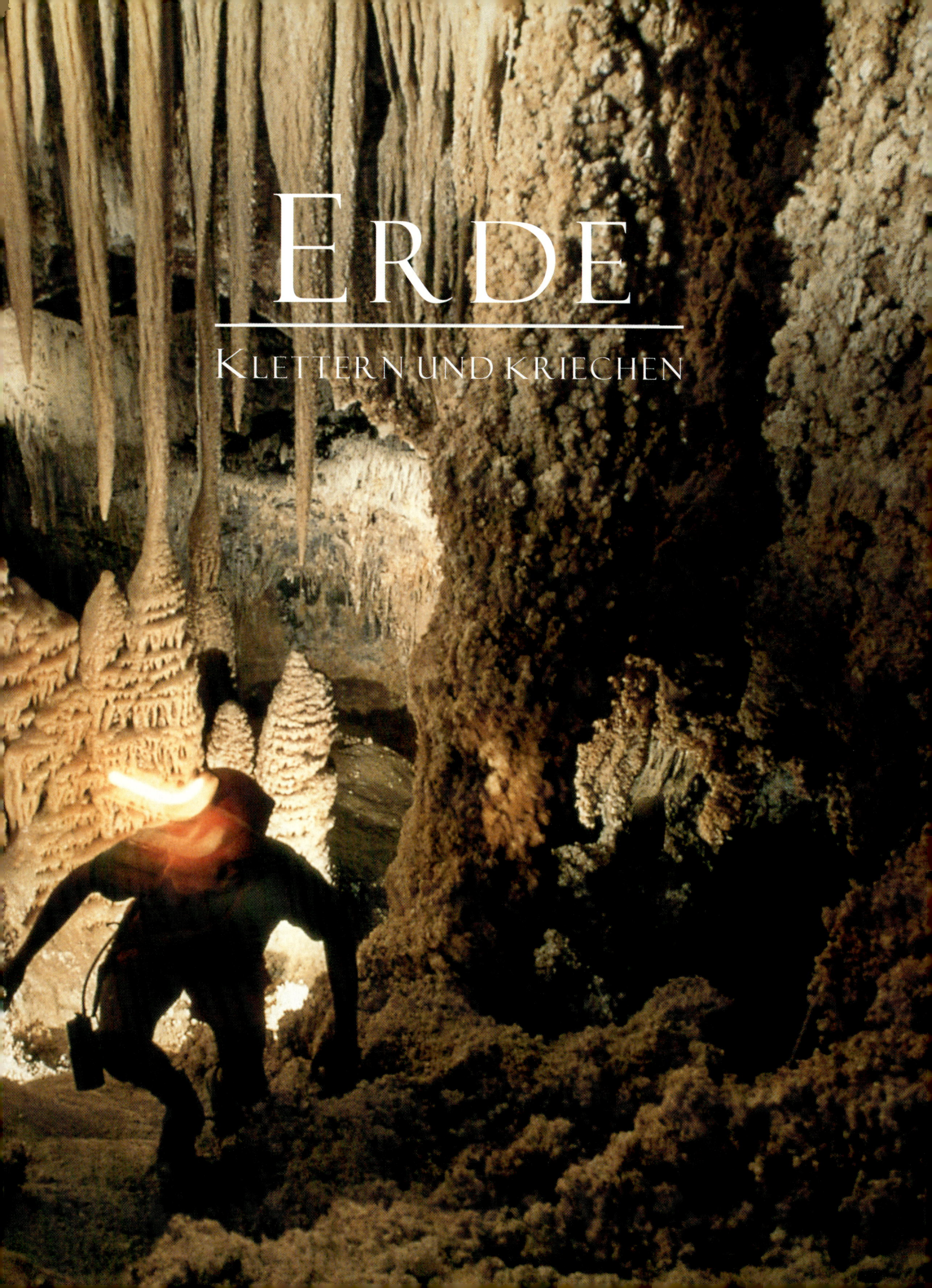

Erde

Klettern und kriechen

SCHLIESSLICH BERUHIGT SICH DER STURM, UND WIR GEHEN WEITER. WIR HABEN UNS EINEN WEG DURCH SANDSTEIN UND KALKSTEIN GEBAHNT, AUF DIE MAN IM OBEREN TEIL DES CAÑONS TRIFFT, UND DURCH EIN GROSSES MARMORLAGER MIT EINER MÄCHTIGKEIT VON 300 METERN. DARIN IST EINE VIELZAHL VON HÖHLEN AUSGEWASCHEN, UND MAN SIEHT EINSCHNITTE, DIE AN ARCHITEKTONISCHE FORMEN ERINNERN, ALLERDINGS IN EINEM SO GROSSEN MASSSTAB, DASS ARCHITEKTONISCHE BEGRIFFE NICHT ANGEMESSEN SIND.

John Wesley Powell
aus Tagebuch von der ersten Reise durch den Grand Canyon, 1869

Vorhergehende Seiten: Das Licht der Karbidlampe von Höhlengänger Chris Stine, der eine typische, formationsreiche Passage in der Lechuguilla Cave hinaufklettert, verwischt im Bild wegen der langen Belichtungszeit zu einem gelben Streifen. Rechts: Der schmale Cañon des Little Colorado River schlängelt sich durch das Navajo-Reservat, bevor er sich mit dem Grand Canyon des Colorado vereinigt.

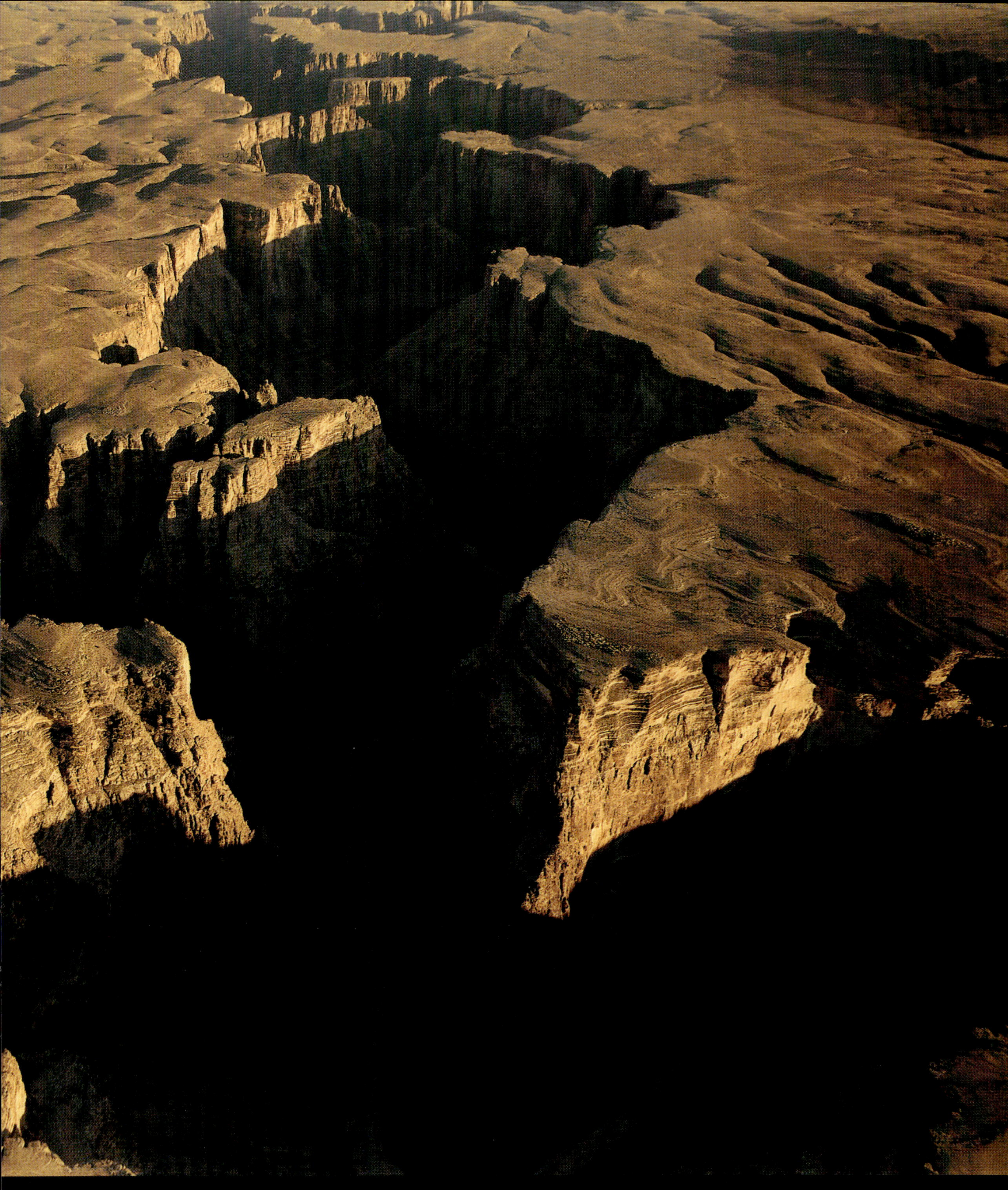

Oben: Licht schimmert durch »Makkaroni«-artige Sinterbehänge und einen Stalaktiten; beide bestehen aus weißem Kalziumkarbonat, das durch Eisen und andere Mineralien rötlich gefärbt ist. Rechts: Mit Hilfe der Einseiltechnik, die im TAG *entwickelt wurde, seilt sich ein Höhlengänger in der Blanchard Springs Cavern in Arkansas in einen tiefer gelegenen Gang ab.*

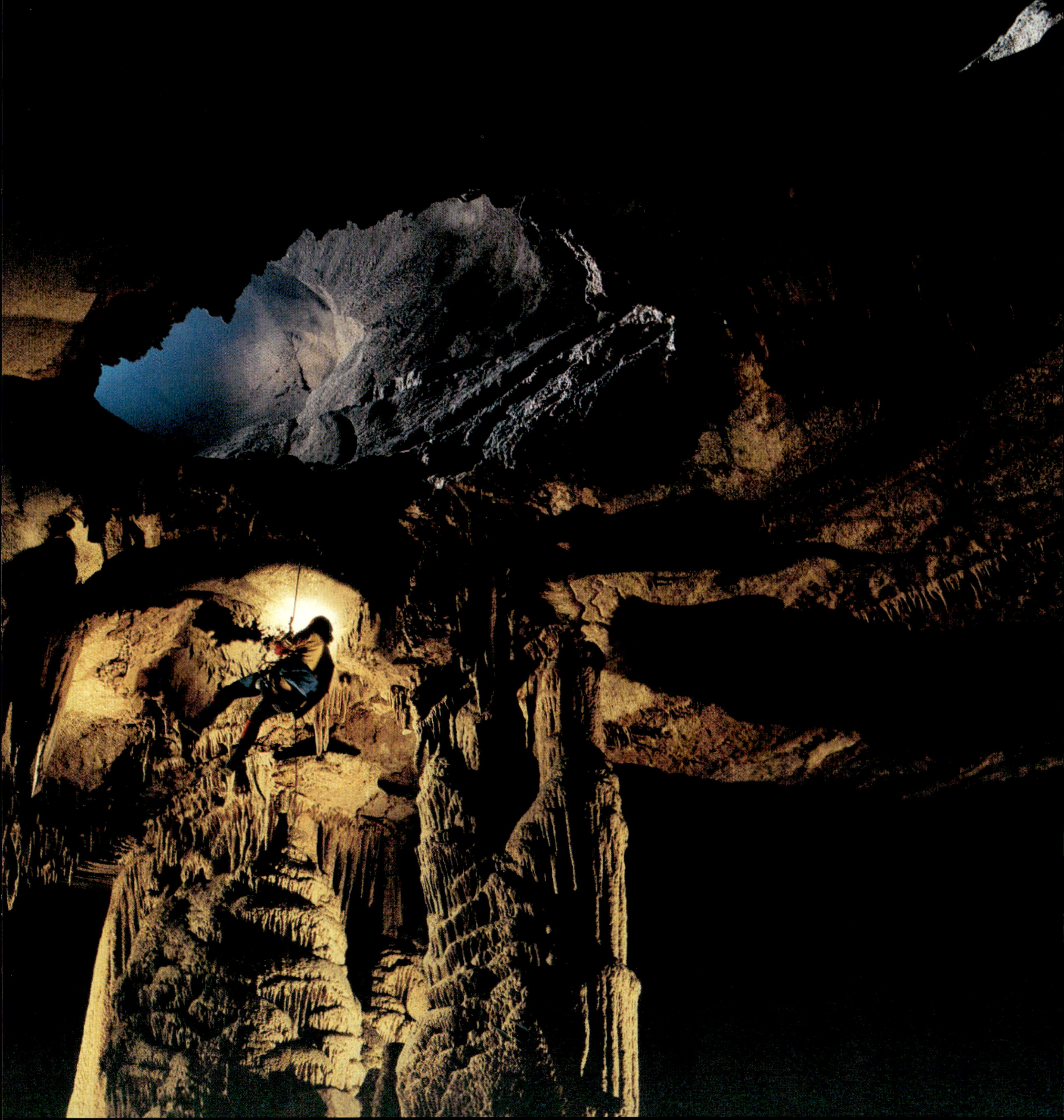

TAG-*Höhlengänger Jim Hewett benutzt eine mechanische Steigklemme, um in eine Passage zu klettern, die er entdeckt und »den schrecklichsten Ort aller Zeiten« genannt hat. Da Wasser und Schlamm beim Absteigen in Schächte gewohnte Begleiter sind, brauchen Höhlenkundler Handschuhe und Nagelschuhe. Diese müssen auch an rutschigen Seilen halten, an denen selbst Tarzan Schwierigkeiten gehabt hätte, mit bloßen Händen hinaufzuklettern.*

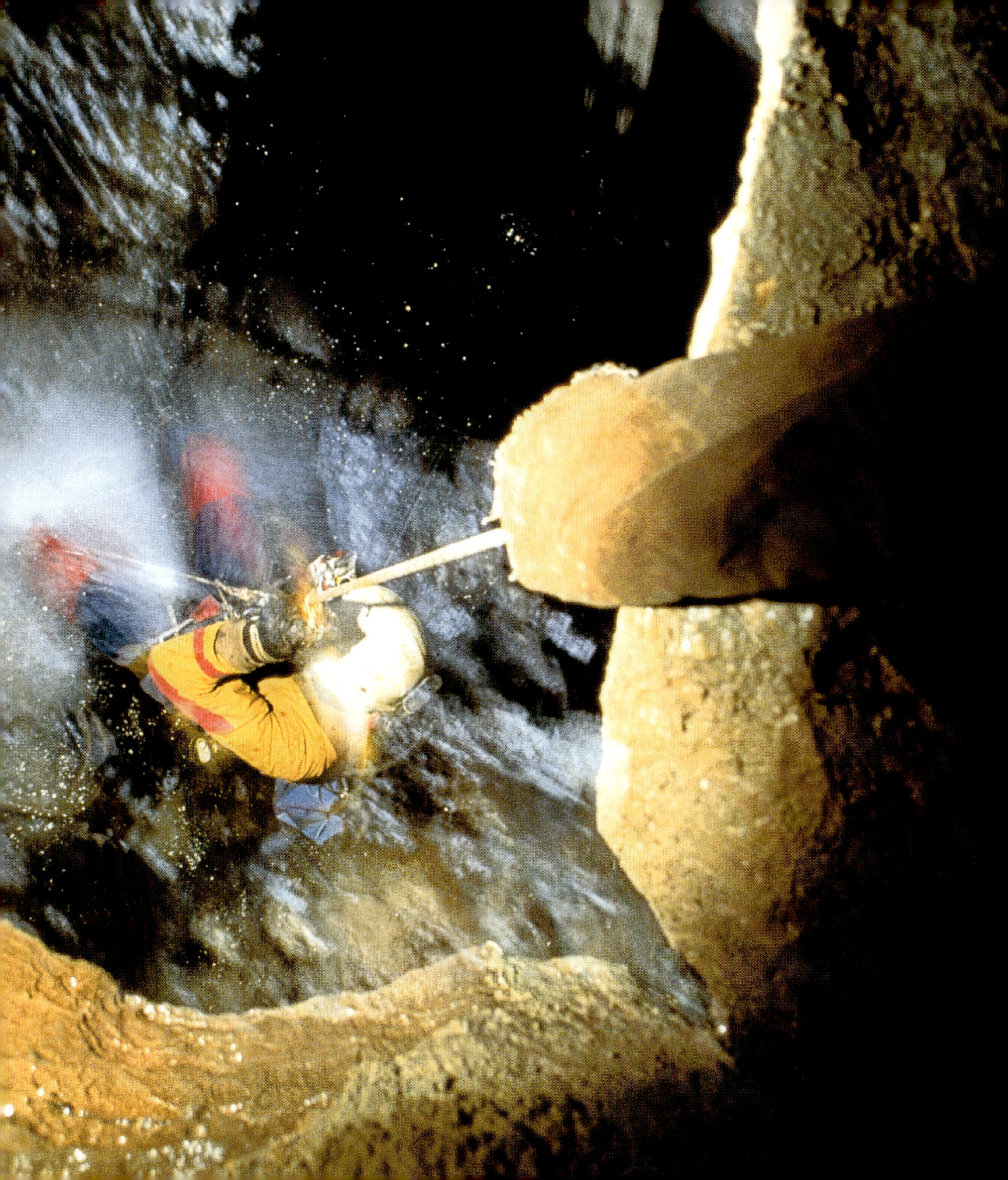

KAPITEL 9

HÖHLEN, ÜBER DIE MAN NICHT SPRICHT

An einem trockenen Nachmittag im Sommer 2000 stieg bei einer Temperatur von an die 45 °C eine Gruppe von Höhlengängern und Filmemachern aus einem Hubschrauber, dessen Rotorblätter in der überhitzten Luft um Auftrieb kämpften. Vorsichtig machten sie sich – einen zerklüfteten Kamm aus rotem Gestein entlang – auf den Weg nach unten zur Kante einer Klippe, die 600 Meter über den Little Colorado River aufragt, kurz bevor dieser am Westrand des Navajo-Reservats in Arizona in den Colorado mündet. Der Zusammenfluss markiert das Ende des Marble Canyon und den Beginn des Grand Canyon of Colorado. ■ Auf halbem Weg die Steilwand aus Redwall-Kalkstein hinunter – dem Gestein mit der bekannten rötlichen Farbe – lag der Eingang einer unberührten Höhle, die seit Jahrhunderten vom Grund des Cañons aus zu sehen war, die aber wegen ihrer Unzugänglichkeit noch nie jemand betreten hatte. Nancy Aulenbach sollte als Erste dorthin vordringen; sie würde sich 90 Meter abseilen und sich dann, während weit unter ihr die milchig blauen Stromschnellen des Little Colorado dahinflossen, in die große, etwas zurückversetzt liegende Öffnung schwingen, die etwa 100 Meter über dem nächsten Vorsprung lag. Am Vortag waren sie und Hazel Barton mit Kajaks unter der Leitung von örtlichen Führern durch die Stromschnellen geschossen. Auf ihrer Fahrt entdeckten sie zahlreiche Bäche,

Oben: Obwohl er im Bürgerkrieg einen Arm verloren hatte, gelang Major John Wesley 1869 als Erstem der Abstieg in den Grand Canyon. Rechts: Im Mai 2000 steigt Hazel zu einer Höhle 600 Meter über dem Little Colorado River ab, die niemand zuvor betreten hat.

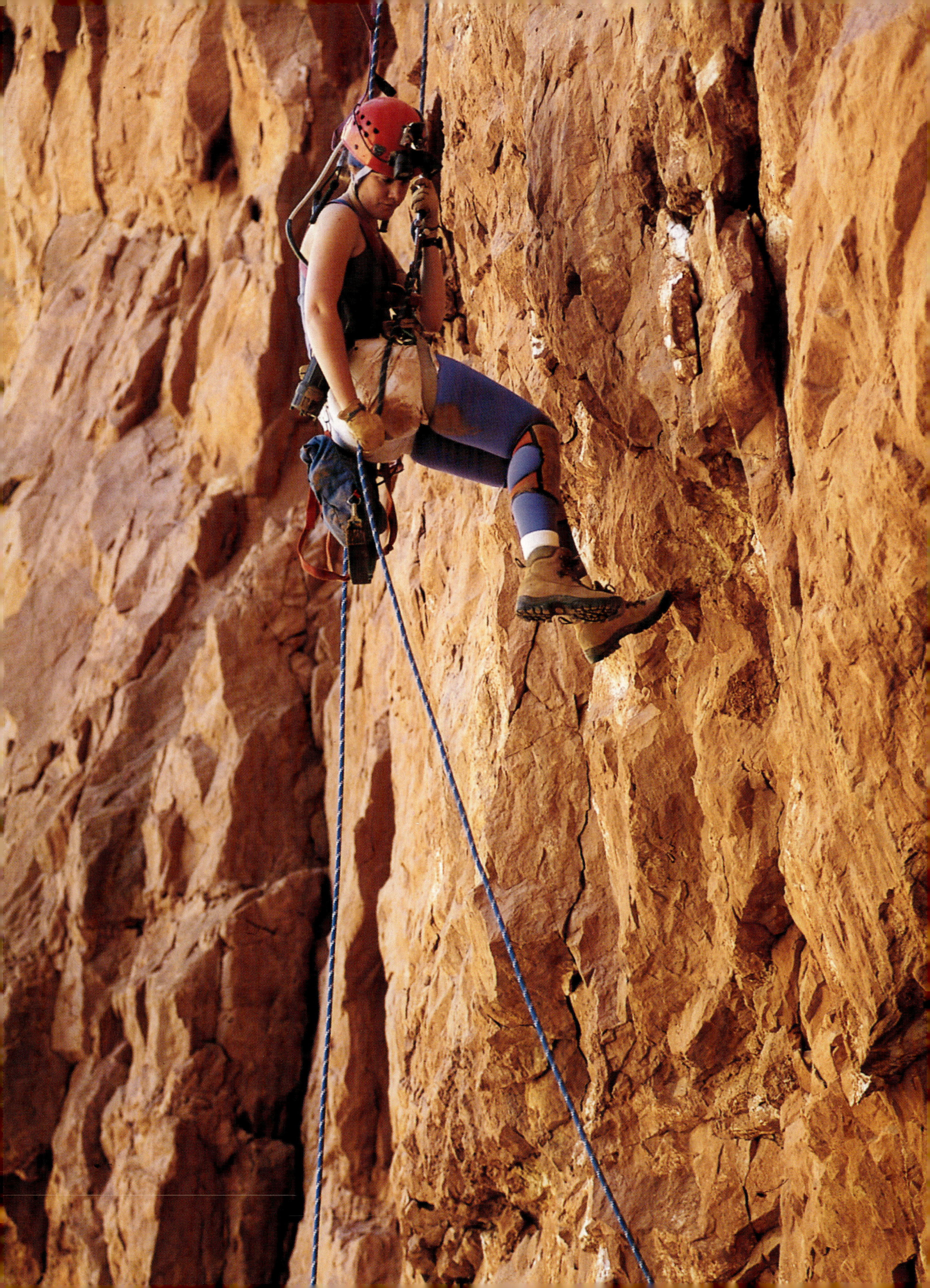

die in den Fluss mündeten – Bäche, deren Quellen in verborgenen Höhlen entspringen. Die weißliche Färbung des Flusses stammte von gelöstem Kalziumkarbonat in diesen Quellen, das aus den Kalksteinwänden zunehmend größer werdender Höhlen ausgewaschen wurde. Wenn es mit Luft in Berührung kam, wurde das Kalziumkarbonat schnell wieder fest und wuchs zu farbigen Travertindämmen heran, in denen sich Myriaden mikrobischer Fossilien verbargen.

Trotz der Hitze, trotz des aufregenden, aber auch Angst auslösenden Blickes von der Kante schirrte sich Nancy in aller Ruhe an, inzwischen vertraut mit der langsamen Prozedur, mit der die Höhlenbegehung auf Film festgehalten wurde. Es war ihr nicht unlieb, mit einem Team von Filmemachern auf Erkundung zu gehen – das solide Metallgerüst, das sie über dem Rand aufgebaut hatten, war ideal zur Verankerung des Seils. An der Plattform waren Winden angebracht, die Kamera und Crewmitglieder exakt an bestimmte Stellen an der Cañon-Wand heben und senken konnten. Es war eine Erfindung von Earl Wiggins, dem Seilführungsexperten, dessen Fachkenntnis schon bei zahllosen anderen Filmproduktionen zu Rate gezogen worden war, unter anderem für die Vertäuung, die Tom Cruise bei seiner dramatischen Klettersequenz zu Beginn des Films *Mission Impossible 2* benutzte. Doch hier, auf einer Klippe im Grand Canyon, war der senkrechte Absturz, dem Höhlengängerinnen und Filmcrew ausgesetzt sein sollten, noch höher als in der Szene, in der Cruise mit Wiggins' Hilfe über dem Abgrund schwebte.

Es geschieht nicht jeden Tag, dass ein Speläologe aus dem TAG – einer höhlenreichen Region im Grenzgebiet der Staaten Tennessee, Arizona und Georgia – die Chance erhält, einen großen Cañon-Eingang zu betreten, der von den Einheimischen noch nie erkundet worden ist, noch dazu mit einer professionellen Seilführung, mit der ein Pferd in die Höhle hätte gebracht werden können. Die Höhlengänger von Arizona waren notorisch verschwiegen, was die Standorte von Höhlen anging; nur selten gaben sie Informationen an Höhlengänger weiter. Wenn sie durch das Filmen Zugang zu einer unberührten Höhle in Arizona von solchen Ausmaßen erhielt, zahlte Nancy den Preis, von den einheimischen Höhlenkundlern mit Argwohn betrachtet zu werden, nur allzu gern. Das Team packte vorsichtig die Mark II und die Objektive aus und begann die Kamera an einem Projek-

Gelöstes Kalziumkarbonat, das aus mächtigen Höhlenquellen stammt, färbt den Little Colorado River milchig weiß. Der legendäre Höhlentaucher Sheck Exley drang in den 70er Jahren kurz in diese Quellen vor und traf auf eine Höhle, die so weitläufig war, dass er sie damals nicht erkunden konnte; seitdem ist niemand mehr dorthin gelangt.

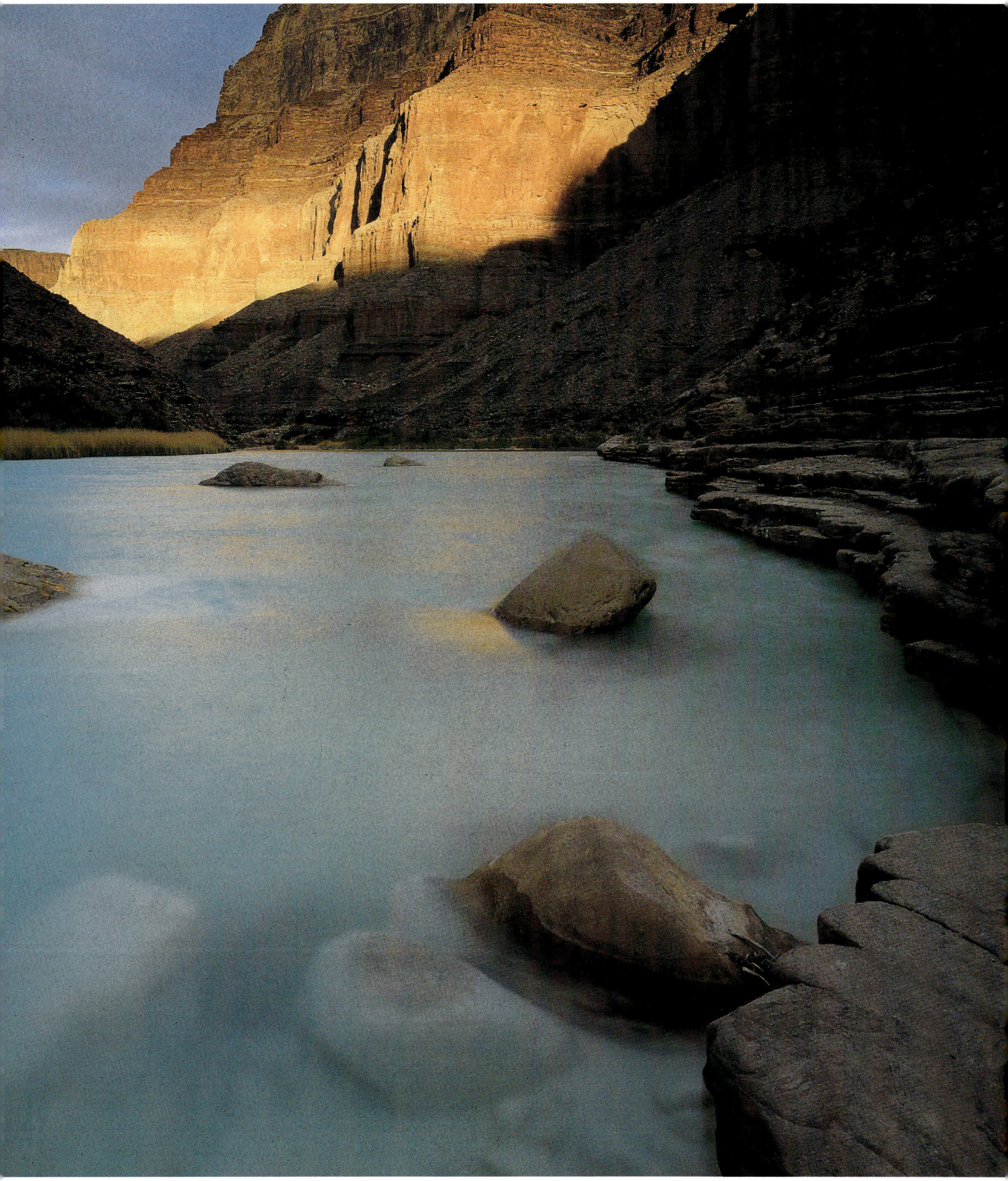

tionskran festzuschrauben. Auf der Kante war der Platz so knapp, dass jede Kiste, sobald sie leer war, vorsichtig zu einer nahe gelegenen Böschung geschleppt und hinter einem Felsblock oder einer Wurzel festgeklemmt wurde.

Nancy verankerte sich an einer Sicherheitsleine und lehnte sich zurück, um einen Blick auf den Fluss und die Höhle dort unten zu werfen. Unterdessen kehrte ein Crewmitglied von der unfreiwilligen »Entsorgung« einer leeren Kiste zurück; es war eine Metallkiste, die schon den Mount Everest und die Höhlen von Grönland und Yucatán gesehen hatte. Sie rutschte einen halben Meter nach vorn und war weg – flog still durch die Wüstenluft, bevor sie mit einem Echo, das wie eine Gewehrsalve durch den Cañon hallte, auf einen Felsen krachte.

Im Mai 1869 fuhr Major John Wesley Powell, ein Kriegsveteran, der den rechten Arm bei Shiloh verloren hatte, mit der Union Pacific Railroad bis zur Green River Station, Wyoming. Dorthin, wo der Schienenweg die Wasserscheide des Colorado River passierte. Unter Powells Kommando standen zehn Männer, die er für die erste Fahrt durch den Grand Canyon of Colorado angeheuert hatte, um von dem größten Stück unerforschten Gebietes in den Vereinigten Staaten geographische und geologische Daten aufzunehmen. In vier umgebauten Dorys – kleinen Holzbooten – sollten sie einen Fluss hinunterfahren, der für seine wilden Stromschnellen und Wasserfälle bekannt war. Powell hatte die Expedition mit einem kleinen Zuschuss vom Kongress, einigen noch ausstehenden Zuteilungen des Kriegsministeriums und einer Spende der Smithsonian Institution finanziert. Ein Mitglied des Teams stieg gleich wieder aus, als ihm klar wurde, mit welchen Gefahren die Fahrt verbunden war. Drei weitere gaben unterwegs auf, wurden dann aber auf dem Weg aus dem Cañon heraus von Shivwits-Paiute-Indianern getötet.

Dreizehn Wochen nach seinem Aufbruch tauchte Powell mit sechs Männern in zwei Booten wieder auf, mit einer großen Abenteuergeschichte des 19. Jahrhunderts im Gepäck. Die erfolgreiche Flussfahrt half ihm, die Finanzierung einer zweiten, wissenschaftlich höher qualifizierten Expedition im Jahr 1871 zu sichern. Er verwertete seine Tagebücher dieser beiden Fahrten in einem Bericht, der 1874/75 in der Zeitschrift *Scribner's* erschien und später von der Smithsonian in Buchform veröffentlicht wurde. Die Geschichte schlug sofort ein und trug dazu bei, dass Powell der erste Direktor der United States Geological Survey und ein Gründungsmitglied der National Geographic Society wurde. Auch heute noch ist das Buch ein Klassiker unter den Beschreibungen abenteuerlicher Entdeckungsreisen. Doch gleich nach der Veröffentlichung seiner Geschichte war Powells Darstellung Gegenstand einer Kontroverse unter Historikern und Journalisten.

In seinem Bestreben, eine schöne Geschichte zu erzählen, vermengte Powell die Ereignisse miteinander und unterschied nicht zwischen Expeditionen, die zwei Jahre auseinander lagen und an denen unterschiedliche Expeditionsteilnehmer beteiligt waren. Die veröffentlichten Tagebücher bestehen aus täglichen Einträgen aus dem Sommer 1869. Nach Auskunft von Expeditionsteilnehmern spielten sich viele Ereignisse jedoch erst im Jahr 1871 ab, und Begebenheiten von der ersten Fahrt stehen oft unter einem falschen Datum. Über bestimmte Entdeckungen und abenteuerliche Zwischenfälle berichtet Powell zwar detailliert, verlegt aber den Schauplatz dieser Ereignisse oft kilometerweit den Fluss hinauf oder hinunter, so wie es am besten in seine Geschichte passt. In anderen Fällen ändert er die Namen der Beteiligten oder der Boote, die sie benutzten. Er schließt sogar seine 1872 gemachte Entdeckung des späteren Zion National Park mit ein, als habe diese sich bei einem Abstecher auf der Fahrt von 1869 ereignet. In dem ganzen Bericht nimmt sich Powell dramaturgische Freiheiten, die moderne Kritiker oftmals den Schöpfern populärer Sachbücher und Dokumentarfilme ankreiden.

Dennoch bleiben Powells Verdienste ein unleugbares historisches Faktum, ebenso wie das Buch bis heute aufregenden Lesestoff bietet. Mit seinem zum Teil laxen Umgang mit wahren Geschehnissen und einer gut erzählten Story, die das Interesse der Nation weckte, sollte Powell den Anstoß für den Naturschutz und für staatlich unterstützte Forschungsexpeditionen geben. Powells wenige, eher zufällige Beobachtungen verschiedener Höhlen und Kavernen im Cañon waren oft ebenso präzise wie poetisch. Diese Berichte waren hinsichtlich der Zeit- und Ortsangaben jedoch ebenfalls unbestimmt. Hierin mag Powell eine Verschleierungstaktik vorweggenommen haben, die von den Höhlengängern, die den Grand Canyon erkunden, heute rigoros angewendet wird.

Die großen Höhlen des Grand Canyon bleiben im Großen und Ganzen sorgfältig gehütete Geheimnisse. Mitunter wird ihre Pracht bei einer Höhlengängertagung spät in der Nacht am Lagerfeuer im Flüsterton beschworen, was die Beteiligten am nächsten Morgen aber sogleich bestreiten. Ein altes Motto, das man oft auf T-Shirts lesen kann, verkündet: »Arizona has no caves to speak of« – »In Arizona gibt es keine Höhlen, über die zu reden sich lohnt«. Die Höhlenkundler von Arizona erwähnen sie jedenfalls nicht, und dies mag der Grund sein, warum so viele Kavernen in diesem Bundesstaat sich immer noch in ihrem ursprünglichen Zustand befinden, unberührt von den oftmals schädlichen Touristenströmen. Wenn die Höhlengänger aus Arizona Fotos oder Artikel veröffentlichen, tun sie das oft, um ein Gebiet

Bei fast 45 °C verweilt Nancy an der Kliffkante, bevor sie sich über 100 Meter tief zum Höhleneingang abseilt. Steve Judson nannte diese schmale Scharte sonnengebleichten Gesteins »den furchterregendsten, exponiertesten Drehort« seiner Karriere als Regisseur von IMAX-Filmen.

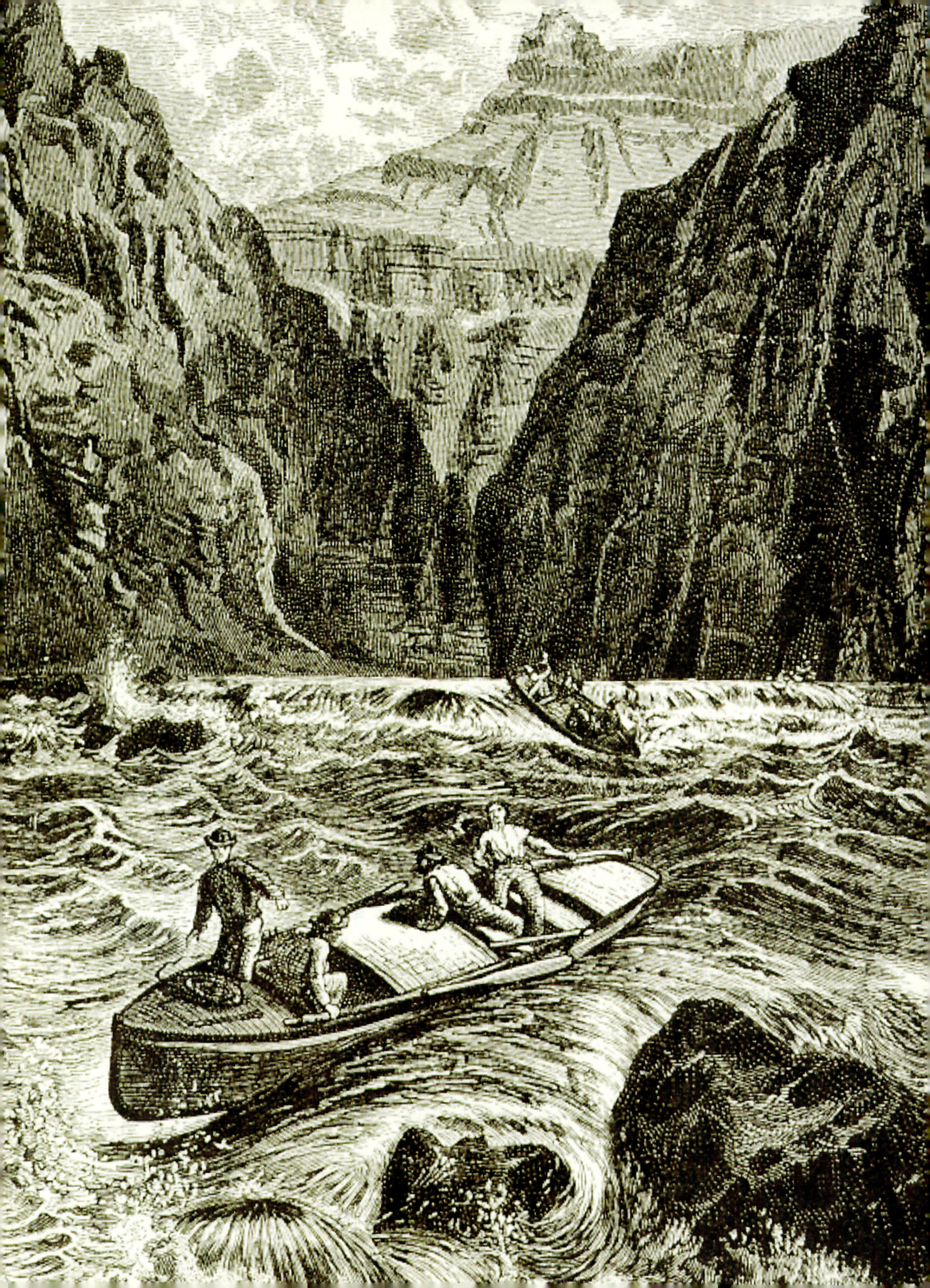

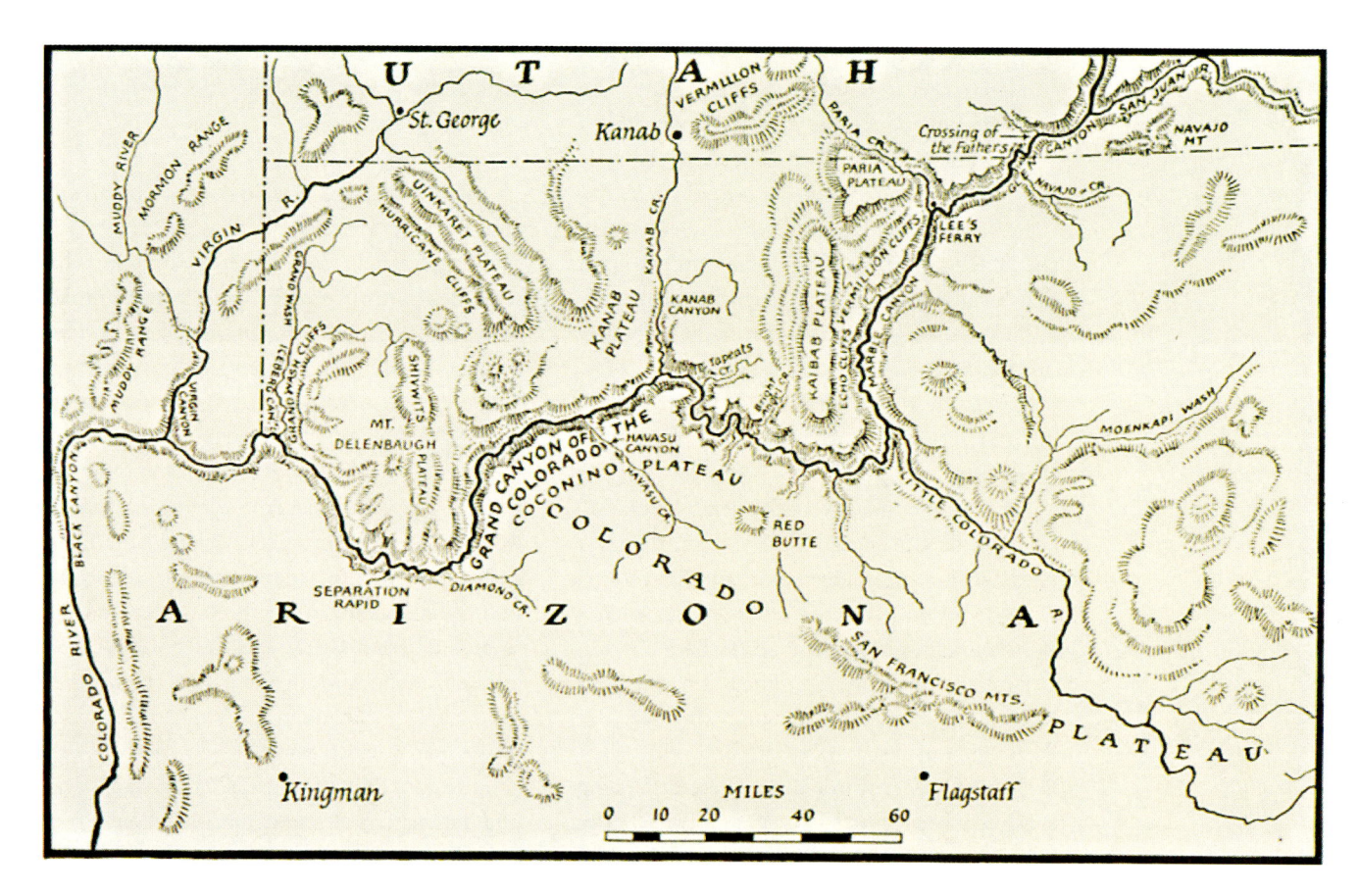

unter den Schutz der Regierung stellen zu lassen, oder sie berichten von einem bedeutenden wissenschaftlichen Fund – wobei Namen und Orte sogar in diesen dokumentierten Fällen absichtlich verschleiert werden.

Ein Beispiel ist der kürzlich eröffnete Kartchner Caverns State Park in der Nähe von Tucson. Die vier Arizona-Speläologen, die die große, reich geschmückte Kaverne entdeckten, hielten dies 18 Jahre lang vor anderen Höhlengängern und der Öffentlichkeit geheim. In dieser Zeit überzeugten sie nach und nach staatliche Instanzen, das Land zu erwerben und Schutzvorkehrungen für die Höhle zu treffen. Sie taten dies, indem sie staatlichen Stellen Dias von eindrucksvollen Kalzitsäulen zeigten und sogar den Gouverneur des Bundesstaates die Höhle zeigten – alles ohne den genauen Ort preiszugeben. Nur einige handverlesene Verbündete, die ein Schweigegelübde abgelegt hatten, wussten Bescheid. Drängte man sie dazu, den genauen Ort der Höhle zu verraten, gaben sie vage oder sogar falsche Koordinaten an.

Unterdessen arbeiteten sie mit Umweltschützern und Technikern einen Tourismusplan aus, der ganz anders war als in jeder anderen öffentlich zugänglichen Höhle. Pfade und Beleuchtung sollten so spärlich eingesetzt werden, dass die unberührten Höhlenböden wenige Zentimeter abseits des Weges unangetastet blieben. Die Zahl der zugelassenen Touristen wurde strikt limitiert, um Schmutz, Unrat und sonstige Verunreinigungen zu vermeiden, die Höhlen wie Carlsbad und Mammoth so sehr beeinträchtigt hatten. Das Ergebnis der langen Geheimhaltung ist, dass Kartchner-Touren jetzt Monate und sogar Jahre im Voraus gebucht werden müssen. Jeder Besucher sieht die glitzernden, stalaktitengesäumten Galerien genauso wie seine Entdecker.

Und es gibt noch viele weitere Geheimnisse, die im Kalkstein von Arizona verborgen bleiben.

Ein paar Kilometer von der Höhle im Redwall-Kalkstein des Little Colorado entfernt blickten vier Navajo-Männer von »The Big Rez« auf, als die Objektiv-Kiste mit lautem Krachen aufschlug. Die Drehgenehmigung war nicht so ohne weiteres erteilt worden. Diese wunderbaren Cañons sind für die Navajo heiliger Boden, ebenso für die benachbarten Ute, Hopi und Havasupi, die hier schon lebten, lange bevor Powell den Fluss befuhr. Die Filmemacher hatten versprochen, an der Klippe äußerste Sorgfalt walten zu lassen und alle Spuren ihrer Anwesenheit zu tilgen. Jeder Unfall und der damit verbundene Rettungsaufwand konnte den

Links: »Der Fluss ist rau, und man trifft auf starke Stromschnellen in rascher Folge«, schrieb Powell mit Datum 21. Juli 1869 in sein Tagebuch. Der Holzschnitt »über eine Stromschnelle« (links), der mit Powells Bericht in Scribner's Monthly veröffentlicht wurde, basiert auf einer der vielen Zeichnungen, die der Künstler Frederick Dellenbaugh anfertigte.

Oben: Die Karte, die mit Powells Bericht veröffentlicht wurde, zeigt den Zusammenfluss von Colorado und Little Colorado genau nördlich von Flagstaff. Laut Dellenbaugh kampierte Powells Team auf einer Sandbank im Little Colorado, ein wenig unterhalb der Stelle, wo der IMAX-Höhlenfilm gedreht wurde.

Boden entweihen. Eine komplizierte Reinigungszeremonie wäre vonnöten, um das Gleichgewicht der Dinge wieder herzustellen.

Nachdem sie einen Moment nach oben gestarrt hatten, teilte einer der Älteren mit, das Geräusch unterscheide sich von dem eines herabfallenden Körpers, und deshalb müsse man sich wohl keine Sorgen machen. Wenn die Filmleute etwas fallen gelassen hatten, würden sie es aufheben – und so war es auch: Ein Freiwilliger seilte sich schließlich 150 Meter tief ab, um die zerschellten Überreste der Kiste aufzusammeln.

Die Männer machten sich wieder an die Arbeit und bereiteten den Platz vor, auf dem am nächsten Tag ein Sandgemälde entstehen sollte, denn sie hatten sich bereit gefunden, ein solches Kunstwerk für die Kameras zu erschaffen.

Auf Powells zweiter Expedition war der Künstler Frederick Dellenbaugh mit von der Partie. Er war erst 17 Jahre alt, und sein Leben als Naturforscher wurde durch diese Erfahrung erheblich beeinflusst. Fast 40 Jahre nach der Fahrt von 1873 schrieb Dellenbaugh *A Canyon Voyage: The Narrative of the Second Powell Expedition*. Im Gegensatz zu Powells eigenen Berichten folgt Dellenbaughs Erzählung hinsichtlich der Zeit- und Ortsangaben über die Ereignisse auf der Fahrt getreu den Tagebücher von Teammitgliedern, und er geht oft sehr viel detaillierter auf die täglichen Vorkommnisse ein. Eine denkwürdige Passage beschreibt die erste Begegnung des Teams mit den Navajo:

Wir vernahmen plötzlich ein Rufen und sahen einen Indianer, der nicht weit entfernt auf dem Felsen stand. Wir winkten ihm, näher zu kommen; daraufhin zog er sich zu einem anderen zurück, und zusammen näherten sie sich. Wir erkannten an ihrer Kleidung, die so verschieden war von der der Ute (rote Turbane, lockere ungebleichte Baumwollhemden, weite ungebleichte Baumwollhosen, die ein kleines Stück übers Knie reichten und dort auf der Außenseite eine 18 oder 20 Zentimeter weite Schärpe bildeten, leuchtende gewebte Strumpfbänder, die um ihre roten Wildleder-Beinlinge unterhalb der Knie gewickelt waren, und rote Mokassins mit nach oben gekehrten Sohlen und Silberknöpfen), dass sie Navajo waren. Sie gaben zu verstehen, dass sie Vater und Sohn seien, der Vater stellte sich in herrschaftlicher Weise als »Agua Grande« vor. Er war über 1,80 Meter groß und offenbar 60 oder 70 Jahre alt. Der Sohn war ein hübscher junger Kerl von ungefähr 15 Jahren. Ihre Haltung war freundlich, doch voller Stolz und Würde.

Mehrere andere Navajo kamen hinzu und tauschten mit der Expeditionsteilnehmern Begrüßungsformeln aus. Agua Grande brachte seine Besorgnis über ein offensichtlich krankes Mitglied der Expedition zum Ausdruck und bot an, ihn zur nächsten weißen Siedlung zu transportieren, aber der Mann weigerte sich zu gehen. Nach kurzem Besuch versammelten sich die Navajo am Ufer des Colorado, um die Gruppe zu verabschieden. »Clem ging mit gewohnter Liebenswürdigkeit lächelnd die Reihe entlang, schüttelte jedem herzlich die Hand und sagte: ›Richten Sie all Ihren Leuten zu Hause meine besten Grüße aus‹ oder ›Grüßen Sie bitte Eliza Jane von mir‹, schreibt Dellenbaugh. »Die Navajo verstanden die Worte nicht, doch da sie auch selbst gerne Späße machten, erkannten sie, dass dies als Scherz gedacht war, und sie lachten alle und machten Bemerkungen, die zweifellos in dieselbe Richtung gingen«.

Die Navajo, die sich jetzt um das leuchtende Sandgemälde drängten, waren ähnlich wie ihre Vorfahren in Dellenbaughs Tagebuch gekleidet. Um die genaue Lage einer in der Öffentlichkeit unbekannten Höhle in Arizona in Erfahrung zu bringen, muss man ein Höhlenkundler aus Arizona sein, und um ein echtes Navajo-Sandgemälde zu sehen, muss man ein echter Navajo sein. Die Gemälde, die man in Filmen, Museen und Attraktionen am Straßenrand sieht, sind im Grunde nur Nachbildungen: Kein Medizinmann, der in das Ritual des Sandgemäldes eingeweiht ist, würde ein solches an nicht Eingeweihte weitergeben. Die Bilder mögen echt wirken, doch indem sie öffentlich zur Schau gestellt werden, sind sie ihres wesentlichen Sinnes beraubt und in den Augen der Navajo wertlos: Die genauen Symbole und Wesen, die auf Sandgemälden abgebildet sind, dürfen nur Navajo gezeigt werden. Die Preisgabe des Inhalts gegenüber einem Außenstehenden käme nach dem Glauben der Navajo einer Weitergabe der Heilkraft gleich, über die die Gemeinschaft der Malenden verfügt. Die spirituelle Folge wäre im Effekt mit der übermäßigen Verschreibung moderner Antibiotika vergleichbar: Starke Heilmittel verlieren plötzlich ihre Wirkung.

Ein Höhlengänger steht winzig klein neben den riesigen Säulen tief im Innern der Lechuguilla-Höhle. Von diesem Naturwunder, dessen Hauptgang 1986 erstmals betreten wurde, waren im Jahr 2000 bereits über 160 Kilometer reich geschmückter, unberührter Tunnel kartiert. Lechuguilla ist zum Versuchsgelände für Mikrobiologen geworden. Sie studieren hier Ökosysteme von Organismen, die – unabhängig vom Sonnenlicht – von mineralischer Nahrung leben.

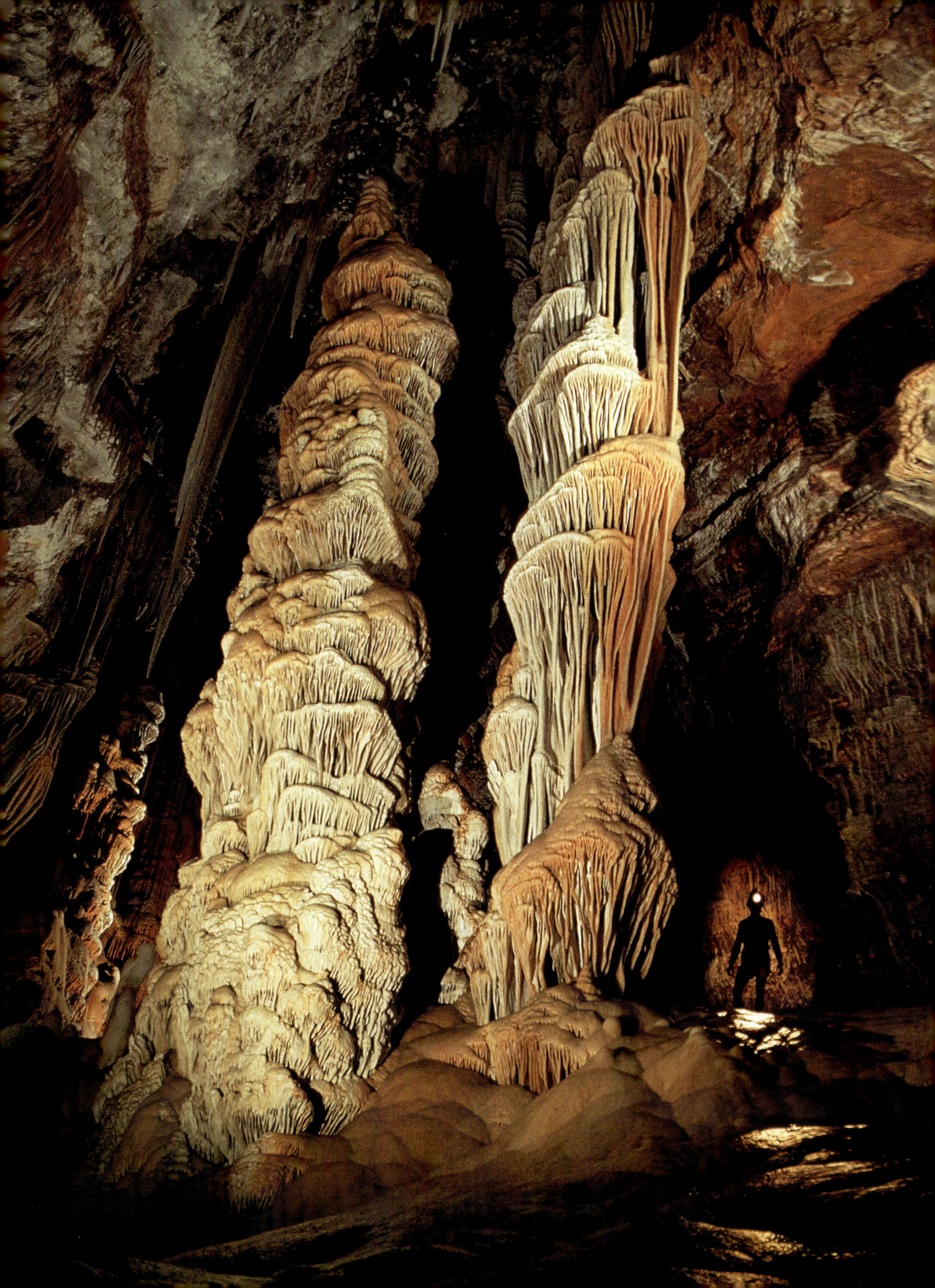

Um einen solchen »Energieverlust« zu vermeiden, lässt der Navajo, der anderen Sandgemälde zeigt, absichtlich die wichtigsten Einzelheiten aus. Stattdessen kombinieren die Navajo in diesem Fall Elemente aus verschiedenen Gemälden, die bei einer echten Zeremonie nie zusammen erscheinen würden – manchmal geschieht dies auf eine Art und Weise, dass die Zusammenstellung ebenso lächerlich wirkt wie die Floskel »Grüßen Sie bitte Eliza Jane von mir«, geäußert gegenüber dem alten Agua Grande. Die Betrachter kennen die Unterschiede nicht oder kümmern sich nicht darum, und die eigenen Leute sehen auf einen Blick, dass die Maler die heiligen Riten nicht entweiht haben.

Es gibt einige Höhlengänger, die sich dem Grand Canyon mit einer fast schamanischen Verehrung nähern. In ihrer Gegenwart spürt man den Stolz der Eingeweihten. Da die Höhlen des Cañons extrem unzugänglich und von Geheimnissen umgeben sind, lassen sich einige Forscher bei ihrer Suche nach Neuentdeckungen dazu verleiten, eigene Rituale zu beschwören. Höhlenforscher träumen davon, unter Bergen von Kalkstein auf juwelenbesetzte Kathedralen zu stoßen, in die weder Licht noch Menschen je vordrangen. Manchmal, wenn wir uns besonders anstrengen, finden wir die Orte unserer Träume.

Donald Davis ist ein anerkannter Colorado-Höhlenkundler, der in den vergangenen vier Jahrzehnten viel zu den Vermessungsarbeiten im Grand Canyon beigetragen hat. Er ist außerdem der Autor einer Reihe von Abhandlungen zur Höhlengeologie und Mineralogie. 1982 veröffentlichte er ein Meisterstück der Pseudowissenschaft unter dem Titel »The Dilation Theory of Cavern Development« – »Die Theorie von der Höhlenerweiterung«. Davis und die vielen Fans seiner Abhandlungen beharren darauf, dass das Werk nur ein anspruchsvoller Insiderwitz sei. Obgleich es sich um einen Scherz handelt, ist der Aufsatz in mehreren amerikanischen Höhlengänger-Zeitschriften veröffentlicht und für Vorträge vor einem deutschen, Schweizer und norwegischen Publikum übersetzt worden. Die Schrift erreichte unter den Arbeiten seiner hervorragenden (und ansonsten seriösen) Speläologenkarriere die weiteste Verbreitung. Davis beginnt mit der These, dass »alle bisherigen Forscher einem schweren Irrtum unterlagen, indem sie Höhlen als geologische oder hydrologische Phänomene behandelten«. Vielmehr behauptet er, »der Mechanismus der Höhlenentstehung ist parapsychologischer oder, genauer, psychokinetischer Natur«. Weiter heißt es:

> Meine eigene Erkenntnis dieses Faktums vollzog sich während einer Fahrt mit zwei Höhlengeologen in den Grand Canyon. Sie kartierten einen abgemessenen Sektor durch die Redwall-Kalksteinklippe entlang einer steilen, durch eine Verwerfung entstandenen Klamm, während ich voranging und eingehend die Wände nach Höhlen absuchte. Keiner von uns sah während des Abstiegs irgendwelche Höhlen. Bei der Rückkehr über dieselbe Route erblickten wir wiederum keine Höhlen, bis der letzte Mann plötzlich zu seiner Linken, in sechs Meter Entfernung und gut sichtbar, einen Eingang von drei Meter im Quadrat hinter dem Stamm einer Douglas-Fichte entdeckte. Dieser führte in eine Höhle mit Galerien von 600 Meter Länge. Offensichtlich hatte sie sich im letzten Augenblick aufgetan oder ins Dasein geblinzelt, als die mentale Kraft der darauf gerichteten Aufmerksamkeit unserer Gruppe die Intensität erreicht hatte, die nötig ist, um eine Höhle zu erschaffen. Höhlenerweiterung funktioniert offensichtlich nach quantenmechanischen Gesetzen: Die Höhle springt ohne irgendein Zwischenstadium im Nu von »aus« auf »an«, wenn der Schwellenwert des Energiezuflusses erreicht ist. Deshalb sieht niemand, wie sich eine Höhle langsam öffnet, solange er hinguckt. Da allgemein bekannt ist, dass psychokinetische Kräfte unabhängig vom Gravitationsgesetz arbeiten, nach dem sich zwei Massen mit einer Kraft umgekehrt proportional dem Quadrat ihrer Entfernung anziehen, tun sich die meisten Höhlen außer Sichtweite ihres Schöpfers auf, und es scheint, als wären sie schon sehr viel früher vorhanden, als sie es tatsächlich sind.

Nachdem er ein Beispiel einer Höhle in Colorado angeführt hat, schlägt der Autor einen operativen Mechanismus vor:

> Die meisten Höhlen findet man in Kalkstein, Dolomit und Gips, weil diese Gesteine mit kargen und unfruchtbaren Landschaften einhergehen, deren Bewohner wenig Unterhaltung hatten, ihre Langeweile aber unbewusst dadurch entluden, dass sie unterirdische Hohlräume schufen. Einmal begonnen, verstärkte sich die Tendenz durch Beeinflussung anderer. Als Wissenschaftler dann die falsche, aber bei oberflächlicher Betrachtung plausible Erklärung entwickelten, dass Wasserbewegung die Aushöhlungen hervorriefe, strebten die Höhlen, die sich später auftaten (oder vielleicht auch die früheren, da Psychokinese möglicherweise Vorauswissen einschließt), danach, die erwarteten Formen anzunehmen – eine sich selbst erfüllende Prophezeiung.

Der Text schließt mit »Sicherheitsanmerkungen« bezüglich des Potenzials einer weit verbreiteten Erweiterungsforschung: Diese könne schwarze Löcher heraufbeschwören, indem so viele Hohlräume geschaffen würden, dass sie das Volumen des Planeten überstiegen.

Jeder, der hinreichend Erfahrung mit der Höhlenbegehung hat, kennt die Erfahrung, die Davis beschreibt – die Höhle taucht gut sichtbar immer erst am Ende eines langen Tages auf, den man mit der Suche nach ihr verbracht hat und in dessen Verlauf man mehrmals an dem »offensichtlichen« Eingang vorbeigelaufen ist. Bei größeren Höhlenexpeditionen in fremden Ländern gibt es einen oft unter Beweis gestellten Zusammenhang: Am letzten Tag einer langen Reise schließlich, wenn die Forscher bereits von der Rückkehr in die Zivilisation schwärmen, findet jemand aus der Mannschaft einen neuen Gang, der in eine unerwartete Richtung führt, ein gewaltiges Bohrloch, das nach kurzer Entfernung von einem senkrechten Schacht durchbrochen wird. Dieser Schacht erweist sich als so tief, dass auch das längste verfügbare Seil nicht hinabreicht; es steht also fest, dass die neu entdeckte Passage bis zu irgendeiner künftigen Expedition unerforscht bleiben wird. Solch ein »Letzter-Tag-Schacht« wird insbesondere dann auftauchen, wenn es im Verlauf einer längeren und schwierigen Expedition, vorzugsweise in tropischen Regenwäldern, bis dahin keine größeren Entdeckungen gegeben hat.

Die vielleicht bedeutsamste Höhle im Westen der USA, die in den letzten Jahrzehnten erforscht wurde, ist Lechuguilla im Carlsbad Caverns National Park im südlichen New Mexico. 1986 kannte man die Höhle auf einer Länge von einigen hundert Metern, inzwischen sind bereits über 160 Kilometer an Gängen erkundet worden, und bei jeder Expedition wird ein weiteres Stück erforscht. Einen maßgeblichen Anteil an der Erforschung der Lechuguilla-Höhle besaß Donald Davis, der Begründer der obskuren »Höhlenerweiterungs-Theorie«.

Der einzige natürliche Zugang zu Lechuguilla wurde 1914 von John Ogle beim Abbau von Fledermaus-Exkrementen entdeckt – der ähnliche Qualitäten hat wie der bekannte Vogelguano. Ogle bewohnte zweifellos eine karge und unfruchtbare Landschaft, die nur dünn besiedelt war. Ein Schacht von gut zwanzig Meter Tiefe führte zu einem Versturz, von dem ein starker Wind ausging. Anfang der 80er Jahre gelangte eine Gruppe von Höhlengängern aus Colorado zu der Überzeugung, dass die Ursache des Luftzugs eine ausgedehnte unerforschte Kaverne sei, und machte sich daran, einen Weg ins Innere zu graben.

Im Verlauf mehrerer Jahre verbrachten ausgesuchte kleine Gruppen die Wochenenden damit, in dem Geröll herumzustochern, und 1986 gelang einer besonders entschlossenen Vierergruppe der Durchstoß zu kilometerlangen unbekannten Gängen, die mit üppigen und ungewöhnlichen Formationen geschmückt waren. Wegen der vielen Windungen der Höhlentunnel und der ungewöhnlich hohen Konzentrationen von Gips und anderen Mineralien zogen Donald Davis und andere Speläologen den Schluss, dass Lechuguilla nicht durch Oberflächenabflüsse geformt worden sei, wie dies bei Kalksteinhöhlen gewöhnlich der Fall ist. Stattdessen verkündeten sie, die Höhle scheine durch schwefelwasserstoffhaltige aufsteigende Quellen, die durch chemische Reaktion Schwefelsäure bilden und Gestein in kurzer Zeit auflösen, gebildet worden.

Anfang der 90er Jahre lockte diese Theorie Mikrobiologen in die Höhle. Andere tief gelegene, dunkle, mit Schwefelwasserstoff gesättigte Umgebungen, wie etwa Vulkanschlote im Tiefseeboden, hatten sich als wahre Fundgruben für ungewöhnliche Bakterien erwiesen, die Energie aus Chemikalien im Gestein gewannen. Das Leben in diesen extremen Umgebungen war rund um eine chemische Nahrungskette aufgebaut – im Gegensatz zur bekannteren Nahrungskette der oberirdischen Welt, die auf Energie aus Sonnenlicht basiert. Die Höhle enthielt Tausende von Spezies unbeschriebener Mikroorganismen, die in komplexen Gemeinschaften lebten. Diese Ökosysteme zogen sowohl Mikrobiologen als auch NASA-Wissenschaftler nach Lechuguilla, Astrobiologen, die ihre Erwartung zu untermauern hofften, dass primitives Leben unter der eisigen Oberfläche des Mars und anderer Himmelskörper des Sonnensystems existiere. Unvermeidlicherweise lockten die neu entdeckte Höhle, die unbekannten Bakterien und das NASA-Interesse auch Journalisten an. 1996 verbrachte ich vier Tage in einem unterirdischen Lager im unteren Bereich von Lechuguilla und half Mikrobiologen beim Sammeln gesteinszersetzender Bakterien. In den nächsten beiden Jahren sammelte ich mikrobische Proben, über die anschließend in wissenschaftlichen Aufsätzen der NASA berichtet wurde, die die Voraussetzungen für die Entdeckung mikrobischer Fossilien auf dem Mars umrissen. Ich war also nicht länger nur Reporter, sondern auch Amateurwissenschaftler.

Auf meiner ersten Fahrt hinaus zur Höhle hatte ich den medizinischen Mikrobiologen Larry Mallory kennen gelernt, der auf dem Gebiet über neuartige Höhlen-Mikroorganismen führend ist.

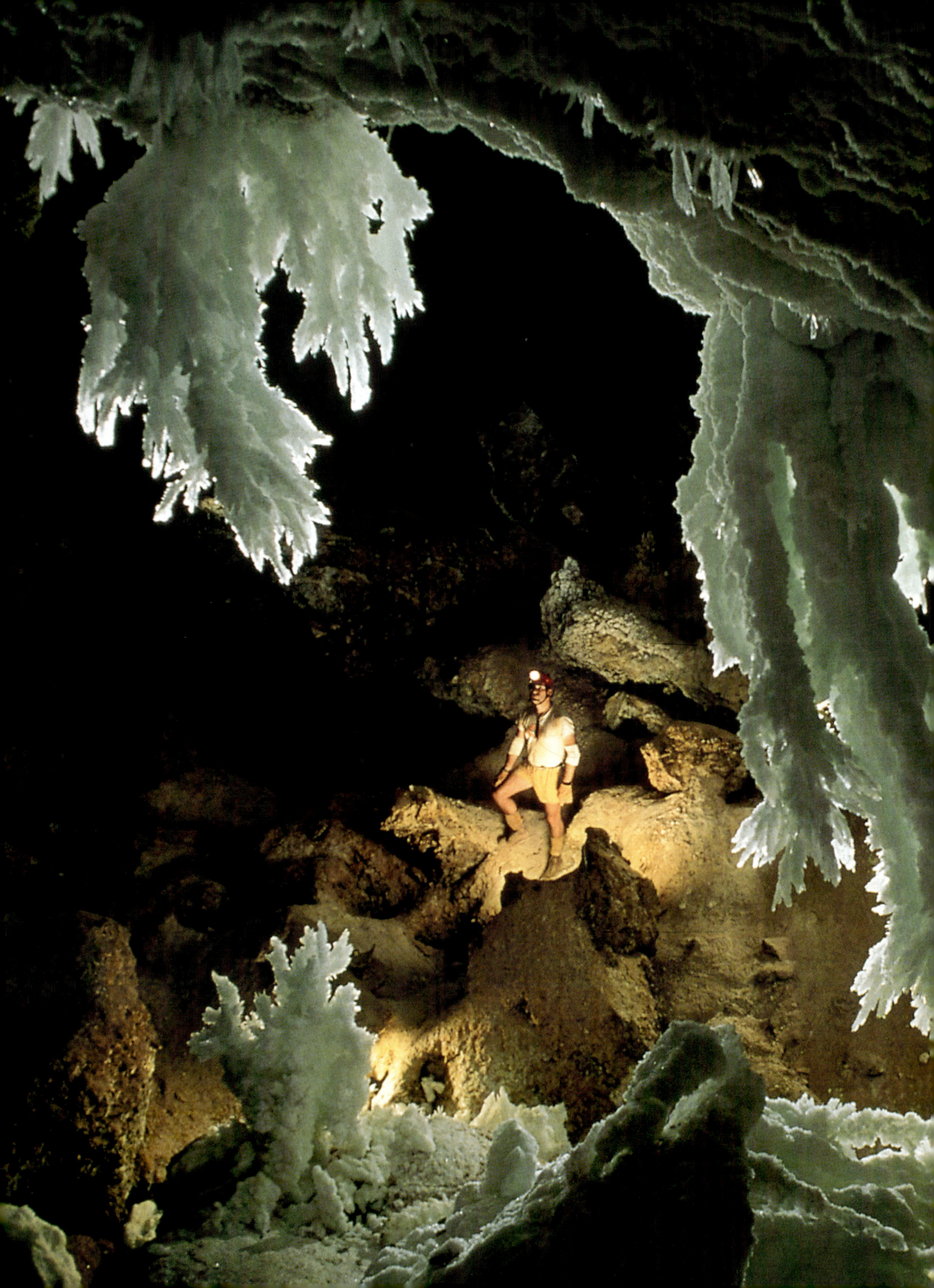

Filigrane Selenitkristalle von bis zu sechs Meter Länge schmücken den »Chandelier-Ballsaal« der Lechuguilla-Höhle. Doch diese Schönheit ist zerbrechlich: Sollte die Kammer der Öffentlichkeit zugänglich gemacht werden, könnte sich, so die Prognose der Geologen, durch den ständigen Besucherstrom die Luft in ihrer Zusammensetzung und Feuchtigkeit so verändern, dass die Kristalle beschädigt werden.

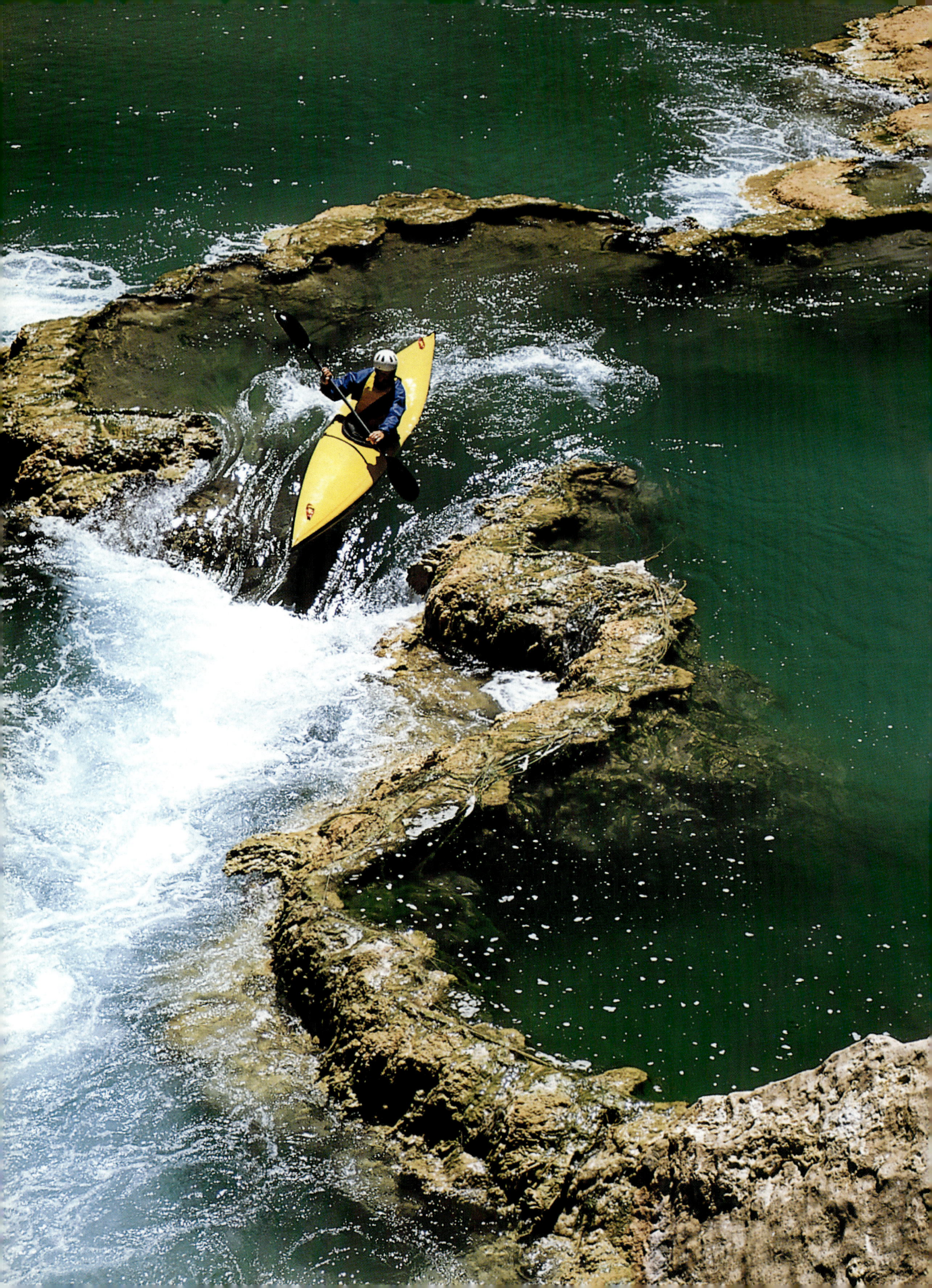

»Wenn ich einen Küstenmammutbaum, einen Tiger und eine Forelle als Proben nähme«, hatte Mallory mir erklärt, »hätte ich Lebewesen, die sehr viel enger miteinander verwandt wären als viele der Organismen, die in einem einzigen Wassertropfen an einer einzelnen kleinen Formation in Lechuguilla leben. Unter der Erde existiert eine unglaubliche Vielfalt. In einem Teich könnte man eine Gemeinschaft finden, die auf der Wasseroberfläche lebt, eine weitere am Rand des Wassers, noch eine auf dem Grund und vielleicht noch eine, die schwebend in der Mitte bleibt.

Jede dieser Gemeinschaften könnte Dutzende oder sogar Hunderte verschiedener Taxa umfassen. Sie haben über einen sehr langen Zeitraum einen Evolutions- und Anpassungsprozess durchlaufen und unterscheiden sich sehr stark voneinander. Das ist einer der Gründe, warum sie so schwer zu sammeln sind: Man benötigt mehrere verschiedene Techniken für jede Stelle, sonst geht einem das meiste durch die Lappen«.

Ich fragte, ob mir diese unheimlichen Bakterien Schaden zufügen könnten. Lauerte etwa eine Gefahr auf uns?

»Nicht sehr wahrscheinlich«, erwiderte Larry. »Parasitäre Beziehungen erfordern eine weitgehend gemeinsam verlaufene Evolution von Wirt und Parasit. Nur Vertrautheit bringt Krankheit hervor«.

Die doppelte Vorstellung, dass unbekannte Lebensreiche darauf warteten, gefunden zu werden, und dass ich, trotz meiner fehlenden wissenschaftlichen Ausbildung, dabei helfen könnte, sie zu finden, machte einen unwiderstehlichen Eindruck auf mich.

Die Tradition des amerikanischen Journalismus besagt, dass ein Reporter von seinem Thema Abstand wahren, dass er bloßer Beobachter und nicht Teilnehmer sein muss. Doch hat es schon immer eine gegensätzliche Strömung gegeben, den »teilnehmenden Journalismus«, bei dem man etwas Aufregendes tut und darüber schreibt. Daraus beziehen die Arbeiten von Peter Freuchen, John Lloyd Stephens und John Wesley Powell ihre erzählerische Kraft. Mehr noch, die Quantentheorie, so realisierte ich – oder vielleicht sollte ich besser sagen, so rationalisierte ich –, lehrt uns, dass der Akt des Beobachtens das beobachtete Phänomen grundlegend beeinflusst, bis zu dem Punkt, dass er seine tatsächliche Realität bestimmt. Wenn dies zutrifft, ist journalistische Objektivität bestenfalls illusorisch.

Wie John Wesley Powell und Donald Davis, wie die Navajo, die oben auf der Klippe zwischen Schalen mit farbigem Sand saßen, und wie die Höhlengänger und Filmleute, die in heikler Lage an einem Metallkran hingen, wollte ich die Schönheit im Unbekannten entdecken, Kunst schaffen, die bei der Erklärung der Wirklichkeit hilft.

Wenige Wochen bevor Hazel und Nancy nach Arizona gekommen waren, um die letzten Szenen zu drehen, hatten beide sich einverstanden erklärt, mich jeweils zu ihrer liebsten Höhle mitzunehmen, damit ich jene Teile der Höhlenerforschung und Speläologie erleben konnte, die in einer 40-Minuten-Dokumentation keinen Platz finden. Ohne Kamerateams oder Drehpläne machte ich mich mit Nancy auf den Weg zu unberührten Gängen und dann mit Hazel auf die Suche nach neuen Formen unterirdischen Lebens. Von den Ergebnissen dieser Fahrten – und auch von dem, was hinter der unberührten Öffnung in der Wand des Cañon des Little Colorado River lag – kann ich nicht berichten, ohne vorher zuzugeben, dass kleine Ungenauigkeiten eingeflossen sind, die notwendig waren, um eine schöne Geschichte zu erzählen.

Aber eines ist sicher: Dieses Mal hat der wundervolle Zauber unterirdischer Felsenräume gewirkt.

Links: Ein Kajakfahrer im Little Colorado schießt über einen Travertindamm, einer Sinterformation an der Oberfläche. Mikrobiologen haben herausgefunden, dass Travertin ausnahmslos mit mikrobischen Fossilien durchsetzt ist. Einige glauben, die Mikroben lagern das Kalzitmineral ab, ähnlich wie Korallenriffe entstehen.
Oben: Eine Navajo-Familie praktiziert das alte Heilungsritual des Sandgemäldes.

KAPITEL 10

Im Bauch
des Planeten

An einem warmen Samstagabend gegen Ende März traf ich in einem gemütlichen Blockhaus am Ende einer Schotterstraße abseits des gewundenen State Highway in Nordost-Alabama ein. Bei mir waren Nancy, ihr Ehemann Brent und zwei gemeinsame Freunde aus Atlanta, Alan und Benji. Am nächsten Tag wollten wir Messungen in der State Line Cave ausführen, einer der zahlreichen Höhlen am Fox Mountain, einem für die Aulenbachs besonders interessanten Gebiet. In dieser Nacht waren wir zum Schlafen im Haus der Höhlengänger Jim und Gail Wilbanks untergebracht. ■ An jedem beliebigen Wochenende füllt sich das Haus der Wilbanks mit Freunden und Fremden. Leute, die sie gut kennen, und andere, die sie gerade erst kennen gelernt haben, unterhalten sich bis weit nach Mitternacht auf dem Steg oder in dem geräumigen Hot-Whirlpool. Sie stellen Zelte auf oder kriechen hinten in einen Pickup mit Camperaufbau und selbst gebauten Schlafkojen – eine beliebte Ausrüstung unter TAG-Höhlengängern. Dem Paar mangelt es nie an Gesellschaft, denn es wohnt mitten im TAG, umgeben von tiefen Schächten und Höhlensystemen. Beide sind, wie die meisten Höhlenkundler, grenzenlos großzügig. Sie stellen nicht nur Höhlengängern aus dem ganzen Land kostenlos Unterkünfte

Oben: Ein Salamander, der tief im Innern von Cagle's Chasm lebt, einer komplexen TAG-Höhle, kriecht zur Nahrungssuche nachts hinaus. Rechts: Ein Höhlengänger auf einer 25 Meter langen »freien« Abseilstrecke in Thunder Hole.

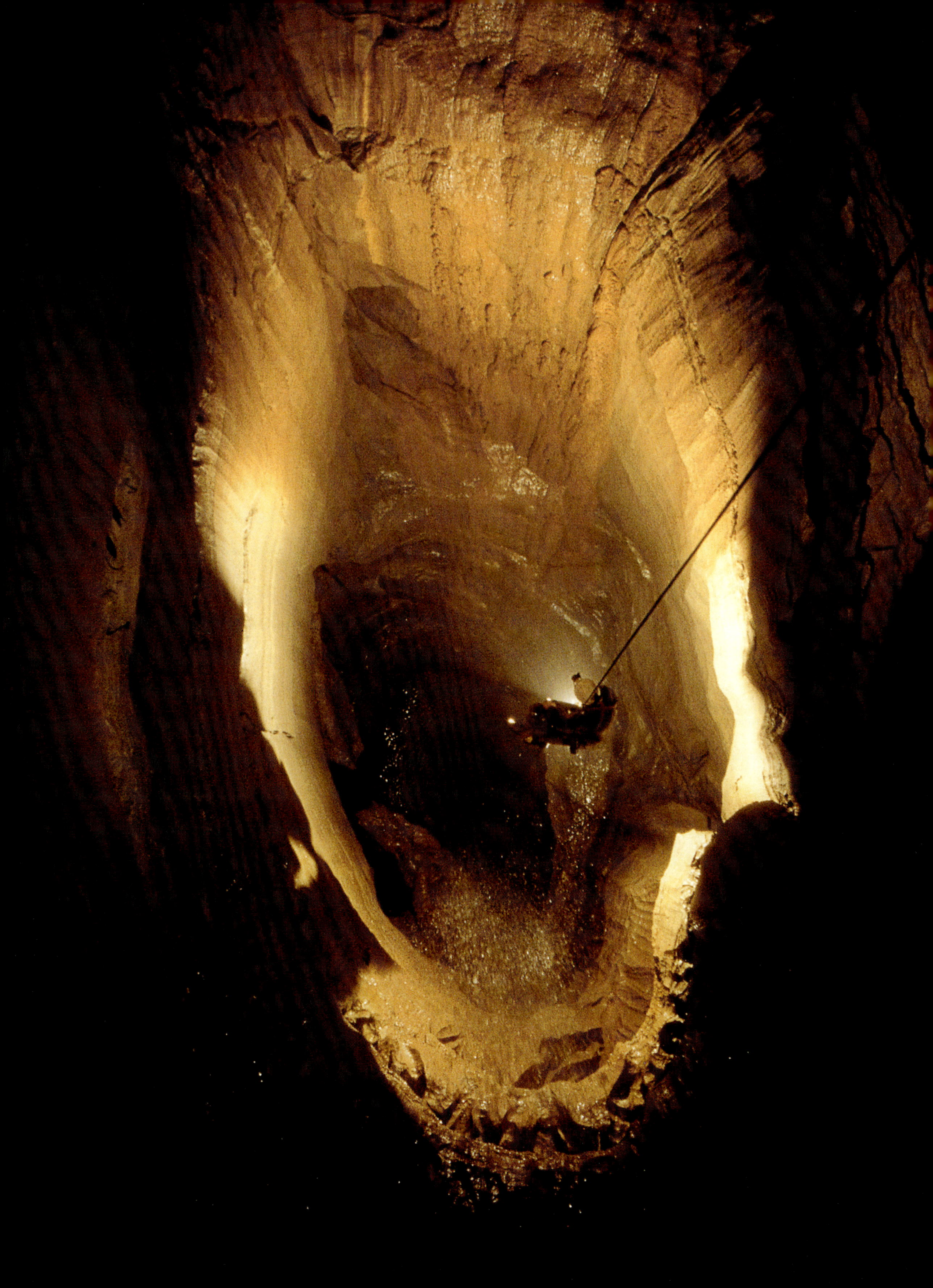

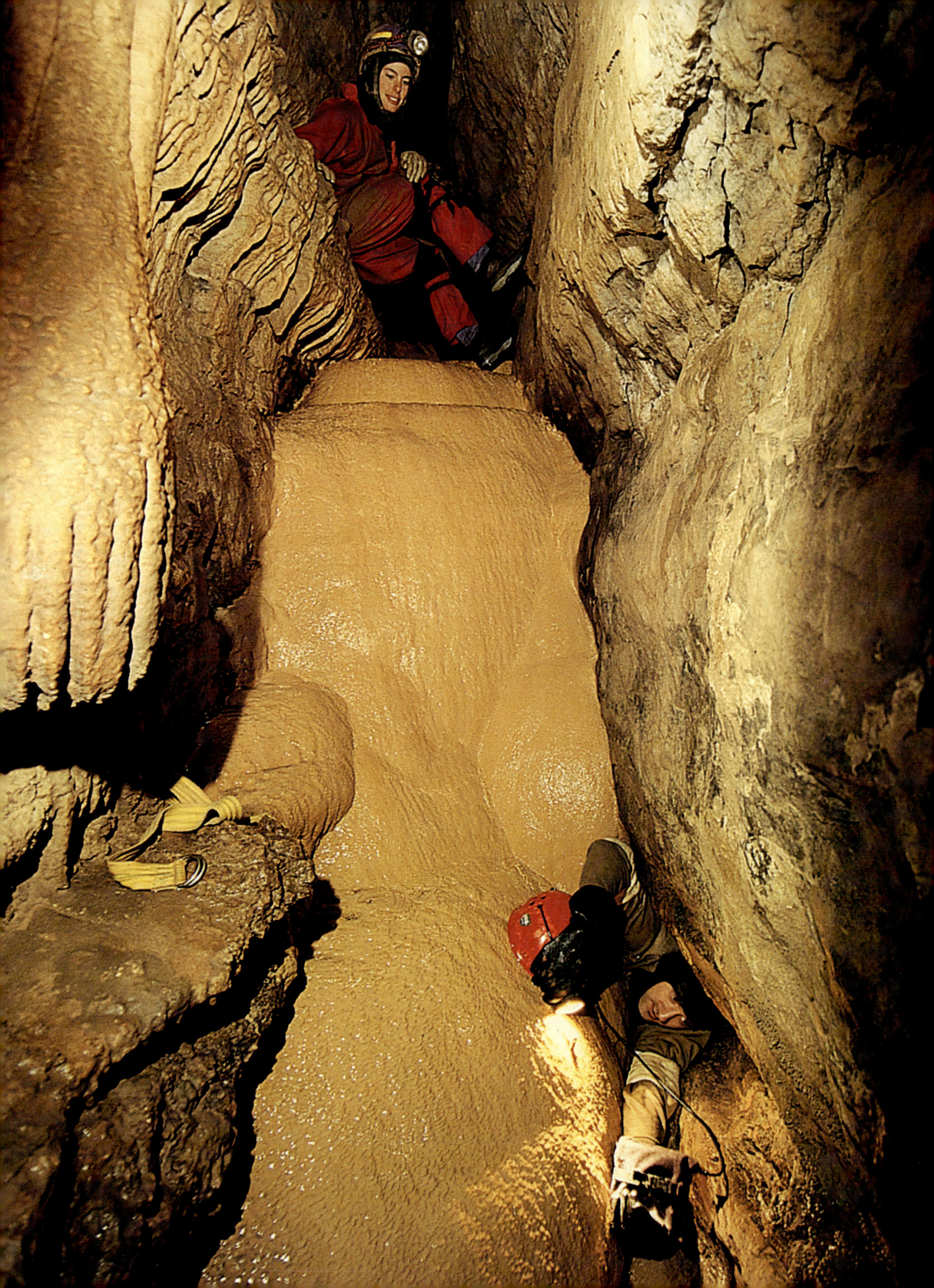

zur Verfügung, sondern bieten auch an, in verschmutzten Höhlen beim Müllsammeln zu helfen, und bauen auf Anfrage von Landbesitzern, die ungebetene Besucher fürchten, Tore zum Verschließen von Höhleneingängen, und organisieren Speläologentagungen.

Die Wilbanks widmen einen großen Teil ihrer Zeit und ihres Einkommens dem Southeastern Cave Conservancy, einer gemeinnützigen Organisation, die Land in der Umgebung von TAG-Höhlen und -Schächten aufkauft, um diese für künftige Generationen von Höhlengängern und Wissenschaftlern zu bewahren; Jim sitzt im Vorstand. Beide sind in lokalen Höhlenclubs ebenso aktiv wie in regionalen Verbänden.

Eine weitere Gruppe von Höhlenkundlern aus Atlanta, die für das Wochenende eine andere Höhle zum Ziel hatte, war bereits bei den Wilbanks eingetroffen. Einen der Leute erkannte ich als Jerry Wallace, einen Cartoonisten, der seit Jahrzehnten Höhlengänger-Zeitschriften illustriert (ich habe einmal ein T-Shirt aus seiner Serie »Große Lügen über Höhlenbegehung« besessen: »Lüge Nummer 3: Man braucht keine Knieschützer« mit der Abbildung eines wimmernden Höhlengängers, der über hunderte Felsstacheln kriecht). Jim erwähnte, dass später am Abend zahlreiche Studenten aus Pennsylvania ankommen und draußen Zelte aufschlagen würden.

Als Nancy Jim Wilbanks beschrieben hatte, kam er mir bekannt vor, aber ich hatte kein Bild von ihm vor Augen. In seinem Haus erkannte ich ihn als den redegewandten Höhlengänger wieder, mit dem ich auf früheren Tagungen oft diskutiert hatte. Noch mehr als die Tatsache, dass ich Jim kannte, überraschte mich die plötzliche Erkenntnis, dass ich schon einmal bei ihm gewesen war und mit einigen Freunden aus Florida im Garten gezeltet hatte. Diese hatten mich in den 80er Jahren, als das Haus noch im Bau war, mit hierher genommen. In einer freundlichen Atmosphäre unterhielten wir uns über Höhlen und Höhlenpolitik.

Nancy hatte mich gebeten, den Film nicht zu erwähnen. Wie viele Höhlenkundler reagierte Jim nervös auf Publizität. Obgleich er mit den Aulenbachs gut befreundet war, hatte er versucht, Nancy von ihrer Teilnahme in dem Film abzubringen. TV-Dokumentationen, die bis dahin im TAG produziert worden waren, hatten Höhlenbegehungen allzu oft als Abenteuersport für Adrenalinsüchtige dargestellt. Solche Sendungen erwähnten selten den Naturschutzgedanken und die strengen Sicherheitsgrundsätze der meisten Speläologen.

Jim und andere fürchteten, dass unser Film kaum mehr zeigen würde als eine ausgedehnte Mountain-Dew-Werbung, dass er Teenager ohne Ausbildung dazu verleiten könnte, den Höhlen oder sich selbst Schaden zuzufügen, wenn sie Stunts nachzustellen versuchten, die sie auf der Leinwand gesehen hatten. Im Endergebnis würden mehr Höhlen auf Privatgrund für die Erforschung geschlossen werden, und mehr Kavernen in öffentlichem Besitz hätten unter steigenden Besucherzahlen zu leiden. Nancy und andere Höhlengänger, die *Journey Into Amazing Caves* unterstützten, argumentierten, dass Information der einzige Weg sei, um in einer breiten Öffentlichkeit Unterstützung für den Höhlenschutz zu bekommen. Jim war fest im entgegengesetzten Lager verankert. Um keine Diskussion auszulösen, die sich bis weit in die Nacht hinein erstrecken würde, konzentrierten wird uns lieber auf die Ziele für den nächsten Tag.

Brent breitete eine Papierrolle von 90 Zentimeter Breite und knapp 2,5 Meter Länge aus, die über die Kanten des Kaffeetisches im Wohnzimmer der Wilbanks hinausreichte. Es war eine provisorische Karte der State Line Cave mit den wichtigsten bis zu diesem Zeitpunkt erkundeten Gängen. Der verschlungene Weg vom Eingang kreuzte sich mit einem größeren Flussabschnitt – noch nicht vermessen, aber grob eingezeichnet –, der sich etwa anderthalb Kilometer weit von Nordost nach Südwest unter dem Fox Mountain dahinschlängelte. Der Wasserlauf quert auf seinem Weg die Staatsgrenze zwischen Georgia und Alabama. »Wenn wir morgen losgehen, werden wir mit dem Grundbesitzer, bei dem wir parken, oder dem Grundbesitzer der Höhle keine Probleme haben«, erklärte Brent. »Aber genau hier« – er zeigte auf ein Dreieck, das in die topographische Karte eingezeichnet war – »müssen wir am Rand eines Feldes entlanggehen. Der Farmer mag Höhlengänger auf seinem Besitz nicht besonders. Er kann uns den Durchgang nicht verweigern, weil wir die Erlaubnis des Höhleneigentümers haben, aber wir versuchen am Rand seines Besitzes zu bleiben und gehen so leise und rasch hindurch, wie wir können«.

»Dank der SCCI haben wir eigentlich wunderbare Beziehungen zu den meisten hiesigen

Nancy (oben) nimmt den oberen, ihr Mann Brent den unteren Weg bei einer Erkundung eines von einer Sinterkaskade fast aufgefüllten Ganges in TAG. Einer von beiden hat auf dem Vorsprung links einen Schleifsack aus Nylon abgelegt, während das Paar jeden auch noch so engen Gang untersucht.

Nancy beim Kriechen in eine von ihr entdeckten unberührten Höhle. Die zierliche Höhlenkundlerin beweist hier ihre Fähigkeiten, die sie in dieses Team gebracht haben – eine Gruppe von Höhlengängern, die sich auf enge Passagen spezialiert hat und zur Rettung Verunglückter aus für normal Große zu engen Stollen herangezogen wird. Sie stieß auf diesen Eingang, als sie zwei Steine von einem verdächtig aussehenden, dunklen Fleck wegrollte.

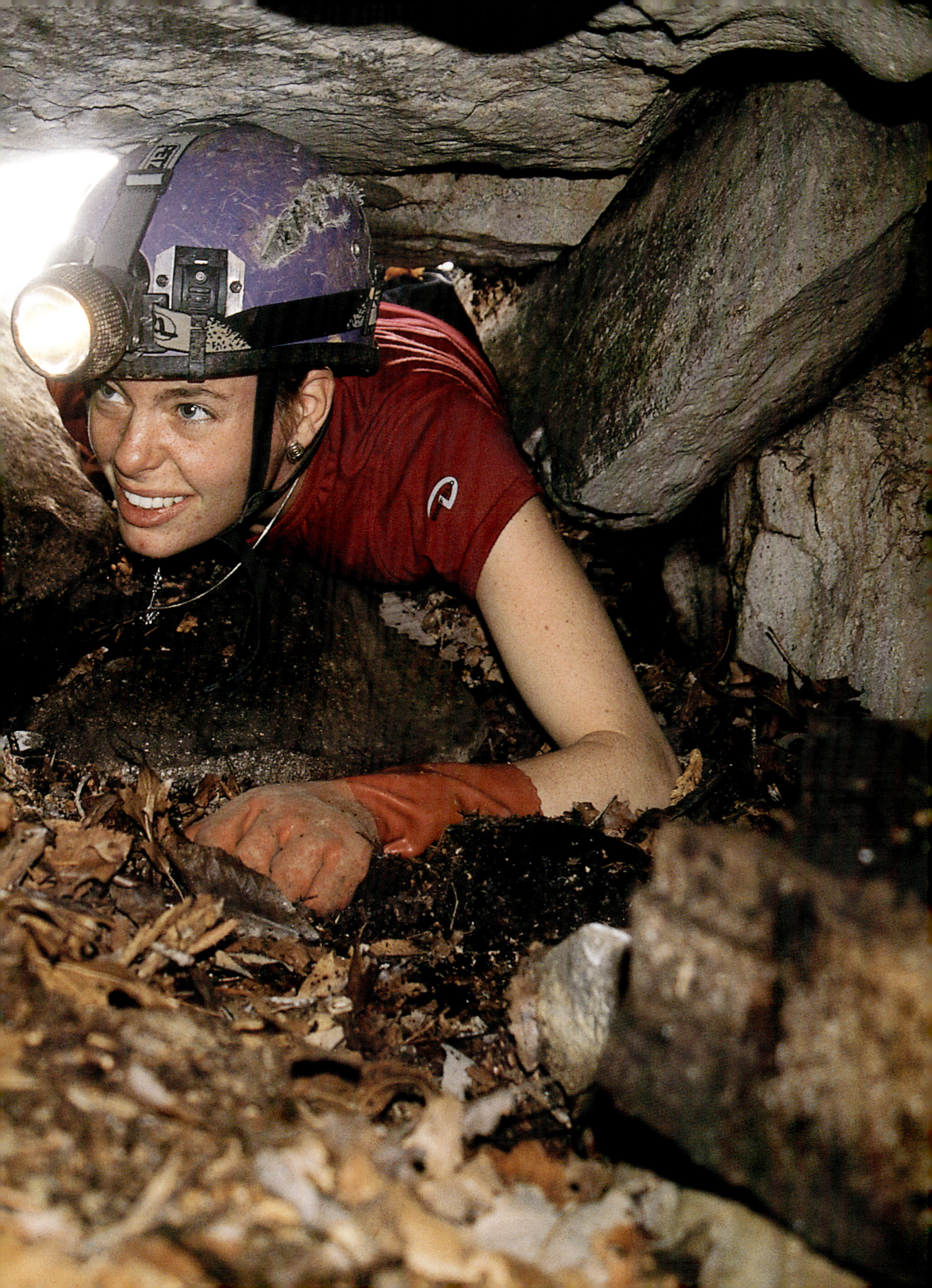

Grundbesitzern«, erklärte Jim. Die Southeastern Cave Conservatory Institution hat sich dem Schutz der Höhlen für künftige Generationen von Höhlengängern und Wissenschaftlern verschrieben.«Die alten Flurkarten waren in Bezug auf die Besitzgrenzen verwirrend, also haben wir ihnen angeboten, die Grenzen neu zu vermessen. Brent und Nancy haben viel dazu beigetragen«. Jim hatte 75 Freiwillige organisiert, um ein 94 Hektar großes Höhlenreservat zu vermessen.

Im Zuge der Einbeziehung ländlicher Grundeigentümer teilte einer von ihnen den Standort einiger Höhleneingänge mit, die noch nie erkundet worden waren. Die oft schwierige Prozedur, die Erlaubnis zur Erkundung einer Höhle auf Privatbesitz zu erlangen, ist ein Grund, warum so viele Höhlengänger die Öffentlichkeit scheuen. Je mehr Leute die Felder eines Farmers überqueren, desto größer ist dessen Furcht vor offenen Gattern und ausgebrochenem Viehbestand, zertrampelten Ernten oder – schlimmer noch – vor einem unvorsichtigen Höhlenkundler, der sich verletzt und deswegen vor Gericht zieht. Um solchen Ängsten zu begegnen, haben Anwälte unter den Höhlengängern bei der Entwicklung von Formularen zum Haftungsausschluss der Grundeigentümer geholfen. Ortsansässige Höhlengänger wie die Wilbanks halten sie bereit und stellen sicher, dass jeder, der auf ein bestimmtes Stück Land vordringt, das Formular unterschreibt. Die von den TAG-Höhlengängern herausgegebenen Formulare haben Grundbesitzer erfolgreich von aller Verantwortung für die Sicherheit derjenigen entbunden, die ihre Höhlen betreten. Jim war gerade dabei, eine Website mit dem Titel »The Cave Access Project« zu entwickeln, die Grundbesitzern wie Höhlenforschern in allen Staaten im Südosten genaue Informationen zur Höhlenhaftung liefern sollte.

»Ich vermute, der Fluss ist hydrologisch mit etlichen Quellen hier unten verbunden«, sagte Brent und zeigte auf ein sumpfiges Gebiet am Rand des Fox Mountain, wo er, wie er sagte, eine Farbspur legen wollte. »Doch der Wasserlauf verschwindet sowohl flussaufwärts wie flussabwärts« – er zeigte auf die Enden des erforschten Gebietes. »So kann man nur hoffen, die Farbe wiederzusehen, wenn man einen seitlichen Abfluss findet. Im Augenblick ist das unwahrscheinlich, aber es bleibt noch eine ganze Menge Kartierungsarbeit zu tun«.

»Und auf dem Weg zur Flusspassage werden Sie eine wirklich spitzenmäßige Höhle zu sehen bekommen«, fügte Nancy lächelnd mit einem Augenzwinkern hinzu.

Der nächste Morgen war kühl und wolkenlos. Nachdem wir bei einer örtlichen Imbissstube »aufgetankt« hatten, fuhren wir zu einem abgelegenen Farmhaus und parkten neben der Straße. Die Bewohner waren nicht da, also hinterließen wir ihnen einen Zettel mit Angaben darüber, wieviele wir in unserer Gruppe waren und wann wir mit der Rückkehr rechneten. Jeder unterschrieb ein Haftungsausschluss-Formular, und Brent steckte den ganzen Papierkram in den Briefkasten des Grundbesitzers. Dann machten wir uns auf den Weg durch Felder und Wälder, folgten Wasserläufen und ein paar wackeligen Zäunen den Berg hinauf. Wir machten bei den Ruinen einer Siedlerhütte halt – zwei Mauern aus robusten Kalksteinblöcken, die mit Moos überwachsen waren. Ich entdeckte eine schwarze Schlange von 1,20 bis 1,50 Meter Länge, die sich auf einem warmen Felsblock ausgestreckt hatte, ein geäderter Fetzen loser Haut schälte sich am Kopf ab und gab den Blick auf eine schimmernde neue Lage darunter frei. Alan hob die Schlange auf, um sie zu fotografieren.

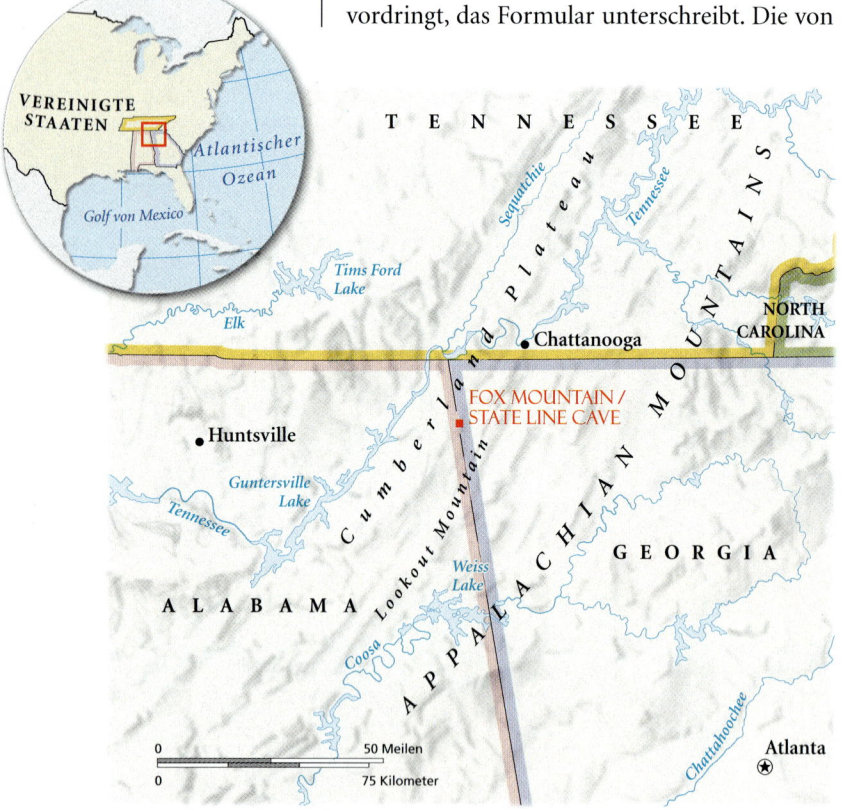

»Das ist ein Black Racer«, sagte er und gab das harmlose Exemplar Nancy in die Hand. »Diese Rennschlangen sind unglaublich schnell. Wenn diese hier sich nicht gerade häutete, wäre sie verschwunden gewesen, bevor wir auch nur in ihre Nähe gekommen wären«. Nancy legte sie vorsichtig wieder auf den Felsen. Hier bog der Pfad zur Höhle nach oben ab und folgte einem Bachbett durch eine exponierte Kammlinie aus Kalkstein. Aus alter Gewohnheit hielten wir beim Aufstieg über die Kammlinie Abstand voneinander und suchten nach Hinweisen auf Höhleneingänge. In TAG sind nur wenige Schritte abseits viel benutzter Pfade unbekannte Höhlen entdeckt worden, die in andere, bereits kartierte Höhlen münden.

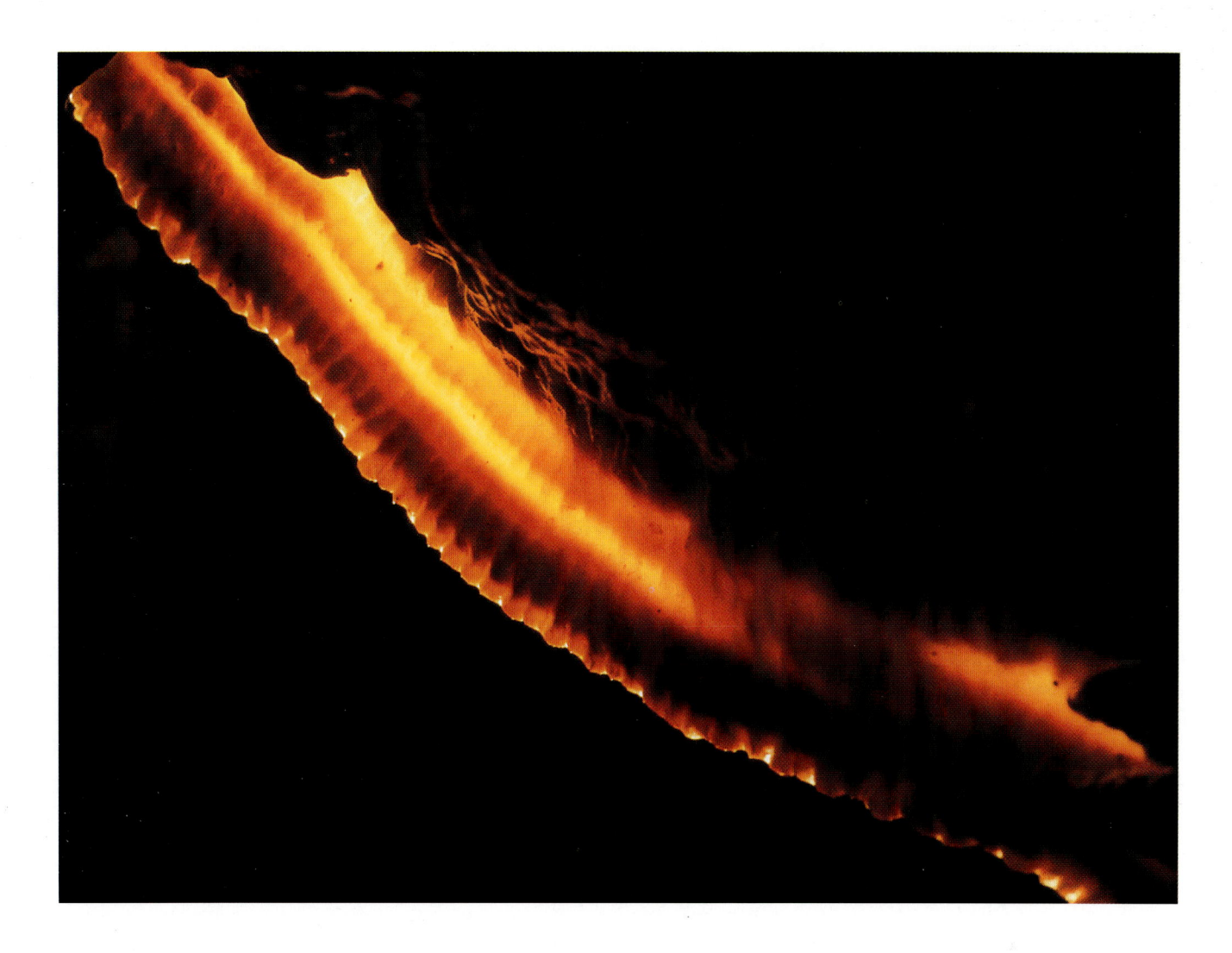

Zeit und Ort waren perfekt fürs »Kammlaufen«, einen Vorgang, mit dem man unentdeckte Höhlen aufspürt. Der Frühjahrswuchs hatte das Unterholz noch nicht so dicht werden lassen, dass die Hangoberfläche dem Blick entzogen war. Die Kontaktstellen zwischen Kalk- und Sandstein waren deutlich zu sehen, markiert durch eine Linie aus Kalkstein-Geröllbrocken. Angesichts der geologischen Beschaffenheit des Fox Mountain konnte jedes schattige Loch entlang der Kammlinie zu einer ausgedehnten Höhle oder einem Schacht führen.

Nancy und ich entdeckten im selben Augenblick etwas, was wie der Schlund einer kleinen Höhle aussah, nur ein paar Zentimeter breit. Er befand sich am unteren Rand einer kleinen Kalksteinwand. Nancy ging hinauf und begann lose Steine beiseite zu schieben, wodurch sie das Loch rasch auf einen Durchmesser von ungefähr 60 Zentimeter erweiterte.

»Hey, Brent«, rief sie. »Hast du das schon mal gesehen?«

»Das ist mir definitiv neu«, sagte er. »Überprüf das mal«.

Noch während er sprach, war Nancy schon durch die kleine Öffnung verschwunden. »Ich sehe einen Gang«, kam Nancys gedämpfte Stimme von drinnen. Brent, Alan und Andy verschwanden ebenfalls im Innern. Ich konnte ihre Lampen nur etwa sechs Meter weit sehen, konnte aber erkennen, dass mindestens einer von ihnen genug Platz zum Stehen hatte. Ich kroch ihnen hinterher. Der Eingang war eng; ich musste meinen Helm absetzen, um nicht mit der Lampe anzustoßen. Ich schob ihn vor mir her und krabbelte über kleine Felsnadeln,

Bänder von Eisenablagerungen geben dem »Höhlenspeck« die charakteristischen Farbstreifen. Am besten kann man sie sehen, indem man eine Lampe hinter die dünnwandige Formation hält.

Wissen, wo man gewesen ist

VON MICHAEL RAY TAYLOR

Ariadne schärft Theseus ein, ein Knäuel Garn ins Labyrinth des gefürchteten Minotaurus mitzunehmen. Er bindet ein Garnende an einen Türsturz und rollt den Faden ab, während er durch das Labyrinth läuft. Der Held tötet das Ungetüm und folgt dem Faden zurück ans Tageslicht.

Was die Navigation angeht, so greift der Ratschlag aus der griechischen Mythologie buchstäblich zu kurz. Einige nachlässige Wochenend-Höhlenforscher benutzen immer noch Theseus' Methode für komplizierte Höhlenrouten und merken rasch, dass auch in einer relativ kurzen Höhle selbst das längste Garnknäuel ziemlich schnell zu Ende geht. Die Eingänge bekannter, viel besuchter Höhlen sind oft mit langen Fäden übersät. Einige Neulinge scheuen nicht einmal davor zurück, Kreuzungen in der Höhle zu verunstalten, indem sie sie (oft falsch) mit gesprayten Pfeilen und entsprechender Aufschrift die Richtung des Ausgangs kennzeichnen. Den organisierten, erfahrenen Höhlengängern bleibt die Aufgabe, die Stellen zu säubern – und spezielle Tage anzusetzen, an denen unnötige und in die Irre führende Graffiti abgeschrubbt werden.

Statt sich auf Fäden, Sprayfarbe, Brotkrumen oder Ähnliches zu verlassen, können erfahrene Höhlengänger es vermeiden, sich in komplizierten Höhlensystem mit vielen Ebenen zu verlaufen, wenn sie einfach ihre Wahrnehmung schulen. Da unregelmäßig geformte Tunnel einwärts selten genauso aussehen wie auswärts, lernt ein Höhlenkundler, andauernd über die Schulter zurückzublicken und sich Einzelheiten der Galerie wie Formationen und Furchen im Gestein zu merken. An jeder Kreuzung wird die betreffende Person anhalten und sich notieren, welchen Gang sie verlässt, in welchen sie hineingeht. Auch andere mögliche Routen, die sie nicht wählt, werden festgehalten. So wie erfahrene Wanderer einen instinktiven Sinn dafür entwickeln, wo sie sich in Relation zu größeren Flüssen, Bergen oder Pfaden befinden, lernen Höhlengänger, ihren Standort mit größeren Landmarken innerhalb der Höhle in Beziehung zu setzen. Gleichgültig wie labyrinthisch die Kriechgänge sein mögen, Speläologen gehen selten verloren. Die ehrlicheren unter uns beziehen sich auf Daniel Boone, der erklärte, er habe immer aus dem Wald herausgefunden, einmal jedoch, so musste er zugeben, sei er »drei Tage lang verwirrt« gewesen. Der Trick besteht darin, die eigenen Spuren sorgfältig bis zu einer bekannten Stelle zurückzuverfolgen – ein Vorgehen, das vielleicht denjenigen vertraut ist, die sich schon einmal in den riesigen Einkaufszentren oder auf ihren Parkplätzen verlaufen haben, auf denen die Orientierung ebenfalls schwer fällt.

Sachkenntnis und Beobachtung sind für Höhlengänger überlebenswichtig, um sicher wieder an die Oberfläche zu kommen, doch ebenso wichtig ist es für sie, genau beschreiben zu können, wo sie gewesen sind. Unter der Erde fällt es besonders schwer, Längen abzuschätzen. Für eine anderthalb Kilometer lange leichte Flusspassage braucht ein Höhlengänger weniger Zeit, als wenn er sich 30 Meter weit durch einen schwierigen Kriechstollen schiebt. Gänge verlaufen selten geradeaus, und Kreuzungen erscheinen selten im rechten Winkel: Es kann passieren, dass man stundenlang gleich unter dem Ausstieg im Kreis geht. In einer bekannten Höhle lassen sich neue Gänge am ehesten aufspüren, wenn man die geologische Anlage versteht. Folgt sie einer besonderen Verwerfung oder einem Gebirgskamm? Steht sie mit der Topographie der Oberfläche in Zusammenhang?

Diese Fragen lassen sich nur anhand einer sorgfältig gezeichneten Karte beantworten, und eine Höhlenexpedition, die ohne neue Karten zurückkehrt, wird oft als Fehlschlag angesehen. Zwar können Höhlengänger eine neu entdeckte Höhle oder einen Gang ein kurzes Stück weit auskundschaften, um zu entscheiden, ob der Fund die Kartierung lohnt. Doch dann erfordert es die Höhlengänger-Etikette, dass alle wichtigen Entdeckungen mit der Ersterkundung kartiert werden. Das Anfertigen von Höhlenkarten ist eine Kunst, die sowohl technische Vermessungsfertigkeiten als auch Zeichentalent verlangt. Jedes Jahr vergibt die National Speleological Society Preise für die besten Karten, die auf Expeditionen angefertigt wurden.

Die Höhlenkartographie hängt von drei Instrumenten ab: Maßband, Kompass und Klinometer – letzteres ist ein Instrument, das Neigungswinkel misst. Höhlengänger setzen überall in der Höhle Vermessungsstationen – normalerweise mit einem Stück Plastikfahne markiert – und messen von Station zu Station Abstände, Kompassorientierungen und Neigungswinkel. Dann werden die erfassten Daten in ein Computerprogramm eingegeben, das die Punkte zwischen den Stationen verbindet, und es entsteht eine einfache, aber genaue Strichkarte der Höhle. Sie zu einer wirklichen Wiedergabe der Höhle auf-

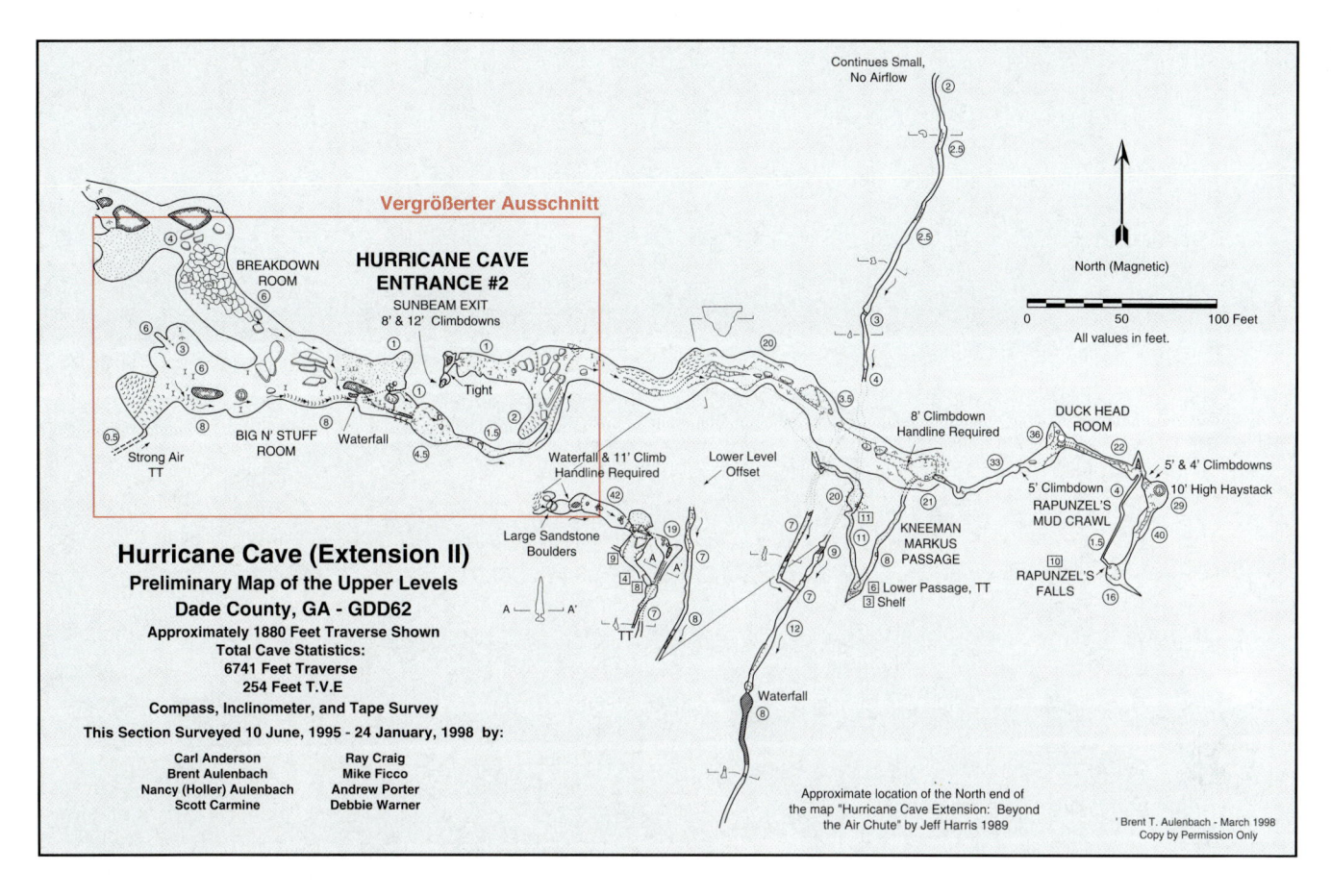

Hurricane Cave (Extension II)
Preliminary Map of the Upper Levels
Dade County, GA - GDD62
Approximately 1880 Feet Traverse Shown
Total Cave Statistics:
6741 Feet Traverse
254 Feet T.V.E
Compass, Inclinometer, and Tape Survey
This Section Surveyed 10 June, 1995 - 24 January, 1998 by:

Carl Anderson
Brent Aulenbach
Nancy (Holler) Aulenbach
Scott Carmine
Ray Craig
Mike Ficco
Andrew Porter
Debbie Warner

Approximate location of the North end of the map "Hurricane Cave Extension: Beyond the Air Chute" by Jeff Harris 1989

Brent T. Aulenbach - March 1998
Copy by Permission Only

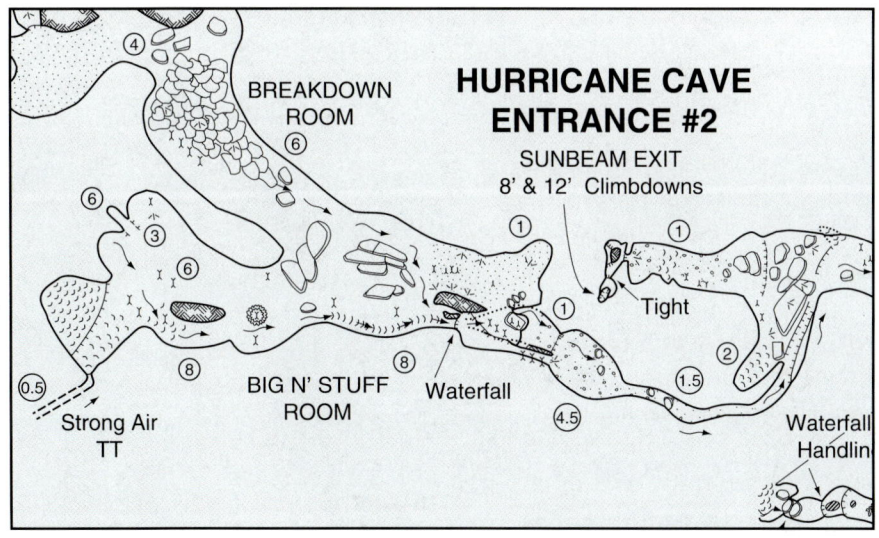

Die Windungen der Gänge können selbst erfahrene Höhlengänger verwirren. Eine sorgfältige Kartografie bildet die Ströme einer Höhle und die Richtungen der Gänge ab, gibt Hinweise auf die Formationen der Höhle und darauf, wo unentdeckte Gänge liegen könnten.

schusst wird, hat kürzlich eine Technik entwickelt, um die genauesten Karten zu zeichnen, die es je gegeben hat. Angewandt wurde das Verfahren bei der kartographischen Erfassung von Wakulla Springs, einem komplexen Unterwasser-Höhlensystem in Nord-Florida. Er benutzte dabei Scooter mit seitwärts gerichtetem Scannerradar und Unterwasser-Funkverbindungen zu Großrechnern. Stones Team scannte das Höhlensystem beim Hindurchtauchen und nahm dabei Millionen Datenpunkte auf. Auf diese Weise können Karten entstehen, die einen sehr hohen Grad an Genauigkeit aufweisen.

Während Kartographinnen wie Hazel Barton nicht so bald auf ihren Zeichenstift verzichten werden, scheint solchen elektronischen Kartierungshilfen die Zukunft zu gehören.

zufüttern, hängt von den Fähigkeiten des Zeichners ab, der Skizzen vom Erscheinungsbild der Gänge zwischen den markierten Vermessungsstationen macht. Diese Zeichnungen und die numerischen Messdaten dienen der Person, die schließlich die Karte anfertigt, dazu, sowohl einen Grundriss wie auch Profilansichten der Höhle zu zeichnen.

Ob es ein einfacher unterirdischer Wasserlauf ist, den man an einem Nachmittag kartiert, oder ein 150-Kilometer-System, dessen Kartierung mehrere Jahrzehnte in Anspruch nimmt – der Vorgang des Kartierens kann lange dauern und ermüdend sein. In Unterwasserhöhlen, wo die Atemluft auf dem Rücken nach Minuten bemessen ist, haben Höhlentaucher Vereinfachungen geschaffen und die Prozedur verkürzt. Deshalb gelten Karten von Unterwasser-Höhlensystemen meist als weniger genau als die von »normalen« Höhlen. Höhlentaucher Bill Stone, dessen Arbeit von der National Geographic Society und anderen Organisationen bezu-

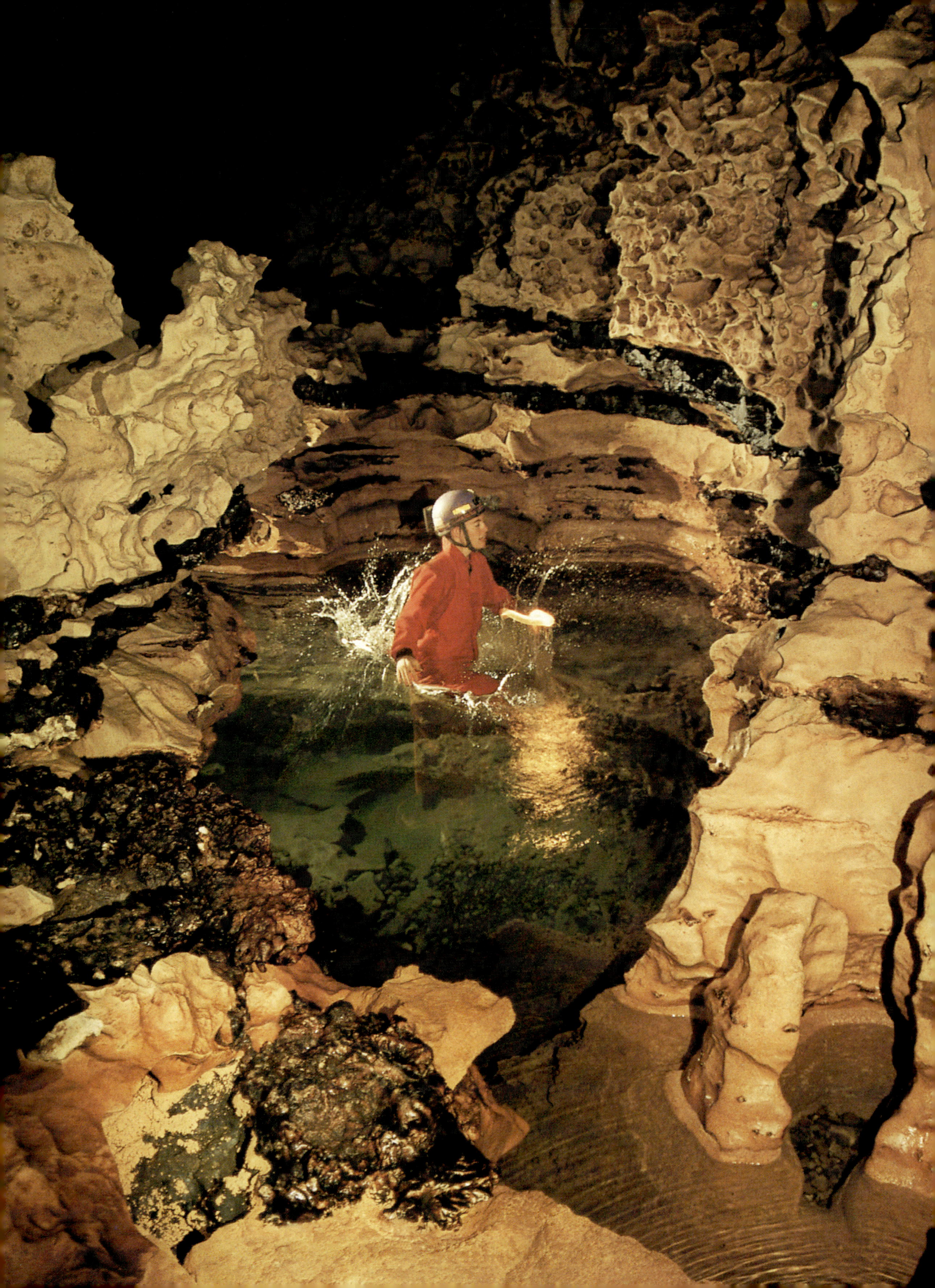

die an der Brust kratzten, dann kroch ich einen kurzen Abhang hinunter in eine unregelmäßig geformte Höhle, deren Mitte gerade hoch genug war, dass zwei oder drei Menschen stehen konnten.

»Ja, viel ist es nicht, aber es ist ganz gewiss eine Höhle«, sagte Nancy. Der Kriechgang ging gegenüber dem Eingang weiter, allerdings in noch kleineren Dimensionen.

»Luftbewegung?«, fragte ich. Ein Luftzug war oft der beste Indikator für weitere Gänge.

»Ein bisschen vielleicht«. Alan sagte, er spüre ebenfalls einen kleinen Luftzug. Aber der Kriechgang war entschieden kleiner als Nancy – die wiederum kleiner war als wir übrigen. Sie gehörte zu einer informellen Gruppe von TAG-Höhlengängern namens »das winzige Team«. Die Mitglieder waren eigens dafür ausgebildet, verletzte Höhlengänger aus Passagen zu befreien, in die größere Retter nicht hineinpassten. Was den Film anging, bedauerte Nancy sehr, dass eine geplante Expedition ins TAG, wo die großformatige Kamera durch einen engen Gang hätte gezerrt werden müssen, schließlich als zu kostspielig und schwierig zum Filmen abgesetzt worden war.

»Hazel ruft mit ihren Quetschvorstellungen durch enge Unterwassergänge in Yucatán beim Publikum klaustrophobische Ängste hervor«, hatte sie zu mir gesagt. »Ich wollte ihnen TAG-Höhlen zeigen mit all dem Schlamm, den engen Durchlässen, den senkrechten Schächten und Wasserläufen«. Offenbar plante sie, mich die Rolle des Publikums spielen zu lassen.

Aber nicht in dieser neu entdeckten Höhle. Wenn das Loch für Nancy zu eng war, dann war es zu eng, Punkt. Vielleicht würde es sich eines Tages lohnen, dort zu graben, aber für heute hatten wir die etwa 15 Meter zugänglicher Passagen, die die Höhle zu bieten hatte, in voller Länge gesehen.

Mit ordentlich verschmutzter Kleidung verließen wir die kleine Höhle. Es wurde wärmer. Nachdem wir weitere 20 Minuten gewandert waren, näherten wir uns dem Rand einer kraterähnlichen Vertiefung. Als wir die abschüssige Seite der Doline hinaufkletterten, konnte ich an den abgesackten Bäumen auf der anderen Seite des Randes erkennen, dass das abgesunkene Gebiet so groß war, dass unsere gesamte, gerade entdeckte Höhle hineinpasste, dazu noch zwei oder drei Scheunen und ein Flugzeughangar von durchschnittlicher Größe. Ein solcher Erdfall entsprach der klassischen TAG-Beschreibung für eine Höhle »in Bewegung«: Ohne einen Abfluss hätte sich ein See gebildet, aufgefüllt mit Regenwasser. Die Doline war trocken; ergo musste sie den Eingang zu einer absteigenden Höhle besitzen.

Wir erreichten den Rand der Senke, und ich wurde von einem Schwall kühler Luft getroffen, der natürlichen Klimaanlage, die aus einer blasenden Höhle stammt. Ein kleiner Wasserlauf floss in Kaskaden von oben den Berg hinab in die Vertiefung. Fast dreißig Meter unter uns, am Grund der moosbewachsenen, kegelförmigen Doline, verschwand das Wasser in einem niedrigen, breiten Eingang zur State Line Cave. Der kühle Wind, der uns oben an der Senke erreichte, trug den lehmigen, für das Innere von Höhlen typischen Geruch.

Bevor ich anfing, Mikrobiologen auf Sammelgängen zu begleiten, hatte ich mir keine Gedanken gemacht, warum fast alle Höhlen, in denen ich gewesen war, ähnlich rochen. Der normale Geruch von Höhlen und feuchter Gartenerde stammt eigentlich von Strahlenpilzen (*Actinamyces*), einem Bakterientyp, der in langen, fadenförmigen Kolonien wächst. Eines Tages sah ich dem Mikrobiologen Larry Mallory zu, als er eine Petrischale öffnete, die lebende Kulturen aus der Lechuguilla-Höhle enthielt. Gesammelt hatte er sie, indem er ein winziges Metallwerkzeug über Höhlenschmutz gestrichen und dann ein paar Körnchen davon in ein spezielles Wachstumsmedium gelegt hatte. Larry hatte die versiegelten Schalen monatelang in seinem Labor aufbewahrt, in einer dunklen Umgebung wie in einer Höhle; langsam hatten sich gelbe und rote Kreise gebildet, die mikrobische Kolonien anzeigen. Der Geruch, der im Labor aufstieg, als Larry eine der Schalen öffnete, entsprach der Ausdünstung, die jetzt aus dem Eingang vor mir aufstieg.

Am Abend zuvor bei den Wilbanks hatte Brent erklärt, die Senke mit ihrem offensichtlichen Eingang sei tatsächlich schon 1988 erkundet worden, doch die ursprünglichen Forscher hätten nur an die hundert Meter Gänge vorgefunden. Erst die kürzliche Entdeckung des Hog Wallow, der »Schweinesuhle«, habe zum Hauptteil der Höhle geführt.

Als wir unterwegs den kleinen Eingang prüften, trugen wir leichte Wanderkleidung; doch nun, da wir wirklich die Höhle erreicht hatten, öffneten wir unsere Schleifsäcke und zogen lange Unterwäsche aus Polypropylen und dicke Nylon-Schutzanzüge heraus. Bei der

In einer Höhle in Georgia, die sie und ihr Mann Brent eingehend untersucht und kartiert haben, platscht Nancy durch einen seichten Teich. Der Sandstein in ausgeprägter Bogenform liefert den Beweis für die Kraft des Wassers, die die meisten TAG-Höhlen entstehen lässt.

Untersuchung der warmen Höhlen in Yucatán hatte ich meinen Anzug zu Hause gelassen, aber ich wusste, dass ich ihn in der nassen Höhle vor uns brauchen würde. Er bestand aus dem selben widerstandsfähigen Material, das man für schusssichere Westen braucht, allerdings waren nach einem Gang in eine kalte, nasse Höhle in Kalifornien im letzten Jahr etliche Säume geplatzt. Am Tag bevor wir Atlanta verließen, hatte ich in Brents und Nancys Garage eine Stunde lang den Schaden repariert.

Nach Absturz und Überschwemmung ist Auskühlung die größte Gefahr, die bei der Erkundung einer Höhle lauert; die richtige Kleidung ist die beste Abwehr gegen Kälte, die Körperkräfte schwächen und das Urteilsvermögen beeinträchtigen kann. Der Kontakt mit der feuchten Höhlenluft, dem Schlamm und besonders den Wasserläufen und Teichen einer Höhle saugt die Körperwärme ab. Baumwolle und andere Naturfasern, die in trockenem Zustand aufgrund des Isoliereffekts der Luft – einem schlechten Wärmeleiter – zwischen den Fasern die Körperwärme halten, werden in nassem Zustand nutzlos: Dann kleben die Fasern zusammen und das Wasser zwischen ihnen leitet die Wärme nach außen. Durch empirische Versuche mit immer neuen Materialien haben Höhlenkundler eine Mischung aus starken, Wasser abweisenden Kunststofffasern erfunden, die einen Forscher unter der Erde für Stunden oder sogar Tage warm hält. Etliche Firmen für Speläologenbedarf stellen spezielle Höhlenkleidung her.

Gut ausgerüstet, krochen wir eine langes Stück nach unten und schlängelten uns durch große Felsverstürze oder an ihnen vorbei. Manchmal konnte ich in der Nähe den Wasserlauf plätschern hören, aber er folgte einem kleineren Pfad nach unten, während wir den Weg nahmen, den Nancy und Brent gefunden hatten. Wir kletterten mehrere kurze Kamine und Steilwände hinunter, bevor der Hauptgang sich als breiter, mit Schotter gefüllter Stollen in horizontaler Lage ausrichtete. Stellenweise war die Decke hoch genug, dass wir vorgebeugt oder in einem geduckten Entengang gehen konnten; an anderen Stellen kamen wir nur auf Händen und Knien vorwärts, und als ich weit über hundert Meter dort entlangkrabbelte, war ich dankbar für die Knieschützer unter meinem Anzug. Wie im Profifußball sind auch in der Speläologie Karrieren schon wegen Knieverletzungen abrupt zu Ende gegangen.

Die Decken wurden jedoch allmählich immer niedriger, so dass wir nun mehr kriechen mussten. Dann löste Schlamm den Schotter ab. Schließlich erreichten wir einen niedrigen Raum, groß genug, dass mehrere gleichzeitig darin liegen konnten. Auf der gegenüberliegenden Seite führte eine Rinne mit etwa zehn Zentimeter tiefem schlammigem Wasser um eine Ecke, offenbar die einzige Stelle, die so groß war, dass ein Mensch hindurch passte. Nancy, die bis dahin vorangegangen war, ließ mich als Ersten hineinkriechen.

»Willkommen in Hog Wallow«, sagte sie mit einer Stimme, der man den Entdeckerstolz anmerkte. Nancy gehörte zu denen, die die Stelle als Erste kartiert hatten. »Folgen Sie einfach dem Wasser – ich garantiere Ihnen, dass Sie sich nicht verlaufen werden«.

Ich drehte den Kopf zur Seite, um Lampe und Nase über Wasser zu halten, und glitt mit einem Platschen hinein. Boden und Seiten bestanden aus rutschigem Schlamm, über den ich weniger kroch als mich wand, wobei ich mich mit Händen und Zehen vorwärts schob. Über dem Wasser betrug der Luftraum 18 bis 20 Zentimeter – sehr viel mehr als in einigen anderen Kriechgängen, die ich passiert hatte –, aber mein Helm schrammte immer noch an der Decke entlang. Von der seitwärts gerichteten Haltung wurde mein Nacken steif, doch war dies die beste Position, um zu atmen und um zu verhindern, dass Helm und Lampe anstießen. Ich wusste von der Karte, dass ich auf diese Weise die Länge einiger Fußballfelder durchqueren musste.

Ich rief mir Nummer Vier der »Große Lügen über Höhlenbegehung«-Serie ins Gedächtnis: »Es ist nicht nass«. Dieser Cartoon zeigt einen Höhlengänger, der über einem schäumenden Wasserlauf das Gesicht gegen die Decke presst, wobei seine merkwürdig geweiteten Nasenlöcher aus zwei Zentimetern Raum die Luft einziehen. An solchen Stellen war ich schon gewesen, doch diese hier gehörte glücklicherweise nicht dazu. Im Vergleich mit, sagen wir, dem Grim Crawl of Death, einem 300 Meter langen Horrorkriechgang unter den Big Horn Mountains of Wyoming, war Hog Wallow wirklich nicht nass. Ich war froh über meinen warmen Schutzanzug und gleichzeitig froh über die Kühle des Wassers, denn es war anstrengend – und schweißtreibend –, sich durch einen schlammigen Wurmgang zu winden.

Nach nicht enden wollenden dreißig Minuten erreichte ich endlich eine etwas größere, mit Schotter gesäumte Passage, die derjenigen vor Hog Wallow ähnelte. Der Wasserlauf von der Oberfläche vereinigte sich wieder mit diesem Tunnel, und nach der nächsten Biegung konnte ich plötzlich stehen. Ich verstand nun, warum wir diese beschwerliche und anstrengende Strecke genommen hatten. Direkt vor mir schoss das Wasser aus einem Tunnel in einen Wasserfall, der zwölf Meter tiefer auf den Boden einer hochreichenden Kammer stürzte. Schwarze Knollen aus Kieselschiefer traten aus den vom Wasser polierten Wandungen aus gelblichem Kalkstein hervor. Ich stand am Rand und blickte über die Kammer, dankbar, dass Nancy mir die Führung zu diesem stattlichen Saal überlassen hatte. Diese Stelle markierte den Beginn des »in Bewegung« befindlichen Hauptteils der Höhle. Während die meisten Gänge, die hier abzweigten, schon erkundet waren, war doch noch keiner kartiert: ein Zustand, den wir sofort zu korrigieren begannen.

»Der führt zur Hauptflusspassage«, sagte Nancy, als sie aus dem Kriechgang herauskam. Sie zeigte auf einen gerundeten Bogen weiter unten auf der anderen Seite des Raumes. »Es gibt eine wirklich hübsche Galerie in dem stromabwärts gelegenen Abschnitt. Ich nehme an, da gehen wir zuerst hin«.

Meine letzten Höhlenbegehungen hatten sich im turbulenten Umfeld großer internationaler Expeditionen vollzogen. Jetzt war ich enorm froh, Teil eines kleinen Teams im TAG zu sein und an einem Sonntagnachmittag eine wunderbare Höhle zu erkunden. Darum geht es doch bei der Höhlenkunde: ein Gebiet kennen zu lernen. Topographie und Hydrologie zu studieren, bis man über das Wissen verfügt um sagen zu können: Hier muss die Höhle sein.

Dieser »klassische« TAG-Schacht namens Neversink im Nordosten Alabamas ist der, in dem Nancys Mann Brent am Seil um ihre Hand angehalten hat. Der mit Farn bewachsene, 55 Meter tiefe Schacht gehört der Southeastern Cave Conservatory Institution (SCCI), einer gemeinnützigen Organisation, die Höhlen für künftige Höhlengänger und Wissenschaftler bewahrt.

Wie Höhlen entstehen

von Dr. Arthur N. Palmer.

Der mächtigste Höhlenbildner ist Wasser, das Risse und Klüfte unter der Oberfläche beim Hindurchfließen erweitert. In Gletscherhöhlen stammen die ursprünglichen Risse von Bewegungen im Eis, wenn der Gletscher sich langsam unter seinem eigenen massiven Gewicht vorwärtsschiebt. Wenn bei höheren Temperaturen Eis und Schnee schmelzen, fließt Wasser in die Risse und höhlt tiefe senkrechte Spalten aus, indem es die Eiswandungen zum Schmelzen bringt. Spalten sind normalerweise gleich unter der Oberfläche am weitesten, auch wenn sie oben teilweise von Schneewehen bedeckt sind. Mit zunehmender Tiefe werden sie schmaler, die ursprünglichen Risse werden enger, und die Wassertemperatur sinkt.

Wenn ein Riss sich so sehr verengt hat, dass er nicht mehr das gesamte Wasser aufnehmen kann, folgt der Überlauf waagerechten Rissen und bildet Verbindungstunnel. In kleinen Gletschern gelangt das Wasser bis auf den Grund, fließt an der Basis des Gletschers entlang und tritt weiter unten als Quelle wieder aus. In großen Gletschern, wie denen in Grönland, gefriert der größte Teil des Wassers tief unter der Oberfläche einfach wieder und versiegelt die tiefsten Risse, selbst wenn die höheren sich weiterhin vergrößern.

Sehr viel dauerhafter als Eishöhlen sind jene, die sich bilden, wenn unterirdisches Wasser Grundgestein löst. Die einzigen Gesteinsarten, die löslich genug sind, dass sich dort Höhlen bilden können, haben als chemische Ablagerungen begonnen, normalerweise auf einem alten Meeresgrund. Kalkstein kommt unter diesen Gesteinsarten am häufigsten vor. Er enthält Muschelfragmente, die durch Kalziumkarbonat aus dem Meerwasser verbunden sind. Diese Felsen sind seither durch tektonische Kräfte aus dem Innern der Erde nach

Mineralien wie diese wachsen gewöhnlich nach dem Abschluss des Prozesses der Höhlenbildung; sie werden sekundäre Formationen genannt.

oben gedrückt worden, bis sie an der Oberfläche hervortraten, wo Wasser einsickern und Höhlen bilden kann.

Höhlen bildendes Wasser beginnt als Regen und Schneeschmelze, die durch das Erdreich in Risse im darunter liegenden Gestein eindringen. Die Fähigkeit des Wassers, Höhlen zu bilden, wird durch kleine Mengen an Säure erheblich verstärkt. Auf dem Weg durch das Erdreich nimmt das Wasser Kohlendioxid aus organischen Prozessen auf, wodurch eine schwach kohlenstoffhaltige Lösung entsteht. Andere Säuren können aus den Tiefen der Erde stammen. Schwefelsäure wird zum Beispiel gebildet, wenn Schwefelwasserstoff – ein Gas, das in Ölfeldern häufig vorkommt – aufsteigt und mit dem Sauerstoff in der Nähe des Grundwasserspiegels reagiert. Diese Säure hat einige Höhlen im Grand Canyon wie auch die Höhlen im Carlsbad Caverns National Park entstehen lassen.

Wo es zuerst in den Boden fließt, sickert das Wasser weiter in die Tiefe. Wenn es durch Risse im Kalkstein direkt abwärts fließt, bildet es schließlich senkrechte Schächte, die wie Brunnen geformt sind. Einige stoßen 100 und mehr Meter gerade nach unten. Die tiefen Schächte im Südosten der USA sind auf diese Weise entstanden. Einige sind Spalten, die wie diejenigen in Grönland geformt sind. Wo Wasser sanft abfallenden Rissen folgt, löst es deren Böden und bildet schmale, sich windende Passagen, die aussehen wie überdachte Flusscañons. Das Wasser erreicht schließlich eine Zone, in der alle Öffnungen im Gestein gefüllt sind.

Die obere Grenze dieser Zone nennt man Grundwasserspiegel; er liegt ungefähr auf der Höhe, in der Wasser in Brunnen steht. Am und unter dem Grundwasserspiegel folgt das Wasser den Wegen des geringsten Widerstands zu Quellen in nahe gelegenen Tälern. Es bildet röhrenförmige Höhlengänge mit gerundeten Abflusslöchern. Die meisten Höhlen in Yucatán haben sich unterhalb des Grundwasserspiegels gebildet.

Nur jene Risse, die Wasser transportieren, werden schließlich zu Höhlen. Wenn sich Höhlen vergrößern, bilden sich an der Oberfläche Dolinen und versickernde Flüsse. Durch solche Formationen dringt das meiste Wasser in den Boden ein, um das wachsende Höhlensystem darunter zu versorgen. Einzelne Höhlengänge schließen sich, genauso wie Wasserläufe an der Oberfläche, gern als Nebenflüsse an. Doch im Gegensatz zu Oberflächengewässern können sich Höhlen in drei Dimensionen verzweigen und komplexe Ebenen und Zwischenverbindungen bilden.

Das Kohlendioxid, das vom Wasser aus dem Erdreich aufgenommen wird, ist stärker konzentriert als das in der Höhlenluft. Wenn Wasser in trocken liegende Höhlen sickert, gibt es Kohlendioxid an die Höhlenluft ab. Dieses Wasser ist auf seinem Weg zur Höhle mit gelöstem Kalkstein beinahe gesättigt, und wenn es Kohlendioxid verliert, kann es weniger Kalkstein binden. Einiges von dem Kalkstein wird in der Höhle abgelagert, wodurch kristalline Formationen wie Stalaktiten und Stalakmiten entstehen. Unter Wasser, etwa in Höhlenteichen, bildet sich ein Behang aus Kristallen. In trockenen Höhlen kann Wasser verdunsten und dabei Minerale als nadelfeine Kristalle, als zarte wattige Quasten oder blumenähnliche Farnwedel ablagern. Die schönen Mineralformationen wachsen gewöhnlich noch lange weiter, wenn der Prozess, der die Höhle hat entstehen lassen, bereits abgeschlossen ist – daher nennt man sie sekundäre Formationen. Solche Gebilde, wie sie auf dieser Seite zu sehen sind, deuten auf reife Höhlengänge hin, die sich bereits vor langer Zeit gebildet haben.

Höhlen in Yucatán sind an oder unter dem Grundwasserspiegel entstanden – der sich im wesentlichen auf Meereshöhe befindet –, und sie bleiben bis heute mit Wasser gefüllt; deshalb wachsen sie wahrscheinlich noch. In der Vergangenheit lagen sie aber auch eine erhebliche Zeitspanne oberhalb des Grundwasserspiegels, wie ihre vielen Stalaktiten und Stalakmiten beweisen. In Gletschern ist viel Wasser gebunden; wenn sie durch Klimaveränderungen wachsen oder schrumpfen, fällt oder steigt der Meeresspiegel. Die Stalaktiten und Stalakmiten in den Yucatán-Höhlen erzählen uns von einer Zeit, als die Gletscher sehr viel größer waren als heute und der Meeresspiegel erheblich niedriger lag.

Oben: »Höhlenperlen« aus Kalziumkarbonat bilden sich normalerweise am Grund kleiner Teiche. Links: Sich verzweigende Kristalle an einem tropfenden »Makkaroni«-Stalaktiten aus einem Aragonit-»Busch« in der Lechuguilla-Höhle.

Eine Höhle kann auch noch auf andere Weise entstehen. Einige kleine Kavernen werden bei der Verwitterung von Gestein an der Oberfläche gebildet, wenn weiches oder mit Rissen durchsetztes Gestein schneller zerfällt als härteres. Andere bilden sich, wenn ein Vulkan ausbricht und sich Lava über die Hänge des Kraters ergießt. Während sich die Lava an der Oberfläche verhärtet, fließt darunter die noch flüssige Lava aus und hinterlässt unterirdische Tunnel, Lavaröhren genannt.

Die Lebenszeit einer Kalksteinhöhle beträgt gewöhnlich ein paar Millionen Jahre. Flache Grundgestein-Höhlen, einschließlich der Lavahöhlen, halten nur ein paar tausend Jahre. Am Ende werden sie von der Oberflächenerosion erfasst und nach und nach zerstört. Gletscherhöhlen halten höchstens wenige Jahrzehnte, bevor sie wieder verschwinden.

Und während der Begriff »hübsche Galerie« auf einer Expedition in China oder Borneo möglicherweise die Bedeutung von gewaltigen Sälen und Stalagmiten vom Ausmaß eines großen Obelisken hätte, reichten den meisten Wochenend-Höhlengängern kleine Schönheiten vollkommen aus: eine bogenförmig verzierte Kalksteinwand, die den von einem Wasserlauf reflektierten Schein der Helmlampe zurückwarf, eine zarte Gipsblume, verborgen zwischen Geröllbrocken wie eine geheime Orchidee aus Stein, ein Kriechgang, gesäumt von den Blasen einer weißen Popcorn-artigen Formation, keine größer als eine Erbse. Auch kleine Wunder bleiben Wunder, und sie sind umso schöner, wenn nur wenige Höhlengänger diese Schönheit miteinander teilen.

Hinzu kam der Kitzel der Höhlenbegehung selbst – nichts Heldenhaftes oder gefährlich Athletisches, aber gleichwohl intensiv körperlich, eine ruhige Kompetenz erfordernd, die aufzubringen Lohn genug ist. Vielleicht war es gut, dass der fertige Film atemberaubende senkrechte Schächte und riesige Unterwassersäle zeigte, aber keinen der schlammigen, unauffälligen, aber unangenehm engen Röhren, in denen Höhlengänger die meiste Zeit unter der Erde verbringen.

Nancy zog Kartierungsmaterial aus dem Beutel, und Alan brachte neben dem Wasserfall ein Seil an. Ich spähte in die Dunkelheit und johlte, so dass meine Stimme über der Musik der Wasserfälle widerhallte. Als John Wesley Powell einen besonders »großen offenen Dom« im Grand Canyon betrat, hatte sein Team, so erinnerte ich mich, das Gleiche getan. »Wenn wir den Felsen gegenüberstehen«, schreibt er, »werden unsere Worte mit verblüffender Deutlichkeit, aber in einem sanften, milden Ton wiederholt, der sie in magische Musik verwandelt«. Diese Höhle hatte ihr eigenes magisches Lied: Während wir das Maßband von Punkt zu Punkt spannten, uns Entfernungen, Neigungswinkel und Kompassablesungen zuriefen, »sang« die Höhle für uns.

Ich versuchte nicht zu sehr an Hog Wallow zu denken, die wir am Abend noch einmal würden passieren müssen, um an die Oberfläche zu kommen. Ich tröstete mich mit der Hoffnung, dass die schwierige Begehung der Passage – und die Hingabe von TAG-Höhlengängern wie Nancy Aulenbach – die Pracht der State Line Cave für künftige Generationen schützen würde.

In einer feuchten TAG-Höhle liest Nancy zwischen zwei Vermessungsstationen den Kompass ab. Durch die Aufzeichnung von Kompasswerten, des Grades von Neigungswinkeln und der Abstände zwischen Stationen in der Höhle können Forscher später an der Oberfläche eine genaue Karte der Gänge anlegen.

175

KAPITEL 11

Mikroben in den Feenhöhlen

Oben: Kalzitformationen von ungewöhnlich reinem Weiß säumen die Wände der Fairy Cave in Glenwood Springs, Colorado. Rechts: Hazel bewundert einen Saal mit prächtigen Säulen in einem kürzlich für Begehungen geöffneten Abschnitt der Höhle.

Hazel Barton fährt einen zerbeulten Laster mit Vierradantrieb, der sich auf den gefährlichen Straßen zu Höhlen im Westen der USA etliche Schrammen zugezogen hat. Auf den Interstate-Autobahnen macht er bei Höhlenausflügen am Wochenende erstaunlich gute Fahrt. Sie fädelt sich geschickt durch den Verkehr, während sie fast pausenlos in ihr Funktelefon spricht, gewöhnlich mit anderen Höhlengängern über künftige Unternehmungen. An diesem frühen Morgen im Mai 2000, auf der Drei-Stunden-Fahrt von Boulder, Colorado, Richtung Westen über Vail nach Glenwood Springs, hatte sie gerade ein Gespräch beendet und wollte die nächste Nummer wählen, als das Telefon klingelte. Der Anrufer informierte Hazel, dass sie in den Board of Governors, den Verwaltungsrat der National Speleological Society, gewählt worden sei. Sie erhielt einen von vier freien Sitzen, da auch Nancy Aulenbach, deren Wahlperiode mit der kommenden NSS-Tagung auslief, ihren räumte. ■ »Was?«, schrie Hazel ins Telefon. »Du meinst, ich werde im BOG sitzen? Du weißt, was das in England bedeutet, oder?« ■ Es schien ein guter Beginn eines anstrengenden Tages zu sein, und ich versuchte nicht das Gesicht zu verziehen, als Hazel, über ihren Sitz im BOG jubelnd, mit fast 140 Stundenkilometern in weitem Bogen einen 18-Wheeler überholte, während wir an

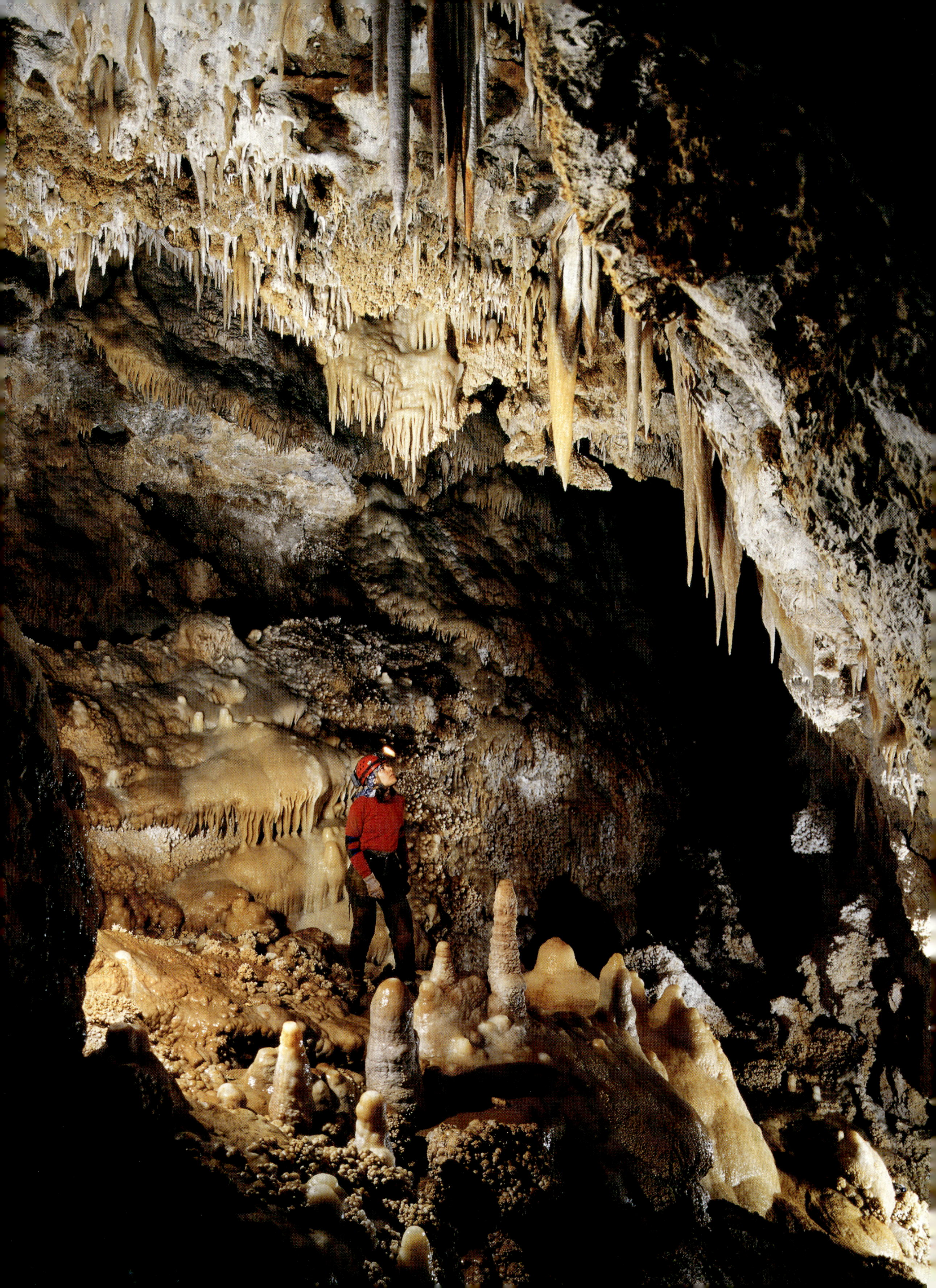

der Ausfahrt nach Vail vorbei den Highway entlang rauschten.

Hunderte Kilometer den Grand Canyon flussaufwärts spuckt eine gewaltige heiße Quelle am Nordufer des Colorado andauernd schwefelgesättigtes, 51 °C heißes Wasser in den schäumenden Fluss. In uralten Zeiten sammelte sich ein Teil dieses Wassers in Teichen neben dem Fluss. Diese waren gerade kühl genug, dass ein Mensch hineinsteigen konnte. Die Ute lernten sie als Bäder von großer Heilkraft schätzen. Als im 19. Jahrhundert die Stadt Glenwood Springs in der Nähe dieser Teiche entstand, wurde auch die Legende der Ute bekannt. Besucher kamen aus immer größeren Entfernungen, um Mineralbäder zu nehmen. Der schwindsüchtige Revolverheld Doc Holliday suchte ebenso Linderung in den Quellen wie Otto Normalverbraucher oder der spätere Präsident Teddy Roosevelt. 1886 bot ein ortsansässiger Anwalt namens Charles Darrow, der vom wachsenden Tourismusgeschäft der Stadt profitieren wollte, gelegentliche Touren zu den schön ausgeschmückten Höhlen am Iron Mountain an, 350 Meter oberhalb der Quellen.

Die Hauptmasse des Berges bildete ein schräg gestelltes Plateau aus Leadville-Kalkstein. Dieser Überrest eines alten Meeresgrundes wies eine Besonderheit auf: Er enthielt hohe Konzentrationen an Eisen, Blei, Silber und Gold, die ins Meer gewaschen wurden, als die Berge vor etwa 300 Millionen Jahren verschwanden. Der Meeresgrund hob sich allmählich, und vor sieben bis neun Millionen Jahren begann der Colorado sich einen Weg durch den Berg zu bahnen, zu der Zeit, als auch der Grand Canyon im Entstehen war. Gespeist von einer tiefen geothermischen Hitzequelle grub sich die ursprüngliche heiße Quelle aufwärts, aus dem Plateau hinaus und in den Colorado. Als die letzte Eiszeit vor 10 000 Jahren zu Ende ging, lösten abschmelzende Gletscher eine starke Erosion aus, in deren Folge der Fluss über 400 Meter des Iron Mountain abtrug. Die heißen Quellen fanden bald einen neuen unterirdischen Abfluss zu dem abgesenkten Fluss. Die älteren Quellen weiter oben trockneten aus und ließen Mineralablagerungen zurück – und ebenso auch Hitze liebende Mikroben, die in den farbigen Sekundärformationen der jetzt trockengefallenen Höhle in der Falle saßen.

Darrow nannte die versiegten Quellen Fairy Caves, Feenhöhlen, und baute einen Weg, der sich durch die zu dieser Zeit bekannten 250 Meter langen Gänge wand. Die Attraktion stellte kaum eine echte Konkurrenz zu den Saloons und Spielhallen dar, von denen es in der Stadt wimmelte. Aber diese Läden wurden vor allem von Bergleuten und Cowboys frequentiert; 1888 begannen mehrere Unternehmer mit Arbeiten, um eine neue Klientel nach Glenwood zu locken. Ein steinernes Schwimmbecken, größer als ein Olympiabecken heutiger Zeit, wurde an den Quellen eröffnet, zusammen mit einem entsprechend proportionierten Badehaus, Casino und »Herrenclub«. 15 Meter weiter begannen die Arbeiten am Hotel Colorado, geplant als das größte und bestausgestattete Hotel im Westen der USA. Der weitläufige rote Backsteinbau, für den ein italienisches Schloss aus dem 16. Jahrhundert, die Villa Medici, Modell gestanden hatte, eröffnete 1890 und beherbergte bald die New Yorker Elite, die hier einen Urlaub in den Bergen verbrachte.

1895, als das Hotel gut eingeführt und die Eisenbahnlinie im Bau war, gründete Darrow die Fairy Caves Company und begann seine einfache Kavernentour zu überarbeiten. 1897 sprengte er einen Tunnel von der innersten Kammer der Höhle zum oberen Ende einer 30-Meter-Klippe in den Bergen. Dieser neue Eingang bot einen überwältigenden Blick über Stadt, Fluss und Cañons, die 350 Meter tiefer lagen. Insbesondere diejenigen, die bis dahin über die durch Bergwälder hinauf führende Straße in die Höhle gelangt waren, erlebten dies als angenehme Überraschung. Darrow legte eine Leitung hinunter zum neuen Wasserkraftwerk der Stadt und schuf die weltweit erste Höhlenbegehung mit elektrischem Licht. Als im weiteren Verlauf des Jahres die Bahnlinie bis Glenwood Springs fertiggestellt war, konnte Darrow die Fairy Caves als »achtes Weltwunder« anpreisen. Der Eintritt kostete 50 Cents.

Die Familie Darrow betrieb die Höhlentour bis 1917, dann wurde die Grotte für die Öffentlichkeit geschlossen. In den folgenden Jahrzehnten verrotteten Darrows Neuerungen. Nur neugierige Teenager und gelegentlich ein Höhlengänger betraten die Höhle; viele der Erstgenannten brachen Stalaktiten und andere Formationen ab und nahmen sie als Souvenirs mit nach Hause. Doch 1952 entdeckten Mitglieder des neu gegründeten Colorado Grotto Clubs neue Passagen im Berg, wodurch sich die bekannte Länge der Höhle verdoppelte. Sie führten zu unberührten Formationen, die größer und schöner waren als jene im Kernbereich der ursprünglichen Strecke. 1960 hatten sich Clubmitglieder durch den Jam Crack gezwängt, einen engen Spalt an der Rückseite der Höhle, und dahinter neue Ebenen, ausgedehnte Räume und üppige Formationen entdeckt. Drei Höhlengänger erwarben gemeinsam Grund und Boden in der Absicht, die Schauhöhle mit Routen zu den Neuentdeckungen wieder zu eröffnen. Sie setzten ihre Erkundungen fort und fanden bald ein weiteres Areal mit Formationen, diesmal mit Stalaktiten und Sintervorhängen, deren Farbspektrum von hellstem Weiß bis zu Silber und Schwarz reichte.

In den nächsten beiden Jahrzehnten entdeckten Colorado-Höhlengänger weitere Gänge und Höhlen der Fairy Caves, aber die Entwicklungspläne kamen nicht in Gang. 1982 geriet ein junger Speläologe und Erdölingenieur namens Steve Beckley in den Bann der Höhle. Er versuchte die Fairy Caves käuflich zu erwerben und die Eigentümer abzufinden; einer von ihnen, Peter Prebble, übernachtete oft in einer Hütte vor dem Eingang. 16 Jahre zogen sich die Verhandlungen hin, bis Beckley 1998 schließlich eine Pachtvereinbarung mit Prebble erreichte. Nun stand er vor der schwierigen Aufgabe, einen unter Umweltgesichtspunkten vernünftigen Weg zu den neu entdeckten Höhlenräumen anzulegen.

Wie bei den Kartchner Caverns in Arizona stiegen Höhlengänger aus der Gegend mit ein, um Steve und seiner Frau Jeanne bei der Einrichtung einer Schaustrecke zu helfen, auf der die natürliche Schönheit der Höhle gut zur Geltung kommen sollte. Sie nahmen große Mühen auf sich, um sicherzustellen, dass unberührte Bereiche nur wenige Zentimeter von den neuen Wegen entfernt lagen und nicht betreten werden konnten. Sie bauten erhöhte Wege und Treppen, wobei sie Bohlen aus recyceltem

So eng sind die Stollen mitunter, die Höhlenkundler hindurchkriechen müssen: Hazel in einem Gang, der zwei größere Abschnitte der Fairy Cave verbindet. Die alten Thermalwasser, die die Kaverne ausgehöhlt haben, werden wahrscheinlich irgendwann in den rezenten Quellen am Ufer des Colorado River neue Gänge auswaschen.

Während andere Entfernungen messen, schreibt Hazel die Daten auf und skizziert die wichtigsten Formationen und Geröllblöcke, um den Höhlenplan, den sie an der Oberfläche zeichnen wird, mit Substanz versehen zu können.

Plastik benutzten, die in der Höhle nicht verrotten und nicht von außen Schimmel und Pilze anzogen. In kurzen, dunklen Abschnitten installierten sie in Nischen eine Beleuchtung, die sich nur bei Anwesenheit einer Besuchergruppe einschaltete, um Wände und Formationen vor Algenbewuchs zu schützen. Sie schufen eine zweite Route für eine »wilde« Höhlentour, auf der die etwas abenteuerlichern unter den Touristen in Gebiete abseits des Hauptweges krochen und dabei in Räume gelangten, die noch so aussahen wie bei der Erstentdeckung – und das, ohne nennenswerte Risiken einzugehen.

Eine der Höhlengängerinnen, die bei dieser Arbeit halfen, war Hazel Barton. Einen Monat nachdem sie von der Höhlenbegehung in Grönland zurückgekehrt war, gehörte Hazel zu einem Team, das einen weiteren, üppig geschmückten Saal gleich neben der »wilden« Höhlenroute entdeckte und kartierte. Sie nannten ihn Polar Bear – Eisbär. Kurz danach wurde in der Nähe noch ein Saal gefunden und Discovery, Entdeckung, genannt. Die Beckleys beschlossen, den neuen Saal zum Höhepunkt der Abenteuerstrecke zu machen. Eine Kammer in der Nähe war mit spaghettiartigen »Teichfingern« überzogen, den getrockneten Schleimfäden mikrobischen Wachstums der alten, trocken gefallenen Quellen. Hazel nannte diese Kammer das Astro-Biolab – Labor für außerirdisches Leben – und schmiedete Pläne, eines Tages zurückzukehren und die getrockneten Fahnen nach Hinweisen auf überlebende Mikroben abzusuchen – Nachkommen von Thermophilen, die sich irgendwie an die trockenere und kältere Höhle angepasst hatten.

Als die neue Tour im Sommer 1999 für Besucher eröffnet wurde, hatte Hazel einen farbigen Plan von den drei Hauptebenen der Höhlen gezeichnet. Er fand Eingang in den offiziellen Führer, den der ortsansässige Höhlengänger und Historiker Jim Nelson geschrieben hatte und der auch Hochglanzfotos von den neuen Formationen enthielt. Der offizielle neue Name der Höhle lautete Glenwood Caverns and Historic Fairy Caves. Die Beckleys hatten in der Stadt einen Souvenirshop und ein Ticketbüro gepachtet, in dem am Ende der ersten Woche 2200 Besucher Eintrittskarten erworben hatten.

Im Sommer desselben Jahres willigte Hazel ein, ihren Lehrerjob in Denver aufzugeben, um eine Forschung über Tuberkulose am Norm Pace Lab in Boulder durchzuführen. Sie gehörte zu Pace' Anhängern und Bewunderern, und als dieser sein weltberühmtes Labor von Berkeley an die Colorado University in Boulder verlegte, ergriff sie die Chance, für ihn zu arbeiten. Eingebunden in die strengen Anforderungen der medizinischen Forschung, hatte Hazel, die zudem viel Zeit mit der Kartierung der Unterwasserhöhlen in Yucatán verbrachte, vorerst darauf verzichtet, von den »Teichfingern« im »Astro-Biolab« Proben zu nehmen.

So kam es, dass ich an einem sonnigen Samstag im Mai 2000 hinter Hazel aus dem hellen Sonnenschein in den historischen Eingang der Glenwood Caverns trat. Alle Eingänge der Höhle waren inzwischen mit Luftschleusen versehen, um die Formationen im Innern vor der trockenen, dünnen Bergluft zu schützen. Als einer der beiden ortsansässigen Höhlengänger, die mit von der Partie waren, die Stahltür hinter uns verschlossen hatte, prüfte Hazel ihre Probenausrüstung. Wir planten, mehrere der getrockneten Mikrobenfahnen abzunehmen, um sie im Pace Lab einer Genanalyse zu unterziehen, und dann unten am Berg unterhalb der Wasserlinie der heißen Quellen Proben von lebenden »Teichfingern« zu entnehmen. An beiden Standorten ließen sich vielleicht unbekannte Organismen finden – und gar enge Verwandtschaften zwischen ihnen feststellen –, denn keiner von ihnen war zuvor von Mikrobenforschern untersucht worden. Wäre dies der Fall, könnte ein solcher Fund zeigen, dass Thermophile unverwüstlicher und anpassungsfähiger sind, als man bisher angenommen hat.

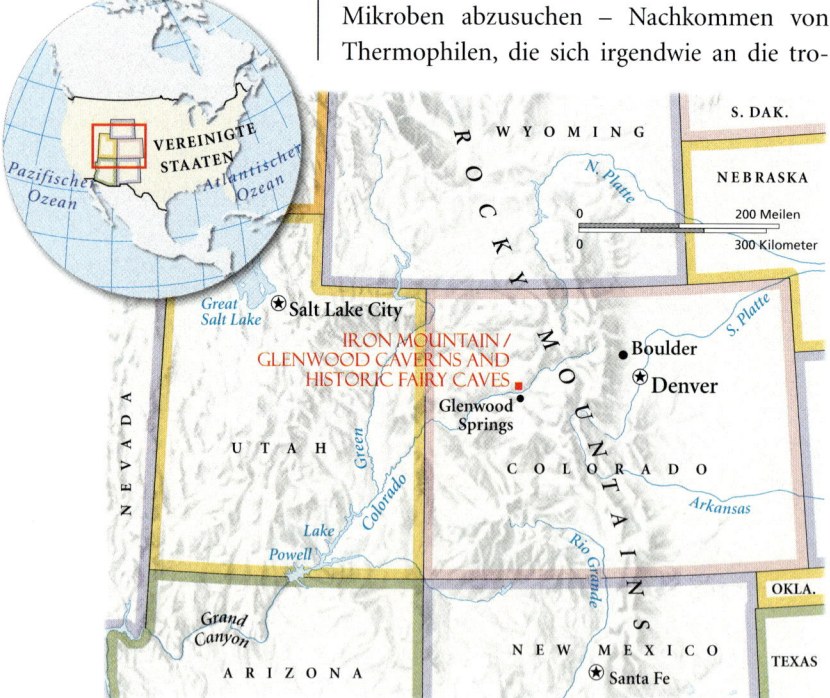

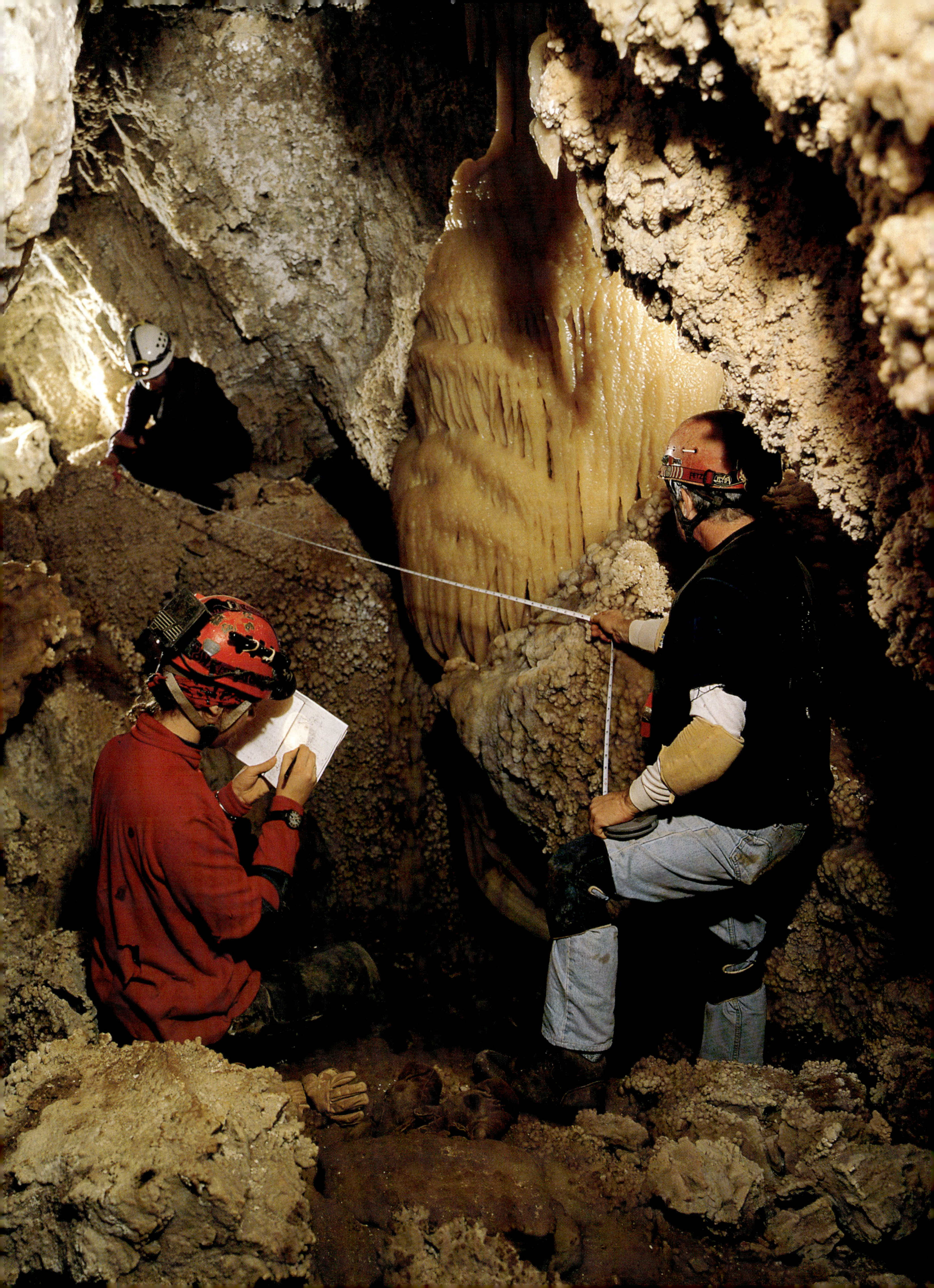

Hazel beim Trinken am Exclamation Point, der »Hintertür« der Fairy Cave, die auf eine Klippe 350 Meter über dem Colorado River und Glenwood Springs hinausführt. Dieser Eingang liegt auf der höchsten von drei Hauptebenen der Glenwood Caverns, nicht weit entfernt vom »Astro-Biolab«, einem Raum voller mikrobischer Fossilien.

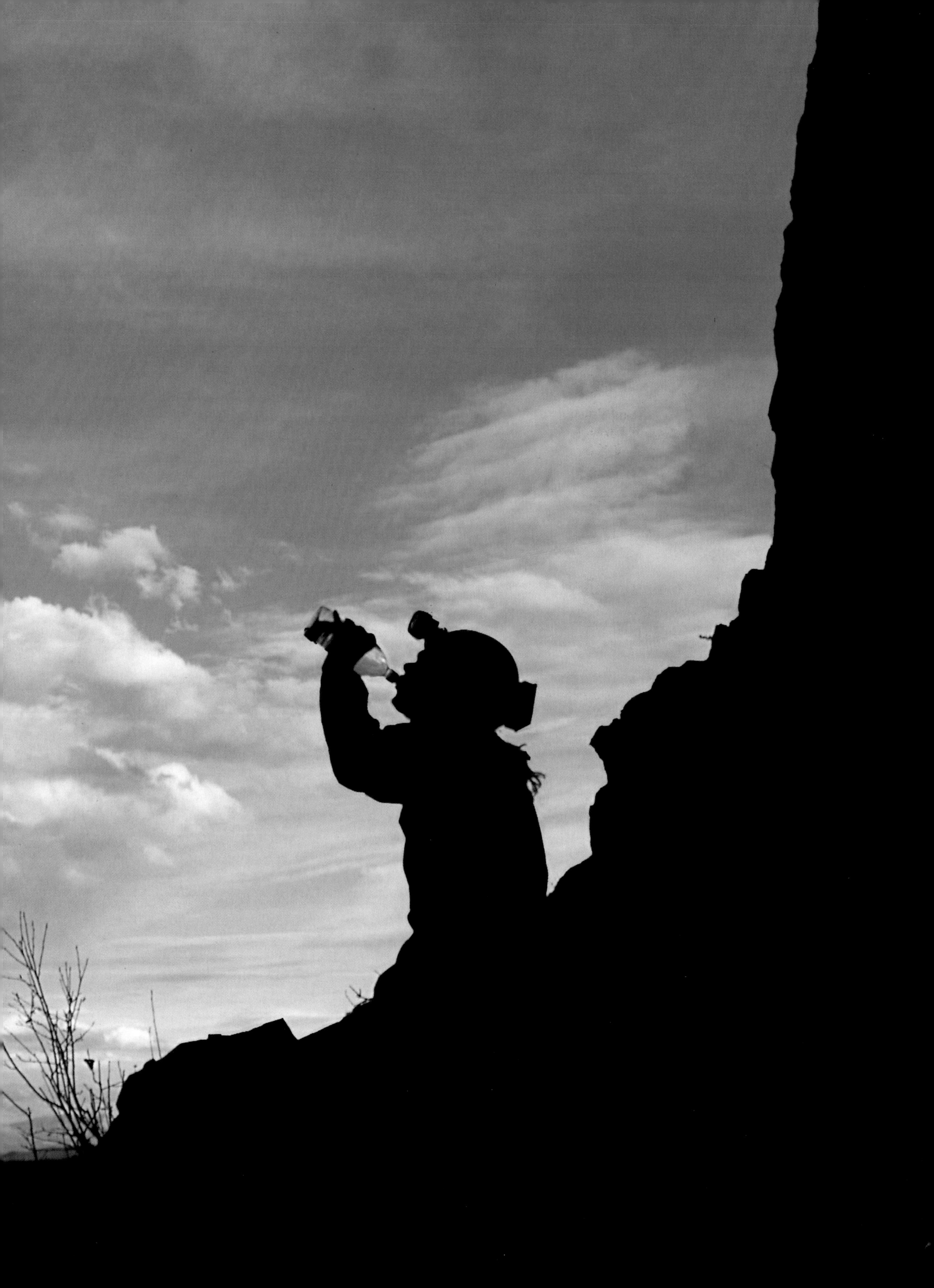

Ich wusste, dass die Mikrobiologin Diana Northup, die viel in Lechuguilla gearbeitet hatte, ebenfalls fingerähnliche Mikrobenmassen aus einer schwefelhaltigen heißen Höhlenquelle in Kentucky gesammelt hatte. Sie analysierte im Pace Lab die biologischen Gemeinschaften, die diese Finger gebildet hatten, und fand darin auf Schwefelbasis lebende Thermophile, die sich überraschenderweise als enge Verwandte anderer bekannter Organismen erwiesen. Ihr engster lebender Verwandter war ein symbiotisches Bakterium in den Kiemen riesiger Röhrenwürmer, die unabhängig von der Sonne in der Umgebung schwarzer Schlote auf dem Grund des Pazifiks leben. Die Ähnlichkeit in der chemischen Beschaffenheit hatte der Spezies geholfen, in zwei sehr unterschiedlichen extremen Umgebungen Fuß zu fassen, die viele Tausend Kilometer voneinander entfernt lagen.

Ich fragte mich, ob unser »Astro-Biolab« auch ein solches Geheimnis barg.

Wir vier gingen die Erkundungsstrecke entlang und folgten dem Bright Angel Trail durch einen Tunnel, der sich schleifenförmig wand. Der »Pfad des leuchtenden Engels« war nach einem berühmten Weg und Flüsschen im Grand Canyon benannt. Der Name »Bright Angel« geht auf John Wesley Powell zurück, der den Weg auf seiner zweiten Befahrung des Grand Canyon so benannte – als Ausgleich für die nicht so schöne Bezeichnung Dirty Devil, »fieser Teufel«, die der Abenteurer bei seiner ersten Flussfahrt 1869 einer unangenehmen Stelle im Colorado verliehen hatte.

Die roten und gelben Färbungen des Höhlenganges machten dem Namen alle Ehre. Ich blieb mehrmals stehen, um die Formationen zu bewundern, die zu den spektakulärsten zählten, die ich je in einer privaten Schauhöhle gesehen habe. Es sah aus, als tropfte milchweißes und rosenrotes Gestein aus langen »Makkaroni« auf stufenförmige Sinterhänge, die aus so reinem Kalziumkarbonat bestanden, dass sie fast durchsichtig erschienen. Rote und orangefarbene Kalzitbänder, so genannter Höhlenspeck, wellten sich entlang der Decke. Licht glitzerte auf jeder Oberfläche, reflektiert von winzigen Kristallfacetten innerhalb der Formationen, die noch nie, weder durch Überschwemmungen noch durch Höhlengänger, Schlammflecken abbekommen hatten. Nach 100 und mehr Metern erreichten wir eine Kreuzung, wo der ausgebaute Weg nach rechts führte und eine oft benutzte Passage nach links.

»Hier biegen wir ab«, sagte Hazel. »Wir werden eine Zeitlang der Route der ›wilden‹ Tour folgen, also sei nicht überrascht, wenn wir auf ein paar Abenteuertouristen stoßen«.

Die Passage, in der man aufrecht gehen konnte, wurde rasch zu einem Kriechgang zwischen Felsblöcken. Nach dem Matsch in TAG war ich dankbar für die trockenen, relativ sauberen Oberflächen, über die wir in der Colorado-Höhle krochen. Wir kletterten durch eine kleine Spalte nach oben und waren bald wieder in einem Gang, in dem man aufrecht gehen konnte, als ich vor uns Stimmen hörte – eine Gruppe jener Abenteurer, von denen Hazel gesprochen hatte. Es stellte sich heraus, dass von dieser Fünfergruppe alle bis auf einen zum zweiten Mal die »wilde« Tour absolvierten, nachdem sie sie in der Eröffnungssaison der Höhle im vorigen Jahr besucht hatten.

»Ich musste zurückkommen, um zu sehen, ob es wirklich so viel Spaß macht, wie ich es in Erinnerung hatte«, sagte ein Mann, der dieses Mal seine Tochter im Teenager-Alter mitgebracht hatte.

Kurz nachdem wir uns von den Touristen getrennt hatten, führte mich Hazel durch eine kleine Öffnung. Ich merkte, dass ich mich jetzt durch eine Passage bewegte, die nur sehr wenige menschliche Besucher gesehen hatte. Um hindurchzukommen, mussten wir wiederum kriechen, kurze Kamine hinaufklettern und enge Spalten hinunterrutschen. Mehrmals drehten sich Hazel oder ein anderer unserer Gruppe um, um mir zu sagen, dass wir unter einer Stelle mit Formationen hindurchkämen. Dort sollte ich den Kopf einziehen, um zu verhindern, dass ich Stalaktiten oder dünne gebänderte Kalzitvorhänge beschädigte.

Nach 20 Minuten gelangten wir in eine unregelmäßig geformte Kammer von der Größe eines Vorstadtwohnzimmers: Wir hatten »Astro-Biolab« erreicht. Teile der Decke waren mit kugelförmigen Formationen besetzt, so genannten Höhlenwolken. Ich hatte solche Formationen schon in Teichen in Lechuguilla gesehen, und man konnte sich ohne weiteres vorstellen, dass beide Höhlen gleichermaßen durch aufsteigende heiße Quellen gebildet worden waren. Zarte, ineinander verschlungene Aragonit-Kristalle füllten viele Risse und Spalten in der Wand; andere wuchsen an dünnen und dickeren Stalaktiten zerbrechlich nach außen. An der Decke saßen winzige weiße Punkte, die von dem Kondenswasser glitzerten. Ich hatte von Larry Mallory gelernt, dass solche Punkte oft das sichtbare Erzeugnis von Bakterienkolonien sind.

Ich folgte Hazel einen großen Felsblock hinauf in einen höher gelegenen Teil des Saales. Sie zeigte mir an der Wand einen Bewuchs, der aus verrosteten Fadennudeln zu bestehen schien. Es waren fossilierte »Teichfinger«, die in einer Gesteinsmasse so zusammengeklumpt waren, dass es aussah, als wäre das Wasser erst gestern aus der Höhle abgelaufen. Ich hatte ganz ähnliche lebende »Finger« in dem Wasserlauf gesehen, der durch Cueva de Villa Luz floss, eine mexikanische Höhle voll giftigem Schwefelwasserstoffs und auf Schwefelbasis lebender Bakterien. Dort hingen fadenförmige Mikrobenmassen, so genannte Schleimfahnen, von den Wänden und sonderten konzentrierte Schwefelsäure ab, die den Kalkstein rasch erodieren ließ und einen neuen Höhlengang modellierte.

Hazel packte ihre Ausrüstung aus, und wir beide zogen Latex-Handschuhe an. Wie zuvor bei anderen Mikrobiologen assistierte ich, indem ich die Zange mit den nadelfeinen Backen ausglühte, die sie benutzte, um kleine Stücke aus den versteinerten »Spaghetti« zu brechen: Ich hielt ihr eine Flasche Ethanol hin, in die sie das Werkzeug eintauchte. Bevor der Alkohol verdunsten konnte, erhitzte ich die Zange mit dem Feuerzeug. Hazel entnahm mit dem sterilisierten Werkzeug rasch eine Probe aus der Wand. Der dünne Stein zerbröselte wie Kuchenkrümel, als sie eine Faser abzog. Sie ließ die Steinstückchen in eine Phiole mit einer Lösung zur Konservierung der DNS eines lebenden Organismus fallen. Wir schrieben den Ort der Probenentnahme und eine Nummer auf die Flasche. Innerhalb kurzer Zeit hatten wir alle sechs Probenfläschchen gefüllt, die Hazel in die Höhle mitgenommen hatte.

Während ich mich anschließend ächzend und stöhnend durch die engen Stollen schob, meldeten sich erneut etliche der schmerzenden Stellen aus dem Hog Wallow. Mein Versuch mit Hazel und den beiden anderen Höhlengängern, alle in den Zwanzigern, Schritt zu halten, erinnerte mich an meinen 41. Geburtstag. Ich war drauf und dran zu fragen, ob wir nicht anhalten

Hazel an einem künstlichen Eingang zur Glenwood Caverns, der Touristen Zugang zu neu entdeckten, reich geschmückten Bereichen verschafft. Die Wanderwege durch die Höhle bieten leichten Zugang zu unberührten Gebieten, in denen es möglicherweise noch unerforschte Gänge gibt.

Hazel und Jeff Walker, Absolvent der University of Colorado, auf der Suche nach neuen Höhleneingängen in der Berglandschaft in der Nähe von Glenwood Springs. Die meisten Kalksteinhöhlen in Colorado findet man auf höheren Erhebungen; die Höhlengänger dort müssen bergsteigerische Fähigkeiten besitzen.

und eine kleine Pause machen könnten, als wir uns plötzlich wieder auf der Besucherroute befanden. Nachdem wir den Hauptweg erreicht hatten, machten wir einen Umweg, um den Blick von Exclamation Point – Charles Darrows freigelegtem Aussichtspunkt – zu genießen und das großartige Formationsareal namens »King's Row« in einem geräumigen Saal mit dem Titel »The Barn« anzusehen. Es war noch früh am Nachmittag, als wir nach draußen traten, und wir beschlossen, den Berg hinunterzufahren, um – vor einem späten Mittagessen – Proben von den »Teichfingern« aus den heißen Quellen zu entnehmen.

Das Wasser bei Glenwood Springs steigt aus etlichen natürlichen Öffnungen in ein tiefblaues Becken auf, in dem das Wasser so heiß ist, dass es einen Menschen binnen Minuten töten könnte, sollte jemand hinein fallen. Das Becken ist eingezäunt und abgesperrt; es liegt gleich östlich des großen Badehauses und Badebeckens, die sich beide noch immer eines regen Publikumsverkehrs erfreuen. Wasser aus dem Teich fließt durch ein Abkühlsystem und zwei Springbrunnen, bevor es in den Badebereich geleitet wird, der wiederum in Becken mit wärmerem und kühlerem Wasser unterteilt ist. Die Betreiber der Quellen hatten Hazel die Erlaubnis erteilt, Proben zu entnehmen, und der Betriebsmanager begleitete uns in die Umzäunung der natürlichen Quelle.

An den Rändern des Teiches bewegten sich weiße und grüne Ranken in der Strömung. Die grünen »Finger« ähnelten einer fadenförmigen Pflanze, die weißen einer blassen Wurzel. Doch ich wusste aus der Lektüre von NASA-Forschungsberichten über heiße Quellen im Yellowstone, dass beides keine Pflanzen waren, sondern Kolonien aus vielen Spezies von Mikroorganismen. Die grünen Finger enthielten vermutlich Photosynthese bildende Bakterien, im Unterschied zu echten Pflanzen. Vor 500 Millionen Jahren entwickelten sich die ersten Pflanzen aus eukaryontischen Einzellern – solchen mit abgegrenztem Zellkern – indem sie eine Reihe dieser photoautotrophen Bakterien in ihre sehr viel größeren Zellen einschlossen. Die auf der Erde bereits seit über drei Milliarden Jahren frei lebenden Bakterien wurden nun zu Chloroplasten, jenen Energie produzierenden Strukturen, die alle Pflanzen grün färben. Forschungen am Pace Lab und anderswo haben gezeigt, dass Chloroplasten immer noch einen Teil ihres ursprünglichen genetischen Codes enthalten, unabhängig von der

WISSENSWERTES FÜR ANFÄNGER

VON TIM CAHILL

»Check mich hier mal …«, so lautete meine typische Bitte an meine Höhlengänger-Kameraden, bevor ich mich in eine bodenlose Dunkelheit 800 Meter in die Erde hinein abseilte, »bin ich totgeseilt?«

Ein Abstieg in Höhlenschächte bedarf einer sorgfältigen Seiltechnik; um das Absturzrisiko so klein wie möglich zu halten, überprüft man die Seilsicherung lieber einmal mehr als zu wenig. Will man in sich 90 oder 120 Meter Tiefe abseilen, hakt man sich mit einem so genannten Thor-Rack, einem hufeisenförmigen, oben am Sitzgurt hängenden Gerät mit etlichen Querstäben, an einem irgendwo hinter dir verankerten Seil fest. Das Kletterseil wird durch die Querstäbe im Rack geführt, so wie Skiläufer um Slalomstangen gleiten. Wenn du das Seil falsch herum einziehst, öffnen sich, wenn du dich über den Rand eines Abgrunds lehnst, alle Querstäbe, und du stürzt in die Tiefe.

Es gibt viele Möglichkeiten, in einer Höhle zu Tode zu kommen: Man kann ertrinken, erfrieren, abstürzen, von herabfallenden Gesteinsbrocken erschlagen werden oder sich einfach verlaufen und verdursten. Diese Liste deckt keineswegs alle Gefahren ab. Höhlengänger sprechen mit Außenstehenden nicht über die Härten und Genüsse ihres Sports, nicht zuletzt deshalb, weil sie normalerweise diejenigen sind, die sich um Rettungsaktionen kümmern oder schlimmstenfalls die Leichen bergen müssen.

Als Höhlengänger wird es dir passieren, dass du in ein Motel kommst, nachdem du 18 Stunden lang durch die Eingeweide der Erde gekrochen bist, und immer noch den schmutzigen Schutzanzug und schmierige Stiefel trägst. Jemand wird fragen, was du gemacht hast, und wenn du nicht gerade lügst – »wir haben die Abwasserkanäle gereinigt« –, sagst du vielleicht wirklich, dass du auf Höhlenbegehung warst.

»Oh«, sagt der Fragesteller und ver-

Höhlengänger Chris Stine zwängt sich zwischen engen Sinterformen hindurch in einen neu entdeckten Abschnitt der Lechuguilla-Höhle.

sucht eine persönliche Beziehung herzustellen, »Höhlen erforschen«.

Höhlengänger haben sich seit fast vierzig Jahren nicht mehr Höhlenerforscher genannt. Sie mögen zur National Speleological Society gehören, aber sie erforschen keine Höhlen. Sie begehen Höhlen. Der Sport heißt Höhlenbegehung.

»Wohin geht ihr Typen denn?«

Die Antworten, die du gibst, sind vage oder irreführend oder schlichtweg gelogen. Als Höhlengänger wirst du einem Neuling nicht erzählen, wo du gewesen bist und wie man dorthin kommt, denn diese Leute könnten es einfach mit einer Erkundung versuchen. Sie nehmen Taschenlampe und Wäscheleine, und das eine oder das andere wird kaputtgehen oder nicht funktionieren, und dann könnten Sie in große Gefahr geraten und müssen gerettet werden, und du wirst dafür verantwortlich gemacht. Sie könnten aber auch Zigarettenkippen zurücklassen oder Bonbonpapier, sie könnten ein Souvenir mitnehmen, irgendein kleines geologisches Wunder, das fünf Jahrhunderte gebraucht hat, um zu entstehen, oder einen unberührten Teich mit Seife verschmutzen oder Exkremente zurücklassen, die wirkliche Höhlengänger mit nach draußen nähmen, vielleicht trampeln sie in Stiefeln über eine zarte Sinterformation, die man nur barfuß überqueren darf, oder sprühen ihren Namen an die Wand.

Das sind einige Gründe, warum Höhlengänger verschlossen, unhöflich und manchmal geradezu grob zu Leuten sind, die gelegentlich Fragen nach Höhlen stellen. Sie werden niemandem von den Orten erzählen, die ihnen heilig sind. Das Ganze ähnelt einer Religion, und Höhlen sind die Kathedralen.

Was also macht man, wenn man als Neuling ernsthaft an Höhlen interessiert ist? In den USA wendet man sich am besten an die National Speleological Society (2813 Cave Street, Huntsville, Alabama, 35810; www.caves.org). Diese stellt den Kontakt zu einer Ortsgruppe her, die »Grotto« genannt wird.

Vor Ort kann man auf Führungen mitgehen und eine Menge über Höhlenbegehung und Höhlenschutz lernen. Einige werden dann später vielleicht selbst passionierte Höhlengänger werden.

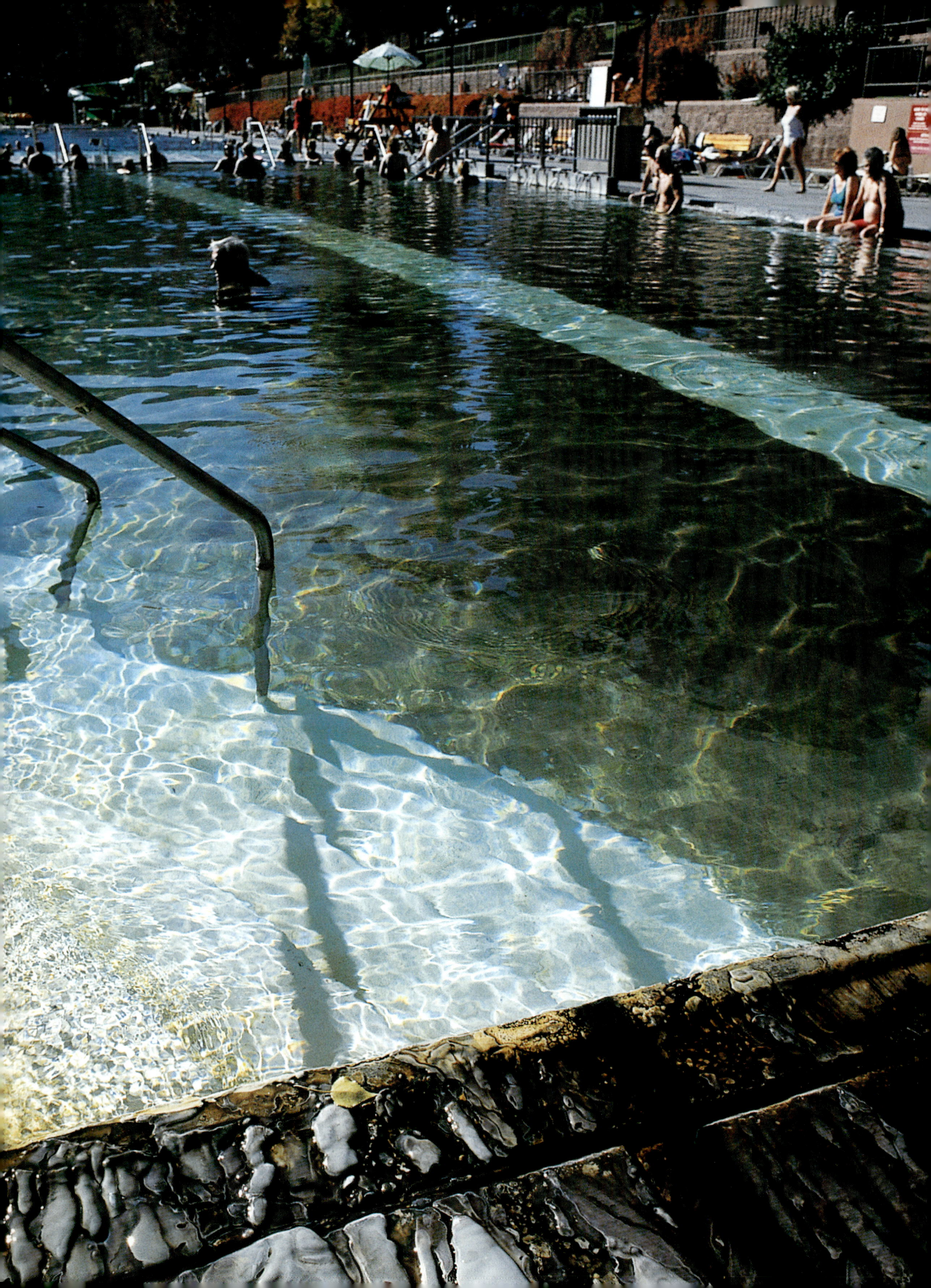

DNS der Pflanzenzellen, in die sie eingebaut sind. Das genetische Material beweist, dass die Chloroplasten aller Pflanzen der Erde, vom Küsten-Mammutbaum bis zum Spinat, enge Verwandte der Photosynthese-Bakterien sind, die in heißen Quellen gedeihen. Was Evolutionstheoretiker früherer Generationen als das »Entstehen von Leben auf der Erde« betrachteten, angefangen mit der Verbreitung der Pflanzen, war ein sehr spätes Kapitel in der Historie der Mikroben, die weit früher ihren Anfang genommen hatte. In der sehr langen Geschichte des Lebens auf unserem Planeten haben Mikroben seit jeher eine beherrschende Rolle gespielt.

Hazel und ich griffen rasch mit den Händen ins Wasser und zogen sie ebenso rasch wieder heraus, wobei wir höllisch aufpassten, nicht hineinzufallen; so sammelten wir mehrere »Finger« vom Rand des Hauptteiches. Ein paar Zentimeter weiter, auf einer leicht erhöhten Stelle direkt innerhalb der Umzäunung, bemerkte Hazel eine sechzig Zentimeter breite Öffnung über einer kleinen, dampfenden Grotte. Sie zog eine Taschenlampe aus ihrem Sack und leuchtete hinein: Eine kleine Quelle floss am Grund entlang zum Hauptbecken. Hazel kletterte in die dampfgefüllte Kammer mit einem Durchmesser von 1,50 Metern und entdeckte am Rand einige weiße »Teichfinger«. Ich stand am Eingang und reichte ihr zwei Probenfläschchen hinunter, so dass sie auch von dem neuen Fund Proben nehmen konnte; sie gab mir die vollen Flaschen rasch zurück und bat mich, sie mit Dunkle Zone 1 und Dunkle Zone 2 zu etikettieren.

»Mit diesen roten Bäckchen sehen Sie britischer aus denn je«, scherzte ich, als sie aus dem dampfenden Loch herauskletterte, schwitzend und fast außer Atem nach nur fünf Minuten in der extremen Hitze.

Hazel sammelte weitere »Teichfinger« aus einem Springbrunnen, und dann belohnten wir vier uns mit einem luxuriösen Mahl im Hotel Colorado, gefolgt von einem Bad in dem Becken der heißen Quellen. Alles in allem endete die Höhlenbegehung dieses Tages weit zivilisierter, als dies im TAG üblich ist: Dort wandert man den Berg hinunter und nimmt mit der erstbesten schmuddeligen Imbissbude vorlieb.

In den nächsten beiden Tagen verpasste mir Hazel einen Crashkurs über die 16 s-Untereinheit der RNS und die Art und Weise, wie man

*Links: Touristen genießen in diesem Thermalbad in Glenwood Springs das schwefelhaltige Wasser, das im Uferbereich des Colorado entspringt.
Oben: Hazel sammelt »Teichfinger« – Stränge von thermophilen Bakterien – aus einer der Quellen, die das Becken speisen.*

Oben: Hazel sammelt versteinerte »Teichfinger« von der Wand der Fairy Cave. Die heißen Quellen, die diese Fossilien abgelagert haben, sind vor Tausenden von Jahren versiegt, doch vielleicht hat ein Teil der hier eingeschlossenen Mikroben überlebt. Unten: Der Mikrobiologe Dr. Norman Pace bespricht mit Hazel die aufgezeichneten DNS-Bandenmuster aus anderen Analysen, die sie untersuchen soll.

dieses Molekül einer biologischen Probe unterziehen kann. Die Extraktion ist ein komplizierter Prozess, bei dem über Dutzende Schritte das genetische Material gereinigt, verstärkt und analysiert werden kann. Jeder dieser Schritte war von Forschern in Norm Paces Labor in jahrelanger Arbeit empirisch erprobt und in großem Maßstab perfektioniert worden – die verschiedenen Rezepte, die man für verschiedene Arten von Proben brauchte, wurden in einer umfangreichen Lose-Blatt-Sammlung aufbewahrt, die das Herzstück des Pace Lab bildete.

Es mochte zwar kompliziert sein, den Proben aus den heißen Quellen Informationen abzugewinnen, doch weitaus schwieriger sei es, aus den Höhlenproben verwendbares genetisches Material zu extrahieren, erläuterte Hazel. Der dicke Kalzitüberzug, der die Höhlenproben hatte fest werden lassen, konnte auch die DNS aller Organismen in dem fossilierten Finger verschließen. Verschiedenartige Lösungsmittel und andere Behandlungen würden notwendig sein, um genetisches Material in verwertbarer Menge aus dem Gestein »auszuwaschen«. Einstweilen konzentrierte sich Hazel darum auf die wabbeligen Stückchen der »Finger« aus den Quellteichen.

Als Hazel die erste Probe extrahierte, erwähnte sie beiläufig: »Das ist sehr viel einfacher als Tbc-Zellen aus erkranktem Lungengewebe zu gewinnen, was ich normalerweise hier in diesem Labor tue«.

Schritt für Schritt führte sie an einem der »Finger« aus dem Hauptbecken und einem aus der Schauquelle das Präparieren einer Probe vor. Ich sollte dann den Vorgang mit einer der Proben aus der Dunklen Zone und einer aus der Hauptquelle wiederholen. Idealerweise wären wir nach zwei Tagen in der Lage, eine grobe Vorstellung von der Zahl der Organismen zu erhalten, welche die Probe aus jedem der drei Hauptäste des Lebens enthielt: *Archaebacteria*, *Eubacteria* und *Eukaryota*. Wir wären außerdem in der Lage zu sagen, ob wir die Proben im Labor verschmutzt oder sonst bei einem der vielen Schritte des Präparierens einen Fehler gemacht hätten. Typus und Spezies der einzelnen Organismen in jeder dieser Proben zu bestimmen, würde noch Tage oder Wochen dauern und weit kompliziertere Laborprozeduren erfordern.

Der letzte Schritt bestand darin, einen Tropfen des präparierten Materials in den Löchern eines gallertartigen Backsteins zu platzieren. Über einen Zeitraum von mehreren Stunden würde dann ein elektrischer Strom eine lange, gepunktete Linie aus den Löchern über die gallertartige Oberfläche ziehen. Die Striche und Klecks auf dieser Linie zeigten den Typus des darin enthaltenen Lebens an und gaben eventuell Hinweise auf eine Verschmutzung während des Präparierens der Probe (falls wir es vermurkst hätten). Stolz erfüllte mich, als sich am Abend des zweiten Tages an meiner Probe aus der Dunklen Zone unverkennbare, eindeutige Bänder an allen drei Ästen abzeichneten; die Blankokontrollen wiesen keine Anzeichen für Verschmutzungen auf. Auch wenn Hazel die eigentliche Arbeit geleistet hatte und in die kleine dampfende Höhle geklettert war, um die Mikrobenfinger zu entnehmen, war dies „meine« Probe, die ich lange Stunden im Labor liebevoll gehütet hatte.

Indem sie die Entwicklungsgeschichte von Hunderten Arten von Organismen aus allen drei Äste verbanden, haben Norm Pace und seine Kollegen »den großen Baum des Lebens« vielfach ergänzt – das Diagramm, das die genetische Beziehung zwischen allen Lebewesen auf unserem Planeten darstellt. Die Spitze eines Zweiges, der sich fast am Ende des Eukaryonten-Astes befindet, enthält alles vielzellige Leben (Pflanzen, Insekten, Pilze, Fische, Tiere, Menschen), aber die überwältigende Mehrheit aller drei Äste zeigt die Vielfalt der mikrobischen Welt. Während meines Aufenthalts im Labor schenkte mir Norm ein Pace-Lab-T-Shirt, das unter Wissenschaftlern sehr begehrt ist. Es zeigt den »Lebensbaum« mit einem Pfeil, der auf die Spitze des Eukaryonten-Astes deutet und anzeigt: »Sie befinden sich hier«.

Genetisch gesprochen gibt es kaum einen Unterschied zwischen einem Menschen und einem Kohlkopf im Vergleich zu der weitaus größeren genetischen Differenz zwischen, sagen wir, *Escherichia coli* und den Bakterien, die in den Höhlen identifiziert wurden. Gelegentlich führen mikrobische Proben aus extremen oder ungenauen Umgebungen zu neuen Zweigen am Stammbaum auf Reichsniveau – der Ebene, die Bakterien, Pflanzen, Tiere und Pilze voneinander trennt. Pace vertrat mir gegenüber die Ansicht, dass Freiland-Mikrobiologen, die ohne vorangehende breit angelegte genetische Studien lebende Kulturen aus extremen Umgebungen zu gewinnen versuchen, den Wagen vor das Pferd spannen. Sie mögen ein oder zwei oder sogar ein Dutzend neue Mikroben entdecken. Eine einzelne Bakterie erlaubt jedoch nur einen sehr unvollständigen – und potenziell in die Irre führenden – Blick auf dieses große Bild, für dessen Vervollständigung man Hunderte oder Tausende Organismen in einer bestimmten Umgebung benötigt.

Hazel war erpicht darauf, weiter an unseren Proben zu arbeiten, um zu sehen, welche Organismen in der Dunklen Zone lagen, und um den langsamen Extraktionsprozess bei den Höhlenproben zu beginnen.

»Da ist was Gutes drin, ich bin mir ganz sicher«, sagte sie zu mir.

Hazel beginnt mit der langwierigen Prozedur, durch die der genetische Fingerabdruck von neu gefundenen Mikroorganismen Schritt für Schritt verdeutlicht und sie schließlich identifiziert wird. Die Mikrobiologin und andere Forscher im Pace Lab verbringen Wochen damit, genetische Linien aus einer einzigen Freilandprobe herauszutrennen und zu bestimmen.

KAPITEL 12

Das verborgene Reich

Das Abseilen an der 200 Meter tiefen Steilwand bei fast 45 °C in der erbarmungslosen Sonne von Arizona, deren Hitze vom Gestein unter ihr reflektiert wurde, war aufregend und im wörtlichen Sinne atemberaubend. Nancy freute sich allerdings nicht unbedingt darauf, nach der Erkundung der Höhle mit Hazel an dieser Felswand an die hundert Höhenmeter wieder aufsteigen zu müssen. Wie die meisten Höhlengänger war sie stolz auf die Fähigkeit, von jeder Stelle, die sie erreichen konnte, auch aus eigener Kraft wieder aufsteigen zu können. Doch in diesem Fall stand ihr wirklich ein langer, harter Weg bevor. Während sie an der Wand nach unten glitt, wuchs der Eingang, der vom Little Colorado River aus eher wie ein Schatten erschienen war, zu eindrucksvoller Größe heran; er war etwa sechs Meter breit und drei Meter hoch. Nur wegen ihrer Unzugänglichkeit war eine so leicht erkennbare Höhlenöffnung nicht schon längst kartiert worden. ■ Die Höhle lag gegenüber der Kliffkante ein wenig zurückgesetzt. Um sie zu erreichen, musste Nancy wie Tarzan mit dem Seil vor und zurück schwingen, bis sie sich an einem Felsblock festhalten und in die Höhle ziehen konnte. Bevor sie ihr Geschirr ganz vom Seil losmachte, befestigte sie eine kürzere Leine daran, damit sie Hazel, die als Nächste absteigen sollte, hineinziehen konnte.

Oben: Mit dunklen Gläsern und Sonnencreme wartet Hazel darauf, am Seil an die Reihe zu kommen. Rechts: Nancy genießt beim Abseilen zur IMAX-Höhle den Blick auf den kalzitgesättigten Fluss weit unter ihr.

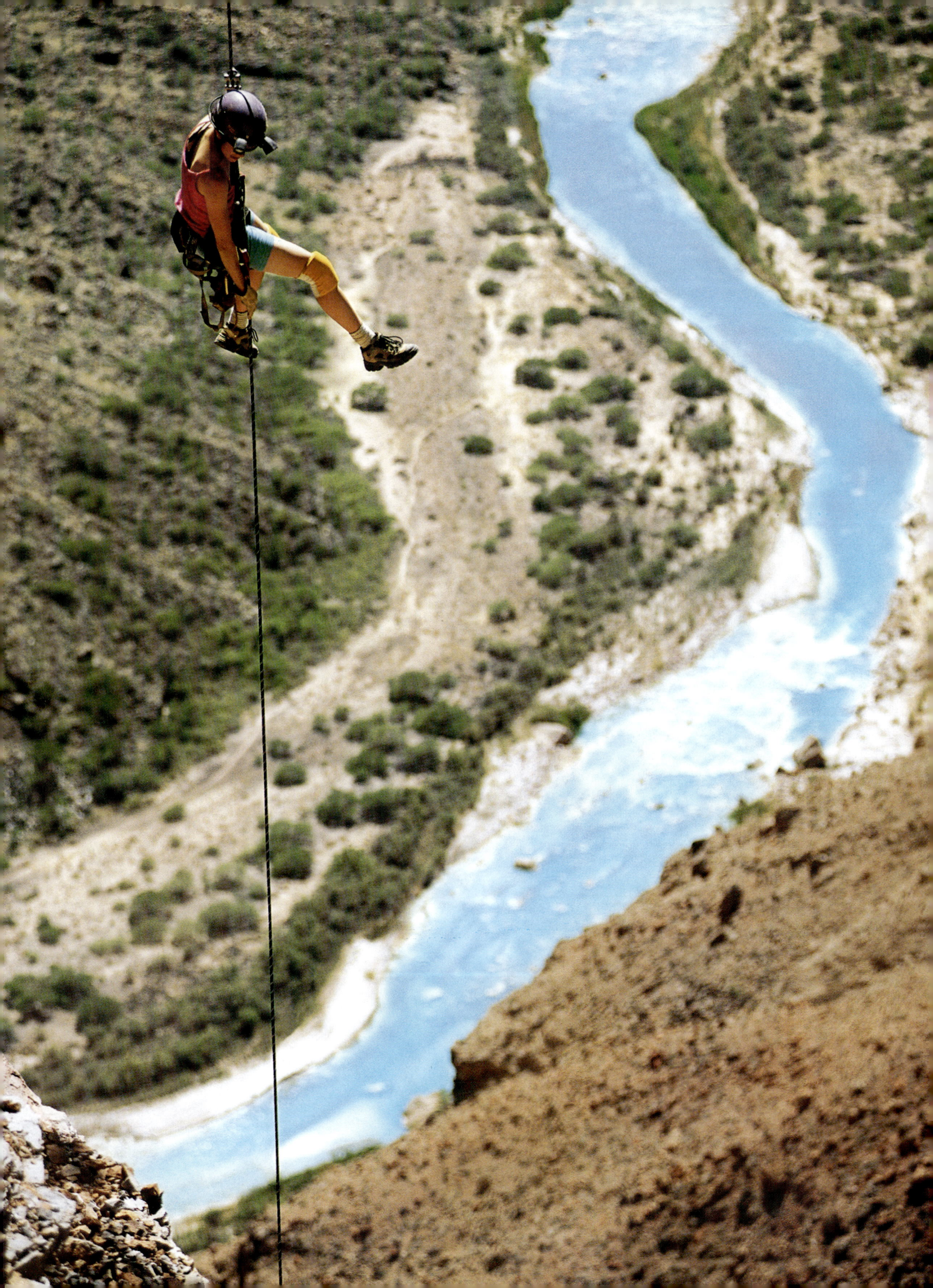

Die Filmcrew führte gleich zwei Seile an der Steilwand des Felsens zu dem ovalen Eingang hinab, weil sich während der zweitägigen Dreharbeiten so viele Mitglieder der Teams die 100 Meter zur Höhle abseilen und auch wieder hinaufsteigen mussten. Unmittelbar nachdem sie das Seil verlassen hatte, begann Nancy (stehend) mit der Kartierung des Eingangsbereichs.

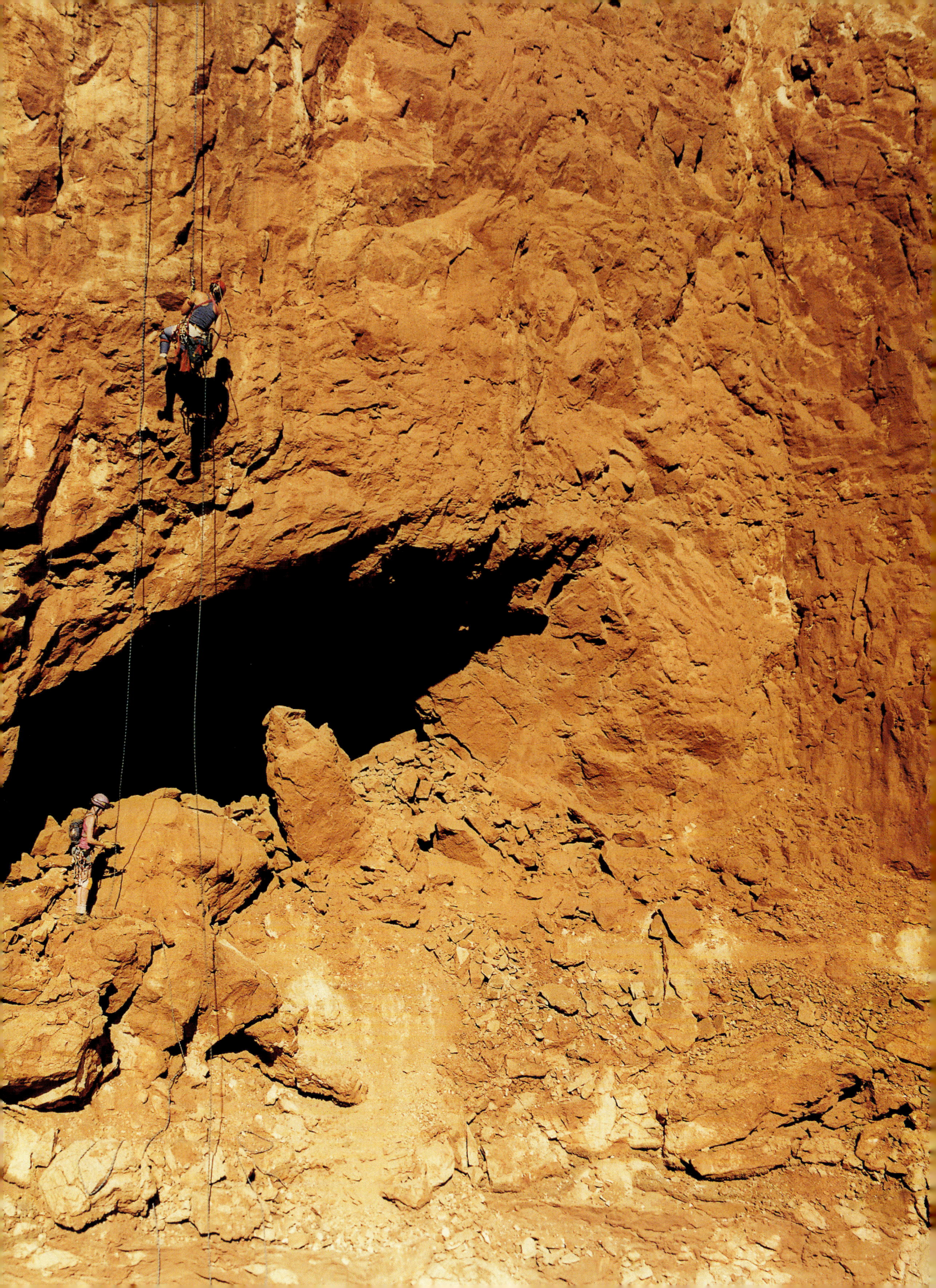

Diese trockenen Stalaktiten deuten darauf hin, dass die IMAX-Höhle »tot« ist – hier entfaltet kein Wasser mehr seine formbildende Kraft. Das Wasser in aktiv wachsenden Formationen sorgt dafür, dass diese glitzern, und gibt ihnen ein »sauberes« Aussehen. Nicht mehr wachsende Formationen wie diese verringern somit die Chancen, auf aktives mikrobisches Leben zu stoßen.

Noch wichtiger war, dass beide nach Abschluss der Erkundungen auf diese Weise wieder das Seil erreichen konnten. Nachdem diese Aufgabe erledigt war, blickte Nancy nach oben in Richtung auf den Vorsprung, der nun von der vorstehenden Felswand verdeckt war, und brüllte: »Bin vom Seil!« – das Signal für Hazel, dass sie ihren Abstieg beginnen konnte.

Während sie auf Hazel wartete, ging Nancy ein kurzes Stück in die Dunkelheit hinein, damit sich ihre Augen vom grellen Licht der Arizona-Sonne auf den gedämpften Schein ihrer Helmlampe umstellen konnten. Schon der Eingang war groß gewesen, doch der erste Saal war noch größer. Nachdem sie über einen riesigen Versturz geklettert war, konnte sie erkennen, dass der Gang sich auf etwa 1,80 Meter weitete, wobei die Decke neun Meter und mehr über Kopfhöhe lag. Der große, durch einen Einsturz entstandene Raum erstreckte sich über 30 Meter weit ins Innere. Die Wandungen glitzerten von Kalzit-Skalenoedern, dreieckigen Kalzitkristallen mit einer Kantenlänge von etwa 2,5 Zentimetern, die an Hundezähne erinnerten. An manchen Stellen hingen die Kristalle so dicht, dass sie sich mit denen in der berühmten Juwelenhöhle in South Dakota durchaus messen konnten. Ihre Existenz war ein Hinweis darauf, dass die Höhle in ferner Vergangenheit über längere Zeiträume hinweg überflutet gewesen sein musste. Es schien einige kleine Tunnel zu geben, die an der rechten Wandung abzweigten, doch bevor Nancy sie genauer in Augenschein nehmen konnte, hörte sie hinter sich eine Stimme:

»Hallo, da bin ich«, rief Hazel.

Nancy kehrte zum Eingang zurück, zog Hazel schnell zu sich herein. Sie brachten eine Markierung am Seil an, um später die Entfernung vom Vorsprung bis zur Höhle messen zu können – es waren 86 Meter – und wählten dann einen Felsblock mitten im Eingang als Ausgangspunkt für die Vermessung aus. Die Erstvermessung einer derart großen Halle unter Einsatz von Maßband, Kompass und Klinometer sollte recht schnell vonstatten gehen, da sie die Vermessungsstationen im Abstand von 15 Metern anlegen konnten. Und das Ganze wäre wirklich schnell erledigt gewesen, wären da nicht Steve Judson, Brad Ohlund, Jack Tankard und Barry Oswick gewesen. Diese waren mit anderen erfahrenen Mitgliedern des Filmteams zu Nancy und Hazel gestoßen und hatten sie gebeten, zurückzukehren und den Abstieg etliche Male zu wiederholen.

Bis dahin waren Steve und Brad sich einig gewesen, dass Grönland mit Abstand der strapaziöseste Drehort in ihrem gesamten Berufsleben gewesen war, doch dort hatte es nie einen Augenblick höchster Angst gegeben, wie sie ihn über dem Cañon des Little Colorado erlebten.

Sogar beim Drehen auf dem Mount Everest hatten sie sich nie einer so jähen, senkrechten Steilwand gegenüber gesehen wie hier, wo an Steve bei seinem Abstieg ein Wanderfalke vorbei flog. In immer weiteren Kreisen ließ sich der Vogel dann nach unten gleiten in Richtung auf den Fluss in 600 Meter Tiefe. Bei einer der späteren Abstiege fing der Fotograf Ron Goodman von einem Hubschrauber aus Nancy als winzige, spinnengleiche Figur vor einem gewaltigen Felsen ein. Dieser Dreh sollte später zum Herzstück der Eingangssequenz des Films werden. Noch am selben Tag konnte Steve die Navajo-Familie, die zuvor schon ihr Sandgemälde angefertigt hatte, in dem Hubschrauber mitnehmen, damit sie aus einer noch nie wahrgenommenen Perspektive einen Blick in den Cañon ihrer Vorfahren werfen konnte.

Erst am nächsten Tag, nachdem sie per Hubschrauber zu dem Felsvorsprung zurückgebracht worden waren, konnten Nancy und Hazel ernsthaft mit der Kartierung beginnen. Sie vermaßen den Eingang und stellten danach fest, dass der sich flaschenförmig erweiternde Hauptsaal etwa 1,80 Meter breit und über 40 Meter lang war. Hazel ließ sich in eines der kleinen Löcher an der rechten Wand hinab, in Form eines Dreiecks, das zu einem etwa neun Meter langen Kriechgang führte. Am gegenüber liegenden Ende dieses Stollens war es, wie sie erkennen konnte, vollkommen schwarz – ein Zeichen dafür, dass es dahinter noch weiter ging.

»Schlechte Nachrichten«, rief Nancy zu ihr hinunter. »Barry hat gerade nach uns gerufen. Sie brauchen uns wieder am Eingang, du sollst noch mal ans Seil«.

Hazel wandte sich um und spähte durch die Dreiecksöffnung. »Tu so, als ob du ihn nicht gehört hättest. Ich glaube, so funktioniert's«.

Das, was sie dann tat, gehört zu den ersten Handlungen eines jeden Höhlengängers, der in einen unbekannten Gang geht: Sie hielt eine Hand nach oben, als ob sie die Höhle grüßen wollte. Doch was wie eine rituelle Begrüßungsgeste erschien, war tatsächlich ein Mittel, um die Größe der Höhle zu bestimmen. In kleineren Gängen wie diesem würde sogar ein schwacher Windzug einen Hinweis darauf geben, dass es in einer gewissen Entfernung eine große Luftmasse gab, deren Bewegung die Luftdruckdifferenz zwischen entfernteren unbekannten Gängen und der Oberfläche ausglich. Cañon-Höhlen sind oft kaum mehr als Felsunterstände – etwas eingerückt liegende Überhänge, die innerhalb von 30 Metern oder noch weniger von ihrem Eingang entfernt enden. Doch hier war an der ausgestreckten Handfläche deutlich ein kühler Luftzug zu spüren.

»Wir haben Luft«, sagte sie zu Nancy.

»Aah«, antwortete Nancy und stieg zu Hazel in den Gang ein.

Diese rutschte den Schluff hinunter. Vor ihr wuchsen die Abmessungen auf über sechs Meter an, und in ihrem Gesicht spürte sie einen stärkeren Luftzug, wie sie ihn aus Höhlensystemen mit einer Längenausdehnung von etlichen Kilometern kannte.

»Kommt, Mädchen, ihr werdet gebraucht«. Diesmal ertönte hinter ihr Barrys Stimme, der vom Eingang aus rief. Sie warfen einen letzten sehnsüchtigen Blick den Gang hinab und gingen

Hazel skizziert Geländemarken für die erste Karte der neu entdeckten Höhle, die nur horizontale Gänge aufweist. Weil der Hauptsaal relativ einfach zu bewältigendes Gelände darstellt, hat sie ihr Abseilgeschirr nicht abgelegt, um sich die umständliche Prozedur des Verstauens und Wiederanlegens für den Aufstieg zur Spitze des Felsens zu ersparen.

Höhlen bewohnende Fledermäuse:
Unverstandende, aber wertvolle Lebewesen
von Dr. Merlin D. Tuttle

Entgegen weit verbreiteten Vorstellungen sind Fledermäuse friedliche Tiere, die weltweit für das Gleichgewicht in der Natur nicht nur von Nutzen, sondern unentbehrlich sind. Fledermäuse sorgen durch Bestäubung dafür, dass rund um den Globus Bananen und andere tropische Früchte ausgesät werden; ohne sie gäbe es weder Tequila noch Kapok, denn beide sind aus Pflanzen hergestellt, die durch Fledermäuse bestäubt werden. Ihr Guano gehört zu den ertragreichsten Naturdüngern und wird von Bauern und Gartenbesitzern hoch geschätzt. Sie sind ferner Frühindikatoren für Nachtinsekten, darunter Schädlinge, die, gäbe es keine Fledermäuse, in Landwirtschaft und Gartenbau jährlich Schäden in Milliardenhöhe anrichten würden. In tropischen Regionen verbreiten fruchtfressende Fledermäuse über ihren Kot die Samen der verzehrten Früchte – oft werden diese erst nach der Passage durch den Verdauungstrakt keimfähig. Da sie auch Nektar schätzen, bestäuben sie zudem zahllose Pflanzenarten, die ihren Blütenbau entsprechend angepasst haben.

Die meisten Menschen assoziieren Fledermäuse mit Höhlen – ein Großteil der annähernd 1000 Arten weltweit lebt jedoch in fast jedem Habitat, von der Wüste bis zum Regenwald. Fledermäuse nutzen Höhlen zur Aufzucht ihrer Jungen und zur Überwinterung. Außergewöhnlich große Fledermauskolonien leben in einigen wenigen wohl bekannten Höhlen, doch die allermeisten Kavernen sind für die Flattertiere nicht geeignet. Nur eine unter Hunderten oder sogar Tausenden scheinbar zur Verfügung stehenden Höhlen entspricht tatsächlich den Bedürfnissen von Fledermäusen; deshalb sind diese Höhlen für ihr Überleben ungemein wichtig. Die Bracken Cave in Zentral-Texas zum Beispiel bietet der weltweit

Der eigenartige Gesichtsschnitt von Nyctinomops femorosaccus, *einer Verwandten der Mopsfledermaus, erweist sich als effizienter Resonanzboden für die ausgesandten Signale; die riesigen Ohren von* Macrotus californicus *(unten) sichern einen guten Empfang der reflektierten Echos.*

größten Kolonie Schutz. Die gleich nördlich von San Antonio gelegene Höhle ist als Aufzuchtplatz für die Spezies unverzichtbar. Trotzdem müssen sogar diese Tiere über 1500 Kilometer nach Süden ziehen, um in Mexiko geeignete Höhlen zum Überwintern zu finden. Fledermäuse bleiben den Höhlen, in denen sie geboren sind oder überwintert haben, eng verbunden und haben kaum alternative Orte, die ihren Bedürfnissen gerecht werden.

Schon allein in diesem Sinne scheint das Überleben dieser fliegenden Säuger, die auf knappe natürliche Resourcen angewiesen sind, am seidenen Faden zu hängen. Doch sind sie leider auch weit über die Anpassung ans Habitat und die Ernährung hinaus verwundbar: Fledermäuse gehören zu den sich am langsamsten reproduzierenden Säugetieren überhaupt – die Paare haben meist nur ein Junges im Jahr. Man weiß, dass Störungen in den Höhlen-Habitaten die Hauptursache für einen Populationsrückgang darstellen. Außerdem können die bedrohten Tiere, wenn sie in großen Gemeinschaften zusammenleben, wie dies in Höhlen der Fall ist, bei einer Katastrophe ausgerottet werden.

Natürlich können auch Höhlengänger die Existenz von Fledermäusen bedrohen. Ein einziger Mensch kann durch das Durchqueren eines Winterquartiers dafür sorgen, dass Tausende Fledermäuse vorzeitig aufwachen, mit der Folge, dass mindestens sechzig Tage an Fettreserven verloren gehen – von einem Vorrat, der bis zum Frühjahr reichen muss. Jedoch auch wenn sie nicht gestört werden, wachen Fledermäuse gelegentlich aus ihrem Winterschlaf auf und bewegen sich ein wenig; sie müssen Wasser trinken, weil ihre dünnen Flughäute, Ohren und Schwänze unentwegt Feuchtigkeit an die Höhlenluft abgeben.

Etwa 20 Millionen Exemplare der Brasilianischen Bulldogfledermaus – die größte Fledermauskolonie der Welt – verlassen an jedem Sommerabend die Bracken Cave in Zentral-Texas, um in der Gegend nach Insekten zu jagen.

Wenn dann der Frühling kommt, kann eine ausgezehrte Fledermaus bis zu einem Drittel ihres ursprünglichen Körpergewichts verloren haben und muss sofort fressen. Hat es zu viele Störungen des Winterschlafs gegeben, hält sie gar nicht bis zum Frühling durch.

Wie Menschen und andere Lebewesen mit niedriger Vermehrungsrate widmen sich Fledermäuse hingebungsvoll Aufzucht und Schutz ihrer Jungen. Nach der Geburt klammert sich ein Fledermausbaby bis zu einer Woche an der Mutter fest und trinkt, ob sie nun fliegt oder ruht. Wenn es kräftig genug ist, um sich an die Höhlendecke hängen zu können, verlässt die Mutter zur Nahrungssuche allein die Höhle und überlässt ihr Junges der Obhut anderer Fledermausweibchen. Bei der Rückkehr kann die Mutter ihr eigenes unter Tausenden, ja sogar Millionen anderer Jungen in der Höhle ausfindig machen. Sie erkennt es sowohl am Geruch als auch an der Stimme. Wenn jedoch Menschen eine Aufzucht-Kolonie stören, während eine Mutter unterwegs ist, kann dies dazu führen, dass sie ihr Junges möglicherweise nicht mehr lokalisiert.

Es ist daher leicht verständlich, dass beim Schutz dieser Tiere die Bewahrung ihrer bedrohten Ruhehöhlen auf der Prioritätenliste ganz oben steht. Ebenso wichtig ist die Aufklärung über Fledermäuse und ihre Bedürfnisse. So müssen wir, um mit dem einfachsten zu beginnen, alle wissen, dass die Flattertiere nicht blind sind, sich nicht im Haar verfangen und selbst wenn sie krank sind, selten beißen, sofern man sie nicht berührt. Wenn man sie in Ruhe lässt, sind Fledermäuse harmlose und wichtige Mitglieder ihrer ökologischen Gemeinschaft.

Den geringsten Aufwand erfordert es, sich in der eigenen Nachbarschaft für den Schutz von Fledermäusen zu engagieren. Viele Menschen nutzen die Gelegenheit, sie in ihrer Region zu studieren und von ihnen zu profitieren, indem sie spezielle Fledermaushäuschen auf ihrem Grund errichten. Die so angesiedelten Tiere fressen an Sommerabenden Insekten und erzeugen Guano in ihrem Wohnhäuschen, der als Dünger die Erträge im Gemüsegarten steigern kann. Im Winter mögen sie dann zu einer entfernten Winterhöhle aufbrechen, doch häufig kommen sie Jahr für Jahr zurück. Fertigbausätze und Grundrisse für Fledermaushäuschen sind in vielen Zoohandlungen, in Museen und bei Naturschutzorganisationen erhältlich.

Die 1982 gegründete gemeinnützige Organisation Bat Conservation International widmet sich dem Schutz der Fledermäuse und der Ökosysteme, auf die diese weltweit angewiesen sind.

Die Bat Conservation International mit über 14 000 Mitgliedern in 75 Ländern arbeitet mit privaten Organisationen, Regierungsbehörden, Naturschutzverbänden und auch vielen Höhlengängern für einen wirksamen Schutz der Fledermäuse zusammen.

Mitglieder des IMAX-Teams konstruieren den ausgeklügelten Kran, der es ihnen das Filmen des atemberaubenden Abstiegs zur Höhle erlaubt. Wie die Crew selbst und die Filmausrüstung müssen auch alle Bestandteile der Plattform mit dem Hubschrauber zu dem schmalen Felsvorsprung oberhalb der Höhle gebracht werden. Nach Beendigung der Dreharbeiten wird alles wieder entfernt, da diese Gegend den Navajo heilig ist.

dann für weitere Filmaufnahmen nach draußen.

Eine Pflanze baut ihre Zellsubstanz mit Hilfe des Sonnenlichts aus Wasser und Mineralien zusammen, doch die Mikroben in der sonnenlosen Höhlenwelt gewinnen organische Kohlenstoff-Moleküle, Mineralien und Energie aus dem Abbau tierischen oder pflanzlichen Materials. Andere, wie die chemoautotrophen Organismen, beziehen ihre Energie direkt aus anorganischen Mineralien und Wasser; beides finden sie im feuchten Höhlengestein. Um ein Areal mit einem reichen Vorkommen unbekannter Mikroben zu finden, sollte man also die Höhle eingehend nach Stellen absuchen, an denen Wasser und Mineralien zusammentreffen.

Ich habe einmal einen Vortrag von Larry Mallory über die Jagd nach Höhlen-Mikroorganismen mit angehört, den er vor einer Gruppe von Ingenieuren im Jet Propulsion Lab der NASA hielt – in dem neue Antriebssysteme für Luft-

und Raumfahrzeuge entwickelt werden. Die Wissenschaftler versuchten Sonden zum Aufspüren von Leben zu entwickeln, die bei künftigen Missionen zum Jupitermond Europa zum Einsatz kommen sollten. Während des Vortrags zeigte er ein Dia mit einer Nahaufnahme von feinen Fortsätzen – so genannten Excentriques – eines Behangs aus der Lechuguilla-Höhle: einen Kalzitschnörkel mit einem silbernen Wassertropfen an der Spitze. »Als ich hier Proben nahm« – Larry wies auf einen weniger als einen Zentimeter von der Spitze der Excentrique entfernten Fleck – »stieß ich auf über 400 gesonderte Taxa mit weitaus mehr individuellen Arten von Mikroben. Wenn Sie gute Ergebnisse haben wollen, müssen Sie nach Stellen Ausschau halten, an denen Nahrung in Form von Mineralien auf Wasser trifft, das die Bazillen mit ihrer Nahrung chemisch reagieren lässt«.

Diese Halle, die Hazel in ihrem Vermessungsbuch IMAX-Höhle genannt hatte, war außergewöhnlich trocken und staubig. Da jedoch reichlich Anzeichen vorhanden waren, dass es hier in der Vergangenheit Wasser gegeben hatte, begann sie die Wandungen nach Stellen abzusuchen, an denen sich das Wasser am längsten gehalten haben könnte. Es erschien kaum möglich, dass Mikroben unter solch trockenen Bedingungen aktiv wuchsen, doch für ein Bakterium gibt es vielfältige Möglichkeiten zwischen »aktivem Wachstum« und »Tod«. In anderen extrem trockenen Umgebungen – dem kalifornischen Death Valley, trockenen Tälern der Antarktis und unterirdischen Salzlagern – hatte sich erwiesen, dass Mikroben im Zuge der Entwässerung einen Zustand der zeitweilig unterbrochenen Lebenstätigkeit erreichten; nach Jahren noch konnten sie durch einen Tropfen Wasser wieder zum Leben erweckt werden. Untersuchungen primitiver Bakterien, die in den unterirdischen Salzlagern von New Mexico die Zeiten überdauert hatten, legten den Schluss nahe, dass solche Organismen noch nach unglaublichen 250 Millionen Jahren Inaktivität wieder ins Leben zurückkehren konnten.

Hazel zweifelte zwar, dass sich hier viel mikrobische Stoffwechseltätigkeit finden würde, sie war sich hingegen absolut sicher, dass an den Wandungen ringsum DNS unbekannter Organismen zu finden sein könnte. Sie beschloss, an den nach unten zeigenden Spitzen des Kalkspats einige Proben zu nehmen; in Feuchtzeiten hätte zumindest dort ein Tropfen Wasser hängen müssen. An einigen Stellen der Felswand, an denen offenbar zwei unterschiedliche Mineralien aufeinander stießen, nahm sie mit Nancys Hilfe einige weitere Proben – jede Nahtstelle unterschiedlicher chemischer Zusammensetzung des Gesteins konnte ein reich gedeckter Tisch für Mikroorganismen sein.

Tullis Onstott, ein Geo-Mikrobiologe aus Princeton, hatte die Theorie vertreten, dass in einigen Fällen Adern unterschiedlicher Mineralien innerhalb einer Felswand nicht nur Leben anzogen, sondern ebenso das direkte Ergebnis davon waren, lieferten sie doch sichtbare Beweise dafür, wie mikrobische Gemeinschaften ihre Umgebung verändern. Er war in Südafrika über 3000 Meter in die tiefste Goldmine der Welt abgestiegen, in eine höllische Umgebung, in der die Temperaturen trotz eines Gebläses, das kalte Luft von der Erdoberfläche nach unten leitete, über 60 °C lagen. Dort hatte er festgestellt, dass die größten Konzentrationen hier heimischer Mikroben mit den größten Konzentrationen an Gold und anderen Metallen direkt korrelierten. Onstott stellte die Theorie auf, dass die Adern reinen Goldes in der Mine tatsächlich von den Mikroorganismen abgelagert worden waren, da diese das Metall aus der umgebenden Gesteinssubstanz in Jahrtausende langem Stoffwechsel zusammengetragen hatten. Entdeckungen wie die von Onstott und anderen Forschern führten dazu, dass aus tiefen Bergwerken stammende Mikroben kultiviert und mit großem Erfolg eingesetzt wurden, um noch vorhandene Goldrückstände aus Erzabfällen zu gewinnen. Diese Extremophilen waren nicht nur natürliche »Alchimisten«, sondern auch Bergarbeiter.

Die Proben, die Hazel in der IMAX-Höhle für die Kamera entnommen hatte, wurden sorgfältig beschriftet und verstaut. Sie rechnete allerdings damit, sie erst nach Monaten oder Jahren tatsächlich bearbeiten zu können, denn ihr

Nancy beim Entleeren des Inhalts einer großen Probenspritze in eine Lagerdose. Durch Analyse des Anteils an Kalziumkarbonat im Wasser des Little Colorado können Geologen eventuell auf die Größe der unerforschten Höhlen schließen, aus denen die Quellen im Fluss austreten.

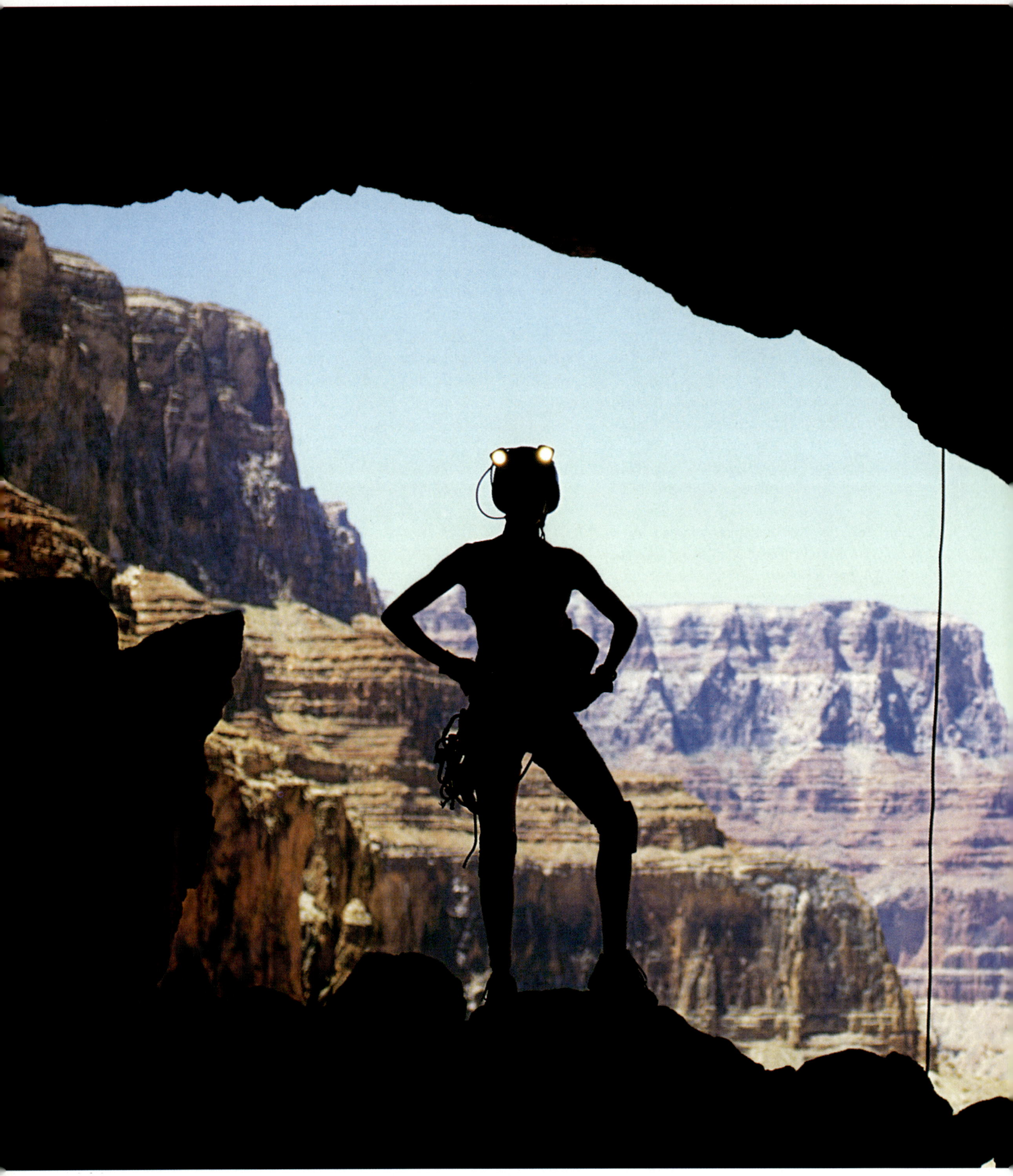

Interesse richtete sich derzeit eher auf die Untersuchung der Proben aus den Glenwood-Kavernen und noch zu entnehmender Proben aus der Halokline von Yucatán. Sie wusste aber, dass diese Proben, sauber beschriftet und gut gelagert, warten konnten, unabhängig davon, wann sie sich ihnen zuwandte.

Nachdem die letzte Probe entnommen und die letzte Aufnahme gemacht war, entfernte das Team rasch alle Seile und Kranteile, damit keine Spuren ihrer Anwesenheit in der Höhle und am Felsen zurückblieben.

Der Sommer ging ins Land. Am Little Colorado hatte Hazel eine heiße Quelle und die dazugehörige Unterwasserhöhle ausfindig gemacht, aus der das milchige Kalzit stammte, welches das Wasser türkis färbte. Nach dem Ende des Grand-Canyon-Trips erfuhr sie, dass Taucher bislang nur einmal in den natürlichen Brunnen eingedrungen waren – bei einer kurzen Zwei-Mann-Erkundung unter der Leitung des verstorbenen Sheck Exley. Er hatte von einer weit reichenden Galerie berichtet, für deren Erforschung eine große Expedition erforderlich wäre.

Auf der NSS-Tagung im Juni begannen Hazel und Nancy mit Donald Davis und dem Yucatán-Höhlentaucher Dan Lins Pläne für eine Rückkehr zum Little Colorado zu schmieden.

Einige Wochen später erhielt ich einen Anruf von Hazel, die mir genauere Einzelheiten über die bevorstehende Expedition mitteilen wollte. Fast beiläufig fügte sie hinzu: »Natürlich wird es zwischen dem Tauchtrip nach Yucatán, den ich machen werde, und all den aufregenden Dingen mit den Glenwood-Proben noch ein Weilchen dauern, bis wir die Termine am Grand Canyon wirklich festmachen können«.

»Von welchen aufregenden Dingen mit den Glenwood-Proben sprechen Sie?«, fragte ich.

»Habe ich Ihnen das nicht erzählt? Ihre Probe aus der Dunklen Zone enthält 37 unbekannte Arten von Bakterien, davon zwei auf sehr hoher Hierarchiestufe. Es ist erstaunlich, so als ob man zwei neue Klassen von Lebewesen gefunden hätte, von denen jede so groß und so verschieden von allen anderem ist wie ›Pflanzen‹ oder ›Pilze‹. Norm ist furchtbar aufgeregt. Und nach Archaebakterien haben wir in der Probe noch gar nicht gesucht, ganz abgesehen davon, dass wir die Proben aus der Höhle noch nicht einmal angerührt haben. Das ist wirklich ein riesengroßes Ding«.

Nancy wirft zum Abschied noch einmal einen Blick in die IMAX-Höhle, die an diesem Tag zum ersten Mal von einem Menschen betreten worden ist. Zumindest ein Gang blieb unerforscht, doch unter Hazels Leitung soll in naher Zukunft die Höhle erneut erkundet werden.

203

NACHWORT

Bei den Dreharbeiten zu *Everest* 1996 am Fuß des Mount Everest übernachtete ich auf einer Eisscholle. Aus dieser Erfahrung zog ich eine Lehre: Das kostbarste Gut an jedem Gletscher sind jene vier Zentimeter Schaum der Matratze, welche die eigenen Knochen von der harten Oberfläche des Eises trennen. Als ich nach Grönland flog, um dort *Journey Into Amazing Caves* zu drehen, war ich klug genug, eine zusätzliche Isomatte mitzunehmen, so dass ich wie ein Höhlenmensch schnarchte, als um Mitternacht ein Sturm über unser Zeltlager hereinbrach.

Böen von 60, dann 80 und mehr Knoten peitschten gegen mein Zelt. Ich fühlte mich, als wäre ich während eines Rockkonzerts im Innern einer Trommel eingesperrt. Das Nylon könnte im Nu in Fetzen gerissen sein, das wusste ich, und deshalb verstaute ich meine Stiefel und andere wichtige Dinge in meinem Schlafsack. Zumindest würde ich die Nacht nicht in langen Unterhosen verbringen müssen, wenn mein Zelt davon flog, dachte ich.

Um das bedrohliche Heulen draußen zu dämpfen, zog ich mir den Schlafsack über die Ohren und schlief schließlich mit dem Gedanken ein, unter einer elektrischen Heizdecke in einem warmen Haus zu liegen und das Leben eines Buchhalters zu führen.

Es ist schon verrückt, wenn man seinen Lebensunterhalt damit verdient, dass man eine sperrige Kamera-Ausrüstung in Gegenden schleppt, in der sie nichts verloren hat. Hier waren wir also, ein Team von 15 Leuten, die am Rande der Erschöpfung ihre ganze Energie auf die entscheidende und doch absurde Aufgabe konzentrierten, etwas auf Film zu bannen, z. B. wie der Lichtschimmer von einer Höhlenwandung verschwand. Wozu? Damit Menschen in einem abgedunkelten Filmtheater einer Illusion erlägen: Sie sollten das Gefühl haben, an einem Ort zu sein, den sie wahrscheinlich niemals in ihrem Leben betreten würden. Derartige Entbehrungen wie bei den Dreharbeiten auf Grönland auf sich zu nehmen macht nur dann Sinn, wenn man davon besessen ist, die Menschen mit erstaunlichen Bildern zu versorgen, die sie berühren und in Hochstimmung versetzen – wenn das gelingt, dann ist es die schönste Sache der Welt.

So zu leben erfordert Leidenschaft. So ist es auch bei der Speläologie. Als ich mit der Recherche für *Journey Into Amazing Caves* begann, strahlten alle Höhlengänger eine Leidenschaft aus, die ihren Erfahrungen in der Unterwelt und dem dringenden Bedürfnis galt, sie zu schützen. Das war eine Gruppe verrückter Eiferer, gepackt von einer Obsession, die ihre Familie und ihre Freunde oft nicht nachvollziehen konnten. Ich fragte mich, ob es uns gelingen würde, diese Intensität im Film einzufangen, ob wir das Besondere an Höhlen vermitteln könnten, aus der sich eine solche Leidenschaft speiste. Dieses Gefühl erlebte ich in Grönland aus erster Hand, als Janot Lamberton mich zu meinem ersten Abstieg in eine Eishöhle führte, die so blau war, dass es mir den Atem verschlug.

Um die ganze Pracht dieser Höhlen zu enthüllen, brauchten wir ein außergewöhnliches Team von Filmemachern, das wusste ich. Das Drehen von Filmen erfordert, wie das Begehen von Höhlen, Teamwork. Ich war mir sicher, dass für den Film alles davon abhing, ob die Chemie zwischen den Beteiligten stimmte. Einige von uns hatten schon miteinander gearbeitet. Es war der zwanzigste großformatige Film, den Greg MacGillivray als Produzent und ich gemeinsam verwirklichen sollten. Mit Brad Ohlund als Kameramann arbeitete ich seit 1991 zusammen. Damals standen wir beide dicht an dicht in der Schneise eines losbrechenden Tornados mit der fragwürdigen – und lebensgefährlichen – Absicht, ihn mit einer IMAX-Kamera zu filmen. Andere wie Hazel und Nancy kannten zwar einander, aber niemanden sonst aus dem Team. Wes Skiles, einer der renommiertesten Unterwasserhöhlen-Fotografen, hatte noch nie mit Howard Hall, dem besten Unterwasser-Kameramann, zusammengearbeitet – und nun sollten die beiden gemeinsam ihr Leben aufs Spiel setzen und mit Bildern aus den Unterwasserhöhlen zurückkehren, die sich tief unter den Dschungeln von Yucatán erstreckten. Aber irgendwie verstanden sich alle auf Anhieb. Vielleicht war es pures Glück

Dieser Film musste gewaltige technische und logistische Hindernissen überwinden, doch für mich persönlich gab es bei jedem Dreh einen ganz besonderen Augenblick. In Grönland war es der Moment, als die Brüder Brown sich auf einem unerwartet schwankenden Eisblock am Fuß einer 150 Meter tiefen Höhle wiederfanden und uns per Funk ihre Entscheidung mitteilten, dort unten – so risikoreich es auch sein mochte – bleiben und weiter filmen zu wollen. Während ich im Grand Canyon am Seil hing und auf den milchigen Fluss hinunterschaute, der 360 Meter tief unter meinen baumelnden Beinen dahinfloss, kam der Moment, als unter mir ein Greifvogel in Kreisen zu der Höhle segelte, die wir filmten. In Yucatán wurde die Authentizität des Eindrucks, den ein Taucher von der Unterwasserlandschaft nur beim Licht seiner eigenen Lampen hätte, oft durch das direkte Scheinwerferlicht der Filmemacher geschmälert; hier bildete die Eingebung, bei Bedarf Mülleimerdeckel zur Abschirmung der Bestrahlung einzusetzen, den Wendepunkt.

In Mexiko versammelten wir uns jeden Abend in Wes' Hotelzimmer, um uns das Unterwasser-Filmmaterial, das er und Howard den Tag über aufgenommen hatten, auf Video anzuschauen. Während dieser Sitzungen hatte ich oft das Gefühl, mit zunehmender Strömung durch die Höhlen getrieben zu werden – ein Ausdruck meiner wachsenden Überzeugung, dass *Journey Into Amazing Caves* den Menschen etwas Seltenes vermitteln könnte, nämlich einen Blick in eine äußerst ungewöhnliche Dimension des Planeten Erde.

Die spektakulären Bilder, die wir auf Film bannten, würden sogar noch stärker sein, vermutete ich, wenn wir dem Betrachter auch die gefühlsmäßige Beziehung zu Höhlen, die wir alle – ob bewusst oder unbewusst – seit langem hatten, erschließen könnten. Während einer der vielen Endlos-Telefonate hörte sich Jack Stephens, der stets geduldige Drehbuchschreiber des Films, das Grundgerüst einer Idee an, die mir gekommen war. Wenn unsere frühesten Vorfahren Höhlenbewohner gewesen waren, so meine Spekulation, besteht dann nicht zwischen Höhlen und dem kollektiven Unbewussten eine besonders tiefe Verbindung? Die meisten alten Kulturen haben diesen Zusammenhang gesehen. Die Maya glaubten, dass viele, die sich in die Unterwelt wagten, verschwanden und dass jene Eingeweihten, die von dort zurückkehrten, eine Wandlung durchlaufen hatten. Die Kraft und Schönheit der Unterwelt hatte sie bereichert und mit Einsichten gesegnet, die es zu teilen galt.

Die Höhlengänger unserer Tage sind beherzte Boten aus der Unterwelt, verwandelt durch ihren Zauber, Eingeweihte einer auf keiner Karte verzeichneten Welt voller Geheimnisse, in der noch Entdeckungen zu machen sind, die das menschliche Dasein verändern könnten. Für einige bestehen diese Entdeckungen einfach darin, einen Blick auf die Schönheit der Natur zu werfen, einen Raum voller glitzernder Höhlenformationen zu erblicken, die in der gesamten bisherigen Geschichte der Menschheit verborgen waren. Anderen ist daran gelegen, fernen Habitaten seltsame Mikroben zu entreißen, um daraus neuartige Behandlungsmittel für menschliche Krankheiten zu gewinnen.

Jack und ich stimmten darin überein, dass meine Idee zu spekulativ sei, um sie explizit im Film zu formulieren, doch sie bildet seinen emotionalen Kern. Es gehörte zu meinem Job, wurde mir aber auch zur Leidenschaft, diese fremde neue Welt unserem Publikum zu vermitteln, während es in den verdunkelten IMAX-Kinos saß, die so sehr an Höhlen gemahnen: Die Zuschauer sollten den urtümlichen Zauber der Unterwelt und ihre Kraft spüren, uns alle zu verändern.

STEVE JUDSON

Steve Judson ist Regisseur von Journey Into Amazing Caves, *des 25. Großformatfilms, der von MacGillivray Freeman Films produziert wurde – deren Großformatfilme hat seit 1988 fast alle Judson herausgebracht. Er war ferner Ko-Regisseur und Ko-Drehbuchautor etlicher Filme, darunter* Everest, *eine Arbeit, die ihn – ganz im Gegensatz zum oben erwähnten Werk – in schwindelnde Höhen führte. Für einen Film über Höhlen war er, wie er gern scherzhaft anmerkt, denkbar schlecht geeignet, leidet er doch unter Klaustrophobie.*

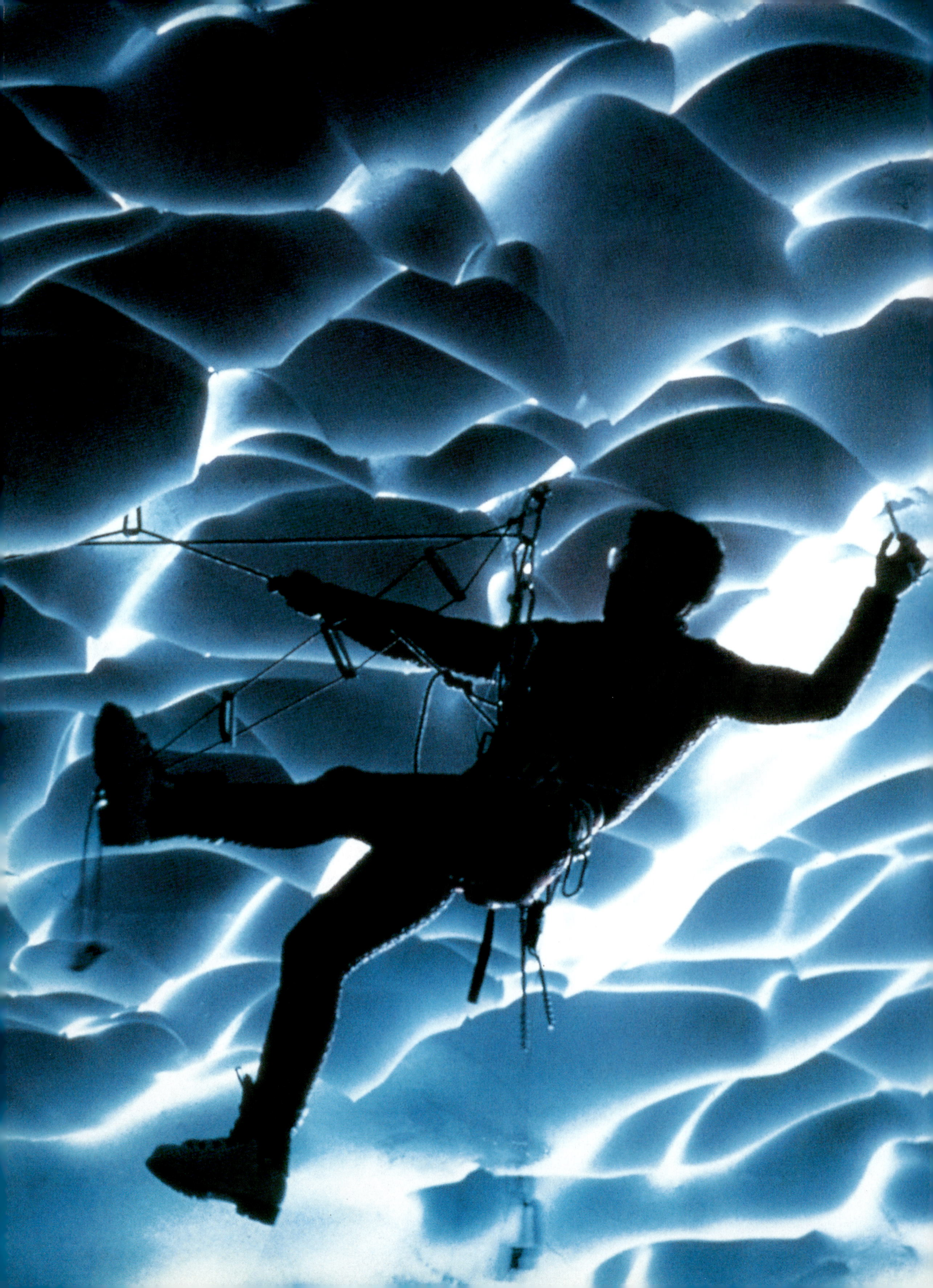

Mit speziell angefertigten Eisschrauben hat sich der deutsche Höhlengänger Stefan Geissler 15 Meter über dem Grund einer Eishöhle in Süddeutschland verankert. Viele Kalk- und Lavaröhren-Höhlengänger versuchen gefährliches Sportklettern zu vermeiden – und die dafür erforderlichen Sicherungshaken, die bis dahin unberührte Wände beschädigen. Dank ihrer Kurzlebigkeit sind Eishöhlen für derartiges Klettertraining ein perfekter Schauplatz.

REGISTER

Fett gedruckte Seitenzahlen verweisen auf Abbildungen.

Abseilen 58, 60, **139, 159;** Ausrüstung 8, 30, 187; Eishöhlen **4**
Aké, Yucatán, Mexiko **83**
Akumal, Mexiko 86, 112, 114
Allen, Carlton 39
Aqua Grande (Navajo) 150
Arizona-Höhlen 147, 149, 152, **182–183, 192–197, 200,** 201, **202–203**
Artenvielfalt 55
Aulenbach, Brent 158, **159;** Heiratsantrag 41, **171;** State Line Cave, Georgia 161, 164; TAG-Höhlen **160**
Aulenbach, Nancy 11, **30,** 39, 40, **61, 100,** 157; Abseilen 58, 60, **62,** 142, **147, 193;** Ausrüstung 30, 32; Filmaufnahmen 109, 144, 161; Grönland 29, **32,** 34, 44, 46, **46,** 62; Heiratsantrag 41, **171;** Höhlen-Entdeckungen 169; Höhlentauchen 98; IMAX-Höhle, Arizona **192–197, 202;** Malik Moulin, Grönland 8–9; Mil Columnas (Höhle), Mexiko **74, 128, 133;** Minnik II, Grönland **48, 52–53,** 54; State Line Cave, Georgia 158, 164–165, **171;** TAG-Höhlen **160, 162–163, 168, 175;** Wasserproben 201; Yucatán 81, 90, 101, **104, 127,** 131
Aussterben von Arten 99

Barton, Hazel 11, **30,** 35, 38–39, 85, 97, **100,** 157, **190, 192;** Arizona-Höhlen 142; Ausrüstung 32, 98; Dos Ojos (Höhle), Mexiko 90–91, **91, 118,** 120; Fairy Cave, Colorado **5, 176, 179,** 180, **185;** Filmaufnahmen 109, 131–132; Grönland 29, **32,** 33–34, 44, **46,** 46–47, **54;** Höhlentauchen 76, 79, 98, 101, 120; IMAX-Höhle, Arizona 192, 196, 197, **197,** 200–201; Kartierung 61–62, 94, 180, **181;** Laborarbeit 53, 190, **191;** Little Colorado River (Höhlen) **143,** 203; Malik Moulin, Grönland 8–9; Mikroben-Forschung 54, 62, 64, 67, **105–106, 130–132, 189–191;** Mil Columnas (Höhle), Mexiko **132–133;** Minnik II, Grönland **48, 52–54,** 60; National Speleological Society 176
Beckley, Jeanne 179–180
Beckley, Steve 179–180

Begebenheiten auf einer Reise in Yucatan (Stephens) 70, 81–84
Blanchard Springs Cavern, Arkansas **139**
Blum, Chris 108
Bolonchén de Rejón (historische Stätte), Mexiko **87,** 126, 128
Bourseiller, Phillippe 50, **54**
Bowden, Jim 80
Bracken Cave, Texas 199
Brearshears, David 101
Brown, Gordon 32, 33, 46–47, **47,** 62, 64, 67
Brown, Greg 120
Brown, Mike 62, 64, 67

Cancún, Mexiko 85
Carlsbad Caverns Nationalpark, New Mexico 153
Catherwood, Frederick 82, 84–87, 112, 121, 126, 128; Gemälde von **83, 87**
Cenotes **72–73,** 80, **83,** 86, **94–95,** 99, 114, **116–117;** Tauchen 90–91
Chicxulub, Mexiko 99, 114, 117
Cliffhanger – Nur die Starken überleben (Film) 33
Colorado Grotto Club 40, 178–179
Conrad, Pete 38
Copán, Honduras 73, 83
Cowan, Tom 108, 109
Cruise, Tom 144
Cuddington, Bill 63
Cueva de Villa Luz, Mexiko 124–125

Dahame, Karim 46
Darrow, Charles 178
Davis, Donald 152, 153, 203
deJoly, Robert 63
Dellenbaugh, Frederick 150; Zeichnung von **148**
Digital Wall Mapper (DWM) 111
Dos Ojos (Höhle), Mexiko **91,** 92, 98, 104, 118, 120; Tauchen **77,** 109, **113, 118, 119, 122–123**
Dufieux, Philippe **46**

Einseiltechnik 30, 32
Eishöhlen **4,** 8, **12–13, 21,** 60; Formationen **17;** Gefahren 9, 24, 33; Kartierung 61–62; Malik Moulin, Grönland 8, 33, 44, 54, 58; Minnik I, Grönland 60; Minnik II, Grönland **52–54,** 60, 62
Erfrierungen 51
Erik der Rote 9, 35
Evolution 55
Exley, Sheck 80, 81, 203
Extremophile siehe Mikroben

Fairy Cave, Glenwood Springs, Colorado **177,** 179–180, **181, 185;** Kalzitformationen **176;** Mikroben 180, 184, 185
Fische 109, 112, 115, 124
Fledermäuse 198–199, **198–199**
Fox Mountain, Alabama/Georgia 158, 161, 164, 169
Französischer Speleologenverband 63
Freuchen, Peter 20, **20,** 22–24, 26–27; Zitat 14

Garman, Michael 105
Genetik 53, 54, 55, 115, 189–191
Gietl, Diana 45
Glenwood Springs, Colorado 176, 178, 186, **188;** Mikroben 186, 189, 203
Glenwood-Kavernen, Colorado **177–186;** Mikroben 180, 184, 185
Gletscher **14–15,** 25–26; Inneres 34
Gletschermühlen **16–17, 32, 36–37, 38,** 60; **Abseilen 31;** Eiszapfen **44**
Gonzoles, Jorge **106-107**
Goodman, Ron 196–197
Grand Canyon, Arizona **136–137,** 144; Höhlen 147, 152; Vermessung 142, 146
Grönland **25,** 26–27, **48–49;** Dörfer **28–29;** Eishöhlen 8, 33, 44, **48, 52–54,** 58, 60, 62; Expeditionsteam **34, 42–43, 66–67;** Expeditionszelte **35;** Inlandeis 8, **22,** 23–24, **56–57;** Karten 23, 33; Nordmänner 9–10; Tierwelt **27,** 29

Hall, Howard 91, **93,** 94, 98, 101, 102, 112
Halocline 81, **96–97,** 104, **106–107,** 132; Filmaufnahmen 105, 112, 131–132; Mikroben **105–106**
Heiße Quellen 189
Hewett, Jim **9,** 140, **141**
Höhlen: Eisenablagerungen **165;** Eiskristalle 58; Entstehung 19, 153, 172–173; Erkundung 152–153, 169; Gase 124–125; Geruch 170; Kartierung 60–61, 111, 166–167; Ökosysteme 124–125
Höhlenformationen **128,** 129, 173, **173, 177, 196;** Kalzit 129, **176;** Makkaroni 94, **138, 173,** 184; »Rotzfahnen« 124–125, **125;** Stalagmiten **103, 134–135,** 172; Stalaktiten **70–71, 122–123, 134–135, 138**
Höhlengehen 174; Ausrüstung 8, 30, 46–47, 63, 187; Bekleidung 170; Gefahren 170, 187; Haftung 164; Rettung 63, 169
Höhlentauchen 5, 76, **91, 96–97,** 101, **106–107, 111,** 115, 118; Ausrüstung 94, 110–111, **118, 120, 121–123;** Brevet 79; Gefahren 79–81; Filmaufnahmen 81; Mischgas 110–111; Yucatán **68–69,** 113

Hoover, Richard 39
Hose, Louise D. 124–125
Hoyle, Fred 39
Hurricane Cave, Georgia: Karten 167

IMAX-Filme: Ausrüstung **47, 93,** 98, 144; Filmen 62, 64, 67, 90–91; Höhlenaufnahmen 101; schwierige Drehs 46–47
IMAX-Höhle, Arizona **182–183, 202–203;** Filmaufnahmen **194–195,** 196–197, 200; Formationen **196;** Kartierung 197; Mikroben 201
Inuit 23, 26; Dörfer **28–29;** Glaube 26–27

Jaguarhöhle, Mexiko **78,** 121, 129, 130, 131
Jenkins, Wally 110
Jones, Nigel 111
Journey Into Amazing Caves (Film) 63, 161
Judson, Steve 47, 98, 101, 121, 147, 196, 197

Kalkstein 172, 173
Kangerlussuaq (Flughafen), Grönland 29
Karst 90; Wasserressourcen 126
Kartchner Caverns State Park, Arizona 147, 149
Kauffmann, Henrk 27
Keller, Samuel **60**
Klimaveränderungen 24–25
Krabill, Bill 26
Krejca, Jean 112
Kuyoc, Manuel Noh 108, 121; Haus **130**
Kyerksgöll (Höhle), Island **18–19**

Lamberton, Janot **5,** 9, 30, **34,** 44, **52,** 58, **59;** Abseilen 65; Ausrüstung 30; Filmaufnahmen 67; Malik Moulin, Grönland 33; Minnik II, Grönland 60, 64
Lamberton, Mael 43, 44, **48,** 58; Ausrüstung 30; Familie 32, 33; Malik Moulin, Grönland 54; Minnik II, Grönland **52–53,** 54, 60
Lechuguilla-Höhle, New Mexico 129, **134–135, 151,** 153; Artenvielfalt 157; Kerzenleuchter-Ballsaal **154–155;** Formationen **172, 173, 187;** Mikroben 153, 157, 170
Lins, Dan 76, 90, 101, 203
Little Colorado River, Arizona 142, **144–145;** Canyon **136–137;** Karten 146, 149; Kayak 156
Lovell, Jim 39

MacGillivray Freeman Films (MFF) 11, 43, 81
Malik Moulin (Eishöhle), Grönland 8, 33, 44, 54, 58
Mallory, Larry 85, 153, 157, 170, 197, 200

Malone, Dan 80
Mark II (Kamera) 32, 46, 109
Maya 83, 85, 90; Glaube 86; Höhlen **128,** 129; Wasserressourcen **87,** 126, 128
Maya-Stätten 86; Aké **83;** Bolonchén de Rejón **87,** 126, 128; Copán **73,** 83; Tulum 84, 85, 86, **88–91,** 114; Uxmal 112
McKay, Chris 39
Meteore 39, 117; Krater 99
Mikroben 11, 50–51, 53–55, 62, 67, 124, **125,** 186, 189–191, 200, 203; Analyse 132; Antarktis **39;** Habitat 38–39, 81, 104–105, 201; Höhlen **124,** 153, 157, 170, 180, 184–185, 201; Höhlenformationen 129–130; Medizinische 85; Mond 38; Tiefseeschlünde 38
Minnik I (Eishöhle), Grönland 60
Minnik II (Eishöhle), Grönland **48, 52–54,** 60, 62
Mission Impossible 2 (Film) 144
Mond: Mikroben 38
Moon, Jim 40
Moreau, Luc 33, 34, 60, **61,** 64; Vermessung 61, 62
Moschusochse 27
Moulin Afrecaene, Grönland **36–37**

National Geographic Society 98, 146, 167
National Speleological Society 39, 4, 61, 63, 166, 176, 187
Nationalpark Nordostgrönland 27
Navajo-Indianer 149–150, **157**
Nelson, Jim 180
Neversink-Schacht, Alabama **171**
Northrup, Diana 180, 184

Ogle, John 153
Ohlund, Brad **46,** 108, 109, 196
Onstott, Tullis 104–105, 201
Oswick, Barry 196, 197

Pace, Norm 53, 180, **190,** 190–191
Pace Lab, Boulder, Colorado 53, 132, 180, 190, **191**
Palenque, Chiapas, Mexiko 83, **84**
Palmer, Arthur N. 172–173
Parker, Rob 79–80
Pease, Brian 111
Peterson, Kim 34, 43, **46,** 58
Physiologie 51, 80–81
Pisarowicz, Jim 124, 125
Powell, John Wesley **142, 146–150,** 174, 184, 203; Zitat 136
Prebble, Peter 179
Price, P. Buford 38

Quattlebaum Gordon »Buddy« **105,** 108–109, **116,** 121, 129

Rasmussen, Knud 23, 27
Reiseerlebnisse in Centralamerika, Chiapas und Yucatan (Stephens) 84
»Rotzfahnen« 124–125, **125**

Salamander **158**
Salsman, Garry 110
Scheltens, John 43
Shaw, Charles 112, 114, 117
Shultz, Dave 32–33, 46, 47, 64
Skiles, Wes 81, 90–91, **92,** 94, 98, 101–102, 104–105, 108, 112
Sondrestrom, Grönland 27, 29
Southeastern Cave Conservancy 161; Neversink-Schacht, Alabama **171**
Stallone, Sylvester 33
State Line Cave, Georgia 158, 161, 164–165, 170, 171
Stephens, John Lloyd 73, **76,** 81–85, 112, 121, 126, 128–129; Zitat 70; Tulum 86, 90, 91
Stephenson, Bill 63
Stickstoffnarkose 80, 110
Stine, Chris **134–135, 187**
Stone, Bill 110, 111, 167

TAG (Region), Alabama/Georgia/Tennessee 32, 63, 158, 161; Höhlen 169; Karte 164; Vermessung 161
Tankard, Jack 108, 114, 196
Tardigrada 50–51
Thunder Hole (Höhle) 159
Troglobionten 115
Tulum, Yucatán, Mexiko 84, 85, 86, **88–89,** 114
Tunu, Grönland **28–29**

Unterwasserhöhlen: Filmaufnahmen 104; Formationen 102
Unterwasserkameras 98
Upson, Martin 38
Ureinwohner Amerikas 149, 150, **157**

Veni, George 126, 128
Vertikales Klettern 63, **140–141**
Villa Luz (Höhle), Tabasco, Mexiko 81; Mikroben **124**

Wakulla Spring Höhlensystem, Florida 110–111; Karte 110; Kartierung 111, **111,** 167
Walker, Hazel und Jeff **186**
Wallace, Jerry 161
Walton, Gary 101, 104
Wasser, unterirdisches 86, 115, 172–173
Wessex Cave Club, England 40
Wickramasinghe, Chandra 39
Wiggins, Earl 144
Wilbanks, Gail und Jim 158, 161
Woese, Carl 53, 55

Xtacumbilxunaan (Höhle), Mexiko 126, 128

Yucatán, Mexiko **72–73, 74–75,** 83, **88–89, 104, 127,** Geologie 99; Geschichte 82–84; Höhlen **68–69, 113,** 172, 173; Karten 79, 82

Hinweise für Höhlen-Anfänger

VON MICHAEL RAY TAYLOR

Der einzig sichere Weg, um das Höhlengehen auszuprobieren, besteht darin, dass man sich einem erfahrenen Höhlengänger anschließt.

Glücklicherweise gibt es für den Anfänger mehrere Möglichkeiten, dies zu tun. Viele National- und Staatsparks der USA bieten geführte »Wild Cave«-Touren und -Abenteuer an, ebenso viele Kavernen, die sich in Privatbesitz befinden. Bei derartigen kommerziellen Ausflügen wird der Anfänger in der Regel mit einem Helm und einer Lampe ausgestattet, die Gruppengröße ist begrenzt, es gibt vor der Begehung eine Einführung, und ausgebildete Führer leiten die Gruppe durch die Höhle. »Wild Tours« in einigen der bekannteren Höhlen wie Mammoth und Carlsbad Cave sind besonders beliebt und deshalb oft über Wochen oder sogar Monate im Voraus ausgebucht.

Ein weiterer sicherer Weg, um in eine Höhle zu gelangen, die keine Schauhöhle ist, besteht darin, dass man sich zu einer Anfängertour bei einem örtlichen Höhlenclub anmeldet. Der National Speleological Society angegliederte Clubs, »Grottos« genannt, führen häufig solche Touren oder auch Training für Anfänger durch. Einige arrangieren ebenfalls Spezialtrips für Pfadfindergruppen, Schulklassen und vergleichbare Institutionen. Diejenigen, die an einer kommerziellen geführten Tour teilgenommen und Gefallen daran gefunden haben, können sich einem Grotto anschließen, um beim Training für Fortgeschrittene mitzumachen oder bei schwierigeren Touren dabei zu sein. Viele Grottos bieten spezielle Workshops für ihre Mitglieder im Kartieren, im Höhlenschutz und im Klettern. Grottos sind oft für versperrte Höhlen in ihrer Region zuständig und besitzen Schlüssel, Hinweise und die Mittel zur Kennzeichnung, die in versperrten Höhlen erforderlich sind. Informationen über Grottos in den USA sind unter www.caves.org zu finden.

Üblicherweise stellen Grottos Helme, Lampen, Knieschützer und andere Ausrüstung für Anfänger zur Verfügung, doch es kann sein, dass Batterien, zusätzliche Lampen, Wasserflaschen usw. von den Teilnehmern der Tour selbst gestellt werden müssen. Ob Sie nun mit einem Höhlenclub oder mit einer kommerziellen Tour unterwegs sind, bei ihrem ersten Ausflug in die Unterwelt sollten Sie robuste Kleidung mit langen Ärmeln und Stiefel mit Profilsohlen und gutem Knöchelschutz tragen (Lauf- oder Turnschuhe sind für rutschige, morastige Untergründe nicht geeignet). Sie sollten ein oder zwei kleine Reserve-Taschenlampen mit sich führen, auch wenn andere Lampen gestellt werden – drei voneinander unabhängige Lichtquellen pro Person sind das Sicherheitsminimum –, außerdem für jede Lampe mindestens eine Reservebatterie. Garten- oder Arbeitshandschuhe schützen Ihre Hände, wenn Sie über raue Flächen kriechen oder klettern, und eine persönliche Wasserflasche in einem Tagesrucksack versorgt Sie mit der nötigen Flüssigkeit. Einige Tourveranstalter und Grottos stellen strapazierfähige Höhlenrucksäcke für Wasser, Proviant usw. zur Verfügung, doch man sollte auf alle Fälle seinen eigenen Rucksack mitbringen – auch wenn zu beachten ist, dass er von einem Ausflug in die Unterwelt, bei dem er über Morast und Felsen geschleift wird, nicht unbedingt ohne Schäden zurückkommt.

Richten Sie es so ein, dass Sie unmittelbar nach der Höhlentour Ihre Kleidung vollständig wechseln können, mitsamt Schuhen, Socken und Unterwäsche. Bringen Sie große Plastik-Müllsäcke mit, um Ihre nasse und schmutzige Wäsche darin zu verstauen und Ihr Auto nicht allzu sehr zu verunreinigen. Befolgen Sie die Anweisungen Ihres Führers, wenn Sie über Privatgelände laufen; achten Sie darauf, dass Viehgatter und Eingangstore zu den Farmen der Höhlenbesitzer wieder geschlossen werden. Begegnen Sie der Höhle und den anderen Tourteilnehmern mit Respekt, und Sie werden eine unvergessliche Erfahrung machen, die vielleicht sogar Ihr Leben verändert. Die Laufbahn vieler Höhlengänger von Weltrang hat mit einem einzigen Grotto-Anfängertrip begonnen, ebenso wie lebenslang anhaltende Freundschaften.

»Höhlengänger sind sicherlich gut geerdete Menschen, um ein Wortspiel zu gebrauchen«, schrieb mir nach seinem ersten Ausflug in die Unterwelt ein Dokumentarfilmer: »Ihr Jungs und Mädels habt Qualitäten, die dafür sorgen, dass ihr auch unter Stressbedingungen gemeinsam Spaß haben könnt.«

NATIONAL SPELEOLOGICAL SOCIETY –
2813 CAVE AVENUE
HUNTSVILLE, ALABAMA 35810-4431
(256)852-1300
E-MAIL: NSS@CAVES.ORG
WEBSITE: WWW.CAVES.ORG

Die National Speleological Society (NSS), 1941 gegründet, ist die weltgrößte Organisation, die sich der Bewahrung, der wissenschaftlichen Erforschung und der Erkundung von Höhlen widmet. Die NSS wurde 1941 von einer Gruppe von Höhlengängern gebildet, um die Untersuchung, Erforschung und den Schutz von Höhlen und ihrer natürlichen Umgebung zu fördern. Sie ist der American Association for the Advancement of Science angegliedert und hat mehr als 12 000 Mitglieder in den Vereinigten Staaten und in 40 Ländern.

In vielen Gebieten der USA haben einzelne Mitglieder der NSS örtliche Grottos, Unterabteilungen oder Regionalorganisationen gegründet. Diese Gruppen unterstützen Ausflüge, bieten Trainingsprogramme, Unterricht und praktische Arbeit im Höhlenschutz und einen allgemeinen Rahmen für die Erforschung von Höhlen. Eine vollständige Liste aller örtlichen Grottos findet sich auf der NSS-Website unter http://www.caves.org

Grundsätzliches zum Höhlenschutz
Die National Speleological Society ist der Überzeugung: dass Höhlen einen einzigartigen Wert für Wissenschaft, Erholung und Landschaftspflege haben; dass diese Werte durch Unachtsamkeit wie auch durch mutwilligen Vandalismus bedroht sind; dass diese Werte, wenn sie denn zerstört sind, nicht wiederhergestellt werden können; und dass die Verantwortung für den Höhlenschutz von denjenigen wahrgenommen werden muss, die Höhlen untersuchen und genießen.

Demgemäß ist es die Absicht der Society, mit realistischen Grundsätzen, die von effektiven Programmen unterstützt werden, für die Bewahrung von Höhlen zu arbeiten. Dabei geht es um die Förderung der Selbstdisziplin unter Höhlengängern, Lehre und Forschung über Ursachen von Höhlenbeschädigungen und ihre Vermeidung, einschließlich der Zusammenarbeit mit anderen Gruppen, die sich ebenso der Bewahrung von Natur und Umwelt widmen.

Insbesondere gilt:

Alles, was sich in einer Höhle findet – Formationen, Lebewesen und lose Ablagerungen –, haben eine Bedeutung für ihr Verständnis und die Freude an ihr. Deshalb sollten Besucher die Höhle so zurücklassen, wie sie sie vorgefunden haben. Sie sollten dafür Sorge tragen, dass sie keinen Müll zurücklassen, und die Markierung auf ein paar kleine, entfernbare und für die Vermessung unverzichtbare Zeichen beschränken und insbesondere höchste Sorgfalt walten lassen, damit nicht zufällig Formationen abgebrochen oder verunreinigt bzw. Lebewesen gestört werden; auch sollte die Anzahl verunstaltender Wege in einem Gebiet nicht erhöht werden.

Das Sammeln zu wissenschaftlichen Zwecken erfolgt professionell, selektiv und auf ein Minimum beschränkt. Das Sammeln von mineralogischem oder biologischem Material zu Ausstellungszwecken, einschließlich abgebrochener bzw. herumliegender Stücke, ist niemals erlaubt, denn es ermutigt andere, ebenfalls zu sammeln, und ist für die Höhle von Nachteil.

Die Society fördert Projekte wie: Einrichtung von Höhlen-Schutzgebieten; Anbringen geeigneter Höhlentore; Widerstand gegen den Verkauf von Stücken aus Höhlen; Unterstützung effektiver Schutzkriterien; Reinigung und Restaurierung von stark frequentierten Höhlen; Zusammenarbeit mit privaten Höhlenbesitzern durch Bereitstellung von Informationen über ihre Höhle und Unterstützung beim Schutz ihrer Höhle und ihres Grund und Bodens durch Höhlenbesucher; die Ermutigung von kommerziellen Höhlenbesitzern, die ihnen zur Verfügung stehenden Möglichkeiten zu nutzen und die Öffentlichkeit über Höhlen und ihren Schutz zu informieren.

Falls es Grund zu der Annahme gibt, dass eine Veröffentlichung von Höhlenstandorten zur Zerstörung führen könnte, bevor geeignete Schutzmaßnahmen getroffen worden sind, wird die Society einer Publikation widersprechen.

Es ist die Pflicht jedes Mitglieds der Society, persönliche Verantwortung dafür zu übernehmen, dass die Aufmerksamkeit jedes möglichen Höhlenbesuchers auf das Problem des Höhlenschutzes gelenkt wird. Wenn dies nicht gelingt, werden Schönheit und Wert der Höhlen uns nicht lange erhalten bleiben.

Höhlenschutzgesetze in den USA

In jedem US-Bundesstaat gibt es mindestens eine Höhle, und nach Schätzungen der National Speleological Society existieren in den USA mehr als 50 000 Höhlen. Sie werden durch den Federal Cave Protection Act oder – in 25 Bundesstaaten – durch eigene Höhlengesetze geschützt. Diese Gesetze verbieten die Beschädigung von Höhlen oder die Mitnahme von Material. Informationen über die Höhlengesetzgebung der Bundesstaaten finden sich unter: http://www.caves.org/section/ccms/bat2k/index.htm

Ihr Beitrag zum Höhlenschutz

Die National Speleological Society ist auf Spenden angewiesen, um ihre wissenschaftlichen Studien und ihre Maßnahmen zum Schutz von Höhlen fortsetzen zu können.

Spenden Sie an den Save the Caves Fund innerhalb der National Speleological Society (Adresse gegenüberliegende Seite).

Die Southeastern Cave Conservancy, Inc. (SCCI) ist eine Organisation, die sich dem regionalen Höhlenschutz verschrieben hat, ferner der Höhlengänger-Ausbildung und dem Höhlenmanagement. Sie wurde 1991 von einer Gruppe von Höhlengängern aus dem Südwesten der USA gegründet und hat derzeit etwa 500 Mitglieder.

Jeder, der sich für Höhlen und Höhlenschutz interessiert, kann Mitglied werden; nähere Informationen finden sich unter www.scci.org

DIE 10 LÄNGSTEN HÖHLEN DER WELT

NR.	HÖHLENNAME	GLIEDSTAAT	BEZIRK	STAAT	LÄNGE IN METER	TIEFE IN METER	DATUM
1	Mammoth Cave System	Kentucky	Ed./Hart/Bar.	USA	571 317	115,5	10/98
2	Optimisticeskaja (Gypsum)	Ukrainskaja	Ternopol	RUSSLAND	212 000	15,0	10/99
3	Jewel Cave	South Dakota	Custer	USA	195 615	186,2	11/99
4	Hölloch	Schwyz	Muotatal	SCHWEIZ	182 540	941,0	12/99
5	Lechuguilla Cave	New Mexico	Eddy	USA	170 269	77,9	12/99
6	Wind Cave	South Dakota	Custer	USA	150 345	202,4	11/00
7	Siebenhengste-Hohgant-Höhlensystem	Bern	Eriz/Beat./Hal	SCHWEIZ	145 000	1340,0	12/99
8	Fisher Ridge Cave System	Kentucky	Hart	USA	144 841	108,6	10/99
9	Ozernaja	Ukrainskaja	Ternopal	RUSSLAND	117 000	8,0	10/99
10	Gua Air jernih-Lubang Batau Padeng	Sarawak	Mulu	MALAYSIA	109 000	355,1	03/96

DIE 10 TIEFSTEN HÖHLEN DER WELT

NR.	HÖHLENNAME	GLIEDSTAAT	BEZIRK	STAAT	TIEFE IN METER	LÄNGE IN METER	DATUM
1	Lamprechtsofen-Vogelshacht	Salzburg	Leo.Steinberge	ÖSTERREICH	1632	44 000	9/98
2	Gouffre Mirolda / Lucien Bouclier	Haute-Savoie	Samoens	FRANKREICH	1610	9 379	02/98
3	Reseau Jean Bernard	Haute-Savoie	Samoens	FRANKREICH	1602	20 000	Som. 90
4	Torca del Cerro (del Cuevon)	Asturien	Picos de Europ	SPANIEN	1589	2 685	Som 99
5	Shakta Vjaceslav Pantjukhina	Abchasien	Bol'soj Kavkaz	GEORGIEN	1508	5 530	1989
6	Sistema Huautla	Oaxaca	Huautla de Ji.	MEXIKO	1475	55 953	04/99
7	Sistema del Trave (La Laureola)	Asturien	Cabrales	SPANIEN	1441	9 167	05/97
8	Boj-Bulok	Usbekistan	Gissarsko-Ala.	USBEKISTAN	1415	14 270	02/97
9	(Il)laminako Aterneko Leizea (BU56)	Nararra	Isaba	SPANIEN	1408	14 500	Som 88
10	Sustav Lukina jama - Trojama (Manual II)	Velebit	Sjeverni	KROATIEN	1393	0	05/97

ZUSÄTZLICHE QUELLEN

LITERATURHINWEISE

Broad, William J., 1997. *The Universe Below: Discovering the Secrets of the Deep Sea.* New York: Simon & Schuster.

Brock, Thomas D., 1970. *Biology of Microorganisms.* Englewood Cliffs, N.J.: Prentice-Hall.

Brucker, R.W. und Watson, R.A., 1987. *The Longest Cave.* Southern Illinois University Press, Carbondale, Illinois. Knopf, New York. Häufig als eines der besten und spannendsten Bücher über Speläologie bezeichnet – eine wahre Abenteuergeschichte über die Erkundung und Vermessung der Mammoth Cave. Eine Folgepublikation, *Beyond Mammoth Cave: A Tale of Obsession in the World's Longest Cave,* ist 2000 erschienen.

DeKruif, Paul, 1926. *Microbe Hunters.* New York: Harcourt, New York.

Dellenbaugh, Frederick S., 1984 (Reprint). *A Canyon Voyage: Narrative of the Second Powell Expedition Down the Green-Colorado River from Wyoming, and the Explorations on Land, in the Years 1871 and 1872.* University of Arizona Press.

Dixon, Bernard, 1995. *Der Pilz, der John F. Kennedy zum Präsidenten machte. Und andere Geschichten aus der Welt der Mikroorganismen.* Spektrum, Heidelberg.

Farr, Martyn, 1992. Höhlentauchen. Geschichte, Forschung, Technik, Regionen. Müller Rüschlikon, Cham.

Freuchen, Peter, 1995 (Reprint). *Arctic Adventure.* AMS Press, New York.

Freuchen, Peter, 1953. *Wandernder Wiking. Mein Leben sind meine Abenteuer.* Rowohlt, Hamburg.

Gerrard, Steve, 2000. *The Cenotes of the Riviera Maya. A Complete Guide for Snorkeling, Cavern and Cave Diving the Cenotes of the Riviera Maya.* Rose Print, Tallahassee/Florida.

Gillieson, David, 1996. *Caves: Processes, Development, Management.* Blackwell Publishers, Oxford, U.K.

Gould, Stephen Jay, 1998. *Illusion Fortschritt. Die vielfältigen Wege der Evolution.* S. Fischer, Frankfurt am Main.

Gross, Michael, 1998. *Life on the Edge: Amazing Creatures Thriving in Extreme Environments.* Perseus Press, Cambridge/Mass.

Postgate, John, 1995. *The Outer Reaches of Life.* Cambridge University Press, Cambridge, U.K.

Powell, John Wesley und Wallace Earle Stegner, Wallace Earle (Einleitung) 1997. *The Exploration of the Colorado River and Its Canyons.* Penguin USA, New York.

Rhodes Richard, 1998. *Tödliche Mahlzeit. Eine schleichende Epidemie bedroht die Menschheit.* Hoffmann & Campe, Hamburg.

Schopf, J. William, 1983. *Earth's Earliest Biosphere: Its Origin and Evolution.* Princeton University Press, Princeton, New Jersey.

Stephens, John Lloyd, Karl Ackerman (Hrsg.) und Frederick Catherwood, 1996 (Reprint). *Incidents of Travel in Yucatan.* Smithsonian Institution Press, Washington, D.C.

Stephens, John Lloyd, 1969 (Reprint). *Incidents of Travel in Central America, Chiapas and Yucatan.* Dover Publications, New York.

Stephens, John Lloyd, 1853. *Begebenheiten auf einer Reise in Yucatan.* Dyk, Leipzig.

Stephens, John Lloyd, 1854. *Reiseerlebnisse in Centralamerika, Chiapas und Yucatan.* Dyk, Leipzig.

Stephens, John Lloyd, 1993 (Reprint). Die Entdeckung der alten Mayastätten. Ein Urwald gibt seine Geheimnisse preis. Wissenschaftliche Buchgesellschaft, Darmstadt.

Taylor, Michael Ray, 1999. *Dark Life.* Simon & Schuster, New York.

Weitere Bücher zu Höhlenthemen für jedes Alter finden Sie unter:

www.caves.org/service/bookstore

www.speleobook.com

http://cave.divetx.org/book_reviews.html

EMPFOHLENE WEBSITES

Höhlen sind sehr gefährdete geologische Formationen, die für zukünftige Generationen bewahrt werden sollten. Daher wird von den meisten Höhlen die genaue Örtlichkeit wie ein Geheimnis gehütet. Über eine Website lassen sich solche Höhlen auf vergnügliche Weise erkunden.

Schauhöhlen sind auf Besucher eingerichtet. Diese Höhlen bieten eine wunderbare Gelegenheit, die unterirdische Welt auf sichere und angenehme Weise zu erkunden.

Die folgenden Links waren bei Drucklegung aktiv.

www.vdhk.de
Verband der deutschen Höhlen -und Karstforscher e.V. (Dachverband)

www.lhk-bw.de
Landesverband Baden-Württemberg e.V.

www.lhk-nrw.de/
Landesverband Nordrhein-Westfalen

www.speleo.de

www.hoko-data.de/page3.htm
Arbeitsgemeinschaft für Karstkunde Harz e.V.

www.lhk-nrw.de/ahks/
Arbeitsgemeinschaft Höhle und Karst Sauerland / Hemer e.V. (AHKS)

cave.lawo.de/ingohfgk/welcome.htm
Höhlenforschungsgruppe Ostalb/Kirchheim (HFGOK)

www.speleoclub.de/
Speleoclub Frankenjura

www.vhm.speleo.de/
Virtuelle Höhlenforschung München n.e.V.

WEITERE ADRESSEN

Information zu deutschen/europäischen Höhlen (Schweizer und Österreicher wenden sich an diese Adresse):

Verband Deutscher Höhlen- und Karstforscher, Osterröder Str. 6, 38678 Clausthal-Zellerfeld, Tel. 0171-1248946.

Information zu Fledermäusen, Naturschutz:

Naturschutzbund Deutschland e.V. (NABU), Herbert-Rabius-Str. 26, 53225 Bonn, Tel. 0228-40360.

BILDNACHWEIS

Folgende Abkürzungen werden verwendet: o.=oben, u.=unten, m.=Mitte, MFF=MacGillivray Freeman Films, NGP=National Geographic Photographer

Umschlag: Stephen L. Alvarez

Inhalt: 4, Carsten Peter; 5 o. & m., MFF; u., Harris Photographic.

Einleitung: Stephen L. Alvarez.

EIS
12–13, MFF
14–19 (alle), Carsten Peter
20, John Møller © Arktisk Institut
21, Hazel A. Barton
22, Arktisk Institut
23, Wiederabdruck mit Erlaubnis von Don Congdon Associates, Inc. © 1935 Peter Freuchen
25, Chris Blum
26 & 27, Galen Rowell/Mountain Light
28–29, Jean Pragen/stone
30, Chris Blum
31, MFF
32, Carsten Peter
34 o. & u., MFF
35, Brad Ohlund
36–37, Carsten Peter
38, Dr. Colleen M. Cavanaugh, Harvard University
39, Richard B. Hoover/NASA/Marshall Space Flight Center
42–43, MFF
44 & 45, Carsten Peter
46 & 47, Chris Blum
48–49, MFF
50, Martin Mach, München (MartinMach@compuserve.com)
51, Dr. Charles Elzinga, Michigan State University
52–54 (alle), MFF
56–57, 58, Carsten Peter
59, MFF
60, Carsten Peter
61, MFF
62, Chris Blum
65 & 66–67, MFF

WASSER
68–69, MFF
70–71, Demetrio Carrasco/stone
72–73, MFF
73, Kenneth Garrett
74, Bill Hatcher
74–75, Kenneth Garrett
76, Frederick Catherwood, mit freundlicher Erlaubnis von Edizione White Star
77, MFF
78, Bill Hatcher
82 & 83, Frederick Catherwood, mit freundlicher Erlaubnis von Edizione White Star
84, Kenneth Garrett
87, Frederick Catherwood, mit freundlicher Erlaubnis von Edizione White Star
88–89, Bill Hatcher
90 & 91, MFF
92, Bill Hatcher
93, Howard Hall/HowardHall.com
94–95, Bill Hatcher
96–97, MFF
100 & 102, Bill Hatcher
103, MFF
104 & 105, Bill Hatcher
106–107, MFF
110, USDCT/Barbara Anne am Ende
111, Wes Skiles/Karst Productions
113 & 114, MFF
116–117 & 118, Bill Hatcher
119–123 (alle), MFF
124, Luise D. Hose & David Lester
125, Dr. James Pisarowicz
127 & 128, Bill Hatcher
130, MFF
131 & 132–133, Bill Hatcher.

ERDE
134–135, Michael Nichols, NGP
136–139 (alle), MFF
140–141, Stephen L. Alvarez
142, Bureau of American Ethnology
143, John Burcham
144–145, Jack Dykinga
147, John Burcham
148, mit freundlicher Erlaubnis von The John Wesley Powell Museum, Page, Arizona
149, Aus *Beyond the Hundredth Meridian* von Wallace Stegner; copyright © 1953, 1954 by Wallace Stegner; Wiederabdruck mit Genehmigung von Brandt and Brandt Literary Agents, Inc.
151, Michael Nichols/NGS Image Collection
154–155, Michael Nichols, NGP
156, John Burcham
157, MFF
158 & 159, Stephen L. Alvarez
160 & 162–163, Alan Cressler
165, Stephen L. Alvarez
167, Brent T. Aulenbach
168, Alan Cressler
171, Dave Bunnell
172–173 (alle), Michael Nichols, NGP
174–175, Alan Cressler
176 & 177, Harris Photographic
179, Jim Olsen
181, Harris Photographic
182–186 (alle), Eric Lars Bakke
187, Michael Nichols, NGP
188–190 (alle), Eric Lars Bakke
191, MFF
192 & 193, John Burcham
198 o.&u., Dr. Merlin D. Tuttle/Bat Conservation International
199, MFF
202–203 (alle), John Burcham.

Nachwort: Carsten Peter.

DANKSAGUNG

Danksagungen des Autors

Mein Dank gilt Tim Cahill und der Literaturagentin Barbara Lowenstein, die mich auf *Journey Into Amazing Caves* aufmerksam gemacht haben, und meiner eigenen Agentin Esther Newberg für ihre einsichtsvolle Beratung bei diesem Projekt.

Viel zu verdanken habe ich den Mitarbeitern von MacGillivray Freeman Films, und dies nicht nur wegen ihre unermüdlichen Unterstützung, die sie mir bei meiner Aufzeichnung der Geschichte ihres wunderbaren Höhlenfilms gewährten, sondern auch für ihre Bereitwilligkeit, auf die Höhlengänger in der Gemeinschaft zu hören und den Film so zu ändern, dass er der Bedeutung von Sicherheit, Höhlenschutz und Wissenschaft, wie sie zu den Markenzeichen des amerikanischen Höhlenkunde gehört, gerecht wird. Mit allen Mitarbeitern von MFF war die Zusammenarbeit angenehm, besonders verpflichtet bin ich aber Lori Rick, ohne deren geduldige Aufmerksamkeit fürs Detail dieses Buch vielleicht überhaupt nicht zustande gekommen wäre, und Steve Judson, der trotz seines dicht gedrängten Terminplans als Regisseur des Films sich oft die Zeit nahm, um über das Buch zu sprechen (und auch zuzuhören, wobei er den Angelegenheiten der Speläologie stets besondere Beachtung schenkte).

Ich ziehe meinen Helm vor Nancy Holler Aulenbach und Hazel Barton, die es einem neugierigen Fremdling gestatteten, in ihrem Leben, ihren Wohnungen und an ihren Arbeitsplätzen herumzuschnüffeln, und dabei stets nett und freundlich blieben. Allen Mitautoren bin ich dankbar, dass sie mit Freude ihre Sachkenntnis zur Verfügung gestellt haben, und das oft bei knapper Zeit; ihnen ist es zu verdanken, dass das Buch an Bedeutung und Tiefe gewonnen hat. Mein besonderer Dank geht an die Mitautoren Wes Skiles und Hazel Barton; ihre ausgezeichneten Artikel über das Filmen in Yucatán und über den Balanceakt zwischen den Bedürfnissen des Höhlengängers und denen des Wissenschaftlers wurden relativ spät im Verlauf des Herstellungsprozesses des Buches wegen Platzproblemen herausgenommen – ein Teil ihrer Botschaft findet sich im Haupttext wieder, zu dessen Verbesserung sie zweifellos beigetragen haben. Ich bin meinem alten Freund Ronal Kerbo (ein großer Kenner und leidenschaftlicher Anhänger von Höhlen und der Höhlenkunde) für sein freundliches und wohl überlegtes Vorwort dankbar. Dank an Jim und Gail Wilbanks dafür, dass ich in ihrem bequemen Basislager übernachten und über diese beiden öffentlichkeitsscheuen Höhlengänger berichten durfte, damit die Welt auf sie aufmerksam wird. Ebenso geht mein Dank an Donald Davis für die Erlaubnis, aus seiner alles andere als ernsthaften Höhlentheorie zu zitieren und für die höchst ernsthafte moralische Unterstützung, mit der er die Gemeinschaft der Höhlengänger begleitet. Auch wenn er nirgendwo auf diesen Seiten auftaucht, verdankt dieses Buch auch sehr viel dem Autor und Verleger Richard »Red« Watson, denn er hat die künstlerischen Maßstäbe gesetzt, an denen sich jeder schreibende Höhlengänger orientiert.

Bei National Geographic Books danke ich dem Lektor Kevin Mulroy, zusammen mit Johnna Rizzo und Melissa Ryan, für ihre Begleitung, für die Professionalität und Geduld beim langen Zusammentragen dieses Buches. Mein Dank geht auch an den Außenlektor Patrice Silverstein und an meine Lektorin Ann Alexander für ihren scharfen Blick und ihre starken Anregungen.

Dank an Carol Underwood und Randy und Lisa Duncan dafür, dass ich Teile des Buches bei ihnen zu Hause schreiben durfte, während sie nicht dort waren (nun gut, ich habe auch die Tiere versorgt), und Dank an Sean Wilson und das Ottawa International Writers Festival, das die nette Ecksuite zur Verfügung stellte, in der ich das letzte Kapitel schrieb.

Ich bin meinen Kollegen und Studenten an der Henderson State University für die Geduld dankbar, die sie aufbrachten, während ich mich unter der Erde herumtrieb. Noch größer war die Geduld meiner wunderbaren Frau Kathy und meiner Söhne Alex, Ken und Chris, die immer oben auf mich warteten, wenn ich in Höhlen oder in meinem Manuskript herumkroch: Euch bin ich meinen größten Dank schuldig.

Michael Ray Taylor

Mitautoren

Dr. Barbara am Ende promovierte in Geologie an der University of North Carolina in Chapel Hill. Ihre Zeit als Höhlengängerin begann 1973 in Iowa, es folgten verschiedene westliche US-Bundesstaaten, wobei sie in den Achtzigerjahren in Carlsbad-Höhlen freiwilligen Dienst leistete. Sie war bei der Freilegung des Eingangs zur Lechuguilla-Höhle in New Mexico dabei. In den Neunzigerjahren nahm am Ende an etlichen Höhlenexpeditionen nach Mexiko teil, u.a. an der Erkundung des Huautla-Höhlensystems, in dem sie mit -1475 m einen neuen Tiefenrekord für den amerikanischen Doppelkontinent aufstellte. In Zusammenarbeit mit dem verstorbenen Dr. Fred Wefer schuf sie die erste komplette interaktive 3-D-Karte anhand von Daten, die bei der Wakulla-2-Expedition in Florida erhoben worden waren. Derzeit arbeitet sie am National Institute of Standards and Technology an der wissenschaftlichen Visualisierung mit Hilfe von Computergrafiken, die Forschern ein besseres Verständnis ihrer Daten ermöglichen sollen.

Nancy Aulenbach ist Instruktorin der Nationalen Höhlenrettung der USA und gehörte früher zum Vorstand der National Speleological Society. Ihre kleine Statur und die Fähigkeit, enge Passagen zu überwinden, kommen ihr bei der Höhlenrettung zugute. Auch wegen ihrer Vermessungs- und Erkundungsqualitäten genießt sie hohes Ansehen. Im September 1999 hatte sie die Ehre, in den Explorers Club aufgenommen zu werden. Wie viele Höhlengänger beteiligt sich Nancy an den Bemühungen zum Erhalt der Höhlen (Entfernen von Graffiti und Säuberung von Höhlen), an biologischen Bestandsaufnahmen sowie geologischen und hydrologischen Studien zur Höhlenbildung. Seit frühester Kindheit eine begeisterte Höhlengängerin, arbeitet sie derzeit als Assistenzlehrerin an einer Montessori-Schule in Georgia, wo sie fast jedes Wochenende Höhlen erkundet.

Dr. Hazel Barton promovierte in Mikrobiologie am Health Sciences Center der University of Colorado. Derzeit arbeitet sie bei Dr. Norman Pace an der University of Colorado in Boulder an der Erforschung arzneimittelresistenter Tuberkelbakterien. Davor war sie Lehrerin am Department of Surgery des Health Sciences Center der University of Colorado. Barton wird als eine der Spitzen-Höhlenkartographinnen des Landes geschätzt und hat zahlreiche Preise für die Karten gewonnen, die sie sowohl von trockenen als auch von Unterwasserhöhlen angefertigt hat. Hazel ist gegenwärtig Vorstandsmitglied und Fellow der National Speleological Society und der Quintana Roo Speleological Survey.

Dr. Louise D. Hose arbeitet als Assistenzprofessorin für Geologie und Umweltwissenschaften an der Chapman University in Orange, Kalifornien. Als Geologin und Speläologin ist sie Fellow sowohl der National Speleological Society als auch von

The Explorers Club. Sie ist Herausgeberin der fächerübergreifenden Wissenschaftspublikation *Journal of Cave and Karst Studies*. Ihre wissenschaftlichen Untersuchungen der Cueva de Villa Luz und anderer Höhlen in Südmexiko wurden vom Committee for Research and Exploration der National Geographic Society gesponsert.

Ronal C. Kerbo ist der nationale Höhlenmanagement-Koordinator für den National Park Service mit Sitz in Denver, Colorado. Seit 25 Jahren ist er als Höhlenexperte für den National Park Service tätig, und 13 Jahre davon war er dort der Einzige in einer solchen Position. Er ist Autor oder Mitautor einer Reihe von Büchern, Artikeln und Studien über Höhlen, Fledermäuse und Tauchen. Seit über 35 Jahren Höhlengänger, ist er Ehrenmitglied auf Lebenszeit und Fellow der National Speleological Society, Fellow der Cave Research Foundation, Ehrenvorstandsmitglied der American Cave Conservation Association, Vorstandsmitglied des Karst Waters Institute und Mitglied bzw. Ehrenmitglied vieler anderer speläologischer Verbände. Als Höhlengänger oder im Höhlenmanagement ist er in vielen Ländern aktiv, u.a. in China, Australien, Südafrika und der Ukraine. Er wurde in zahlreichen Zeitschriftenbeiträgen und Büchern über Höhlen und zu Umweltfragen vorgestellt, ist in nationalen Fernsehnachrichtensendungen und in Sendungen über Höhlen aufgetreten.

Dr. Jean Krejca promoviert an der University of Texas in Austin über Höhlenbiologie. Sie arbeitet außerdem als Expertin für Karst-Wirbellose für den U.S. Fish and Wildlife Service, wobei sie sich auf den Erhalt von Höhlen und der bedrohten Arten unter ihren Bewohnern konzentriert. Seit zehn Jahren ist sie aktives Mitglied etlicher speläologischer Gesellschaften, sie hat Ergebnisse ihrer biospeläologischen Forschungen in führenden Zeitschriften veröffentlicht und wurde von der National Speleological Society, der Cave Research Foundation, der Phi Kappa Phi Ehrengesellschaft, des Instituts für lateinamerikanische Studien der University of Texas sowie der zoologischen Abteilung für ihre Arbeit mit Preisen bedacht. Ihre Leidenschaft für die Höhlenerkundung führt sie in den Semesterferien in entfernte Gegenden – u. a. nach Mexiko, Mittel- und Südamerika sowie Südostasien – mit ausgedehnten Aufenthalten in der Wildnis, die es ihr erlauben, in entlegene Gebiete und die darin gelegenen Höhlen vorzudringen. Am liebsten sind ihr Ausflüge mit einem Team guter Speläologen in Höhlen, die besondere Herausforderungen hinsichtlich der Zugänglichkeit stellen: kompliziertes Abseilen, ausgedehntes unterirdisches Kampieren oder den Gebrauch von Sauerstoffgeräten zur weiteren Erkundung.

Dr. Arthur N. Palmer lehrt Hydrologie, Geochemie und Geophysik am College in Oneonta der State University von New York, an dem er SUNY Distinguished Teaching Professor und Direktor des Water Resources Program ist. Er führt außerdem für die Western Kentucky Society Sommer-Feldkurse in Karstgeologie im Mammoth Cave National Park durch. Er ist Ehrenmitglied auf Lebenszeit der National Speleological Society und Preisträger des NSS Lifetime Achievement Award in Science. Er ist Mitglied der Geological Society of America und hat 1994 für einen Artikel mit dem Titel »Origin and Morphology of Limestone Caves« den Kirk Bryan Award der GSA erhalten. Palmer hat etliche Bücher über Höhlen geschrieben, u. a. *A Geological Guide to Mammoth Cave National Park*, sowie Dutzende Artikel über die Entstehung von Höhlen. Mit seiner Frau Peggy hat er die Geologie von Höhlen überall in den USA und in 13 weiteren Staaten untersucht.

Dr. Norman Pace ist Professor für Molekular-, Zell- und Entwicklungsbiologie an der University of Colorado in Boulder. Er gehörte zum Lehrkörper verschiedener Institutionen, darunter sind das National Jewish Hospital an Research Center, das University of Colorado Medical Center, die Indiana University und die University of California in Berkeley. Pace ist sowohl Molekularbiologe als auch Mikroben-Ökologe. Sein Labor hat wesentliche Beiträge zur Erforschung von Struktur und Biochemie der Nukleinsäure geleistet und war führend im Bereich der Entwicklung und des Gebrauchs molekularer Werkzeuge bei der Untersuchung mikrobischer Ökosysteme. Diese Arbeit hat zur Entdeckung vieler bis dahin unbekannter Organismen geführt und unsere Kenntnis der Vielfalt mikrobischen Lebens in der Umwelt bedeutend erweitert. Derzeitige Vorhaben erstrecken sich von Hochtemperatur-Umgebungen bis zu mikrobischen Ökosystemen, die an der Bio-Heilung menschlicher Krankheiten beteiligt sind. Er ist Mitglied der National Academy of Sciences und Fellow der American Association for the Advancement of Science, der American Academy of Microbiology und der American Academy of Arts and Sciences. Unter den Preisen, mit denen er ausgezeichnet wurde, sind der Procter and Gamble Award in Applied and Environmental Microbiology von der American Society for Microbiology. Pace war viele Jahr mit der Erkundung, Kartierung und Untersuchung von Höhlen beschäftigt. Er hat, teils als Leiter, an zahlreichen Expeditionen in den USA und außerhalb teilgenommen. Pace wurde zum Fellow sowohl der National Speleological Society als auch des Explorers Club gewählt, und er hat den L. Bicking Award der NSS für seine Beiträge zur amerikanischen Höhlenkunde erhalten.

Dr. Charles Shaw hat 1967 an der Brown Society in Geologie promoviert. Er hat als Feldgeologe für die U.S. Geological Society gearbeitet und Geologie am Windham College unterrichtet, einem kleinen geisteswissenschaftlich orientierten College in Putney, Vermont. Mehrere Jahre war er als Berater in Houston, Texas, tätig. 1988 siedelte er mit seiner Frau Kathryn Robinhawk in die Gegend südlich von Cancún nach Mexiko über, wo beide für das Centro Ecológico Akumal arbeiten, eine unabhängige Organisation, die sich um den Schutz des bedrohten mittelamerikanischen Korallenriff-Systems bemüht. Shaw führt Forschungen über die Bewegung von Grundwasser in den Höhlensystemen der Halbinsel Yucatán durch; Ziel ist es dabei, die Quellen der Verschmutzung aufzuspüren, von der die Riffe vor den Küsten bedroht sind. Seine Forschung ist Teil eines größeren erzieherischen und konservatorischen Vorhabens, welches das Centro Ecológico Akumal in Zusammenarbeit mit örtlichen Schulen und Regierungsbehörden durchführt.

Dr. Merlin Tuttle ist Ökologe, preisgekrönter Naturfotograf und führender Naturschützer auf dem Gebiet der Fledermäuse, für die er sich seit mehr als 40 Jahren engagiert. Derzeit ist er Vorsitzender von Bat Conservation International (BCI), einer 1982 von ihm ins Leben gerufenen Organisation, die sich der Erforschung und Bewahrung von Fledermäusen widmet und über diese Tiere informiert. Tuttle ist durch seine Medienauftritte, populäre Artikel und Fotos, die u.a. in Harvard und im British Museum in Ausstellungen gezeigt und im *Wall Street Journal*, im *New Yorker* und in *National Geographic* veröffentlicht wurden, weltweit bekannt. Sein jüngster Artikel für *National Geographic* mit dem Titel »Saving North America's Beleagured Bats« erschien im August 1995. 1986 erhielt Tuttle den Gerrit S. Miller, Jr. Award, die höchste internationale Auszeichnung, die ihm von Kollegen in der Fledermaus-Biologie verliehen wurde, und 1997 wurde er mit dem National Fish and Wildlife Foundation's Chuck Yeager Award und mit dem Chevron/Times Mirror Magazines Conservation Award bedacht. 1999 war er erster Preisträger von Mexico's Annual Nature Photography Contest-United for Conservation Award.

IMPRESSUM

**Herausgegeben von der
National Geographic Society**
John M. Fahey, Jr., *Präsident*
Gilbert M. Grosvenor, *Aufsichtsratsvorsitzender*
Nina D. Hoffman, *Vizepräsidentin*

Erarbeitet durch die Buchabteilung
William R. Gray, *Vizepräsident und Chefredakteur*
Charles Kogod, *Stellvertretender Chefredakteur*
Barbara A. Payne, *Textchefin*
Marianne Koszorus, *Layoutleitung*

Mitarbeiter an diesem Buch
Kevin Mulroy, *Projektleitung*
Patrice Silverstein, *Textredaktion*
Melissa G. Ryan, *Bildredaktion*
Johnna M. Rizzo, *Redaktionsassistentin*
Carl Mehler, *Kartographie*
Greg Ugiansky, *Kartographie*
Marianne Koszorus, *Art-Director*
Carol Ferrar Norton, *Layout*
Melissa Farris, *Layoutassistentin*
Michele T. Callaghan, *Lektorin*
Gary Colbert, *Herstellungsleitung*
Lewis Bassford, *Herstellung*
Meredith Wilcox, *Assistentin der Bildredaktion*
Peggy Candore, *Assistentin der Chefredaktion*
Connie Binder,
Elisabeth MacRae-Bobynskyj, *Register*

Qualitätskontrolle
George V. White, *Leitung Qualitätskontrolle*
John T. Dunn, *Leitung*
Vince Ryan, *Manager*
Phillip L. Schlosser, *Finanzen*

*MacGillivray Freeman's
Journey Into Amazing Caves*
Ein Film für IMAX® Theatres
Produziert von MacGillivray Freeman Films,
 Laguna Beach, California

Produziert in Zusammenarbeit mit Cincinnati Museum Center unter Mitwirkung von Ft. Worth Museum of Science & History und Milwaukee Public Museum
Hauptfinanzierung durch die National Science Foundation, Michael Cudahy und The Endeavors Group.

Produktionsstab
Steve Judson, *Regie, Produktion und Schnitt*
Greg MacGillivray, *Produktion und Kamera*
Alec Lorimore, *Produzent*
Jack Stephens, *Drehbuch*
Brad Ohlund, *Fotografie*
Tom Cowan, *Segment-Regie*
Wes Skiles, *Regie und Kamera (unter Wasser)*
Gordon Brown, *Kamera (Eishöhlen)*
Howard Hall, *Kamera (unter Wasser)*
Chris Andrei, *Produktionsleiter*
Len Bucko, *Produktionsleiter*
Joshua Colover, *Produktionsleiter*
Arturo Del Rio, *Produktionsleiter*
David Frost, *Produktionsleiter*
Earl Wiggins, *Produktionsleiter*
Robert Walker, *Redaktionsassistenz*

Buchproduktion
Lori Rick, *Produktionsleiter*
Matthew Muller, *Überwachung Bildreproduktion*

MacGillivray Freeman Teammitglieder
Eric Anderson, Bill Bennett, Chris Blum, Alice Casbara,
Grace Chen, Patty Collins, Mike Clark, Janna Emmel,
Teresa Ferreira, Debbie Fogel, Courteney Hall, Bob Harman,
Kaveh Heravi, Jennifer Karadizian, Dee Kelly, Mike Kirsch,
Mike Lutz, Pat McBurney, Rachel Parker, Ken Richards,
Harrison Smith, Tori Stokes, Kaeran Sudmalis, Susan Wilson

Berater
Karol Bartlett, Children's Museum of Indianapolis
Dr. Hazel Barton, University of Colorado, Boulder
Kim Cunningham, Geo-Microbial Technologies, Inc.
Dave Duszynski, Cincinnati Museum Center
Dr. Larry Mallory, Biomes, Inc.
Dr. Luc Moreau, Glaciologie Alpine
National Speleological Society
Dr. Norman Pace, University of Colorado, Boulder
Dr. Arthur Palmer, State University of New York, College at Oneonta
Margaret Palmer, Geologin
John Scheltens, National Speleological Society
Dr. Jill Yager, Antioch College

Titel der amerikanischen Originalausgabe:
CAVES, Exploring Hidden Realms
Michael Ray Taylor
Featuring Spectacular Photography from
Journey into Amazing Caves
A MacGillivray Freeman Film for IMAX® Theatres

Veröffentlicht von der National Geographic Society, Washington, D.C., 2001
alle Rechte vorbehalten

Copyright © 2000 MacGillivray Freeman Films
Text-Copyright © 2000 Michael Ray Taylor
Copyright © 2001 National Geographic Society.
Alle Rechte vorbehalten.
Copyright © der deutschen Ausgabe National Geographic Society, Washington D.C., 2001, alle Rechte vorbehalten.
Deutsche Ausgabe veröffentlicht von NATIONAL GEOGRAPHIC DEUTSCHLAND (G+J/RBA GmbH & Co. KG), Hamburg 2001

Alle Rechte vorbehalten. Reproduktionen, Speicherungen in Datenverarbeitungsanlagen oder Netzwerken, Wiedergabe auf elektronischen, fotomechanischen oder ähnlichen Wegen, Funk oder Vortrag – auch auszugsweise – nur mit ausdrücklicher Genehmigung des Copyrightinhabers.

Die National Geographic Society wurde 1888 gegründet, um »die geographischen Kenntnisse zu mehren und zu verbreiten.« Seither unterstützt sie die wissenschaftliche Forschung und informiert ihre mehr als neun Millionen Mitglieder in aller Welt.

Die National Geographic Society informiert durch Magazine, Bücher, Fernsehprogramme, Videos, Landkarten, Atlanten und moderne Lehrmittel. Außerdem vergibt sie Forschungsstipendien und organisiert den Wettbewerb *National Geographic Bee* sowie Workshops für Lehrer. Die Gesellschaft finanziert sich durch Mitgliedsbeiträge und den Verkauf der Lehrmittel.

Die Mitglieder erhalten regelmäßig das offizielle Journal der Gesellschaft: das NATIONAL GEOGRAPHIC-Magazin.
Falls Sie mehr über die National Geographic Society, ihre Lehrprogramme und Publikationen wissen wollen: Nutzen Sie die Website unter www.nationalgeographic.com.

Die Website von NATIONAL GEOGRAPHIC DEUTSCHLAND können Sie unter www.nationalgeographic.de besuchen.

Übersetzung: Brigitte Beier und Beatrix Gehlhoff
Koordination: Carlo Lauer
Redaktionelle Mitarbeit: Martin Ballhaus und Robert Kutschera für CLP
Satz: Buchmacher Bär
Titelgestaltung: Lutz Jahrmarkt
Produktion: Ursula Stahl

Druck und Verarbeitung: Brepols, Belgien
Printed in Belgium

ISBN 3-934385-38-9